REFORMA TRABALHISTA

200 Questões Objetivas e 50 Discursivas COMENTADAS

Coordenação
Henrique Correia
Élisson Miessa

Gustavo Andrade
Henrique Melo
Rodrigo Medeiros

REFORMA TRABALHISTA

200 Questões Objetivas e 50 Discursivas COMENTADAS

2ª edição
Revista e atualizada

QUADRO COMPARATIVO	
Antes da Reforma Trabalhista	Após a Reforma Trabalhista

⇔ Breves comentários sobre o que mudou

2018

EDITORA *Jus*PODIVM
www.editorajuspodivm.com.br

EDITORA *Jus*PODIVM

www.editorajuspodivm.com.br

Rua Mato Grosso, 164, Ed. Marfina, 1º Andar – Pituba, CEP: 41830-151 – Salvador – Bahia
Tel: (71) 3045.9051
• Contato: https://www.editorajuspodivm.com.br/sac

Capa: Marcelo S. Brandão *(santibrando@gmail.com)*

R281 Reforma Trabalhista: questões objetivas e discursivas comentadas / organizadores: Henrique Correia e Élisson Miessa – 2. ed. – Salvador: Ed. Juspodivm.
464 p.

ISBN 978-85-442-1929-4.

1. Direito do Trabalho. I. Correia, Henrique. II. Miessa, Élisson. III. Título.

CDD 342.6

2ª ed., *2.ª tir.:* fev./2018.

SOBRE A AUTORIA E COORDENAÇÃO

AUTORES

Gustavo Andrade

Procurador do Estado de São Paulo – Procuradoria Judicial Trabalhista

Membro da Equipe Aprovação PGE – Planejamento e Gestão do Estudo

Professor e Coach para concursos públicos

Autor de materiais jurídicos para concursos públicos

Henrique Melo

Procurador do Estado de São Paulo – Procuradoria Regional de Campinas - SP

Membro da Equipe Aprovação PGE – Planejamento e Gestão do Estudo

Professor e Coach para concursos públicos

Autor de materiais jurídicos para concursos públicos

Rodrigo Medeiros

Procurador do Estado de São Paulo – Procuradoria Judicial Trabalhista

Membro da Equipe Aprovação PGE – Planejamento e Gestão do Estudo

Professor e Coach para concursos públicos

Autor de materiais jurídicos para concursos públicos

COORDENADORES

Henrique Correia

Procurador do Trabalho. Professor de Direito do Trabalho do CERS Online (www.cers.com.br). Autor e Coordenador de diversos livros para concursos públicos pela Editora Juspodivm.

Site: www.henriquecorreia.com.br

Twitter: @profcorreia

Instagram: Prof_correia

Periscope: @henrique_correia

Élisson Miessa

Procurador do Trabalho.

Professor de Direito Processual do Trabalho do Curso CERS Online.

Autor e Coordenador de livros publicados pela Editora Juspodivm.

Site: www.elissonmiessa.com.br

Facebook: elisson.miessa

Twitter: @ElissonMiessa

Instagram: @elissonmiessa

Periscope: @ElissonMiessa

NOTA DOS AUTORES À SEGUNDA EDIÇÃO

A segunda edição da obra vem com acréscimos necessários em face de alteração legislativa.

Em 14 de novembro de 2017, o Presidente da República editou a Medida Provisória nº 808/2017, que alterou vários pontos da Reforma Trabalhista, efetuada pela Lei nº 13.467 de 13 de julho de 2017.

Registra-se que foram alterados ou acrescentados diversos temas, a exemplo de: regime de trabalho 12 x 36, dano extrapatrimonial, empregada gestante em ambiente insalubre, contratação de autônomo, contrato de trabalho intermitente, remuneração, representação dos empregados e contribuição previdenciária.

Desta forma, os autores entenderam ser imprescindível a elaboração da presente edição, uma vez que a Medida Provisória entrou em vigor na data de sua publicação.

Gostaríamos de aproveitar a oportunidade para agradecer a todos os leitores que confiaram no nosso trabalho, o que levou à boa receptividade da obra.

Gustavo Andrade
Henrique Melo
Rodrigo Medeiros

APRESENTAÇÃO

É com muita satisfação que apresentamos a obra intitulada *Reforma Trabalhista – Questões objetivas e discursivas comentadas.*

Diante da Reforma Trabalhista, implementada pela Lei nº 13.467, de 13 de julho de 2017, houve substanciais alterações nas normas de natureza material e processual presentes na Consolidação das Leis do Trabalho (CLT).

Com a aprovação da nova legislação, foram modificados mais de 100 dispositivos da CLT, o que certamente provocará mudanças nas relações laborais no país.

Esta obra tem o objetivo de facilitar a compreensão sobre a Reforma Trabalhista, sem qualquer intenção de tratar de questões ideológicas e políticas que surgiram com a promulgação da Lei nº 13.467/2017.

Por questões didáticas, o livro foi dividido em duas partes.

Na primeira parte, visando facilitar a compreensão das mudanças ocorridas com a Reforma Trabalhista, foi apresentada a confrontação da redação original da CLT com a redação pós-reforma. Foram adicionados destaques à nova redação para facilitar a leitura e memorização.

Ainda na primeira parte, após o quadro comparativo, foi adicionado um tópico com a denominação *O que mudou?*, no qual os autores, profissionais na elaboração de materiais para concursos públicos, explicam em linguagem acessível o que mudou nas relações entre empregado e empregador. Assim, o intuito é transmitir o que foi alterado por meio de explicações curtas e quadros sinóticos das principais mudanças, de forma objetiva e indutiva, a fim de facilitar o aprendizado do tema proposto.

Prosseguindo na primeira parte, foram elaboradas questões objetivas inéditas de cada tema, com posterior comentário. Nos comentários, os autores explicam o acerto e o erro de cada questão, o que certamente vai ajudar no aprendizado e propiciará a prática por parte do leitor.

Já na segunda parte, foram elaboradas questões discursivas inéditas dos principais temas tratados na reforma. Além dos enunciados, foram confeccionados os espelhos individualizados para cada caso concreto, potencializando, pois, o aprendizado.

Dessa forma, percebe-se que o livro tem o principal objetivo de explicar a Reforma Trabalhista de maneira clara e objetiva, sendo indicado para todos os operadores do direito.

Ademais, é uma ferramenta robusta para os candidatos de concursos públicos e Exame de Ordem dos Advogados do Brasil, eis que foram associados o estudo e o treino de questões objetivas e a prática de questões discursivas.

Esperamos que seja de grande valia!

Gustavo Andrade
Henrique Melo
Rodrigo Medeiros

SUMÁRIO

PARTE I

QUESTÕES OBJETIVAS POR TEMA

PARTE I

QUESTÕES OBJETIVAS POR TEMA

1. GRUPO ECONÔMICO

QUADRO COMPARATIVO	
ANTES DA REFORMA TRABALHISTA	**APÓS A REFORMA TRABALHISTA**
Art. 2º - Considera-se empregador a empresa, individual ou coletiva, que, assumindo os riscos da atividade econômica, admite, assalaria e dirige a prestação pessoal de serviço.	"Art. 2º Considera-se empregador a empresa, individual ou coletiva, que, assumindo os riscos da atividade econômica, admite, assalaria e dirige a prestação pessoal de serviço.
§ 2º - Sempre que uma ou mais empresas, tendo, embora, cada uma delas, personalidade jurídica própria, estiverem sob a direção, controle ou administração de outra, constituindo grupo industrial, comercial ou de qualquer outra atividade econômica, serão, para os efeitos da relação de emprego, solidariamente responsáveis a empresa principal e cada uma das subordinadas.	§ 2º Sempre que uma ou mais empresas, tendo, embora, cada uma delas, personalidade jurídica própria, estiverem sob a direção, controle ou administração de outra, ou AINDA quando, **MESMO guardando cada uma sua autonomia, integrem grupo econômico, SERÃO responsáveis solidariamente pelas obrigações decorrentes da relação de emprego.**
Sem previsão anterior.	***§ 3º NÃO caracteriza grupo econômico a mera identidade de sócios, sendo necessárias, para a configuração do grupo, a demonstração do interesse integrado, a efetiva comunhão de interesses e a atuação conjunta das empresas dele integrantes.***

⇔ ***O QUE MUDOU?***

Com a Reforma Trabalhista, não há mais a exigência de que as empresas constituam grupo industrial, comercial ou de qualquer outra atividade econômica. Além disso, ainda que exista autonomia entre as empresas do grupo econômico, haverá a responsabilização solidária pelas obrigações decorrentes da relação de emprego. É dizer, superam-se aspectos atinentes às relações formais entre as sociedades empresariais, prestigiando-se a realidade fática.

Assim, verifica-se que a CLT, que antes da Reforma Trabalhista, previa tão somente o grupo econômico por subordinação, também denominado vertical (direção, controle ou administração), passa a prever a formação do grupo econômico por coordenação (ou ainda quando, mesmo guardando cada uma sua autonomia), também denominado horizontal.

Por fim, torna-se expressa a previsão de que a identidade de sócios entre sociedades empresariais distintas não é suficiente para caracterização do grupo econômico. Para tal, é necessária a demonstração do interesse integrado, a efetiva comunhão de interesses e a atuação conjunta das empresas dele integrantes.

Tem-se, assim, a exigência de um elemento subjetivo, caracterizado pelo interesse integrado, a efetiva comunhão de interesse e a atuação conjunta das empresas.

QUESTÕES OBJETIVAS COMENTADAS

01 – No que tange a formação dos grupos econômicos, sempre que uma ou mais empresas, tendo, embora, cada uma delas, personalidade jurídica própria, estiverem sob a direção, controle ou administração de outra, ou ainda quando, mesmo guardando cada uma sua autonomia, integrem grupo econômico, serão responsáveis solidariamente pelas obrigações decorrentes da relação de emprego.

COMENTÁRIO

A assertiva transcreve a literalidade da nova redação do §2º do artigo 2º da CLT.

A diferença entre a atual redação e a revogada é a inserção do trecho *"ou ainda quando, mesmo guardando cada uma sua autonomia"*.

Além disso, não se fala mais em grupo industrial, comercial ou de qualquer outra atividade econômica, unificando-se todos simplesmente como grupo econômico.

RESPOSTA: Certo

02 – A CLT, antes da Reforma Trabalhista, previa tão somente o grupo econômico por coordenação (horizontal), vez que se exigia direção, controle ou administração de uma empresa sobre outra.

COMENTÁRIO

A assertiva se afasta do quanto estabelecia a CLT antes da Reforma Trabalhista, motivo pelo qual está incorreta.

Apesar de, antes da reforma, se exigir a direção, controle ou administração de outra, tal característica está presente no grupo econômico por subordinação, também denominado como grupo econômico vertical.

RESPOSTA: Errado

03 - A partir da Reforma Trabalhista, restou positivado, no âmbito do Direito do Trabalho, a possibilidade da formação do grupo econômico por coordenação (horizontal).

COMENTÁRIO

A partir da reforma, a CLT passa a estabelecer a possibilidade expressa da formação do grupo econômico por coordenação (horizontal), vez que este restará caracterizado mesmo guardando cada uma sua autonomia. Necessário, todavia, a demonstração do interesse integrado, a efetiva comunhão de interesses e a atuação conjunta das empresas dele integrantes.

Para fixação veja o quadro abaixo:

ANTES DA REFORMA	APÓS A REFORMA	
GRUPO ECONÔMICO POR SUBORDINAÇÃO	GRUPO ECONÔMICO POR SUBORDINAÇÃO	GRUPO ECONÔMICO POR COORDENAÇÃO
Direção, controle ou administração de outra	*Direção, controle ou administração de outra*	*Ou ainda quando, mesmo guardando cada uma sua autonomia*

RESPOSTA: Certo

04 - João e Pedro são sócios de duas sociedades empresariais, que possuem os respectivos nomes fantasia: Padaria Doce Mel Ltda. e Autopeças Carro Potente Ltda. Joana trabalha meio período em cada um dos estabelecimentos na função de faxineira. A partir de dezembro de 2017, a Padaria Doce Mel Ltda., em função da crise financeira, passou a atrasar os salários devidos a Joana, bem como não pagar o vale transporte que lhe é de direito. Nessa situação hipotética, julgue o item a seguir:

Caso Joana ingresse com reclamação trabalhista poderá requerer, em juízo, o reconhecimento de grupo econômico entre as sociedades Padaria Doce Mel Ltda. e Autopeças Carro Potente Ltda., tendo em vista que o quadro societário de ambas as empresas é idêntico. Nesse caso, de acordo com a Reforma Trabalhista, o juiz deverá deferir o pleito de reconhecimento do grupo econômico.

COMENTÁRIO

De acordo com a Reforma Trabalhista, em seu artigo 2º, §3º, NÃO caracteriza grupo econômico a mera identidade de sócios, sendo necessárias, para a configuração do grupo, a demonstração do interesse integrado, a efetiva comunhão de interesses e a atuação conjunta das empresas dele integrantes.

Dessa forma, tendo em vista que não há "a demonstração do interesse integrado, a efetiva comunhão de interesses e a atuação conjunta das empresas dele integrantes" o juiz não poderá reconhecer a formação de grupo econômico.

RESPOSTA: Errado

05 – A partir da Reforma Trabalhista, a CLT alinha-se ao entendimento jurisprudencial do Tribunal Superior do Trabalho, de modo a exigir, para formação do grupo econômico, não a identidade de sócios, mas a comunhão de interesses entre as empresas.

COMENTÁRIO

De fato, o entendimento do Tribunal Superior do Trabalho, conforme decisão exarada nos autos do processo TST-E-ED-RR-214940-39.2006.5.02.0472 (informativo 83 do TST) é no sentido de que "o simples fato de duas empresas terem sócios em comum não autoriza o reconhecimento do grupo econômico, pois este, nos termos do art. 2º, § 2º, da CLT, pressupõe subordinação à mesma direção, controle ou administração, ou seja, exige uma relação de dominação interempresarial em que o controle central é exercido por uma delas (teoria hierárquica ou vertical)".

Dessa forma, o artigo 2º, § 3º, vai ao encontro do posicionamento firmado pelo TST.

RESPOSTA: Certo

2. TEMPO À DISPOSIÇÃO DO EMPREGADOR

QUADRO COMPARATIVO	
ANTES DA REFORMA TRABALHISTA	**APÓS A REFORMA TRABALHISTA**
Art. 4º Considera-se como de serviço efetivo o período em que o empregado esteja à disposição do empregador, aguardando ou executando ordens, salvo disposição especial expressamente consignada.	Art. 4º Considera-se como de serviço efetivo o período em que o empregado esteja à disposição do empregador, aguardando ou executando ordens, salvo disposição especial expressamente consignada.
§ 1º Computar-se-ão, na contagem de tempo de serviço, para efeito de indenização e estabilidade, os períodos em que o empregado estiver afastado do trabalho prestando serviço militar e por motivo de acidente do trabalho.	§ 1º Computar-se-ão, na contagem de tempo de serviço, para efeito de indenização e estabilidade, os períodos em que o empregado estiver afastado do trabalho prestando serviço militar e por motivo de acidente do trabalho.
Sem previsão anterior.	**§ 2º Por NÃO se considerar tempo à disposição do empregador, NÃO será computado como período extraordinário o que exceder a jornada normal, AINDA que ultrapasse o limite de cinco minutos previsto no § 1º do art. 58 desta Consolidação, quando o empregado, por escolha própria, buscar proteção pessoal, em caso de insegurança nas vias públicas ou más condições climáticas, bem como adentrar ou permanecer nas dependências da empresa para exercer atividades particulares, entre outras:**

QUADRO COMPARATIVO	
ANTES DA REFORMA TRABALHISTA	APÓS A REFORMA TRABALHISTA
	I – práticas religiosas; **II – descanso;** **III – lazer;** **IV – estudo;** **V – alimentação;** **VI – atividades de relacionamento social;** **VII – higiene pessoal;** **VIII – troca de roupa ou uniforme, quando NÃO houver obrigatoriedade de realizar a troca na empresa.**

⇔ *O QUE MUDOU?*

A Reforma Trabalhista afetou diretamente a Súmula 366 do Tribunal Superior do Trabalho, que possui o seguinte teor:

> CARTÃO DE PONTO. REGISTRO. HORAS EXTRAS. MINUTOS QUE ANTECEDEM E SUCEDEM A JORNADA DE TRABALHO.
>
> Não serão descontadas nem computadas como jornada extraordinária as variações de horário do registro de ponto não excedentes de cinco minutos, observado o limite máximo de dez minutos diários. Se ultrapassado esse limite, será considerada como extra a totalidade do tempo que exceder a jornada normal, pois configurado tempo à disposição do empregador, <u>não importando as atividades desenvolvidas pelo empregado ao longo do tempo residual (troca de uniforme, lanche, higiene pessoal, etc.).</u>

A partir da vigência da Reforma, em regra, somente o tempo efetivamente à disposição do empregador poderá ser computado como hora extra. É dizer, não será computado como período extraordinário o que exceder a jornada normal, ainda que ultrapasse o limite de cinco minutos previsto no § 1º do art. 58 da CLT, quando o empregado, por escolha própria, buscar proteção pessoal, em caso de insegurança nas vias públicas ou más condições climáticas, bem como adentrar ou permanecer nas dependências da empresa para exercer atividades particulares, entre outras, práticas religiosas; descanso; lazer; estudo; alimentação; atividades de relacionamento social; higiene pessoal; troca de roupa ou uniforme, quando não houver obrigatoriedade de realizar a troca na empresa.

Atenção: o rol é meramente exemplificativo, ou seja, *numerus apertus*.

Cabe destacar, que por aplicação do princípio da primazia da realidade, as horas extras serão devidas caso comprovado que o empregado permaneceu na empresa e continuou prestando serviços ao empregador. Nesse caso, o empregado-se encontra à disposição da empresa.

QUESTÕES OBJETIVAS COMENTADAS

01 – Suponha que Pedro, em virtude de fortes chuvas que assolavam a cidade de São Paulo – SP, teve de permanecer no ambiente de trabalho por 2 horas além da sua jornada de trabalho, aguardando que as águas da chuva baixassem e ele pudesse retornar para casa. Durante este tempo ele ficou conversando com outros colegas sobre futebol. Nessa hipótese, conforme a recente alteração da CLT:

Ultrapassado esse limite máximo de dez minutos diários além da jornada de trabalho, será considerada como extra a totalidade do tempo que exceder a jornada normal, pois configurado tempo à disposição do empregador, não importando as atividades desenvolvidas pelo empregado ao longo do tempo residual.

COMENTÁRIO

Na situação posta sob análise, de acordo com a Reforma Trabalhista, estando o empregado no local de trabalho em razão das más condições climáticas, não se caracteriza tempo à disposição do empregador, motivo pelo qual não haverá direito à remuneração extra.

RESPOSTA: Errado

02 – Suponha que João, em virtude de um arrastão que tomava conta das ruas da cidade, tenha permanecido no ambiente de trabalho por 1 hora além da sua jornada de trabalho, momento em que resolveu, por vontade própria, continuar as suas tarefas, lendo e respondendo e-mails de fornecedores.

Neste caso, o fato da motivação para permanecer na empresa ter sido a insegurança nas vias públicas não afastará o direito à percepção de horas extras.

COMENTÁRIO

Na situação posta sob análise, em que pese a insegurança nas vias públicas ter sido o motivo para continuar no local de trabalho, o fato de João ter continuado a exercer a sua atividade em prol do empregador após o horário pactuado é fato suficiente para ensejar o pagamento de horas extras. Diferente seria se ele tivesse permanecido no local de trabalho resolvendo assuntos particulares.

RESPOSTA: Certo

03 – Suponha que a empresa Auto Peças Ltda. estabeleça que seus funcionários não possam transitar na rua vestidos com o uniforme de trabalho, motivo pelo qual se exige que a troca de vestimenta ocorra nos vestiários existentes no local de trabalho.

Dessa forma, caso um empregado ultrapasse 15 minutos a sua jornada de trabalho em razão da espera para uso no vestiário, restará caracterizado tempo à disposição do empregador.

COMENTÁRIO

Na situação posta sob análise, tendo em vista que o motivo pelo qual o empregado permaneceu mais tempo do que previsto em sua jornada de trabalho decorre de ato do empregador (trabalhadores não podem transitar na rua vestidos com o uniforme de trabalho e a troca tem de ser realizada no vestiário da empresa) considera-se como de serviço efetivo o período em que o empregado estiver à disposição do empregador.

A exceção trazida pela Reforma Trabalhista não se aplica, inclusive, por expressa disposição legal:

Art. 8º, § 2º, CLT: Por não se considerar tempo à disposição do empregador, não será computado como período extraordinário o que exceder a jornada normal, ainda que ultrapasse o limite de cinco minutos previsto no § 1º do art. 58 desta Consolidação, quando o empregado, por escolha própria, buscar proteção pessoal, em caso de insegurança nas vias públicas ou más condições climáticas, bem como adentrar ou permanecer nas dependências da empresa para exercer atividades particulares, entre outras: VIII – troca de roupa ou uniforme, **quando não houver obrigatoriedade de realizar a troca na empresa.**

RESPOSTA: Certo

3. FONTES DO DIREITO DO TRABALHO – LIMITAÇÃO DO PODER NORMATIVO DA JUSTIÇA DO TRABALHO

QUADRO COMPARATIVO	
ANTES DA REFORMA TRABALHISTA	**APÓS A REFORMA TRABALHISTA**
Art. 8º - As autoridades administrativas e a Justiça do Trabalho, na falta de disposições legais ou contratuais, decidirão, conforme o caso, pela jurisprudência, por analogia, por eqüidade e outros princípios e normas gerais de direito, principalmente do direito do trabalho, e, ainda, de acordo com os usos e costumes, o direito comparado, mas sempre de maneira que nenhum interesse de classe ou particular prevaleça sobre o interesse público.	Art. 8º As autoridades administrativas e a Justiça do Trabalho, na falta de disposições legais ou contratuais, decidirão, conforme o caso, pela jurisprudência, por analogia, por equidade e outros princípios e normas gerais de direito, principalmente do direito do trabalho, e, AINDA, de acordo com os usos e costumes, o direito comparado, mas sempre de maneira que nenhum interesse de classe ou particular prevaleça sobre o interesse público.
Parágrafo único - O direito comum será fonte subsidiária do direito do trabalho, naquilo em que não for incompatível com os princípios fundamentais deste.	§ 1º O **direito comum** será **fonte subsidiária** do direito do trabalho.
Sem previsão anterior.	§ 2º Súmulas e outros enunciados de jurisprudência editados pelo Tribunal Superior do Trabalho e pelos Tribunais Regionais do Trabalho **NÃO poderão restringir direitos legalmente previstos nem criar obrigações que NÃO estejam previstas em lei.**

Sem previsão anterior.	§ 3º No exame de **convenção coletiva ou acordo coletivo de trabalho**, a Justiça do Trabalho analisará **exclusivamente** a conformidade dos **elementos essenciais do negócio jurídico**, respeitado o disposto no art. 104 da Lei nº 10.406, de 10 de janeiro de 2002 (Código Civil), e balizará sua atuação pelo **princípio da intervenção mínima na autonomia da vontade coletiva.**

⇔ O QUE MUDOU?

O parágrafo primeiro estabelece expressamente que o direito comum passa a ter aplicação ao direito do trabalho. A supressão do trecho "naquilo em que não for incompatível com os princípios fundamentais deste" buscou enfraquecer o uso dos princípios trabalhistas quando da interpretação das normas.

O parágrafo segundo traz uma das grandes alterações estabelecidas pela Reforma do Trabalho. A partir de agora, há uma tentativa de limitação da atuação da Justiça do Trabalho, isto porque as súmulas e enunciados de jurisprudência do Tribunal Superior do Trabalho e dos Tribunais Regionais do Trabalho não poderão restringir direitos legalmente previstos nem criar obrigações que não estejam previstas em lei.

Dessa forma, tem-se uma restrição das tão importantes súmulas e orientações jurisprudências editadas pela Justiça do Trabalho.

Por fim, o parágrafo terceiro, ainda limitando a atuação da Justiça do Trabalho, estabelece que, quando da análise da convenção coletiva ou do acordo coletivo de trabalho, o Poder Judiciário analisará exclusivamente a conformidade dos elementos essenciais do negócio jurídico, respeitado o disposto no art. 104 da Lei nº 10.406, de 10 de janeiro de 2002 (Código Civil), e balizará sua atuação pelo princípio da intervenção mínima na autonomia da vontade coletiva.

Passa ter um maior relevo a autonomia da vontade coletiva, ou seja, o que foi acordado entre os agentes coletivos (sindicatos e empresas), reduzindo a atuação da Justiça do Trabalho à analise formal dos elementos essenciais do negócio jurídicos, os quais, vale lembrar são, conforme artigo 104 do Código Civil: I – agente capaz; II – objeto lícito, possível, determinado ou determinável; III – forma prescrita ou não defesa em lei.

QUESTÕES OBJETIVAS COMENTADAS

01 – A partir da Reforma Trabalhista, torna-se expresso na Consolidação das Leis do Trabalho que o direito comum será fonte subsidiária do direito do trabalho, naquilo em que não for incompatível com os princípios fundamentais deste.

COMENTÁRIO

O enunciado reproduziu o teor do parágrafo único do artigo 8º da CLT, revogado pela Reforma Trabalhista, que vai em sentido oposto ao quanto afirmado.

O §1º do artigo 8º exclui o trecho "*naquilo em que não for incompatível com os princípios fundamentais deste*" estabelecendo que, em todos os casos, o direito comum será aplicável, como norma subsidiária, o que significa uma redução da aplicação dos princípios basilares do Direito e do Processo do Trabalho.

Obviamente, caberá ao Poder Judiciário, como interprete das normas jurídicas, analisar o alcance do referido dispositivo.

RESPOSTA: Errado

02 – Com a Reforma Trabalhista, houve um fortalecimento dos precedentes dos tribunais trabalhistas, aproximando-se do sistema da *common law*, vez que, as súmulas e outros enunciados de jurisprudência editados pelo Tribunal Superior do Trabalho e pelos Tribunais Regionais do Trabalho passam, em determinados casos, a restringir direitos legalmente previstos e criar obrigações não previstas em lei.

COMENTÁRIO

De acordo com a Reforma Trabalhista, em seu artigo 8º, §2º, as súmulas e outros enunciados de jurisprudência editados pelo Tribunal Superior do Trabalho e pelos Tribunais Regionais do Trabalho não poderão restringir direitos legalmente previstos nem criar obrigações que não estejam previstas em lei.

Dessa forma, verificou-se uma tentativa de enfraquecimento dos precedentes judiciais cristalizados nas súmulas e orientações jurisprudenciais.

RESPOSTA: Errado

03 – Com a Reforma Trabalhista, reafirma-se o princípio da intervenção ampla no direito coletivo do trabalho, vez que, ao Poder Judiciário, será possível, analisar não só os aspectos formais dos acordos e convenções coletivas, mas também o seu conteúdo.

COMENTÁRIO

Em verdade, institui-se o princípio da intervenção mínima na autonomia da vontade coletiva, dando, assim, uma maior liberdade aos sujeitos da relação coletiva (empresas e sindicatos).

De acordo com a Reforma Trabalhista, em seu artigo 8º, §3º, no exame de convenção coletiva ou acordo coletivo de trabalho, a Justiça do Trabalho analisará exclusivamente a conformidade dos elementos essenciais do negócio jurídico, respeitado o disposto no art. 104 da Lei nº 10.406, de 10 de janeiro de 2002 (Código Civil), e balizará sua atuação pelo princípio da intervenção mínima na autonomia da vontade coletiva.

RESPOSTA: Errado

04 – A partir da Reforma Trabalhista, há uma tentativa de reduzir o âmbito de atuação do Poder Judiciário no que tange à análise de convenção coletiva ou acordo coletivo de trabalho, vez que a Justiça do Trabalho analisará exclusivamente a conformidade dos elementos essenciais do negócio jurídico, quais sejam: agente capaz; objeto lícito, possível, determinado ou determinável e; forma prescrita ou não defesa em lei.

COMENTÁRIO

Ao prever o princípio da intervenção mínima na autonomia da vontade coletiva, a Reforma Trabalhista estabelece que no exame de convenção coletiva ou acordo coletivo de trabalho, a Justiça do Trabalho analisará exclusivamente a conformidade dos elementos essenciais do negócio jurídico, respeitado o disposto no art. 104 da Lei nº 10.406, de 10 de janeiro de 2002 (Código Civil), e balizará sua atuação pelo princípio da intervenção mínima na autonomia da vontade coletiva.

Tais elementos são, conforme previsto no artigo 104 do Código Civil:

Art. 104. A validade do negócio jurídico requer:

I – agente capaz;

II – objeto lícito, possível, determinado ou determinável;

III – forma prescrita ou não defesa em lei.

A crítica que se faz é se poderia, ou não, por meio de lei, ocorrer a referida limitação de análise, já que o artigo 5º, XXXV, da Constituição Federal de 1988 estabelece que a lei não excluirá da apreciação do Poder Judiciário lesão ou ameaça a direito.

RESPOSTA: Certo

05 - Dentre as alterações trazidas pela Reforma Trabalhista, verificou-se uma significativa mudança no que tange às fontes do Direito do Trabalho, vez que: a) o direito comum será fonte subsidiária do direito do trabalho; b) as súmulas e outros enunciados de jurisprudência editados pelo Tribunal Superior do Trabalho e pelos Tribunais Regionais do Trabalho não poderão restringir direitos legalmente previstos nem criar obrigações que não estejam previstas em lei e, por fim; c) no exame de convenção coletiva ou acordo coletivo de trabalho, a Justiça do Trabalho analisará exclusivamente a conformidade dos elementos essenciais do negócio jurídico, respeitado o disposto no art. 104 da Lei nº 10.406, de 10 de janeiro de 2002 (Código Civil), e balizará sua atuação pelo princípio da intervenção mínima na autonomia da vontade coletiva.

COMENTÁRIO

A assertiva está correta, vez que sintetiza as alterações ocorridas no artigo 8º da Consolidação das Leis do Trabalho, sendo a leitura extremamente importante para fixação das mudanças.

RESPOSTA: Certo

4. RESPONSABILIDADE DO SÓCIO

QUADRO COMPARATIVO	
ANTES DA REFORMA TRABALHISTA	**APÓS A REFORMA TRABALHISTA**
Sem previsão anterior.	Art. 10-A. O **sócio retirante** responde subsidiariamente pelas obrigações trabalhistas da sociedade relativas ao período em que figurou como sócio, **SOMENTE em ações ajuizadas até dois anos depois de averbada a modificação do contrato, observada a seguinte ordem de preferência:** **I – a empresa devedora;** **II – os sócios atuais; e** **III – os sócios retirantes.** Parágrafo único. O sócio retirante responderá **solidariamente** com os demais quando ficar comprovada **fraude na alteração societária decorrente da modificação do contrato.**

⇔ ***O QUE MUDOU?***

A Lei nº 13.467/2017, em seu artigo 10-A, prevê a responsabilidade subsidiária (aquela que deve respeitar o benefício de ordem) dos sócios que saírem da sociedade no que tange o período em que figuraram como sócios.

A ordem de preferência (benefício de ordem) legal estabelece que o trabalhador primeiro deverá tentar satisfazer o seu crédito perante a empresa devedora, depois sócios atuais e, por fim, ao sócio retirante.

Demais disso, o sócio retirante somente responderá caso a ação seja ajuizada dentro de dois anos após a sua saída do quadro societário (averbação da modificação contratual), o que beneficia, assim, o sócio.

Por fim, de acordo com o parágrafo único do artigo 10-A, a regra da responsabilidade subsidiaria acima exposta não se aplica quando ficar comprovada fraude na alteração societária decorrente da modificação do contrato. Neste caso, a responsabilidade do sócio que se retira será solidária.

Referida previsão, contudo, provavelmente irá gerar debate perante a Justiça do Trabalho no que tange dois fatores: ônus de comprovar que houve, ou não, a fraude e também se o prazo de 02 anos citado no caput é, ou não, aplicado no caso de fraude. Caberá à Justiça do Trabalho decidir.

QUESTÕES OBJETIVAS COMENTADAS

01 – A partir da Reforma Trabalhista, restou positivado que sócio retirante responde solidariamente pelas obrigações trabalhistas da sociedade relativas ao período em que figurou como sócio, somente em ações ajuizadas até cinco anos depois de averbada a modificação do contrato.

COMENTÁRIO

A assertiva está errada, vez que estabelece como regra a responsabilização solidária do sócio retirante, quando em verdade, conforme estabelece o artigo 10-A da CLT, esta será subsidiária.

Além disso, existe outro equívoco no item, vez que o prazo não será de cinco anos, mas sim de dois anos.

Veja o teor do artigo para fins de memorização:

O sócio retirante responde **subsidiariamente** pelas obrigações trabalhistas da sociedade relativas ao período em que figurou como sócio, somente em ações ajuizadas **até dois anos depois de averbada a modificação do contrato**, observada a seguinte ordem de preferência: I – a empresa devedora; II – os sócios atuais; e III – os sócios retirantes.

QUADRO MNEMÔNICO	
Prazo para ajuizar reclamação trabalhista	Prazo para responsabilizar o sócio retirante
02 anos	02 anos
Após a extinção do contrato de trabalho	Depois de averbada a modificação do contrato

RESPOSTA: Errado

02 – O sócio retirante, para fins de responsabilização dos débitos trabalhistas da sociedade empresarial, em regra, goza do benefício de ordem. Assim, primeiro responderá a empresa devedora e posteriormente os sócios atuais, para, só então, os bens do sócio retirante serem atingidos.

COMENTÁRIO

A assertiva reflete o quanto exposto no artigo 10-A da CLT, motivo pelo qual está correta.

O sócio retirante responde **subsidiariamente** pelas obrigações trabalhistas da sociedade relativas ao período em que figurou como sócio, somente em ações ajuizadas **até dois anos depois de averbada a modificação do contrato**, observada a seguinte ordem de preferência: I – a empresa devedora; II – os sócios atuais; e III – os sócios retirantes.

RESPOSTA: Certo

03 – Suponha que Sr. Marcos, visando tão somente se esquivar das obrigações trabalhistas da sociedade empresarial Falcatrua Ltda., na qual era sócio, tenha se retirado do quadro societário, colocando em seu lugar o Sr. José, caseiro de pouca instrução que nem sabia que, ao assinar os documentos entregues pelo Sr. Marcos, figuraria como sócio da empresa.

Neste caso, de acordo com a Reforma Trabalhista, o Sr. Marcos, caso seja comprovada a fraude na alteração societária decorrente da modificação do contrato, será responsável solidário pelos débitos trabalhistas dos empregados.

COMENTÁRIO

A assertiva reflete o quanto exposto no artigo 10-A, parágrafo único, da CLT, motivo pelo qual está correta.

"O sócio retirante responderá **solidariamente** com os demais quando ficar comprovada **fraude na alteração societária decorrente da modificação do contrato.**"

RESPOSTA: Certo

04 - Pedro, Marcelo e Henrique são sócios da sociedade empresarial Viagem Tranquilo Ltda. Henrique, por motivos pessoais e sem nenhum intuito fraudulento, resolveu sair da sociedade. Neste caso, existindo débitos trabalhistas, para fins de responsabilização subsidiária no prazo de 02 anos depois de averbada a modificação do contrato, ele gozará do benefício de ordem, motivo pelo qual primeiro responderá a empresa, depois Pedro, depois Marcelo, para finalmente poder ser responsabilizado.

COMENTÁRIO

No caso posto sob análise, de fato, Henrique, uma vez que não houve fraude em sua saída da sociedade, gozará do benefício de ordem, vindo a ser responsabilizado somente após a empresa e, em sequência, demais sócios.

Ocorre que a assertiva incorre em erro quando afirma que entre Pedro e Marcelo haverá benefício de ordem (*"depois Pedro, depois Marcelo"*). Como estes continuaram figurando como sócios, caso a empresa não tenha forças para responder pelos débitos trabalhistas e haja o redirecionamento aos atuais sócios, a responsabilidade, entre estes, será solidária.

RESPOSTA: Errado

5. REGRAS PRESCRICIONAIS

QUADRO COMPARATIVO	
ANTES DA REFORMA TRABALHISTA	**APÓS A REFORMA TRABALHISTA**
Art. 11 - O direito de ação quanto a créditos resultantes das relações de trabalho prescreve:	Art. 11. A pretensão quanto a créditos resultantes das relações de trabalho prescreve em cinco anos para os trabalhadores urbanos e rurais, até o limite de dois anos após a extinção do contrato de trabalho.
I – em cinco anos para o trabalhador urbano, até o limite de dois anos após a extinção do contrato;	I – (revogado);
II – em dois anos, após a extinção do contrato de trabalho, para o trabalhador rural.	II – (revogado).
....	....
Sem previsão anterior.	§ 2º Tratando-se de pretensão que envolva pedido de **prestações sucessivas decorrente de alteração ou descumprimento do pactuado, a prescrição é total, exceto quando o direito à parcela esteja também assegurado por preceito de lei.**
Sem previsão anterior.	§ 3º A interrupção da prescrição **SOMENTE** ocorrerá pelo **ajuizamento de reclamação trabalhista, MESMO que em juízo incompetente, AINDA que venha a ser extinta sem resolução do mérito, produzindo efeitos apenas em relação aos pedidos idênticos.**

⇔ O QUE MUDOU?

De início, importante destacar que houve a correção de uma atecnia, vez que o caput do artigo 11 passa tratar da "pretensão" e não mais do "direito".

De se observar, apenas, que a antiga redação do artigo 11 da CLT (incisos I e II revogados) era contrária à Constituição Federal, redação após a emenda constitucional 28/2000, vez que dava tratamento diverso aos trabalhadores urbanos e rurais (conforme previa o texto original da Constituição Federal[1]).

Assim, o caput do artigo 11 passa a estar de acordo com a atual redação do artigo 7º, XXIX, da Constituição Federal.

Ultrapassado isto, verifica-se que a Reforma Trabalhista acaba, em seu parágrafo segundo, por normatizar e ampliar o entendimento consolidado na súmula 294 do TST. Amplia em razão da previsão "ou descumprimento". Veja o quadro:

Súmula 294/TST	ART. 11, §2º, CLT
Súmula 294/TST - 08/03/2017. Prescrição. Alteração contratual. Trabalhador urbano. **Tratando-se de demanda que envolva pedido de <u>prestações sucessivas decorrente de alteração do pactuado, a prescrição é total, exceto quando o direito à parcela esteja também assegurado por preceito de lei.</u>**	§ 2º Tratando-se de pretensão que envolva pedido de **<u>prestações sucessivas decorrente de alteração ou descumprimento do pactuado, a prescrição é total, exceto quando o direito à parcela esteja também assegurado por preceito de lei.</u>**

Assim, o entendimento do TST, que diferenciava os atos do empregador de descumprimento (caso em que se aplicava a prescrição parcial) daqueles em que havia a alteração (caso em que se aplicava a prescrição total) ficou superado. Ou seja, em todos os casos, exceto quando o direito à parcela esteja também assegurado por preceito de lei, aplicar-se-á a prescrição total.

Por fim, o parágrafo terceiro passa a tratar expressamente da interrupção da prescrição no âmbito do direito do trabalho, sendo importante recordar que a Súmula 268 do Tribunal Superior do Trabalho possui redação semelhante:

> *Súmula nº 268 do TST*
>
> *PRESCRIÇÃO. INTERRUPÇÃO. AÇÃO TRABALHISTA ARQUIVADA.*

1 XXIX – ação, quanto a créditos resultantes das relações de trabalho, com prazo prescricional de: a) cinco anos para o trabalhador urbano, até o limite de dois anos após a extinção do contrato; b) até dois anos após a extinção do contrato, para o trabalhador rural;

A ação trabalhista, ainda que arquivada, interrompe a prescrição somente em relação aos pedidos idênticos.

A inovação do texto é afirmar que "*somente ocorrerá pelo ajuizamento de reclamação trabalhista*", sendo que as normas de direito processual admitem a interrupção da prescrição em razão da notificação ou interpelação judicial, prevista no artigo 726 do Código de Processo Civil.

Sem dúvidas, caberá à Justiça do Trabalho analisar o alcance de referido dispositivo.

QUESTÕES OBJETIVAS COMENTADAS

01 – De acordo a com a Reforma Trabalhista, julgue o item a seguir:

Tratando-se de pretensão que envolva pedido de prestações sucessivas decorrente de alteração ou descumprimento do pactuado, a prescrição é total, inclusive quando o direito à parcela esteja também assegurado por preceito de lei.

COMENTÁRIO

Conforme verificado, seguindo o entendimento consolidado no âmbito do Tribunal Superior do Trabalho (súmula 294, anteriormente transcrita), quando se tratar de prestações sucessivas, se excetuam da incidência da prescrição as parcelas que estejam asseguradas por preceito de lei.

Assim, apesar da assertiva estar correta no que tange o trecho "alteração ou descumprimento" (lembrando que houve a ampliação do alcance do quanto sedimentado no âmbito do TST), ela está incorreta quando incluiu as parcelas asseguradas por preceito de lei, já que neste caso, não há que se falar em prescrição total, mas sim parcial.

RESPOSTA: Errado

02 – Suponha que José, que trabalhou no Município de São Paulo, tenha ajuizado, em 01/08/2017, no Município de Santos, reclamação trabalhista em face da empresa ABC Ltda., tendo o seu contrato de trabalho encerrado em 01/08/2016. Ainda, que na audiência inicial ele não compareceu, o que levou ao arquivamento do feito. Caso o senhor José venha a ajuizar a mesma reclamação trabalhista no Município de São Paulo em 01/09/2018 já haverá ocorrido a prescrição do seu direito, vez que ultrapassado dois anos após o encerramento do contrato de trabalho.

COMENTÁRIO

No presente caso, o fato de ter ajuizado reclamação trabalhista perante juízo incompetente é fator suficiente para interromper o prazo prescrição. Veja a redação do parágrafo 3º do artigo 11:

"A interrupção da prescrição somente ocorrerá pelo ajuizamento de reclamação trabalhista, **mesmo que em juízo incompetente, ainda que venha a ser extinta sem resolução do mérito**, *produzindo efeitos apenas em relação aos pedidos idênticos."*

Desta forma, não ocorrerá a prescrição total do direito dois anos após o encerramento do trabalho, vez que, neste meio tempo, houve o ajuizamento de reclamação trabalhista em juízo incompetente.

Importante observar que, caso haja a ampliação do objeto da demanda, ou seja, a segunda ação tenha um rol de pedidos mais amplo que a primeira, os pedidos que não sejam idênticos estarão prescritos. Veja graficamente:

Reclamação Trabalhista n. 1	Reclamação Trabalhista n. 2
REQUER: a) Saldo de salário; b) 1/3 de férias;	REQUER a) Saldo de salário; b) 1/3 de férias; c) Adicional noturno.

Neste caso, o pedido de adicional noturno estará prescrito, vez que ele não é idêntico a nenhum pedido existente na primeira reclamação trabalhista.

RESPOSTA: Errado

6. REGRAS PRESCRICIONAIS - PRESCRIÇÃO INTERCORRENTE

QUADRO COMPARATIVO	
ANTES DA REFORMA TRABALHISTA	**APÓS A REFORMA TRABALHISTA**
Sem previsão anterior.	"Art. 11-A. **Ocorre a prescrição intercorrente no processo do trabalho no prazo de dois anos.** § 1º **A fluência do prazo prescricional intercorrente inicia-se quando o exequente deixa de cumprir determinação judicial no curso da execução.** § 2º **A declaração da prescrição intercorrente pode ser requerida ou declarada de ofício em qualquer grau de jurisdição.**"

⇔ ***O QUE MUDOU?***

A nova redação dos artigos 11 e 11-A significa uma quebra de paradigma no âmbito do direito material e processual do trabalho, influenciando diretamente duas famosas súmulas (uma do Supremo Tribunal Federal e outra do Tribunal Superior do Trabalho) que conflitam entre si.

Pois bem.

A partir da Lei nº. 13.467/2017 passa a existir no âmbito das relações laborais a previsão da prescrição intercorrente que, apesar da previsão de existência sumulada no âmbito do Supremo Tribunal Federal sempre foi rechaçada pela Justiça do Trabalho. Antes de analisar a nova previsão legal, vejamos as mencionadas súmulas.

PRESCRIÇÃO INTERCORRENTE NAS RELAÇÕES TRABALHISTAS	
Súmula nº 327 do STF O Direito Trabalhista **admite** a prescrição intercorrente.	Súmula nº 114 do TST É **inaplicável** na Justiça do Trabalho a prescrição intercorrente.

Com a Reforma Trabalhista, esta discussão acaba sendo suplantada pela previsão legal de que "Ocorre a prescrição intercorrente no processo do trabalho no prazo de dois anos".

QUESTÕES OBJETIVAS COMENTADAS

01 – 2010 - CESPE - SERPRO - Analista - Advocacia

Com referência à jurisprudência do TST acerca da execução trabalhista, julgue os itens a seguir.

É inaplicável na Justiça do Trabalho a prescrição intercorrente, hipótese, contudo, distinta, da prescrição da pretensão executiva, aceita pelo TST.

COMENTÁRIO

Com o advento da Reforma Trabalhista, resta sedimentado no âmbito do Direito Processual do Trabalho a possibilidade da prescrição intercorrente.

Veja o teor do artigo 11-A da CLT: ***"Ocorre a prescrição intercorrente no processo do trabalho no prazo de dois anos."***

Importante observar que a prescrição da pretensão executiva, de fato, se diferencia da prescrição intercorrente. *"Na primeira, o exequente não postula a sua instauração, no biênio posterior ao trânsito em julgado da decisão exequenda, enquanto, na segunda, excusa-se a parte de praticar ato que somente dela dependia."*[2]

RESPOSTA: Errado

Obs.: Tendo em vista que a questão é anterior a Reforma Trabalhista, o gabarito oficial considerou a questão correta.

02 – 2016 - CESPE - FUNPRESP-JUD - Analista - Direito

Tendo em vista que o Código de Processo Civil é fonte subsidiária do direito processual do trabalho, julgue o item a seguir, acerca da audiência, dos recursos e da prescrição no processo do trabalho.

2 PROCESSO Nº TST-AIRR-1175400-89.1988.5.01.0321

Não se aplica ao processo do trabalho o dispositivo constante do Novo Código de Processo Civil que determina o início da contagem do prazo de prescrição intercorrente após o transcurso de um ano da suspensão do processo de execução se não houver bens do executado para penhora.

COMENTÁRIO

Com o advento da Reforma Trabalhista, resta sedimentado no âmbito do Direito Processual do Trabalho a possibilidade da prescrição intercorrente.

Dessa forma, levando em consideração que o Código de Processo Civil possui aplicação subsidiária no âmbito do direito processual do trabalho (artigo 769 da CLT), em que pese o silêncio da CLT no que tange a hipótese aventada na assertiva, é possível afirmar que a norma em comento pode ser, após a vigência da Reforma Trabalhista, aplicada no processo do trabalho. Isto porque, os dois requisitos para aplicação restam configurados: a **omissão** e a, agora presente, **compatibilidade**.

Vejamos o teor dos dispositivos:

CLT

Art. 769 - Nos casos omissos, o direito processual comum será fonte subsidiária do direito processual do trabalho, exceto naquilo em que for incompatível com as normas deste Título.

CPC

Art. 921. Suspende-se a execução:

III – quando o executado não possuir bens penhoráveis;

§ 4º Decorrido o prazo de que trata o § 1º sem manifestação do exequente, começa a correr o prazo de prescrição intercorrente.

De todo modo, a questão certamente será levada à análise pela Justiça do Trabalho.

RESPOSTA: Errado

Obs.: Tendo em vista que a questão é anterior a Reforma Trabalhista, o gabarito oficial considerou a questão correta.

03 - 2008 - CESPE - TRT - 1ª REGIÃO (RJ) - Analista Judiciário - Área Judiciária

Nos termos do art. 884, § 1.º, da CLT, garantida a execução ou penhorados os bens, o executado poderá apresentar embargos, ficando a matéria de defesa restrita às alegações de cumprimento da decisão ou do acordo, quitação ou prescrição da dívida.

Considerando o dispositivo acima, assinale a opção correta.

a) O dispositivo em apreço esgotou, no âmbito do processo do trabalho, as matérias passíveis de arguição pela via dos embargos à execução.

b) Parte da doutrina defende a aplicação subsidiária ao processo do trabalho do artigo do CPC que trata das matérias arguíveis nos embargos à execução.

c) O STF e o TST não admitem a prescrição intercorrente na justiça do trabalho.

d) Os embargos de terceiro são incompatíveis com o processo do trabalho.

e) Compete à União a iniciativa de execução das contribuições sociais decorrentes de sentenças trabalhistas.

COMENTÁRIO

A - A doutrina entende que o rol anterior é exemplificativo, podendo ser levantadas as matérias indicadas no art. 525 do NCPC[3].

B – Conforme comentário anterior, parte da doutrina entende aplicável o Código de Processo Civil, não tendo a CLT esgotado as matérias alegáveis em sede de embargos à execução. Por oportuno, eis a transcrição do artigo 525 do Código de Processo Civil:

Art. 525. Transcorrido o prazo previsto no art. 523 sem o pagamento voluntário, inicia-se o prazo de 15 (quinze) dias para que o executado, independentemente de penhora ou nova intimação, apresente, nos próprios autos, sua impugnação.

§ 1º Na impugnação, o executado poderá alegar:

I – falta ou nulidade da citação se, na fase de conhecimento, o processo correu à revelia;

II – ilegitimidade de parte;

III – inexequibilidade do título ou inexigibilidade da obrigação;

IV – penhora incorreta ou avaliação errônea;

3 SCHIAVI, Mauro. Manual de direito processual do trabalho. 5. ed. São Paulo: LTr, 2012. p. 1073.

V – excesso de execução ou cumulação indevida de execuções;

VI – incompetência absoluta ou relativa do juízo da execução;

VII – qualquer causa modificativa ou extintiva da obrigação, como pagamento, novação, compensação, transação ou prescrição, desde que supervenientes à sentença.

C – Como visto, o STF admite a prescrição intercorrente no âmbito do processo do trabalho (súmula 327), ao contrário do quanto sedimentado pelo Tribunal Superior do Trabalho, que em seu enunciado sumular de número 114 refutava tal possibilidade. Referido entendimento, ante a novel Reforma Trabalhista – que admite a prescrição intercorrente no âmbito do processo do trabalho – deverá ser alterado.

D – Em que pese a legislação trabalhista não prever os embargos de terceiro, este se aplica subsidiariamente ao processo do trabalho (CLT, art. 769 c/c art. 889).

E – Conforme entendimento consubstanciado na Súmula Vinculante 53, *"A competência da Justiça do Trabalho prevista no artigo 114, inciso VIII, da Constituição Federal alcança a execução de ofício das contribuições previdenciárias relativas ao objeto da condenação constante das sentenças que proferir e acordos por ela homologados".* Assim, a iniciativa não é exclusiva da União.

RESPOSTA: B

04 - 2013 - FCC - TRT - 6ª Região (PE) - Juiz do trabalho

A empresa Kalotec Ltda. foi condenada ao pagamento de penalidades administrativas impostas por órgão de fiscalização das relações de trabalho. Durante a execução das referidas penalidades.

a) não é admissível a apresentação de exceção de pré-executividade.

b) a prescrição ocorrida antes da propositura da ação deverá ser arguida pela parte.

c) se não forem localizados bens penhoráveis da empresa Kalotec Ltda., suspende-se o processo por um ano, findo o qual se inicia o prazo de prescrição quinquenal intercorrente.

d) é inexigível o pagamento do encargo de 20% (vinte por cento) previsto no DL no 1.025/69, em caso de falência da executada.

e) por se tratar de execução fiscal, não é cabível a citação por edital.

COMENTÁRIO

A questão é interessante, pois ao candidato é exigido o conhecimento de que a penalidade administração imposta por órgão da fiscalização das relações do trabalho se diferencia dos créditos trabalhistas.

Em razão da natureza jurídica do crédito, dívida ativa não tributária (multa administrativa), aplica-se o regime da execução fiscal. Dessa forma, o regime prescricional aplicável é distinto.

Oportuno recordar quais créditos compõem a dívida ativa não tributária.

Lei nº 4.320/1964 – Art. 39, § 2º - Dívida Ativa Tributária é o crédito da Fazenda Pública dessa natureza, proveniente de obrigação legal relativa a tributos e respectivos adicionais e multas, e ***Dívida Ativa não Tributária*** *são os demais créditos da Fazenda Pública, tais como os provenientes de empréstimos compulsórios, contribuições estabelecidas em lei,* ***multa de qualquer origem ou natureza, exceto as tributárias****, foros, laudêmios, alugueis ou taxas de ocupação, custas processuais, preços de serviços prestados por estabelecimentos públicos, indenizações, reposições, restituições, alcances dos responsáveis definitivamente julgados, bem assim os créditos decorrentes de obrigações em moeda estrangeira, de sub-rogação de hipoteca, fiança, aval ou outra garantia, de contratos em geral ou de outras obrigações legais.(Incluído pelo Decreto Lei nº 1.735, de 1979)*

Além disso, a Lei de Execução Fiscal expressamente prevê que:

Art. 1º - A execução judicial para cobrança da Dívida Ativa da União, dos Estados, do Distrito Federal, dos Municípios e respectivas autarquias será regida por esta Lei e, subsidiariamente, pelo Código de Processo Civil.

Art. 2º - Constitui Dívida Ativa da Fazenda Pública aquela definida como tributária ou não tributária na Lei nº 4.320, de 17 de março de 1964, com as alterações posteriores, que estatui normas gerais de direito financeiro para elaboração e controle dos orçamentos e balanços da União, dos Estados, dos Municípios e do Distrito Federal.

Assim, o regime prescricional aplicado no caso específico das multas impostas por órgão da fiscalização das relações do trabalho segue o regime das execuções fiscais.

Nesta senda, recorda-se a Súmula 314 do Superior Tribunal de Justiça:

Súmula 314/STJ - 11/07/2017. Execução fiscal. Prescrição intercorrente. Penhora. Bens penhoráveis não localizados. Suspensão do processo por um ano. Findo esse prazo começa a fluir a prescrição qüinqüenal intercorrente. CTN, art. 174. Lei 6.830/80, art. 40.

Em execução fiscal, não localizados bens penhoráveis, suspende-se o processo por um ano, findo o qual se inicia o prazo da prescrição quinquenal intercorrente.

RESPOSTA: C

05 - De acordo com a legislação trabalhista, julgue o item seguinte:

Em virtude dos princípios protetivos do trabalhador, no âmbito do processo do trabalho a declaração da prescrição intercorrente somente pode ser requerida pela parte interessada, não podendo o juiz agir de ofício.

COMENTÁRIO

De acordo com a CLT, após a Reforma Trabalhista, a declaração da prescrição intercorrente pode ser requerida ou declarada de ofício em qualquer grau de jurisdição. Assim, estando em desacordo com o quanto previsto no artigo 11-A, §2º, da CLT, é errada a assertiva.

RESPOSTA: Errado

7. PENALIZAÇÃO POR MANTER EMPREGADO NÃO REGISTRADO

QUADRO COMPARATIVO	
ANTES DA REFORMA TRABALHISTA	**APÓS A REFORMA TRABALHISTA**
Art. 47 - A emprêsa que mantiver empregado não registrado nos têrmos do art. 41 e seu parágrafo único, incorrerá na multa de valor igual a 1 (um) salário-mínimo regional, por empregado não registrado, acrescido de igual valor em cada reincidência.	Art. 47. O empregador que mantiver empregado **NÃO registrado** nos termos do art. 41 desta Consolidação ficará sujeito a multa no valor de **R$ 3.000,00 (três mil reais) por empregado NÃO registrado**, acrescido de igual valor em cada reincidência.
Parágrafo único. As demais infrações referentes ao registro de empregados sujeitarão a emprêsa à multa de valor igual à metade do salário-mínimo regional, dobrada na reincidência.	§ 1º Especificamente quanto à infração a que se refere o caput deste artigo, o valor final da multa aplicada será de **R$ 800,00 (oitocentos reais) por empregado NÃO registrado**, quando se tratar de microempresa ou empresa de pequeno porte. § 2ºA infração de que trata o caput deste artigo constitui exceção ao critério da **dupla visita**. Art. 47-A. Na hipótese de NÃO serem informados os dados a que se refere o parágrafo único do art. 41 desta Consolidação, o empregador ficará sujeito à **multa de R$ 600,00 (seiscentos reais) por empregado prejudicado**.

⇔ O QUE MUDOU?

Como se pode observar houve uma majoração da penalidade imposta aos empregadores que mantiverem empregados não registrados nos termos do artigo 41 da CLT.

Quais são estes termos? Vejamos a redação do artigo 41 consolidado:

> *Art. 41 - Em todas as atividades será obrigatório para o empregador o registro dos respectivos trabalhadores, podendo ser adotados livros, fichas ou sistema eletrônico, conforme instruções a serem expedidas pelo Ministério do Trabalho. (Redação dada pela Lei nº 7.855, de 24.10.1989)*

Ficaram da seguinte forma as multas estabelecidas:

MULTA POR FALTA DE REGISTRO EM CTPS	
Regra geral	**Microempresa ou empresa de pequeno porte**
R$ 3.000,00 POR TRABALHADOR	R$ 800,00 POR TRABALHADOR
EM CASO DE REINCIDÊNCIA	
R$ 6.000,00 POR TRABALHADOR	R$ 1.600,00 POR TRABALHADOR

Neste ponto, importante recordar em que consiste o critério da dupla visita.

A exigência do critério da dupla visita encontra respaldo no artigo 627 da CLT. Além disso, o Decreto n. 4.552/2002 estabelece em seu artigo 23 que:

> ***Art. 23.*** Os Auditores-Fiscais do Trabalho têm o dever de orientar e advertir as pessoas sujeitas à inspeção do trabalho e os trabalhadores quanto ao cumprimento da legislação trabalhista, e observarão o critério da dupla visita nos seguintes casos:
>
> I – quando ocorrer promulgação ou expedição de novas leis, regulamentos ou instruções ministeriais, sendo que, com relação exclusivamente a esses atos, será feita apenas a instrução dos responsáveis;
>
> II – quando se tratar de primeira inspeção nos estabelecimentos ou locais de trabalho recentemente inaugurados ou empreendidos;
>
> III – quando se tratar de estabelecimento ou local de trabalho com até dez trabalhadores, salvo quando for constatada infração por falta de registro de empregado ou de anotação da CTPS, bem como na ocorrência de reincidência, fraude, resistência ou embaraço à fiscalização; e
>
> IV – quando se tratar de microempresa e empresa de pequeno porte, na forma da lei específica.
>
> § 1º A autuação pelas infrações não dependerá da dupla visita após o decurso do prazo de noventa dias da vigência das disposições a que se

refere o inciso I ou do efetivo funcionamento do novo estabelecimento ou local de trabalho a que se refere o inciso II.

§ 2º Após obedecido o disposto no inciso III, não será mais observado o critério de dupla visita em relação ao dispositivo infringido.

§ 3º A dupla visita será formalizada em notificação, que fixará prazo para a visita seguinte, na forma das instruções expedidas pela autoridade nacional competente em matéria de inspeção do trabalho.

Isto que significa que, em alguns casos, os órgãos de fiscalização das leis do trabalho somente poderão lavrar autos de infração em sua segunda visita, já que a primeira terá caráter de orientação.

Recapitulado o que vem a ser o critério da dupla visita, para fins da Reforma Trabalhista, importante destacar que ele não se aplica nos casos das infrações relativas a manutenção de empregado não registrado.

Por fim, na hipótese de não serem informados os dados a que se refere o parágrafo único do art. 41 desta Consolidação, o empregador ficará sujeito à multa de R$ 600,00 (seiscentos reais) por empregado prejudicado.

Quais são estes dados?

Art. 41. Parágrafo único - Além da qualificação civil ou profissional de cada trabalhador, deverão ser anotados todos os dados relativos à sua admissão no emprego, duração e efetividade do trabalho, a férias, acidentes e demais circunstâncias que interessem à proteção do trabalhador. (Redação dada pela Lei nº 7.855, de 24.10.1989).

QUESTÕES OBJETIVAS COMENTADAS

01 – De acordo com a legislação trabalhista, julgue o item abaixo:

A empresa que mantiver empregado não registrado incorrerá na multa de valor igual a 1 (um) salário-mínimo regional, por empregado não registrado, acrescido de igual valor em cada reincidência.

COMENTÁRIO

A assertiva traz a antiga redação do artigo 47 da CLT. A partir da Reforma Trabalhista "o empregador que mantiver empregado não registrado nos termos do art. 41 desta Consolidação ficará sujeito a multa no valor de R$ 3.000,00 (três mil reais) por empregado não registrado, acrescido de igual valor em cada reincidência.

RESPOSTA: Errado

02 – De acordo com a legislação trabalhista, julgue o item abaixo:

Caso a microempresa Tudo Certo Ltda. possua empregados não registrados em seu quadro de funcionários estará sujeito a aplicação de multa no valor de R$ 800,00 por funcionário e o dobro em caso de reincidência.

COMENTÁRIO

Estabelece o parágrafo 1º do artigo 47 da CLT estabelece que:

Especificamente quanto à infração a que se refere o caput deste artigo, o valor final da multa aplicada será de R$ 800,00 (oitocentos reais) por empregado não registrado, quando se tratar de microempresa ou empresa de pequeno porte.

Já o caput do artigo 71 estabelece que em caso de reincidência, a penalidade será acrescida de igual valor em caso de reincidência.

RESPOSTA: Certo

03 – De acordo com a legislação trabalhista, julgue o item abaixo:

Suponha que um Auditor Fiscal do Trabalho compareça à empresa ABC Ltda. e verifique a existência de empregados não registrados. Neste caso, ele deverá de imediato lavrar o auto de infração, vez que referida infração não está submetida ao critério da dupla visita.

COMENTÁRIO

A infração consistente na manutenção de empregados não registrados, conforme parágrafo 2º do artigo 47 da CLT não se submete ao critério da dupla visita, não sendo necessária numa primeira visita a orientação sobre as normas trabalhistas para, somente em uma segunda, caso a infração persista, a lavratura do auto de infração. Neste caso, em razão da natureza da infração ser grave, já é possível imediatamente a lavratura do auto.

RESPOSTA: Certo

8. TEMPO À DISPOSIÇÃO DO EMPREGADOR – HORAS *IN ITINERE*

QUADRO COMPARATIVO	
ANTES DA REFORMA TRABALHISTA	**APÓS A REFORMA TRABALHISTA**
Art. 58 - A duração normal do trabalho, para os empregados em qualquer atividade privada, não excederá de 8 (oito) horas diárias, desde que não seja fixado expressamente outro limite.	Art. 58. A duração normal do trabalho, para os empregados em qualquer atividade privada, NÃO excederá de 8 (oito) horas diárias, desde que NÃO seja fixado expressamente outro limite.
§ 2º O tempo despendido pelo empregado até o local de trabalho e para o seu retorno, por qualquer meio de transporte, não será computado na jornada de trabalho, salvo quando, tratando-se de local de difícil acesso ou não servido por transporte público, o empregador fornecer a condução.	§ 2º O tempo despendido pelo empregado desde a **sua residência até a efetiva ocupação do posto de trabalho e para o seu retorno**, caminhando ou por qualquer meio de transporte, inclusive o fornecido pelo empregador, **NÃO será computado na jornada de trabalho, por NÃO ser tempo à disposição do empregador.**
§ 3º Poderão ser fixados, para as microempresas e empresas de pequeno porte, por meio de acordo ou convenção coletiva, em caso de transporte fornecido pelo empregador, em local de difícil acesso ou não servido por transporte público, o tempo médio despendido pelo empregado, bem como a forma e a natureza da remuneração.	§ 3º (Revogado).

⇔ O QUE MUDOU?

Houve significativa alteração do regime de horas in itinere com a Reforma Trabalhista.

Além do artigo 58, §§ 2º e 3º, as horas in itinere são tratadas na Súmula 90 do Tribunal Superior do Trabalho, de seguinte redação:

> *Súmula nº 90 do TST*
>
> *HORAS "IN ITINERE". TEMPO DE SERVIÇO.*
>
> *I – O tempo despendido pelo empregado, em condução fornecida pelo empregador, até o local de trabalho de difícil acesso, ou não servido por transporte público regular, e para o seu retorno é computável na jornada de trabalho.*
>
> *II – A incompatibilidade entre os horários de início e término da jornada do empregado e os do transporte público regular é circunstância que também gera o direito às horas "in itinere".*
>
> *III – A mera insuficiência de transporte público não enseja o pagamento de horas "in itinere".*
>
> *IV – Se houver transporte público regular em parte do trajeto percorrido em condução da empresa, as horas "in itinere" remuneradas limitam-se ao trecho não alcançado pelo transporte público.*
>
> *V – Considerando que as horas "in itinere" são computáveis na jornada de trabalho, o tempo que extrapola a jornada legal é considerado como extraordinário e sobre ele deve incidir o adicional respectivo.*

Verifica-se que, antes da Reforma Trabalhista, seria considerada como jornada de trabalho o tempo despendido pelo trabalhador no trajeto para o local de trabalho, quando este fosse de difícil acesso ou não servido por transporte público.

Com a Reforma Trabalhista, esta possibilidade foi excluída. Assim, independentemente do local de trabalho, não há mais o cômputo como jornada de trabalho das denominadas horas in itinere.

Por fim, para fins de aprofundamento do tema, a justificativa para modificação do regramento é que o empresariado não pode ser prejudicado em virtude da carência do transporte público, cujo dever de fornecimento é do poder público.

QUESTÕES OBJETIVAS COMENTADAS

01 - De acordo com a Reforma Trabalhista, julgue a assertiva abaixo:

A duração normal do trabalho, para os empregados em qualquer atividade privada, não excederá de 8 (oito) horas diárias, prevalecendo esta jornada ainda que fixado expressamente outro limite.

COMENTÁRIO

Em que pese as grandes modificações trazidas pela Reforma Trabalhista, o caput do artigo 58 da CLT se manteve inalterado, motivo pelo qual a afirmação está incorreta quando diz que a jornada de 8 (oito) horas diárias prevalecerá ainda que fixado expressamente outro limite.

Vejamos a redação do artigo em comento:

Art. 58. A duração normal do trabalho, para os empregados em qualquer atividade privada, não excederá de 8 (oito) horas diárias, desde que não seja fixado expressamente outro limite.

RESPOSTA: Errado.

02 - De acordo com a Reforma Trabalhista, julgue a assertiva abaixo:

O tempo despendido pelo empregado até o local de trabalho e para o seu retorno, por qualquer meio de transporte, não será computado na jornada de trabalho, salvo quando, tratando-se de local de difícil acesso ou não servido por transporte público, o empregador fornecer a condução.

COMENTÁRIO

A assertiva traz a antiga redação do artigo 58, §2º, da CLT, motivo pelo qual está incorreta.

A partir da Reforma Trabalhista, houve significativa alteração do regime das horas in itinere, não sendo estas contabilizadas como jornada de trabalho.

Eis a nova redação do dispositivo em comento:

O tempo despendido pelo empregado desde a sua residência até a efetiva ocupação do posto de trabalho e para o seu retorno, caminhando ou por qualquer meio de transporte, inclusive o fornecido pelo empregador, não será computado na jornada de trabalho, por não ser tempo à disposição do empregador.

RESPOSTA: Errado.

03 – De acordo com a Reforma Trabalhista, julgue a assertiva abaixo:

O tempo despendido pelo empregado desde a sua residência até a efetiva ocupação do posto de trabalho e para o seu retorno, caminhando ou por qualquer meio de transporte, inclusive o fornecido pelo empregador, não será computado na jornada de trabalho, por não ser tempo à disposição do empregador.

COMENTÁRIO

A assertiva transcreve fielmente o artigo 58, §2º, da CLT, motivo pelo qual está correta.

RESPOSTA: Certo

04 – A Reforma Trabalhista, em respeito à proteção ao micro e pequeno empresário, manteve a possibilidade de, para fins de cálculo das horas in itinere, serem fixados, por meio de acordo ou convenção coletiva, em caso de transporte fornecido pelo empregador, em local de difícil acesso ou não servido por transporte público, o tempo médio despendido pelo empregado, bem como a forma e a natureza da remuneração.

COMENTÁRIO

A assertiva encontra-se errada, já que a Reforma Trabalhista revogou o §3º do artigo 58 da CLT, que possuía a seguinte redação:

Poderão ser fixados, para as microempresas e empresas de pequeno porte, por meio de acordo ou convenção coletiva, em caso de transporte fornecido pelo empregador, em local de difícil acesso ou não servido por transporte público, o tempo médio despendido pelo empregado, bem como a forma e a natureza da remuneração.

RESPOSTA: Errado.

05 - De acordo com a Reforma Trabalhista, assinale a alternativa correta:

a) O tempo despendido pelo empregado, em condução fornecida pelo empregador, até o local de trabalho de difícil acesso, ou não servido por transporte público regular, e para o seu retorno é computável na jornada de trabalho.

b) A incompatibilidade entre os horários de início e término da jornada do empregado e os do transporte público regular é circunstância que também gera o direito às horas "in itinere".

c) O tempo despendido pelo empregado desde a sua residência até a efetiva ocupação do posto de trabalho e para o seu retorno, caminhando ou por qualquer meio de transporte, inclusive o fornecido pelo empregador, não será computado na jornada de trabalho, por não ser tempo à disposição do empregador.

d) Se houver transporte público regular em parte do trajeto percorrido em condução da empresa, as horas "in itinere" remuneradas limitam-se ao trecho não alcançado pelo transporte público.

e) Considerando que as horas "in itinere" são computáveis na jornada de trabalho, o tempo que extrapola a jornada legal é considerado como extraordinário e sobre ele deve incidir o adicional respectivo.

COMENTÁRIO

Como exposto, a Reforma Trabalhista modificou substancialmente o regramento legal das horas in itinere, o que, consequentemente, prejudicará o teor da súmula 90 do TST.

As assertivas "a", "b", "d" e "e" são reprodução do entendimento sumular que restou superado.

A alternativa "c" reproduz fielmente a nova redação do artigo 58, §2º, da CLT, estando, desta forma, correto.

É necessário muito cuidado com a Súmula 90 do TST, pois as bancas de concurso certamente tentarão induzir os candidatos a erro ao reproduzir o texto ora superado.

RESPOSTA: C

9. TRABALHO EM REGIME DE TEMPO PARCIAL

QUADRO COMPARATIVO	
ANTES DA REFORMA TRABALHISTA	**APÓS A REFORMA TRABALHISTA**
Art.58-A. Considera-se trabalho em regime de tempo parcial aquele cuja duração não exceda a vinte e cinco horas semanais.	Art. 58-A. Considera-se **trabalho em regime de tempo parcial** aquele cuja duração **NÃO exceda a trinta horas semanais**, sem a possibilidade de horas suplementares semanais, ou, **AINDA, aquele cuja duração NÃO exceda a vinte e seis horas semanais**, com a possibilidade de **acréscimo de até seis horas suplementares semanais.** .... § 3º As horas suplementares à duração do trabalho semanal normal SERÃO pagas com o acréscimo de **50% (cinquenta por cento) sobre o salário-hora normal**. § 4º Na hipótese de o contrato de trabalho em regime de tempo parcial **ser estabelecido em número inferior a vinte e seis horas semanais, as horas suplementares a este quantitativo SERÃO consideradas horas extras para fins do pagamento estipulado no § 3º, estando também limitadas a seis horas suplementares semanais.** § 5º **As horas suplementares da jornada de trabalho normal poderão ser compensadas diretamente até a semana imediatamente posterior à da sua execução, devendo ser feita a sua quitação na folha de pagamento do**

	mês subsequente, caso NÃO sejam compensadas. § 6º É **facultado** ao **empregado** contratado sob regime de tempo parcial converter **um terço do período de férias a que tiver direito em abono pecuniário.** § 7º As férias do regime de tempo parcial são regidas pelo disposto no art. 130[4] desta Consolidação.

⇔ *O QUE MUDOU?*

A Reforma Trabalhista trouxe profundas alterações no que diz respeito ao trabalho em regime de tempo parcial. Vejamos, sucintamente, as principais alterações.

De início, importante destacar que o trabalho em regime de tempo parcial não está mais limitado a 25 horas semanais, estando revogado o antigo caput do artigo 58-A. Com a Reforma Trabalhista, surgem duas modalidades de trabalho em regime de tempo parcial, sendo importante a distinção, pois surtirá efeitos na possibilidade, ou não, do labor em horas suplementares.

O quadro abaixo lhe auxiliará a fixar as diferenças e semelhanças.

TRABALHO EM REGIME DE TEMPO PARCIAL	
MODALIDADE 1	**MODALIDADE 2**
Não superior a 30 horas semanais. **(Art. 58-A, caput)**	Não superior a 26 horas semanais. **(Art. 58-A, caput)**
Sem a possibilidade de horas suplementares semanais **(Art. 58-A, caput)**	Com a possibilidade de acréscimo de até seis horas suplementares semanais. **(Art. 58-A, caput)**
-	Acréscimo de 50% (cinquenta por cento) sobre o salário-hora normal. **(Art. 58-A, §3º)**
-	Não pode ultrapassar 06 horas suplementares semanais, ainda que o contrato seja em número de horas inferior a 26 horas semanais. **(Art. 58-A, §4º)**

4 *CLT - Art. 130 - Após cada período de 12 (doze) meses de vigência do contrato de trabalho, o empregado terá direito a férias, na seguinte proporção:*
I – 30 (trinta) dias corridos, quando NÃO houver faltado ao serviço mais de 5 (cinco) vezes;
II – 24 (vinte e quatro) dias corridos, quando houver tido de 6 (seis) a 14 (quatorze) faltas;
III – 18 (dezoito) dias corridos, quando houver tido de 15 (quinze) a 23 (vinte e três) faltas;
IV – 12 (doze) dias corridos, quando houver tido de 24 (vinte e quatro) a 32 (trinta e duas) faltas.
§ 1º - É vedado descontar, do período de férias, as faltas do empregado ao serviço.
§ 2º - O período das férias será computado, para todos os efeitos, como tempo de serviço.

TRABALHO EM REGIME DE TEMPO PARCIAL	
MODALIDADE 1	**MODALIDADE 2**
-	Possibilidade de compensação diretamente até a semana imediatamente posterior à da sua execução. **(Art. 58-A, §5º)**
-	Não sendo compensado na semana seguinte, deve ser quitado na folha de pagamento do mês subsequente. **(Art. 58-A, §5º)**
Facultado ao empregado contratado sob regime de tempo parcial converter um terço do período de férias a que tiver direito em abono pecuniário. **(Art. 58-A, §6º)**	Facultado ao empregado contratado sob regime de tempo parcial converter um terço do período de férias a que tiver direito em abono pecuniário. **(Art. 58-A, §6º)**
As férias do regime de tempo parcial são regidas pelo disposto no art. 130 desta Consolidação, que trata do trabalhador em regime de trabalho normal. **(Art. 58-A, §7º)**	As férias do regime de tempo parcial são regidas pelo disposto no art. 130 desta Consolidação, que trata do trabalhador em regime de trabalho normal. **(Art. 58-A, §7º)**

Sugerimos a leitura atenta do quadro acima, vez que as questões de concursos públicos certamente irão explorar as diferenças apontadas.

QUESTÕES OBJETIVAS COMENTADAS

01 – De acordo com a Reforma Trabalhista, julgue o item a seguir:

Considera-se trabalho em regime de tempo parcial aquele cuja duração não exceda a vinte e cinco horas semanais.

COMENTÁRIO

A partir da Reforma Trabalhista, altera-se o regramento do regime parcial de trabalho, motivo pelo qual a assertiva está incorreta.

A atual redação do artigo 58-A possuir o seguinte teor:

Considera-se trabalho em regime de tempo parcial aquele cuja duração não exceda a trinta horas semanais, sem a possibilidade de horas suplementares semanais, ou, ainda, aquele cuja duração não exceda a vinte e seis horas semanais, com a possibilidade de acréscimo de até seis horas suplementares semanais.

Visualize o quadro abaixo para melhor fixação do novo regramento:

REGIME PARCIAL DE TRABALHO	
NÃO EXCEDER A 30 HORAS SEMANAIS	NÃO EXCEDER A 26 HORAS SEMANAIS
SEM POSSIBILIDADE DE HORAS SUPLEMENTARES	POSSIBILIDADE DE ACRÉSCIMO DE ATÉ 06 HORAS SUPLEMENTARES SEMANAIS

RESPOSTA: Errado

02 - De acordo com a Reforma Trabalhista, julgue o item a seguir:

Considera-se trabalho em regime de tempo parcial aquele cuja duração não exceda a trinta horas semanais, sem a possibilidade de horas suplementares semanais, ou, ainda, aquele cuja duração não exceda a vinte e cinco horas semanais, com a possibilidade de acréscimo de até seis horas suplementares semanais.

COMENTÁRIO

Muito cuidado com as assertivas que induzem o candidato ao erro mesclando a antiga e atual redação da norma relativa ao regime parcial de trabalho.

No caso, a assertiva está errada por trazer o regime parcial de vinte e cinco horas. O candidato desatento poderá ser levado a marcar como correta.

Assim, para fins de fixação do tema, trazemos, mais uma vez, a nova redação do dispositivo:

Considera-se trabalho em regime de tempo parcial aquele cuja duração não exceda a trinta horas semanais, sem a possibilidade de horas suplementares semanais, ou, ainda, aquele cuja duração não exceda a vinte e seis horas semanais, com a possibilidade de acréscimo de até seis horas suplementares semanais.

RESPOSTA: Errada

03 – De acordo com a Reforma Trabalhista, julgue o item a seguir:

As horas suplementares à duração do trabalho semanal normal serão pagas com o acréscimo de 50% (cinquenta por cento) sobre o salário-hora normal.

COMENTÁRIO

A assertiva reproduz fielmente o artigo 58-A, §3º, da CLT, motivo pelo qual está correta.

Destaca-se que, anteriormente, não havia previsão legal de horas extras para o regime parcial de trabalho. Assim, a partir da Reforma Trabalhista, fica estabelecida a possibilidade de realização de até 06 horas suplementares semanais para os casos de regime parcial de trabalho de até 26 horas semanais.

Em razão da importância, trazemos novamente o quadro mnemônico acima exposto:

REGIME PARCIAL DE TRABALHO	
NÃO EXCEDER A 30 HORAS SEMANAIS	NÃO EXCEDER A 26 HORAS SEMANAIS
SEM POSSIBILIDADE DE HORAS SUPLEMENTARES	POSSIBILIDADE DE ACRÉSCIMO DE ATÉ 06 HORAS SUPLEMENTARES SEMANAIS
-	ACRÉSCIMO DE 50% SOBRE O SALÁRIO-HORA

RESPOSTA: Certo

04 – De acordo com a Reforma Trabalhista, analise a situação hipotética a seguir. Suponha que João tenha sido contratado para trabalhar em regime parcial de trabalho de 30 horas semanais e Maria, por seu turno, para trabalhar em regime parcial de trabalho de 20 horas semanais. Neste caso, considerando a redação da CLT após a Reforma Trabalhista, assinale a alternativa correta:

a) O contrato firmado por João viola o regime parcial de trabalho, vez que superior a 25 horas semanais.

b) Caso haja, em determinado mês, um volume de serviço maior do que o normal, será possível que João trabalhe até 06 horas extras por semana, as quais serão pagas com acréscimo de 50% do valor do salário-hora normal.

c) Na hipótese em comento, será legalmente possível que Maria trabalhe, em determinada semana, 28 horas.

d) Não haverá óbice para que Maria trabalhe de segunda-feira a quinta-feira por 4 horas diárias e na sexta-feira e no sábado por 5 horas diárias.

e) Caso João deseje, poderá, unilateralmente, alterar o seu contrato de trabalho em regime de tempo parcial para o regime normal de 44 horas semanais.

COMENTÁRIO

A – Após a Reforma Trabalhista, o regime em trabalho parcial não está limitado a 25 horas semanais, motivo pelo qual a assertiva está incorreta.

B – A assertiva tenta induzir o candidato a erro, pois partindo de uma premissa errada, chega a uma conclusão verdadeira, **porém que não se aplica ao caso**. Uma vez contratado para o regime de trabalho parcial de 30 horas, não há a possibilidade de atividade em horas suplementares, motivo pelo qual a assertiva está incorreta. Todavia, as horas extras (**aplicáveis somente ao regime de contrato parcial não excedente a 26 horas semanais, o que não é o caso da assertiva**) serão remuneradas com acrescido de 50% do valor do salário-hora normal.

C – **Como Maria foi contratada para** laborar 20 horas semanais, ela só pode exercer atividades em horas suplementares por 06 horas semanais, motivo pelo qual a assertiva está incorreta.

D – Realizando o cálculo das horas de trabalho da Maria, chega-se ao seguinte panorama: Seg-Ter- Qua-Qui (4 x 4 horas = 16 horas) + Sex-Sáb (2 x 5 horas = 10 horas) = 26 horas. Nessa hipótese, como o trabalho de regime parcial firmado foi de 20 horas semanais, há a possibilidade de acréscimo das 06 horas suplementares, alcançado, assim, as 26 horas. Desta forma, o item está correto.

E – Não existe esta possibilidade na CLT, estando incorreta a afirmativa.

RESPOSTA: D

05 – De acordo com a Reforma Trabalhista, julgue o item a seguir:

Caso Marcos seja contratado para trabalho em regime de tempo parcial de 30 horas semanais, será possível, quando do trabalho em hora suplementar, a compensação direta das horas trabalhadas até a semana imediatamente posterior à da sua execução, devendo ser feita a sua quitação na folha de pagamento do mês subsequente, caso não sejam compensadas.

> **COMENTÁRIO**
>
> A situação colocada em análise tenta induzir o candidato ao erro, vez que estabelece uma premissa que não possui previsão legal, porém chega a uma conclusão que seria válida.
>
> Com efeito, o trabalho em regime de tempo parcial de 30 horas semanais não possibilita o labor em horas suplementares, o que faz com que a afirmativa esteja errada.
>
> Todavia, para os casos de contrato de trabalho em regime de tempo parcial que possibilita o labor em horas suplementares (aqueles inferiores a 26 horas semanais), de fato, as horas suplementares da jornada de trabalho normal poderão ser compensadas diretamente até a semana imediatamente posterior à da sua execução, devendo ser feita a sua quitação na folha de pagamento do mês subsequente, caso não sejam compensadas.
>
> *RESPOSTA: Errado*

06 - Levando em consideração as alterações ocorridas após a Reforma Trabalhista, julgue os itens abaixo:

I. Considera-se trabalho em regime de tempo parcial aquele cuja duração não exceda a trinta horas semanais, sem a possibilidade de horas suplementares semanais, ou, ainda, aquele cuja duração não exceda a vinte e seis horas semanais, com a possibilidade de acréscimo de até seis horas suplementares semanais.

II. As horas suplementares à duração do trabalho semanal normal serão pagas com o acréscimo de 50% (cinquenta por cento) sobre o salário-hora normal.

III. É facultado ao empregado contratado sob regime de tempo parcial converter um terço do período de férias a que tiver direito em abono pecuniário.

IV. As férias do regime de tempo parcial serão concedidas na proporção das horas de trabalho pactuadas. Assim, por exemplo, será de 18 dias, para a duração do trabalho semanal superior a vinte e duas horas, até vinte e cinco horas.

Assinale a alternativa que corresponde às corretas e às erradas:

a) I e II estão corretas; III e IV estão incorretas;

b) II e III estão corretas; I e IV estão incorretas;

c) I e IV estão corretas; II e III estão incorretas;

d) I II e III estão corretas; IV está incorreta;

e) I, II, III e IV estão corretas

COMENTÁRIO

I – Correto. Redação do artigo 58-A, caput, da CLT.

II – Correto. Redação do artigo 58-A, §3º, da CLT.

III – Correto. Redação do artigo 58-A, §6º, da CLT.

IV – Incorreto. Ao contrário do que afirma a assertiva, "*as férias do regime de tempo parcial são regidas pelo disposto no art. 130 da CLT*" (art. 58-A, §7º, da CLT). A assertiva, pelo contrário, trouxe a regra definida no artigo 130-A da CLT, o qual foi revogado pela Reforma Trabalhista.

RESPOSTA: D

10. PRORROGAÇÃO E COMPENSAÇÃO DE JORNADA

QUADRO COMPARATIVO	
ANTES DA REFORMA TRABALHISTA	**APÓS A REFORMA TRABALHISTA**
Art. 59 - A duração normal do trabalho poderá ser acrescida de horas suplementares, em número não excedente de 2 (duas), mediante acordo escrito entre empregador e empregado, ou mediante contrato coletivo de trabalho.	Art. 59. A duração diária do trabalho **PODERÁ ser acrescida de horas extras, em número NÃO excedente de duas, por acordo individual, convenção coletiva ou acordo coletivo de trabalho.**
§ 1º - Do acordo ou do contrato coletivo de trabalho deverá constar, obrigatoriamente, a importância da remuneração da hora suplementar, que será, pelo menos, 20% (vinte por cento) superior à da hora normal.	§ 1º A remuneração da hora extra **será, pelo menos, 50% (cinquenta por cento) superior à da hora normal.**
§ 2º Poderá ser dispensado o acréscimo de salário se, por força de acordo ou convenção coletiva de trabalho, o excesso de horas em um dia for compensado pela correspondente diminuição em outro dia, de maneira que não exceda, no período máximo de um ano, à soma das jornadas semanais de trabalho previstas, nem seja ultrapassado o limite máximo de dez horas diárias.	§ 2º Poderá ser dispensado o acréscimo de salário se, por força de acordo ou convenção coletiva de trabalho, o excesso de horas em um dia for compensado pela correspondente diminuição em outro dia, de maneira que não exceda, no período máximo de um ano, à soma das jornadas semanais de trabalho previstas, nem seja ultrapassado o limite máximo de dez horas diárias.
§ 3º Na hipótese de rescisão do contrato de trabalho sem que tenha havido a compensação integral da jornada extraordinária, na forma do parágrafo anterior, fará o trabalhador jus ao	§ 3º Na hipótese de rescisão do contrato de trabalho sem que tenha havido **a compensação integral da jornada extraordinária, na forma dos §§ 2º e 5º deste artigo, o trabalhador terá**

pagamento das horas extras não compensadas, calculadas sobre o valor da remuneração na data da rescisão.	**direito ao pagamento das horas extras NÃO compensadas, calculadas sobre o valor da remuneração na data da rescisão.**
§ 4º Os empregados sob o regime de tempo parcial não poderão prestar horas extras. (Incluído pela Medida Provisória nº 2.164-41, de 2001)	§ 4º (Revogado).
Sem previsão anterior.	§ 5º O **banco de horas** de que trata o § 2º deste artigo **PODERÁ** ser pactuado por **acordo individual escrito, desde que a compensação ocorra no período máximo de seis meses.**
Sem previsão anterior.	§ 6º **É lícito o regime de compensação de jornada estabelecido por acordo individual, tácito ou escrito, para a compensação no MESMO mês.**

⇔ O QUE MUDOU?

A primeira alteração digna de nota é a possibilidade do acordo individual para realização de trabalho em sobrejornada de forma escrita ou verbal.

Antes da reforma, o caput do artigo 59 era expresso somente quando à possibilidade do acordo individual escrito. Porém, com a supressão do adjetivo escrito do caput, abre-se a possibilidade para que o acordo seja firmado de forma verbal.

O §1º, por seu turno, adéqua o texto da CLT ao quanto estabelecido no artigo 7º, inciso XVI, da Constituição Federal, de seguinte teor:

Art. 7º São direitos dos trabalhadores urbanos e rurais, além de outros que visem à melhoria de sua condição social: XVI. remuneração do serviço extraordinário superior, no mínimo, em cinquenta por cento à do normal;

O §3º estabelece que na hipótese de rescisão do contrato de trabalho sem que tenha havido a compensação integral da jornada extraordinária prevista no banco de horas acordado, o trabalhador terá direito ao pagamento das horas extras não compensadas, calculadas sobre o valor da remuneração na data da rescisão.

A razão da modificação do §3º foi justamente albergar os acordos de bancos de horas individuais, vez que a antiga redação fazia menção somente ao §2º, o qual, diga-se de passagem, não foi alterado pela Reforma Trabalhista.

O §4º, por seu turno, foi revogado, tendo em vista que a Reforma Trabalhista passou a possibilitar a prestação de horas extras no caso do trabalho em regime de tempo parcial, sendo importante lembrar que somente será aceito nos casos de contratos que fixem jornadas não superiores a 26 horas semanais. Para maiores detalhes, convidamos a estudar novamente o ponto anterior.

O polêmico §5º prevê a possibilidade de ser pactuado o banco de horas por acordo individual escrito, desde que a compensação ocorra no período máximo de seis meses.

Por fim, o §6º - que não trata do regime de banco de horas - dispõe ser lícito o regime de compensação de jornada estabelecido por acordo individual, tácito ou escrito, para a compensação no mesmo mês.

Neste ponto, importante fixar as diferenças entre a compensação individual ordinária daquele prevista para o banco de horas individual. Veja o quadro:

ACORDO INDIVIDUAL X HORAS EXTRAS	
COMPENSAÇÃO NORMAL	**BANCO DE HORAS "INDIVIDUAL"**
FORMA: Acordo individual, escrito ou tácito	FORMA: Acordo individual escrito
PRAZO PARA COMPENSAR: 01 mês	PRAZO PARA COMPENSAR: 06 meses
PREVISÃO LEGAL: Art. 59, §6º, da CLT	PREVISÃO LEGAL: Art. 59, §5º, da CLT

Para fins de fixação, segue comparativo entre o banco de horas coletivo e o banco de horas individual:

BANCO DE HORAS "COLETIVO" X BANCO DE HORAS "INDIVIDUAL"	
BANCO DE HORAS "COLETIVO"	**BANCO DE HORAS "INDIVIDUAL"**
FORMA: Acordo ou convenção coletiva	FORMA: Acordo individual escrito
PRAZO PARA COMPENSAR: 01 ano	PRAZO PARA COMPENSAR: 06 meses
PREVISÃO LEGAL: Art. 59, §2º, da CLT	PREVISÃO LEGAL: Art. 59, §5º, da CLT

Por fim, importante consignar que as normas ora comentadas superaram os seguintes itens da súmula 85 do TST:

> Súmula nº 85 do TST
>
> COMPENSAÇÃO DE JORNADA.
>
> I. A compensação de jornada de trabalho deve ser ajustada por acordo individual escrito, acordo coletivo ou convenção coletiva.
>
> **JUSTIFICATIVA: É possível o acordo individual tácito para compensação de jornada de trabalho. Neste caso, a compensação deve ser realizada no mesmo mês. Vide artigo 59, § 6º.**
>
> V. As disposições contidas nesta súmula não se aplicam ao regime compensatório na modalidade "banco de horas", que somente pode ser instituído por negociação coletiva.

JUSTIFICATIVA: A modalidade "banco de horas" passou a ser permitida mediante acordo individual. Vide artigo 59, § 5º.

QUESTÕES OBJETIVAS COMENTADAS

01 – De acordo com a Reforma Trabalhista, julgue o item a seguir:

A duração diária do trabalho poderá ser acrescida de horas extras, em número não excedente de duas, por acordo individual, convenção coletiva ou acordo coletivo de trabalho.

COMENTÁRIO

A assertiva traz a literalidade do caput do artigo 59 da CLT após a Reforma Trabalhista. Destaca-se a possibilidade de o ajuste individual para o trabalho excedente não exigir mais a forma escrita, como estabelecia a antiga redação do dispositivo.

Todavia, importante lembrar que, conforme estabelece o artigo 59, §6º, da CLT a compensação nos acordos individuais (seja tácito ou escrito) deverá ocorrer no mesmo mês.

RESPOSTA: Certo

02 – De acordo com a Reforma Trabalhista, julgue o item a seguir:

Do acordo ou do contrato coletivo de trabalho deverá constar, obrigatoriamente, a importância da remuneração da hora suplementar, que será, pelo menos, 20% (vinte por cento) superior à da hora normal.

COMENTÁRIO

A assertiva traz a literalidade da antiga redação do artigo 59, §1º, da CLT. A redação pós Reforma Trabalhista possui o seguinte teor:

Art. 59, §1º. A remuneração da hora extra será, pelo menos, 50% (cinquenta por cento) superior à da hora normal.

Importante destacar que a antiga redação já não mais prevalecia, tendo em vista o quanto previsto no artigo 7º, inciso XVI, da Constituição Federal, ora transcrito:

Art. 7º São direitos dos trabalhadores urbanos e rurais, além de outros que visem à melhoria de sua condição social: XVI. remuneração do serviço extraordinário superior, no mínimo, em cinquenta por cento à do normal;

O legislador ordinário, com a Reforma Trabalhista, nada mais fez do que adequar o texto da CLT ao quanto previsto na Constituição Federal.

RESPOSTA: Errado.

03 – De acordo com a Reforma Trabalhista, julgue o item a seguir:

A partir da Reforma Trabalhista, será possível que o sistema de banco de horas seja pactuado por acordo individual escrito, desde que a compensação ocorra no período máximo de seis meses; demais disso é lícito o regime de compensação de jornada estabelecido por acordo individual, tácito ou escrito, para a compensação no mesmo mês.

COMENTÁRIO

A assertiva traz a combinação de duas normas previstas na Reforma Trabalhista, quais sejam:

Art. 59. § 5º. O banco de horas de que trata o § 2º deste artigo poderá ser pactuado por acordo individual escrito, desde que a compensação ocorra no período máximo de seis meses.

Art. 59. § 6º. É lícito o regime de compensação de jornada estabelecido por acordo individual, tácito ou escrito, para a compensação no mesmo mês.

Para fins de fixação do tema, veja o quadro a seguir:

ACORDO INDIVIDUAL X HORAS EXTRAS	
COMPENSAÇÃO NORMAL	**BANCO DE HORAS "INDIVIDUAL"**
FORMA: Acordo individual, escrito ou tácito	FORMA: Acordo individual escrito
PRAZO PARA COMPENSAR: 01 mês	PRAZO PARA COMPENSAR: 06 meses
PREVISÃO LEGAL: Art. 59, §6º, da CLT	PREVISÃO LEGAL: Art. 59, §5º, da CLT

Desta forma, a assertiva está correta.

RESPOSTA: Certo

04 - De acordo com a Reforma Trabalhista, assinale a alternativa incorreta:

a) A duração diária do trabalho poderá ser acrescida de horas extras, em número não excedente de duas, por acordo individual, convenção coletiva ou acordo coletivo de trabalho.

b) A remuneração da hora extra será, pelo menos, 50% (cinquenta por cento) superior à da hora normal.

c) A duração normal do trabalho poderá ser acrescida de horas suplementares, em número não excedente de 2 (duas), exclusivamente mediante acordo escrito entre empregador e empregado.

d) O banco de horas poderá ser pactuado por acordo individual escrito, desde que a compensação ocorra no período máximo de seis meses.

e) É lícito o regime de compensação de jornada estabelecido por acordo individual, tácito ou escrito, para a compensação no mesmo mês.

COMENTÁRIO

A – Correto. Redação do artigo 59, caput, da CLT.

B – Correto. Redação do artigo 59, §1º, da CLT.

C – Incorreto. Existe a possibilidade de pactuação de horas extras por outros instrumentos, como, por exemplo, acordo verbal entre empregador e empregador. Caput do artigo 59.

D – Correto. Redação do artigo 59, §5º, da CLT.

E – Correto. Redação do artigo 59, §6º, da CLT.

RESPOSTA: C

05 - De acordo com a Reforma Trabalhista, julgue o item a seguir:

Com relação ao regime de hora extra, poderá ser dispensado o acréscimo de salário se, por força de acordo ou convenção coletiva de trabalho, o excesso de horas em um dia for compensado pela correspondente diminuição em outro dia, de maneira que não exceda, no período máximo de um ano, à soma das jornadas semanais de trabalho previstas, nem seja ultrapassado o limite máximo de dez horas diárias.

COMENTÁRIO

A assertiva está correta, pois traz a literalidade do artigo 59, §2º, da CLT, o qual não foi alterado pela Reforma Trabalhista.

É importante conhecê-lo, pois permite um paralelo entre o regime de banco de horas "coletivo" e o regime de banco de horas "individual". Veja o quadro comparativo a seguir para fins de fixação:

BANCO DE HORAS "COLETIVO" X BANCO DE HORAS "INDIVIDUAL"	
BANCO DE HORAS "COLETIVO"	**BANCO DE HORAS "INDIVIDUAL"**
FORMA: Acordo ou convenção coletiva	FORMA: Acordo individual escrito
PRAZO PARA COMPENSAR: 01 ano	PRAZO PARA COMPENSAR: 06 meses
PREVISÃO LEGAL: Art. 59, §2º, da CLT	PREVISÃO LEGAL: Art. 59, §5º, da CLT

RESPOSTA: Certo

06 - 2016 - FCC - TRT - 14ª Região (RO e AC) - Analista Judiciário - ADAPTADA

Para trabalhadores que fazem a jornada legal prevista no artigo 7°, inciso XIII da Constituição Federal, a compensação de jornada denominada "banco de horas" sem a remuneração de horas suplementares e observada a soma das jornadas semanais de trabalho previstas, será legalmente possível, desde que mediante.

a) acordo individual, observado o período máximo de um mês e não seja ultrapassado o limite máximo de 12 horas diárias.

b) acordo judicial, observado o período máximo de um ano e não seja ultrapassado o limite máximo de 12 horas diárias.

c) acordo individual, observado o período máximo de seis meses e não seja ultrapassado o limite máximo de 8 horas diárias.

d) acordo coletivo de trabalho ou convenção coletiva de trabalho, observado o período máximo de dois anos e não seja ultrapassado o limite máximo de 10 horas diárias.

e) acordo individual escrito, desde que a compensação ocorra no período máximo de seis meses, ou convenção coletiva de trabalho ou acordo coletivo de trabalho, observado o período máximo de um ano e não ultrapasse o limite máximo de 10 horas diárias.

COMENTÁRIO

A questão exigiu o conhecimento do texto de lei da CLT, sendo que a única alternativa que está de acordo com os §§ 2º e 5º do artigo 59 da CLT é a letra E.

RESPOSTA: E

11. REGIME DE TRABALHO 12 X 36 MEDIANTE ACORDO INDIVIDUAL ESCRITO

QUADRO COMPARATIVO	
ANTES DA REFORMA TRABALHISTA	**APÓS A REFORMA TRABALHISTA**
Sem previsão anterior.	Art. 59-A Em exceção ao disposto no art. 59 desta Consolidação e em leis específicas, **é facultado às partes,** por meio de **convenção coletiva ou acordo coletivo** de trabalho**, estabelecer horário de trabalho de doze horas seguidas por trinta e seis horas ininterruptas de descanso, observados** ou indenizados os intervalos para repouso e alimentação. § 1º A remuneração mensal pactuada pelo horário previsto no caput abrange os pagamentos devidos pelo descanso semanal remunerado e pelo descanso em feriados e SERÃO considerados compensados os feriados e as prorrogações de trabalho noturno, quando houver, de que tratam o art. 70 e o § 5º do art. 73 desta Consolidação. § 2º É facultado às entidades atuantes no setor de saúde estabelecer, por meio de acordo individual escrito, convenção coletiva ou acordo coletivo de trabalho, horário de trabalho de doze horas seguidas por trinta e seis horas ininterruptas de descanso, observados ou indenizados os intervalos para repouso e alimentação." (NR)

⇔ O QUE MUDOU?

O artigo 59-A traz a previsão legal do regime 12 x 36, estabelecendo uma exceção ao quanto previsto no artigo 59 da CLT.

Dito em outras palavras: no regime de 12 horas de trabalho seguidas por 36 horas ininterruptas de descanso, as horas que excedem as oito horas diárias ("duração normal do trabalho") não são consideradas como horas suplementares, muito menos há a limitação de duas horas.

ARTIGO 59	ARTIGO 59-A
Art. 59 - A duração normal do trabalho poderá ser acrescida de horas suplementares, em número não excedente de 2 (duas), mediante acordo escrito entre empregador e empregado, ou mediante contrato coletivo de trabalho.	**É facultado às partes**, por meio de **convenção coletiva ou acordo coletivo** de trabalho, **estabelecer horário de trabalho de doze horas seguidas por trinta e seis horas ininterruptas de descanso, observados ou indenizados os intervalos para repouso e alimentação.**

De se observar que o regime 12 x 36 era considerado excepcional pelo Tribunal Superior do Trabalho:

> *Súmula nº 444 do TST*
>
> *JORNADA DE TRABALHO. NORMA COLETIVA. LEI. ESCALA DE 12 POR 36. VALIDADE.*
>
> *É valida, em caráter excepcional, a jornada de doze horas de trabalho por trinta e seis de descanso, prevista em lei ou ajustada exclusivamente mediante acordo coletivo de trabalho ou convenção coletiva de trabalho, assegurada a remuneração em dobro dos feriados trabalhados. O empregado não tem direito ao pagamento de adicional referente ao labor prestado na décima primeira e décima segunda horas.*

Com a alteração, permite-se que o regime 12 x 36 seja acordado mediante acordo ou convenção coletiva. Logo, verifica-se que houve uma incorporação do entendimento do Tribunal Superior do Trabalho pela CLT.

Além disso, é importante observar que, antes da vigência da medida provisória nº 808/2017, a redação posta pela Lei nº 13.467/2017 permitia que o regime de 12 x 36 fosse acordado por acordo individual escrito. Porém, atualmente, o parágrafo 2º do art.59-A faculta às partes que utilizem o acordo individual escrito para firmar esse regime de trabalho, se as entidades atuarem no setor de saúde.

Fixada as três possibilidades acima, importante destacar a substancial alteração no que tange os feriados e as prorrogações de trabalho noturno, quando houver.

Antes da Reforma Trabalhista, o empregado que trabalhava sob o regime 12 x 36 possuía direito à remuneração em dobro e pelo descanso em feriados e à hora noturna reduzida. Além disso, o intervalo intrajornada para almoço não poderia ser suprimido e indenizado.

Após a Reforma Trabalhista, extingue-se o direito à remuneração em dobro do descanso semanal remunerado e dos feriados trabalhados e à hora noturna reduzida, bem como abre a possibilidade de supressão do intervalo intrajornada para repouso ou alimentação, o qual poderá, em substituição, ser indenizado.

Vejamos os artigos referenciados pelo parágrafo primeiro do artigo 59-A:

<table>
<tr><td colspan="2">A remuneração mensal pactuada pelo horário previsto no caput abrange os pagamentos devidos pelo descanso semanal remunerado e pelo descanso em feriados e serão considerados compensados os feriados e as prorrogações de trabalho noturno, quando houver, de que tratam o art. 70 e o § 5º do art. 73.</td></tr>
<tr><th>ARTIGO 70</th><th>ARTIGO 73, §5º</th></tr>
<tr><td>Art. 70 - Salvo o disposto nos artigos 68 e 69, é vedado o trabalho em dias feriados nacionais e feriados religiosos, nos termos da legislação própria.

ARTIGO 68

Art. 68 - O trabalho em domingo, seja total ou parcial, na forma do art. 67, será sempre subordinado à permissão prévia da autoridade competente em matéria de trabalho.

Parágrafo único - A permissão será concedida a título permanente nas atividades que, por sua natureza ou pela conveniência pública, devem ser exercidas aos domingos, cabendo ao Ministro do Trabalho, Indústria e Comercio expedir instruções em que sejam especificadas tais atividades. Nos demais casos, ela será dada sob forma transitória, com discriminação do período autorizado, o qual, de cada vez, não excederá de 60 (sessenta) dias.</td><td>Art. 73. Salvo nos casos de revezamento semanal ou quinzenal, o trabalho noturno terá remuneração superior a do diurno e, para esse efeito, sua remuneração terá um acréscimo de 20 % (vinte por cento), pelo menos, sobre a hora diurna. (Redação dada pelo Decreto-lei nº 9.666, de 1946)

§ 1º A hora do trabalho noturno será computada como de 52 minutos e 30 segundos. (Redação dada pelo Decreto-lei nº 9.666, de 1946)

§ 2º Considera-se noturno, para os efeitos deste artigo, o trabalho executado entre as 22 horas de um dia e as 5 horas do dia seguinte.(Redação dada pelo Decreto-lei nº 9.666, de 1946)

§ 3º O acréscimo, a que se refere o presente artigo, em se tratando de empresas que não mantêm, pela natureza de suas atividades, trabalho noturno habitual, será feito, tendo em vista os quantitativos pagos por trabalhos diurnos de natureza semelhante.</td></tr>
</table>

ARTIGO 69

Art. 69 - Na regulamentação do funcionamento de atividades sujeitas ao regime deste Capítulo, os municípios atenderão aos preceitos nele estabelecidos, e as regras que venham a fixar não poderão contrariar tais preceitos nem as instruções que, para seu cumprimento, forem expedidas pelas autoridades competentes em matéria de trabalho.

Na prática, significa que, caso um empregado trabalhe parte das 12 horas de sua jornada em dia que seja repouso semanal ou feriado, ele não fará jus a remuneração em dobro. Além disso, será possível a não concessão do intervalo intrajornada para repouso ou alimentação, o qual poderá ser substituído pela indenização prevista no caput do artigo 59-A.

Em relação às empresas cujo trabalho noturno decorra da natureza de suas atividades, o aumento será calculado sobre o salário mínimo geral vigente na região, não sendo devido quando exceder desse limite, já acrescido da percentagem. (Redação dada pelo Decreto-lei nº 9.666, de 1946)

§ 4º Nos horários mistos, assim entendidos os que abrangem períodos diurnos e noturnos, aplica-se às horas de trabalho noturno o disposto neste artigo e seus parágrafos. (Redação dada pelo Decreto-lei nº 9.666, de 1946)

§ 5º Às prorrogações do trabalho noturno aplica-se o disposto neste capítulo.

Na prática, significa que, caso um empregado trabalhe parte das 12 horas de sua jornada em dia que seja repouso semanal ou feriado, ele não fará jus a remuneração em dobro. Além disso, será possível a não concessão do intervalo intrajornada para repouso ou alimentação, o qual poderá ser substituído pela indenização prevista no caput do artigo 59-A.

QUESTÕES OBJETIVAS COMENTADAS

01 – De acordo com a Reforma Trabalhista, julgue o item a seguir:

De maneira geral, é facultado às partes, mediante acordo individual, convenção coletiva ou acordo coletivo de trabalho, estabelecer horário de trabalho de doze horas seguidas por trinta e seis horas ininterruptas de descanso, observados ou indenizados os intervalos para repouso e alimentação.

COMENTÁRIO

A assertiva se encontra incorreta, tendo em vista que não há a possibilidade de estabelecer horário de trabalho de doze horas seguidas por trinta e seis ininterruptas de descanso por intermédio de acordo individual escrito, salvo se forem entidade atuantes no setor de saúde.

Essa possibilidade foi prevista inicialmente na Lei nº 13.467/17, porém, a Medida Provisória nº 808/2017 acabou por suprimi-la.

RESPOSTA: Errado

02 - De acordo com a situação hipotética a seguir e levando em consideração a Reforma Trabalhista, assinale a alternativa correta:

João, vigilante que exerce atividade sob o regime de 12 horas de trabalho por 36 horas de descanso, está escalado para trabalhar no feriado de sete de setembro. Neste caso:

a) Caso o feriado de 07 de setembro caia em um domingo, João deverá ser remunerado em dobro.

b) Não será possível a supressão do horário de almoço de João.

c) A jornada de trabalho à qual João está submetido somente pode ser firmada mediante convenção coletiva de trabalho.

d) João não fará jus à remuneração em dobro em razão do labor em feriado.

e) João deverá ser remunerado em dobro em razão do labor em feriado.

COMENTÁRIO

A – Errado. A remuneração mensal pactuada pelo horário previsto no caput deste artigo abrange os pagamentos devidos pelo descanso semanal remunerado e pelo descanso em feriados.

B – Errado. Podem ser indenizados os intervalos para repouso e alimentação.

C – Errado. É facultado às partes firmar essa jornada de trabalho tanto por convenção coletiva como por acordo coletivo de trabalho. Ou seja, não é permitido somente por meio de convenção coletiva.

D – Correto. A remuneração mensal pactuada pelo horário previsto no caput do artigo 59-A abrange os pagamentos devidos pelo descanso semanal remunerado e pelo descanso em feriados.

E – Errado. A remuneração mensal pactuada pelo horário previsto no caput do artigo 59-A abrange os pagamentos devidos pelo descanso semanal remunerado e pelo descanso em feriados.

Para fins de fixação, releia o teor do artigo 59-A da CLT:

"Em exceção ao disposto no art. 59 e em leis específicas, é facultado às partes, por meio de convenção coletiva ou acordo coletivo de trabalho, estabelecer horário de trabalho de doze horas seguidas por trinta e seis horas ininterruptas de descanso, observados ou indenizados os intervalos para repouso e alimentação.

§ 1º A remuneração mensal pactuada pelo horário previsto no caput abrange os pagamentos devidos pelo descanso semanal remunerado e pelo descanso em feriados e serão considerados compensados os feriados e as prorrogações de trabalho noturno, quando houver, de que tratam o art. 70 e o § 5º do art. 73.

§ 2º É facultado às entidades atuantes no setor de saúde estabelecer, por meio de acordo individual escrito, convenção coletiva ou acordo coletivo de trabalho, horário de trabalho de doze horas seguidas por trinta e seis horas ininterruptas de descanso, observados ou indenizados os intervalos para repouso e alimentação."

RESPOSTA: Letra D

12. DURAÇÃO DO TRABALHO

QUADRO COMPARATIVO	
ANTES DA REFORMA TRABALHISTA	**APÓS A REFORMA TRABALHISTA**
Sem previsão anterior.	Art. 59-B. **O NÃO atendimento das exigências legais para compensação de jornada, inclusive quando estabelecida mediante acordo tácito, NÃO implica a repetição do pagamento das horas excedentes à jornada normal diária se NÃO ultrapassada a duração máxima semanal, sendo devido apenas o respectivo adicional.** Parágrafo único. **A prestação de horas extras habituais NÃO descaracteriza o acordo de compensação de jornada e o banco de horas.**

⇔ ***O QUE MUDOU?***

O caput do artigo 59-B, se alinhando ao entendimento sumulado do TST, estabelece que "o não atendimento das exigências legais para compensação de jornada, inclusive quando estabelecida mediante acordo tácito, não implica a repetição do pagamento das horas excedentes à jornada normal diária se não ultrapassada a duração máxima semanal, sendo devido apenas o respectivo adicional". Vejamos o quadro comparativo a seguir:

ARTIGO 59-B, CAPUT	SÚMULA 85, ITEM III (MANTIDO)
O não atendimento das exigências legais para compensação de jornada, inclusive quando estabelecida mediante acordo tácito, não implica a repetição do pagamento das horas excedentes à jornada normal diária se não ultrapassada a duração máxima semanal, sendo devido apenas o respectivo adicional.	O mero não atendimento das exigências legais para a compensação de jornada, inclusive quando encetada mediante acordo tácito, não implica a repetição do pagamento das horas excedentes à jornada normal diária, se não dilatada a jornada máxima semanal, sendo devido apenas o respectivo adicional.

Por seu turno, de acordo com o parágrafo único do artigo 59-B da CLT, "a prestação de horas extras habituais não descaracteriza o acordo de compensação de jornada e o banco de horas".

Referida norma supera o entendimento consubstanciado pela súmula 85, item IV, do TST. Vejamos o quadro a seguir:

ARTIGO 59-B, PARÁGRAFO ÚNICO	SÚMULA 85, ITEM IV (SUPERADO)
A prestação de horas extras habituais não descaracteriza o acordo de compensação de jornada e o banco de horas.	A prestação de horas extras habituais descaracteriza o acordo de compensação de jornada. Nesta hipótese, as horas que ultrapassarem a jornada semanal normal deverão ser pagas como horas extraordinárias e, quanto àquelas destinadas à compensação, deverá ser pago a mais apenas o adicional por trabalho extraordinário. (ex-OJ nº 220 da SBDI-1 - inserida em 20.06.2001)

QUESTÕES OBJETIVAS COMENTADAS

01 – De acordo com a Reforma Trabalhista, assinale a alternativa correta.

a) A compensação de jornada de trabalho deve ser ajustada por acordo individual escrito, acordo coletivo ou convenção coletiva.

b) O acordo individual para compensação de horas é válido, independentemente se houver norma coletiva em sentido contrário.

c) O não atendimento das exigências legais para compensação de jornada, inclusive quando estabelecida mediante acordo tácito, não implica a repetição do pagamento das horas excedentes à jornada normal diária se não ultrapassada a duração máxima semanal, sendo devido apenas o respectivo adicional.

d) A prestação de horas extras habituais descaracteriza o acordo de compensação de jornada. Nesta hipótese, as horas que ultrapassarem a jornada semanal normal deverão ser pagas como horas extraordinárias e, quanto àquelas destinadas à compensação, deverá ser pago a mais apenas o adicional por trabalho extraordinário.

e) O regime compensatório na modalidade "banco de horas" somente pode ser instituído por negociação coletiva.

COMENTÁRIO

A – Errado. A compensação de jornada de trabalho pode ser ajustada por acordo individual tácito.

B – Errado. O entendimento consubstanciado no item II da súmula 85 continua válido: "o acordo individual para compensação de horas é válido, salvo se houver norma coletiva em sentido contrário".

C – Correto. Artigo 59-B, caput, da CLT.

D – Errado. O teor do item IV da súmula 85 do TST restou superado pelo artigo 59-B, parágrafo único, de seguinte teor: a prestação de horas extras habituais não descaracteriza o acordo de compensação de jornada e o banco de horas.

E – Errado. A modalidade "banco de horas" passou a ser permitida mediante acordo individual.

RESPOSTA: Letra C

02 – De acordo com a Reforma Trabalhista, julgue o item a seguir:

A prestação de horas extras habituais descaracteriza o acordo de compensação de jornada e o banco de horas.

COMENTÁRIO

Com a Reforma Trabalhista, superou-se o entendimento constante no item IV da súmula 85 do TST.

Prevalece o artigo 59-B, parágrafo único, da CLT com o seguinte teor:

A prestação de horas extras habituais não descaracteriza o acordo de compensação de jornada e o banco de horas.

RESPOSTA: Errado

03 – 2013 - FCC - TRT - 1ª REGIÃO (RJ) - Analista Judiciário - Área Judiciária - ADAPTADA

De acordo com o entendimento sumulado do TST, em relação à compensação de jornada é incorreto afirmar:

a) O regime compensatório na modalidade "banco de horas" somente pode ser instituído por negociação coletiva.

b) A prestação de horas extras habituais não descaracteriza o acordo de compensação de jornada.

c) O acordo individual para compensação na modalidade "banco de horas" é válido, salvo se houver norma coletiva em sentido contrário.

d) É válido acordo tácito para compensação de jornada, exceto na modalidade "banco de horas".

e) O não atendimento das exigências legais para compensação de jornada, inclusive quando estabelecida mediante acordo tácito, não implica a repetição do pagamento das horas excedentes à jornada normal diária se não ultrapassada a duração máxima semanal, sendo devido apenas o respectivo adicional.

COMENTÁRIO

A – Errado. Com a Reforma Trabalhista passa a ser possível por negociação individual.

B – Correto. Art. 59-B, parágrafo único, da CLT. A prestação de horas extras habituais não descaracteriza o acordo de compensação de jornada e o banco de horas.

C – Correto. O entendimento consubstanciado no item II da súmula 85 continua válido: "o acordo individual para compensação de horas é válido, salvo se houver norma coletiva em sentido contrário".

D – Correto. É o que se depreende do artigo 59, §§ 5º e 6º, da CLT.

E –Correto. Art. 59-B, caput.

RESPOSTA: Letra A

QUADRO COMPARATIVO	
ANTES DA REFORMA TRABALHISTA	**APÓS A REFORMA TRABALHISTA**
"Art. 60. Nas atividades insalubres, assim consideradas as constantes dos quadros mencionados no capítulo "Da Segurança e da Medicina do Trabalho", ou que neles venham a ser incluídas por ato do Ministro do Trabalho, Indústria e Comercio, quaisquer prorrogações só poderão ser acordadas mediante licença	Art. 60.Nas atividades insalubres, assim consideradas as constantes dos quadros mencionados no capítulo "Da Segurança e da Medicina do Trabalho", ou que neles venham a ser incluídas por ato do Ministro do Trabalho, Indústria e Comercio, quaisquer prorrogações só poderão ser acordadas mediante

prévia das autoridades competentes em matéria de higiene do trabalho, as quais, para esse efeito, procederão aos necessários exames locais e à verificação dos métodos e processos de trabalho, quer diretamente, quer por intermédio de autoridades sanitárias federais, estaduais e municipais, com quem entrarão em entendimento para tal fim. ...	licença prévia das autoridades competentes em matéria de higiene do trabalho, as quais, para esse efeito, procederão aos necessários exames locais e à verificação dos métodos e processos de trabalho, quer diretamente, quer por intermédio de autoridades sanitárias federais, estaduais e municipais, com quem entrarão em entendimento para tal fim. ...
Sem previsão anterior.	Parágrafo único. **Excetuam-se da exigência de licença prévia as jornadas de doze horas de trabalho por trinta e seis horas ininterruptas de descanso.**

⇔ *O QUE MUDOU?*

Estabelece o caput do artigo 60 da CLT que nas atividades insalubres quaisquer prorrogações só poderão ser acordadas mediante licença prévia das autoridades competentes em matéria de higiene do trabalho.

Tendo em vista a regulamentação da jornada 12 x 36, a fim de que não surgissem dúvidas, foi acrescido o parágrafo único, o qual dispensa, para referido regime, a autorização prévia do Ministério do Trabalho a que o caput do artigo 60 faz alusão.

? QUESTÕES OBJETIVAS COMENTADAS

01 – 2014 - FCC - TRT - 2ª REGIÃO (SP) - Analista Judiciário - Oficial de Justiça Avaliador - ADAPTADA

Em relação ao trabalho extraordinário, é correto afirmar que:

a) os empregados contratados sob o regime de tempo parcial poderão prestar horas extras, desde que acordado expressamente com o sindicato da categoria.

b) as horas extras decorrentes de força maior ou de serviços inadiáveis podem ser prestadas, desde que existente acordo de prorrogação de horas firmado entre empregado e empregador.

c) o acordo de prorrogação de jornada de trabalho deve ser escrito e necessariamente celebrado coletivamente, mediante negociação coletiva de trabalho.

d) o trabalho em horas extras é permitido aos empregados que trabalham em atividades insalubres, sendo necessária, porém, exceto aqueles cuja jornada de trabalho seja 12 x 36, licença prévia das autoridades competentes em matéria de higiene do trabalho.

e) todo empregado tem direito a um descanso de 15 minutos, no mínimo, antes do início do período extraordinário de serviço em caso de prorrogação do horário normal de trabalho.

COMENTÁRIO

A – Errado. Com a Reforma Trabalhista, é possível para empregados contratados em regime de tempo parcial inferiores a 26 horas prestar horas extras, sendo desnecessário acordo com o sindicato da categoria. (Art. 58-A)

B – Errado. Não há exigência de acordo de prorrogação de horas firmado entre empregado e empregador. (Art. 61 da CLT)

C – Errado. O acordo não precisa necessariamente ser coletivo.

D – Correto. A assertiva está em consonância com o artigo 60, parágrafo único da CLT.

E – Errado. Somente as mulheres possuíam referido direito, conforme redação do artigo 384 da CLT em vigor antes da Reforma Trabalhista, inserido no capítulo "Da proteção da mulher". Após a Reforma Trabalhista, referido direito é extinto. (Art. 5º, I, da Lei nº 13.467/2017 – Reforma Trabalhista).

RESPOSTA: Letra D

QUADRO COMPARATIVO

ANTES DA REFORMA TRABALHISTA	APÓS A REFORMA TRABALHISTA
"Art. 61. Ocorrendo necessidade imperiosa, PODERÁ a duração do trabalho exceder do limite legal ou convencionado, seja para fazer face a motivo de força maior, seja para atender à realização ou conclusão de serviços inadiáveis ou cuja inexecução possa acarretar prejuízo manifesto.	Art. 61. Ocorrendo necessidade imperiosa, PODERÁ a duração do trabalho exceder do limite legal ou convencionado, seja para fazer face a motivo de força maior, seja para atender à realização ou conclusão de serviços inadiáveis ou cuja inexecução possa acarretar prejuízo manifesto.

§ 1º - O excesso, nos casos deste artigo, poderá ser exigido independentemente de acordo ou contrato coletivo e deverá ser comunicado, dentro de 10 (dez) dias, à autoridade competente em matéria de trabalho, ou, antes desse prazo, justificado no momento da fiscalização sem prejuízo dessa comunicação.	§ 1º O excesso, nos casos deste artigo, pode ser exigido **independentemente de convenção coletiva ou acordo coletivo de trabalho.**

O QUE MUDOU?

Antes mesmo da Reforma Trabalhista, a duração do trabalho poderia, em caso de necessidade imperiosa, exceder o limite legal ou convencionado. Isto não mudou.

A grande diferença é que, antes, o §1º exigia a comunicação, dentro de 10 (dez) dias, à autoridade competente em matéria de trabalho, ou, antes desse prazo, justificado no momento da fiscalização sem prejuízo dessa comunicação.

Com a Reforma Trabalhista, o empregador poderá exigir o trabalho além da jornada independentemente de convenção coletiva ou acordo coletivo de trabalho, sem a necessidade da referida comunicação.

QUESTÕES OBJETIVAS COMENTADAS

01 - De acordo com a Reforma Trabalhista, julgue o item a seguir:

Ocorrendo necessidade imperiosa, poderá a duração do trabalho exceder do limite legal ou convencionado, apenas para fazer face a motivo de força maior.

COMENTÁRIO

A assertiva está incorreta, uma vez que também é admitido que a duração do trabalho exceda do limite legal ou convencionado para atender à realização ou conclusão de serviços inadiáveis ou cuja inexecução possa acarretar prejuízo manifesto, nos termos do art. 61 da CLT.

Um exemplo da ocorrência desta situação é o caso de um empregado de um frigorífico ter que exceder a duração do seu trabalho para receber uma mercadoria na qual o fornecedor atrasou a entrega, justamente para evitar o perecimento da mesma.

RESPOSTA: Errado

02 – De acordo com a Reforma Trabalhista, julgue o item a seguir:

A concessão parcial ou a não concessão do intervalo intrajornada mínimo acarreta o pagamento total do período correspondente, e não apenas daquele suprimido, devendo haver acréscimo de, no mínimo, 50% sobre o valor da remuneração da hora normal de trabalho.

COMENTÁRIO

Este era o entendimento do Tribunal Superior do Trabalho antes da vigência da Lei nº 13.467/2017 e que constava no item I da Súmula nº437.

Porém, a atual redação do art. 71 § 4º passou a dispor que "A não concessão ou a concessão parcial do intervalo intrajornada mínimo, para repouso e alimentação, a empregados urbanos e rurais, implica o pagamento, de natureza indenizatória, apenas do período suprimido, com acréscimo de 50% (cinquenta por cento) sobre o valor da remuneração da hora normal de trabalho".

Assim, o empregado apenas fará jus ao pagamento do período suprimido, com acréscimo de 50% sobre o valor da remuneração da hora normal de trabalho.

RESPOSTA: Errado

QUADRO COMPARATIVO

ANTES DA REFORMA TRABALHISTA	APÓS A REFORMA TRABALHISTA
Sem previsão anterior.	"Art. 62. NÃO são abrangidos pelo regime previsto neste capítulo [DA DURAÇÃO DE TRABALHO]: III – **os empregados em regime de teletrabalho.** ...." (NR)

O QUE MUDOU?

O artigo 62 da CLT elenca o rol de empregados que não estão sujeitos ao capítulo denominado "Da Jornada de Trabalho". Antes da Reforma Trabalhista, eram eles:

I – os empregados que exercem atividade externa incompatível com a fixação de horário de trabalho, devendo tal condição ser anotada na Carteira de Trabalho e Previdência Social e no registro de empregados; (Incluído pela Lei nº 8.966, de 27.12.1994)

II – os gerentes, assim considerados os exercentes de cargos de gestão, aos quais se equiparam, para efeito do disposto neste artigo, os diretores e chefes de departamento ou filial. (Incluído pela Lei nº 8.966, de 27.12.1994)

A partir da Reforma Trabalhista, com a regulamentação do regime de teletrabalho (artigos 75-A ao 75-E), acresceu-se ao rol acima os empregados em regime de teletrabalho (artigo 62, III, da CLT).

Assim, estes empregados estão excluídos do regime de jornada de trabalho e horas extras.

QUESTÕES OBJETIVAS COMENTADAS

01 - De acordo com a Reforma Trabalhista, julgue o item a seguir:

Os empregados em regime de teletrabalho não fazem jus à concessão de horas extras.

COMENTÁRIO

A alteração no art. 62,III da CLT ocorreu para incluir na exceção da hora extra os empregados em regime de teletrabalho.

RESPOSTA: Certo

QUADRO COMPARATIVO

ANTES DA REFORMA TRABALHISTA	APÓS A REFORMA TRABALHISTA
"Art. 71. Em qualquer trabalho contínuo, cuja duração exceda de 6 (seis) horas, é obrigatória a concessão de um intervalo para repouso ou alimentação, o qual será, no mínimo, de 1 (uma) hora e, salvo acordo escrito ou contrato coletivo em contrário, NÃOPODERÁ exceder de 2 (duas) horas.	"Art. 71. Em qualquer trabalho contínuo, cuja duração exceda de 6 (seis) horas, é obrigatória a concessão de um intervalo para repouso ou alimentação, o qual será, no mínimo, de 1 (uma) hora e, salvo acordo escrito ou contrato coletivo em contrário, NÃO PODERÁ exceder de 2 (duas) horas.
§ 4º - Quando o intervalo para repouso e alimentação, previsto neste artigo, não for concedido pelo empregador, este ficará obrigado a remunerar o período correspondente com um acréscimo de no mínimo 50% (cinquenta por cento) sobre o valor da remuneração da hora normal de trabalho.	§ 4º A **NÃO concessão ou a concessão parcial** do intervalo **intrajornada mínimo,** para repouso e alimentação, a empregados urbanos e rurais, **implica o pagamento, de natureza indenizatória, apenas do período suprimido, com acréscimo de 50% (cinquenta por cento) sobre o valor da remuneração da hora normal de trabalho.**

⇔ *O QUE MUDOU?*

Como se verifica a partir da leitura do artigo 71, §4º, da CLT, houve substancial alteração no que tange a remuneração em virtude da não concessão ou concessão parcial do intervalo intrajornada mínimo.

Antes da reforma, o empregador era obrigado a remunerar o período correspondente com um acréscimo de no mínimo 50% (cinquenta por cento) sobre o valor da remuneração da hora normal de trabalho.

Com a reforma, além de a verba passar a ter natureza indenizatória, a não concessão ou concessão parcial do intervalo intrajornada mínimo implica no pagamento apenas do período suprimido, com acréscimo de 50% (cinquenta por cento) sobre o valor da remuneração da hora normal de trabalho.

Veja a tabela para fins de memorização:

PAGAMENTO EM VIRTUDE DA NÃO CONCESSÃO OU CONCESSÃO PARCIAL DO INTERVALO INTRAJORNADA MÍNIMO	
ANTES DA REFORMA	APÓS A REFORMA
Natureza salarial	Natureza indenizatória
Remuneração de todo o período	Remuneração do período suprimido

A nova normativa implica na superação da súmula 437 do TST, ora colacionada:

> Súmula nº 437 do TST
>
> INTERVALO INTRAJORNADA PARA REPOUSO E ALIMENTAÇÃO. APLICAÇÃO DO ART. 71 DA CLT.
>
> I – Após a edição da Lei nº 8.923/94, a não concessão ou a concessão parcial do intervalo intrajornada mínimo, para repouso e alimentação, a empregados urbanos e rurais, implica o pagamento total do período correspondente, e não apenas daquele suprimido, com acréscimo de, no mínimo, 50% sobre o valor da remuneração da hora normal de trabalho (art. 71 da CLT), sem prejuízo do cômputo da efetiva jornada de labor para efeito de remuneração.
>
> III – Possui natureza salarial a parcela prevista no art. 71, § 4º, da CLT, com redação introduzida pela Lei nº 8.923, de 27 de julho de 1994, quando não concedido ou reduzido pelo empregador o intervalo mínimo intrajornada para repouso e alimentação, repercutindo, assim, no cálculo de outras parcelas salariais.

QUESTÕES OBJETIVAS COMENTADAS

01 - De acordo com a Reforma Trabalhista, julgue o item a seguir:

A não concessão ou a concessão parcial do intervalo intrajornada mínimo, para repouso e alimentação, a empregados urbanos e rurais, implica o pagamento, de natureza indenizatória, apenas do período suprimido, com acréscimo de 50% (cinquenta por cento) sobre o valor da remuneração da hora normal de trabalho.

COMENTÁRIO

O parágrafo 4º do art. 71 da CLT estabelece que a empresa deverá pagar como hora extra apenas o tempo que for suprimido ao descanso legal.

RESPOSTA: Certo

13. DO TELETRABALHO

...." (NR)

"TÍTULO II

....

CAPÍTULO II-A

QUADRO COMPARATIVO	
ANTES DA REFORMA TRABALHISTA	**APÓS A REFORMA TRABALHISTA**
Sem previsão anterior.	'Art. 75-A. A prestação de serviços pelo empregado em regime de **teletrabalho** observará o disposto neste Capítulo.' 'Art. 75-B. Considera-se teletrabalho **a prestação de serviços preponderantemente fora das dependências do empregador, com a utilização de tecnologias de informação e de comunicação que, por sua natureza, NÃO se constituam como trabalho externo.** Parágrafo único. **O comparecimento às dependências do empregador para a realização de atividades específicas que exijam a presença do empregado no estabelecimento NÃO descaracteriza o regime de teletrabalho.'** 'Art. 75-C. A prestação de serviços na modalidade de teletrabalho DEVERÁ constar **expressamente do contrato individual de trabalho, que especificará as atividades que SERÃO realizadas pelo empregado.**

QUADRO COMPARATIVO	
ANTES DA REFORMA TRABALHISTA	**APÓS A REFORMA TRABALHISTA**
	§ 1º PODERÁ ser realizada a **alteração entre regime presencial e de teletrabalho** desde que haja **mútuo acordo entre as partes, registrado em aditivo contratual**. § 2º PODERÁ ser realizada a alteração do regime de **teletrabalho para o presencial por determinação do empregador**, garantido prazo de **transição mínimo de quinze dias**, com correspondente **registro em aditivo contratual.**' 'Art. 75-D. As disposições relativas à **responsabilidade pela aquisição, manutenção ou fornecimento** dos equipamentos tecnológicos e da infraestrutura necessária e adequada à prestação do trabalho remoto, **bem como ao reembolso de despesas arcadas pelo empregado, SERÃO previstas em contrato escrito.** Parágrafo único. As utilidades mencionadas no caput deste artigo **NÃO integram a remuneração do empregado.**' 'Art. 75-E. **O empregador DEVERÁ instruir os empregados, de maneira expressa e ostensiva, quanto às precauções a tomar a fim de evitar doenças e acidentes de trabalho.** Parágrafo único. O empregado **DEVERÁ** assinar **termo de responsabilidade** comprometendo-se a **seguir as instruções fornecidas pelo empregador.**'"

⇔ *O QUE MUDOU?*

A Reforma Trabalhista, adaptando-se às novas relações laborais, regulamentou, em seus artigos 75-A à 75-E, o teletrabalho ou *home office*.

Antes de adentrar na regulamentação do teletrabalho, é importante tecer alguns comentários a favor e contra este regime de trabalho.

Os críticos do teletrabalho, como aprovado pela Reforma Trabalhista, afirmam que, em virtude do artigo 62, III, da CLT ter excluído os empregados em regime de teletrabalho da proteção das normas reguladoras da jornada de trabalho (artigos 57 ao 75), poderá haver uma precarização da atividade laboral.

Além disso, o regime de teletrabalho afasta a incidência do artigo 6º da CLT, bem como excluiria os seguintes direitos trabalhistas: exclusão da jornada de trabalho, intervalos intrajornada e interjornada, horas extras e respectivos adicionais.

A favor do teletrabalho, tem-se os seguintes aspectos, dentre outros: aumentar a produtividade e a qualidade de trabalho, economizar tempo e reduzir custo de deslocamento dos empregados, melhoria de programas socioambientais, com a diminuição de poluentes e a redução no consumo de água, esgoto, energia elétrica, papel e de outros bens, qualidade de vida por representar maior tempo em ambiente familiar.

Passamos agora à análise da normatização do teletrabalho pela Reforma Trabalhista.

Conforme estabelece o artigo 75-B conceitua o teletrabalho como a prestação de serviços preponderantemente fora das dependências do empregador, com a utilização de tecnologias de informação e de comunicação que, por sua natureza, não se constituam como trabalho externo.

Já o parágrafo único do referido artigo assevera que o comparecimento às dependências do empregador para a realização de atividades específicas que exijam a presença do empregado no estabelecimento não descaracteriza o regime de teletrabalho.

Como se nota, as principais características do teletrabalho são as seguintes:

1. Atuação preponderante fora das dependências do empregador;
2. Uso de tecnologias de informação e comunicação;
3. Natureza diversa do trabalho externo.

Demais disso, é importante notar que, o fato do empregado ser chamado a comparecer em certas ocasiões às dependências do empregador para atividades cuja presença deste seja imprescindível (por exemplo: treinamento, reuniões, dentre outras) não descaracteriza o regime do teletrabalho.

Conforme estabelece o artigo 75-C, a prestação de serviços na modalidade de teletrabalho deverá constar expressamente do contrato individual de trabalho, que especificará as atividades que serão realizadas pelo empregado.

Ou seja, o teletrabalho não pode ser acordado de forma verbal, muito menos tacitamente. Há a necessidade de um instrumento solene no qual fique estabelecido que se trata de um contrato na modalidade teletrabalho, pontuando claramente as tarefas do empregado.

Demais disso, é possível a alteração entre regime presencial e de teletrabalho. Para isso, porém, é necessário que haja mútuo acordo entre as partes, registrado em aditivo contratual.

Outra possibilidade é a alteração do regime de teletrabalho para o presencial por determinação do empregador, sendo uma representação do *jus variandi*, já que a este sujeito cabe gerir as atividades laborais dos empregados. Para isto, é garantido prazo de transição mínimo de quinze dias, com correspondente registro em aditivo contratual.

Veja o quadro esquematizado para fins de diferenciação e memorização:

ALTERAÇÃO ENTRE TRABALHO PRESENCIAL E TELETRABALHO	
POR MÚTUO ACORDO	**POR DETERMINAÇÃO DO EMPREGADOR**
PRESENCIAL ↔ TELETRABALHO	**TELETRABALHO → PRESENCIAL**
Necessidade de aditivo contratual	**Necessidade de aditivo contratual**
–	**Prazo mínimo de 15 dias para transição**
Registro em aditivo contratual	**Registro em aditivo contratual**
NORMA APLICADA	
Art. 75-C, § 1º. Poderá ser realizada **a alteração entre regime presencial e de teletrabalho** desde que haja **mútuo acordo entre as partes**, registrado em aditivo contratual.	Art. 75-C, § 2º. Poderá ser realizada **a alteração do regime de teletrabalho para o presencial por determinação do empregador**, garantido prazo de transição mínimo de **quinze dias**, com correspondente registro em aditivo contratual.

Nota-se, assim, dois fatores importantes:

1) **A impossibilidade de o empregador determinar unilateralmente que o empregado contratado para labor presencial seja compelido a trabalhar telepresencialmente.**
2) **Não pode o empregado unilateralmente decidir que deixará de prestar serviços em regime de teletrabalho para laborar presencialmente.**

A CLT deixou a cargo da negociação entre o empregador e o empregado a quem caberá a responsabilidade pela aquisição, manutenção ou fornecimento dos equipamentos tecnológicos e da infraestrutura necessária e adequada à prestação do trabalho remoto, bem como ao reembolso de despesas arcadas pelo empregado. Após as deliberações, o quanto decidido pelas partes deverá ser formalizado em contrato escrito.

Além disso, cabe observar que, caso o empregador forneça os equipamentos necessários para a atividade do empregador, tais utilidades não integrarão a remuneração do empregado.

Verifica-se, assim, que não necessariamente caberá ao empregador arcar com esse custo, o que é alvo de crítica por parte da doutrina, tendo em vista o princípio da alteridade, de que a álea e os riscos do negócio incubem ao empregador, não devendo ser repassados ao empregado (artigos 2º e 3º da CLT).

Por fim, a regulamentação do teletrabalho prevê que o empregador deverá instruir os empregados, de maneira expressa e ostensiva, quanto às precauções a tomar a fim de evitar doenças e acidentes de trabalho. Além disso, o empregado deverá assinar termo de responsabilidade comprometendo-se a seguir as instruções fornecidas pelo empregador.

QUESTÕES OBJETIVAS COMENTADAS

01 – De acordo com a Reforma Trabalhista, julgue o item a seguir:

Considera-se teletrabalho a prestação de serviços preponderantemente fora das dependências do empregador, com a utilização de tecnologias de informação e de comunicação que, por sua natureza, não se constituam como trabalho externo.

COMENTÁRIO

A assertiva reproduz fielmente o artigo 75-B da CLT.

RESPOSTA: Certo

02 – De acordo com a Reforma Trabalhista, assinale a alternativa correta:

a) Considera-se teletrabalho a prestação de serviços exclusivamente fora das dependências do empregador, com a utilização de tecnologias de informação e de comunicação que, por sua natureza, não se constituam como trabalho externo.

b) O comparecimento às dependências do empregador para a realização de atividades específicas que exijam a presença do empregado no estabelecimento descaracteriza o regime de teletrabalho.

c) A prestação de serviços na modalidade de teletrabalho poderá constar expressamente do contrato individual de trabalho, que, neste caso, especificará as atividades que serão realizadas pelo empregado.

d) Poderá ser realizada a alteração entre regime presencial e de teletrabalho desde que haja mútuo acordo entre as partes, registrado em aditivo contratual.

e) Poderá ser realizada a alteração do regime de teletrabalho para o presencial por determinação do empregador, garantido prazo de transição mínimo de trinta dias, com correspondente registro em aditivo contratual.

COMENTÁRIO

A – Errado. Conforme artigo 75-B, não se exige a exclusividade, mas sim a preponderância.

B – Errado. Pelo contrário, este comparecimento esporádico não descaracteriza o regime de teletrabalho.

C – Errado. Não há a aludida discricionariedade. Em verdade, a modalidade de teletrabalho deverá constar expressamente do contrato de trabalho e, em todos os casos, especificar as atividades que serão realizadas pelo empregado.

D – Correta. Teor do artigo 75-C, §1º, da CLT.

E – Errado. O único erro da assertiva diz respeito ao prazo, que será de quinze dias.

RESPOSTA: D

03 - De acordo com a Reforma Trabalhista, assinale a alternativa correta:

Suponha que João trabalhe em regime presencial. Visando a redução de custos, o seu empregador determinou que João passasse a trabalhar no regime de teletrabalho, mesmo que a seu contragosto. Neste caso,

a) João deverá, em respeito ao jus variandi do empregador, acatar a decisão.

b) a conduta do empregador foi correta, tendo em vista que a redução dos gastos visa a perpetuação da empresa.

c) João poderá se opor, haja vista que a Reforma Trabalhista não permitiu o citado tipo de alteração de forma unilateral, apenas de comum acordo.

d) a conduta do empregador, apesar de moralmente reprovável, está de acordo com a Reforma Trabalhista.

e) será garantido à João um prazo de 15 dias para reiniciar os seus trabalhados remotamente.

COMENTÁRIO

No caso colocado sob análise, a única alternativa que está de acordo com a Reforma Trabalhista é a letra "c". De fato, a Reforma Trabalhista não permitiu a citada alteração. Para fins didáticos, reveja o seguinte quadro:

ALTERAÇÃO ENTRE TRABALHO PRESENCIAL E TELETRABALHO	
POR MÚTUO ACORDO	**POR DETERMINAÇÃO DO EMPREGADOR**
PRESENCIAL ↔ TELETRABALHO	**TELETRABALHO → PRESENCIAL**
Necessidade de aditivo contratual	**Necessidade de aditivo contratual**
–	**Prazo mínimo de 15 dias para transição**
Registro em aditivo contratual	**Registro em aditivo contratual**
NORMA APLICADA	
Art. 75-C, § 1º. Poderá ser realizada **a alteração entre regime presencial e de teletrabalho** desde que haja **mútuo acordo entre as partes**, registrado em aditivo contratual.	Art. 75-C, § 2º. Poderá ser realizada **a alteração do regime de teletrabalho para o presencial por determinação do empregador**, garantido prazo de transição mínimo de **quinze dias**, com correspondente registro em aditivo contratual.

Assim, a alteração do regime presencial para de teletrabalho somente pode ser realizado desde que haja mútuo acordo.

RESPOSTA: C

04 – De acordo com a Reforma Trabalhista, julgue o item a seguir:

Caso o empregador de Pedro, que trabalhava em regime de teletrabalho, decida que este deverá passar a trabalhar presencialmente, este terá o prazo de quinze dias, prorrogáveis por mais quinze, para realizar a transição, sendo dispensado o registro em aditivo contratual.

COMENTÁRIO

A assertiva apresenta dois equívocos. O primeiro deles é afirmar que há a possibilidade de prorrogação dos quinze dias, vez que a CLT não apresenta tal disposição; o segundo é afirmar que há a dispensa do registro em aditivo contratual.

Neste ponto, importante frisar que tanto a alteração do contrato de trabalho de presencial para telepresencial como o inverso dependem do registro em aditivo contratual.

RESPOSTA: Errado.

05 – De acordo com a Reforma Trabalhista, assinale a alternativa incorreta:

a) A responsabilidade pela aquisição, manutenção ou fornecimento dos equipamentos tecnológicos e da infraestrutura necessária e adequada à prestação do trabalho remoto, bem como ao reembolso de despesas arcadas pelo empregado, será do empregador.

b) Considera-se teletrabalho a prestação de serviços preponderantemente fora das dependências do empregador, com a utilização de tecnologias de informação e de comunicação que, por sua natureza, não se constituam como trabalho externo.

c) O comparecimento às dependências do empregador para a realização de atividades específicas que exijam a presença do empregado no estabelecimento não descaracteriza o regime de teletrabalho.

d) A prestação de serviços na modalidade de teletrabalho deverá constar expressamente do contrato individual de trabalho, que especificará as atividades que serão realizadas pelo empregado.

e) Poderá ser realizada a alteração do regime de teletrabalho para o presencial por determinação do empregador, garantido prazo de transição mínimo de quinze dias, com correspondente registro em aditivo contratual.

COMENTÁRIO

A – Errada. Conforme o artigo 75-D: *"As disposições relativas à responsabilidade pela aquisição, manutenção ou fornecimento dos equipamentos tecnológicos e da infraestrutura necessária e adequada à prestação do trabalho remoto, bem como ao reembolso de despesas arcadas pelo empregado, serão previstas em contrato escrito".*

B – Correto. Teor do artigo 75-B.

C – Correto. Teor do artigo 75-B, parágrafo único.

D – Correto. Teor do artigo 75-C.

E – Correto. Teor do artigo 75-C, §2º.

RESPOSTA: A.

06 - De acordo com a Reforma Trabalhista, julgue o item a seguir:

Caso a empresa SolusTec resolva contratar empregados para regime de teletrabalho e forneça computador, monitor secundário, mouse pad, impressora, cadeira ergonômica e apoio para os pés, tais utilidades integração a remuneração do empregado.

COMENTÁRIO

A assertiva vai de encontro, ou seja, se opõe ao quanto previsto no artigo 75-D, parágrafo único, da CLT.

Art. 75-D. As disposições relativas à responsabilidade pela aquisição, manutenção ou fornecimento dos equipamentos tecnológicos e da infraestrutura necessária e adequada à prestação do trabalho remoto, bem como ao reembolso de despesas arcadas pelo empregado, serão previstas em contrato escrito.

Parágrafo único. As utilidades mencionadas no caput deste artigo não integram a remuneração do empregado.'

RESPOSTA: Errado.

07 - De acordo com a Reforma Trabalhista, julgue o item a seguir:

O empregador deverá instruir os empregados, de maneira expressa e ostensiva, quanto às precauções a tomar a fim de evitar doenças e acidentes de trabalho. Além disso, o empregado deverá assinar termo de responsabilidade comprometendo-se a seguir as instruções fornecidas pelo empregador.

COMENTÁRIO

A assertiva vai ao encontro, ou seja, está de acordo com artigo 75-E da CLT.

Art. 75-E. O empregador DEVERÁ instruir os empregados, de maneira expressa e ostensiva, quanto às precauções a tomar a fim de evitar doenças e acidentes de trabalho.

Parágrafo único. O empregado DEVERÁ assinar termo de responsabilidade comprometendo-se a seguir as instruções fornecidas pelo empregador.

RESPOSTA: Certo.

14. FÉRIAS

QUADRO COMPARATIVO	
ANTES DA REFORMA TRABALHISTA	**APÓS A REFORMA TRABALHISTA**
Art. 134 - As férias serão concedidas por ato do empregador, em um só período, nos 12 (doze) meses subsequentes à data em que o empregado tiver adquirido o direito.	Art. 134. As férias SERÃO concedidas por ato do empregador, em um só período, nos 12 (doze) meses subsequentes à data em que o empregado tiver adquirido o direito.
§ 1º - Somente em casos excepcionais serão as férias concedidas em 2 (dois) períodos, um dos quais não poderá ser inferior a 10 (dez) dias corridos.	§ 1º Desde que haja **concordância do empregado**, as férias poderão ser usufruídas em **até três períodos**, sendo que **um deles NÃOPODERÁ ser inferior a quatorze dias corridos e os demais NÃO poderão ser inferiores a cinco dias corridos, cada um.**
§ 2º - Aos menores de 18 (dezoito) anos e aos maiores de 50 (cinquenta) anos de idade, as férias serão sempre concedidas de uma só vez.	§ 2º (Revogado).
	§ 3º **É vedado o início das férias no período de dois dias que antecede feriado ou dia de repouso semanal remunerado.**

O QUE MUDOU?

A CLT passou a admitir, como regra, o fracionamento das férias.

Antes da Reforma Trabalhista, o fracionamento de férias era uma exceção, somente podendo ser divididas em dois períodos, sendo que um dos períodos deveria ter, pelo menos, dez dias.

Com o advento da Reforma Trabalhista, as férias podem, desde que haja comum acordo, ser divididas em até três períodos, sendo que um deles não poderá ser inferior a quatorze dias corridos e os demais não poderão ser inferiores a cinco dias corridos cada um.

A Reforma Trabalhista, então, no que tange o período mínimo de 14 dias, se alinha ao artigo 8º da Convenção 132 da OIT, de seguinte teor:

> *Artigo 8*
>
> *1. - O fracionamento do período de férias anuais remuneradas pode ser autorizado pela autoridade competente ou pelo órgão apropriado de cada país.*
>
> *2. - Salvo estipulação em contrário contida em acordo que vincule o empregador e a pessoa empregada em questão, e desde que a duração do serviço desta pessoa lhe dê direito a tal período de férias, numa das frações do referido período deverá corresponder pelo menos a duas semanas de trabalho ininterruptos.*

Além disso, importante recordar que a lei que dispõe sobre o trabalho doméstico (lei complementar 150/2015), já possuía previsão neste sentido, porém por opção do empregador:

Art. 17, § 2º O período de férias poderá, a critério do empregador, ser fracionado em até 2 (dois) períodos, sendo 1 (um) deles de, no mínimo, 14 (quatorze) dias corridos.

Avançando, tem-se que a Reforma Trabalhista, revogou o parágrafo 2º do artigo 134, que estabelecia que aos menores de 18 (dezoito) anos e aos maiores de 50 (cinquenta) anos de idade, as férias deveriam ser sempre concedidas de uma só vez, unificando, assim, a possibilidade de fracionamento, independentemente da idade do trabalhador.

Por fim, estabeleceu-se regras, no §3º, a respeito do momento de início das férias, que não poderão ocorrer no período de dois dias que antecede feriado ou dia de repouso semanal remunerado.

Sobre o tema, importante lembrar do precedente normativo nº 100 do TST.

> Nº 100 FÉRIAS. INÍCIO DO PERÍODO DE GOZO.
>
> O início das férias, coletivas ou individuais, não poderá coincidir com sábado, domingo, feriado ou dia de compensação de repouso semanal.

QUESTÕES OBJETIVAS COMENTADAS

01 – De acordo com a Reforma Trabalhista, assinale a alternativa incorreta:

a) As férias serão concedidas por ato do empregador, em um só período, nos 12 (doze) meses subsequentes à data em que o empregado tiver adquirido o direito.

b) Antes da Reforma Trabalhista, somente em casos excepcionais as férias eram concedidas em 2 (dois) períodos, um dos quais não poderia ser inferior a 10 (dez) dias corridos.

c) Desde que haja concordância do empregado, as férias poderão ser usufruídas em até três períodos, sendo que um deles não poderá ser inferior a quatorze dias corridos e os demais não poderão ser inferiores a cinco dias corridos, cada um.

d) Antes da Reforma Trabalhista, aos menores de 18 (dezoito) anos e aos maiores de 60 (sessenta) anos de idade, as férias eram sempre concedidas de uma só vez.

e) É vedado o início das férias no período de dois dias que antecede feriado ou dia de repouso semanal remunerado.

COMENTÁRIO

A – Correto. Teor do artigo 134 da CLT.

B – Correto. Teor do artigo 134, §1º, anterior à Reforma Trabalhista.

C – Correto. Teor do artigo 134, §1º, posterior à Reforma Trabalhista.

D – Errado. A assertiva traz, de forma incorreta, o teor do artigo 134, §2º, da CLT, revogado pela Reforma Trabalhista. Com efeito, a regra era que aos menores de 18 (dezoito) anos e aos maiores de 50 (cinquenta) anos de idade (não de sessenta), as férias eram sempre concedidas de uma só vez.

E – Correto. Teor do artigo 134, §3º, da CLT.

RESPOSTA: D

02 - De acordo com a Reforma Trabalhista, julgue o item a seguir:

A Reforma Trabalhista, afastando-se do quanto estabelecido na Convenção 132 da OIT, estabeleceu que um dos períodos de férias deverá necessariamente ser de 14 dias seguidos.

COMENTÁRIO

Conforme visto, o artigo 8º da Convenção 132 da OIT, possui o seguinte teor:

Artigo 8

1. - O fracionamento do período de férias anuais remuneradas pode ser autorizado pela autoridade competente ou pelo órgão apropriado de cada país.

2. - Salvo estipulação em contrário contida em acordo que vincule o empregador e a pessoa empregada em questão, e desde que a duração do serviço desta pessoa lhe dê direito a tal período de férias, numa das frações do referido período deverá corresponder pelo menos a duas semanas de trabalho ininterruptos.

Assim, a Reforma Trabalhista se alinhou, no que tange o período de quatorze dias (duas semanas), ao item 2 do artigo 8º.

RESPOSTA: Errado.

15. DO DANO EXTRAPATRIMONIAL

"TÍTULO II-A

QUADRO COMPARATIVO	
ANTES DA REFORMA TRABALHISTA	**APÓS A REFORMA TRABALHISTA**
Sem previsão anterior.	'Art. 223-A. Aplicam-se à reparação de **danos de natureza extrapatrimonial decorrentes da relação de trabalho apenas os dispositivos deste Título.**' 'Art. 223-B. Causa dano de natureza **extrapatrimonial a ação ou omissão que ofenda a esfera moral ou existencial da pessoa física ou jurídica, as quais são as titulares exclusivas do direito à reparação.**' **'Art. 223-C.** A etnia, a idade, a nacionalidade, a honra, a imagem, a intimidade, a liberdade de ação, a autoestima, o gênero, a orientação sexual, a saúde, o lazer e a integridade física são os bens juridicamente tutelados inerentes à pessoa natural. 'Art. 223-D. **A imagem, a marca, o nome, o segredo empresarial e o sigilo da correspondência são bens juridicamente tutelados inerentes à pessoa jurídica.**' 'Art. 223-E. São responsáveis pelo dano extrapatrimonial todos os que tenham colaborado para a ofensa ao bem jurídico tutelado, **na proporção da ação ou da omissão**.'

	'Art. 223-F. A reparação por **danos extrapatrimoniais pode ser pedida cumulativamente com a indenização por danos materiais decorrentes do MESMO ato lesivo.** § 1º Se houver cumulação de pedidos, o juízo, ao proferir a decisão, **discriminará os valores das indenizações a título de danos patrimoniais e das reparações por danos de natureza extrapatrimonial.** § 2º **A composição das perdas e danos, assim compreendidos os lucros cessantes e os danos emergentes, NÃO interfere na avaliação dos danos extrapatrimoniais.**' **'Art. 223-G. Ao apreciar o pedido, o juízo considerará:** **I – a natureza do bem jurídico tutelado;** **II – a intensidade do sofrimento ou da humilhação;** **III – a possibilidade de superação física ou psicológica;** **IV – os reflexos pessoais e sociais da ação ou da omissão;** **V – a extensão e a duração dos efeitos da ofensa;** **VI – as condições em que ocorreu a ofensa ou o prejuízo moral;** **VII – o grau de dolo ou culpa;** **VIII – a ocorrência de retratação espontânea;** **IX – o esforço efetivo para minimizar a ofensa;** **X – o perdão, tácito ou expresso;** **XI – a situação social e econômica das partes envolvidas;** **XII – o grau de publicidade da ofensa.**

	§ 1º Ao julgar procedente o pedido, o juízo fixará a reparação a ser paga, a cada um dos ofendidos, em um dos seguintes parâmetros, vedada a acumulação: I - para ofensa de natureza leve - até três vezes o valor do limite máximo dos benefícios do Regime Geral de Previdência Social; II - para ofensa de natureza média - até cinco vezes o valor do limite máximo dos benefícios do Regime Geral de Previdência Social; III - para ofensa de natureza grave - até vinte vezes o valor do limite máximo dos benefícios do Regime Geral de Previdência Social; ou IV - para ofensa de natureza gravíssima - até cinquenta vezes o valor do limite máximo dos benefícios do Regime Geral de Previdência Social. § 2º Se o ofendido for **pessoa jurídica**, a indenização será fixada com observância dos mesmos parâmetros estabelecidos no § 1º deste artigo, **mas em relação ao salário contratual do ofensor.** § 3º Na reincidência de **quaisquer das partes,** o juízo poderá elevar ao dobro o valor da indenização. § 4º Para fins do disposto no § 3º, a reincidência ocorrerá se ofensa idêntica ocorrer **no prazo de até dois anos, contado do trânsito em julgado da decisão condenatória.** § 5º Os parâmetros estabelecidos no § 1º **não se aplicam** aos danos extrapatrimoniais decorrentes de morte."

⇔ *O QUE MUDOU?*

A CLT passou a prever a figura do "dano extrapatrimonial" aplicável às relações de trabalho, respondendo pelo dano extrapatrimonial todos os que tenham colaborado para a ofensa ao bem jurídico tutelado, na proporção da ação ou da omissão.

Ademais, estabeleceu-se critérios para o Juiz aferir a existência e a extensão do dano, como por exemplo, a intensidade do sofrimento ou da humilhação e a situação social e econômica das partes envolvidas.

Um ponto polêmico da reforma foi a "tarifação" do dano extrapatrimonial prevista no § 1º, art. 223-G. Em outras situações já analisadas, o Supremo Tribunal Federal declarou a inconstitucionalidade da tarifação de valores (Lei de imprensa).

Para fins de memorização, segue quadro esquemático.

INERENTES À PESSOA NATURAL	**INERENTES À PESSOA JURÍDICA**
ETNIA IDADE NACIONALIDADE HONRA IMAGEM INTIMIDADE LIBERDADE DE AÇÃO AUTOESTIMA GÊNERO ORIENTAÇÃO SEXUAL SAÚDE LAZER INTEGRIDADE FÍSICA	IMAGEM MARCA NOME SEGREDO EMPRESARIAL SIGILO DA CORRESPONDÊNCIA

GRAU DO DANO	**INDENIZAÇÃO**	
NATUREZA LEVE	ATÉ 3 X O VALOR DO LIMITE MÁXIMO DOS BENEFÍCIOS DO RGPS	**REINCIDÊNCIA** **DOBRO DO VALOR**
NATUREZA MÉDIA	ATÉ 5 X O VALOR DO LIMITE MÁXIMO DOS BENEFÍCIOS DO RGPS	
NATUREZA GRAVE	ATÉ 20 X O VALOR DO LIMITE MÁXIMO DOS BENEFÍCIOS DO RGPS	
NATUREZA GRAVÍSSIMA	ATÉ 50 X O VALOR DO LIMITE MÁXIMO DOS BENEFÍCIOS DO RGPS	

QUESTÕES OBJETIVAS COMENTADAS

01 – De acordo com a Reforma Trabalhista, julgue o item a seguir:

A CLT passou a prever a figura do "dano extrapatrimonial" aplicável às relações de trabalho, respondendo pelo dano extrapatrimonial todos os que tenham colaborado para a ofensa ao bem jurídico tutelado, na proporção da ação ou da omissão.

COMENTÁRIO

A afirmativa é verdadeira. Foi criado um título específico na CLT. Devem ser aplicadas, exclusivamente, as diretrizes do título, nos moldes do art. 223-A:

"Art. 223-A. Aplicam-se à reparação de danos de natureza extrapatrimonial decorrentes da relação de trabalho apenas os dispositivos deste Título."

RESPOSTA: Certo

02 – De acordo com a Reforma Trabalhista, julgue o item a seguir:

Causa dano de natureza extrapatrimonial a ação ou omissão que ofenda a esfera moral ou existencial da pessoa física ou jurídica, as quais são as titulares exclusivas do direito à reparação.

COMENTÁRIO

A assertiva está correta, uma vez que representa a literalidade do art. 223-B da CLT. O legislador teve a intenção de deixar clara a possibilidade das pessoas jurídicas sofrerem "dano extrapatrimonial".

RESPOSTA: Certo

03 – No que concerne ao dano extrapatrimonial, julgue os itens abaixo:

I – A etnia, a idade, a nacionalidade, a honra, a imagem, a intimidade, a liberdade de ação, a autoestima, o gênero, a orientação sexual, a saúde, o lazer e a integridade física são os bens juridicamente tutelados inerentes à pessoa natural e às pessoas jurídicas.

II – São responsáveis pelo dano extrapatrimonial todos os que tenham colaborado para a ofensa ao bem jurídico tutelado, na proporção da ação ou da omissão.

III – A reparação por danos extrapatrimoniais pode ser pedida cumulativamente com a indenização por danos materiais decorrentes do mesmo ato lesivo.

Estão corretas apenas:

a) I

b) II

c) I e III

d) II e III

e) Todas

COMENTÁRIO

Item I: incorreto. Foi englobado de forma equivocada as pessoas jurídicas. Os bens jurídicos mencionados na assertiva são relativos à pessoa natural (Art. 223-C). As pessoas jurídicas têm regramento específico (Art. 223-D).

Item II: correto. Literalidade do art. 223-E. Pela leitura do dispositivo fica claro que o legislador pretendeu fixar uma solidariedade entre aqueles que concorrerem para a lesão.

Item III: correto. Literalidade do caput do art. 223-F. Trata da possibilidade da cumulação do dano extrapatrimonial e dos danos materiais decorrentes do mesmo ato lesivo.

RESPOSTA: Letra D

04 – No que concerne ao dano extrapatrimonial, julgue os itens abaixo:

Ao apreciar o pedido, o juízo considerará:

I – a natureza do bem jurídico tutelado.

II – os reflexos pessoais e sociais da ação ou da omissão.

III – a ocorrência de retratação espontânea.

Estão corretas apenas:

a) I

b) II

c) I e III

d) II e III

e) Todas

COMENTÁRIO

A Reforma Trabalhista estabeleceu critérios para o juiz aferir a existência e a extensão do dano. Tais diretrizes foram estabelecidas do art. 223-G, em um total de 12 incisos.

A questão em comento cobrou o conhecimento da literalidade de três incisos do art. 223-G.

Item I: correta. Literalidade do art. 223-G, inciso I.

Item II: correta. Literalidade do art. 223-G, inciso IV.

Item III: correta. Literalidade do art. 223-G, inciso VIII.

RESPOSTA: Letra E

05 – No que concerne ao dano extrapatrimonial, julgue os itens abaixo:

Se julgar procedente o pedido, o juízo fixará a indenização a ser paga, a cada um dos ofendidos, em um dos seguintes parâmetros, vedada a acumulação:

I – ofensa de natureza leve, até três vezes o último salário contratual do ofendido.

II – ofensa de natureza média, até sete vezes o último salário contratual do ofendido.

III – ofensa de natureza grave, até cinquenta vezes o último salário contratual do ofendido.

Estão corretas apenas:

a) I

b) II

c) I e III

d) II e III

e) Nenhuma

COMENTÁRIO

A Reforma Trabalhista "tarifou" o dano extrapatrimonial. Os valores estão elencados no § 1º, art. 223-G.

Para provas de concursos públicos e nos exames da OAB, certamente serão cobradas as diretrizes da tarifação do dano.

Antes da vigência da medida provisória nº 808/17, na previsão original da Lei nº 13.467/2017, tinha sido estipulada como base de cálculo do valor a ser pago a título de dano extrapatrimonial, o último salário contratual do ofendido. Já com a mudança ocorrida com esta medida provisória, a base de cálculo para fixação do dano ficou o valor do limite máximo dos benefícios do RGPS, o que torna todas as assertivas falsas.

RESPOSTA: Letra E

06 - No que concerne ao dano extrapatrimonial, julgue o item a seguir:

Na reincidência de quaisquer das partes, o juízo deverá elevar ao dobro o valor da indenização.

COMENTÁRIO

A elevação, ao dobro do valor da indenização, na reincidência entre quaisquer das partes, é uma faculdade do juiz. O erro da assertiva está na palavra "deverá". Vejamos a redação do § 3º do art. 223-G da CLT:

"Art. 223-G. § 3º Na reincidência de quaisquer das partes, o juízo poderá elevar ao dobro o valor da indenização.

RESPOSTA: Errado

07 - No que concerne ao dano extrapatrimonial, julgue o item a seguir:

Utiliza-se como parâmetro de indenização dos danos extrapatrimoniais decorrentes de morte, a quantia de até cinquenta vezes o valor do limite máximo dos benefícios do Regime Geral de Previdência Social, justamente por ser um dano de natureza gravíssima.

COMENTÁRIO

Os danos extrapatrimoniais de natureza gravíssima possuem como parâmetro da reparação a ser paga, o valor de até cinquenta vezes o valor do limite máximo dos benefícios do RGPS.

Ocorre que, o § 5º do art. 223-G da CLT prevê que esse parâmetro não se aplica aos danos extrapatrimoniais decorrentes de morte. Ou seja, mesmo a morte sendo um dano de natureza gravíssima, o valor da indenização não fica limitado a cinquenta vezes o valor do limite máximo dos benefícios do RGPS.

RESPOSTA: Errado

16. PROTEÇÃO À MATERNIDADE

QUADRO COMPARATIVO	
ANTES DA REFORMA TRABALHISTA	**APÓS A REFORMA TRABALHISTA**
Art. 394-A. A empregada gestante ou lactante será afastada, enquanto durar a gestação e a lactação, de quaisquer atividades, operações ou locais insalubres, devendo exercer suas atividades em local salubre.(Incluído pela Lei nº 13.287, de 2016)	"Art. 394-A. A empregada gestante será **afastada, enquanto durar a gestação, de quaisquer atividades, operações ou locais insalubres e exercerá suas atividades em local salubre, excluído, nesse caso, o pagamento de adicional de insalubridade.**
Parágrafo único. (VETADO).(Incluído pela Lei nº 13.287, de 2016)	§ 1º..
	§ 2º O exercício de atividades e operações insalubres em grau médio ou mínimo, pela gestante, somente será permitido quando ela, voluntariamente, apresentar atestado de saúde, emitido por médico de sua confiança, do sistema privado ou público de saúde, que autorize a sua permanência no exercício de suas atividades.
	§ 3º A empregada lactante será afastada de atividades e operações consideradas insalubres em qualquer grau quando apresentar atestado de saúde emitido por médico de sua confiança, do sistema privado ou público de saúde, que recomende o afastamento durante a lactação."

⇔ O QUE MUDOU?

A regra geral é que a empregada gestante não poderá trabalhar em locais insalubres enquanto durar a gestação, devendo exercer suas atividades em local salubre, excluído, nesse caso, o pagamento de adicional de insalubridade.

Porém, com a "Reforma Trabalhista" a mulher gestante poderá trabalhar em local insalubre de grau mínimo e médio quando ela "voluntariamente" apresentar atestado de seu médico de confiança autorizando a permanência nesses locais.

Além disso, ficou determinado que a mulher que amamenta (lactante) será afastada de local insalubre caso venha a apresentar atestado de um médico de sua confiança que recomende o afastamento das atividades insalubres.

O tema da proteção à maternidade foi revisto por meio da Medida Provisória nº 808/17, haja vista que, inicialmente ficou previsto que as empregadas gestantes só ficariam afastadas de atividades insalubres de grau máximo. Para grau médio e mínimo as empresas teriam que apresentar um atestado médico que garantisse que não havia risco ao bebê nem a mãe. Ou seja, era permitido que as grávidas trabalhassem em locais insalubres de grau médio e mínimo na hipótese em que a empresa apresentasse atestado médico demonstrando que não haveria risco.

Assim, atualmente a gestante só poderá trabalhar em local de insalubridade mínima e média se ela própria, de maneira voluntária, apresentar atestado de saúde emitido por médico de sua confiança, que autorize o trabalho nessas condições.

QUESTÕES OBJETIVAS COMENTADAS

01 – De acordo com a Reforma Trabalhista, julgue o item a seguir:

A empregada lactante será afastada de atividades e operações consideradas insalubres em qualquer grau quando apresentar atestado de saúde emitido por médico de sua confiança, do sistema privado ou público de saúde, que recomende o afastamento durante a lactação.

COMENTÁRIO

Foi exigida a literalidade do § 3º do art. 394-A.

Ou seja, caso a empregada lactante apresente atestado de saúde emitido por médico de sua confiança recomendando o seu afastamento de atividades insalubres, ela será afastada destas atividades.

RESPOSTA: Certo

02 – De acordo com a Reforma Trabalhista, julgue o item a seguir:

A empregada gestante apenas será afastada do exercício de atividades insalubres caso a insalubridade seja de grau máximo.

COMENTÁRIO

A assertiva é incorreta, pois a regra é que a gestante fique afastada de quaisquer atividades insalubres, nos termos do quanto disposto no caput do art. 394-A. Porém, isso não impede que ela venha a exercer atividades insalubres de grau médio e mínimo se apresentar voluntariamente atestado médico autorizando o exercício dessas atividades.

RESPOSTA: Errado

03 – No que concerne a proteção à maternidade, julgue os itens abaixo:

I – A empregada gestante será afastada, enquanto durar a gestação, de quaisquer atividades, operações ou locais insalubres e exercerá suas atividades em local salubre, excluído, nesse caso, o pagamento de adicional de insalubridade.

II – Para que a empregada gestante venha a trabalhar em locais de insalubridade de grau médio, deverá apresentar, voluntariamente, atestado médico exclusivamente do sistema público de saúde que autorize a prática dessas atividades.

III – A empresa poderá de maneira compulsória determinar que a gestante venha a trabalhar em atividades insalubres de grau mínimo.

Estão corretas apenas:

a) I

b) II

c) I e III

d) II e III

e) Todas

COMENTÁRIO

Item I: correto. Literalidade do art. 394-A.

Item II: Incorreto. O atestado médico a ser apresentado poderá ser do sistema privado de saúde.

Item III: Incorreto. Não há que se falar em compulsoriedade, haja vista que, a empregada gestante apenas poderá trabalhar em local de insalubridade mínima se apresentar, de maneira voluntária, atestado de saúde permitindo essa prática.

RESPOSTA: Letra A

QUADRO COMPARATIVO

ANTES DA REFORMA TRABALHISTA	APÓS A REFORMA TRABALHISTA
Art. 396.- Para amamentar o próprio filho, até que este complete 6 (seis) meses de idade, a mulher terá direito, durante a jornada de trabalho, a 2 (dois) descansos especiais, de meia hora cada um.	Art. 396.- Para amamentar o próprio filho, até que este complete 6 (seis) meses de idade, a mulher terá direito, durante a jornada de trabalho, a 2 (dois) descansos especiais, de meia hora cada um.
Parágrafo único. Quando o exigir a saúde do filho, o período de 6 (seis) meses PODERÁ ser dilatado, a critério da autoridade competente.	§ 1º Quando o exigir a saúde do filho, o período de 6 (seis) meses PODERÁ ser dilatado, a critério da autoridade competente.
Sem previsão anterior.	§ 2º Os horários dos descansos previstos no caput deste artigo **deverão ser definidos em acordo individual entre a mulher e o empregador.**

O QUE MUDOU?

Com a Reforma Trabalhista, o anterior parágrafo único do art. 396 da CLT se transformou no parágrafo 1º.

Ademais, foi acrescentado um parágrafo 2º. Agora, empregador e a empregada mulher, mediante acordo individual, irão definir os horários de descansos a que se refere o art. 396, caput da CLT.

QUESTÕES OBJETIVAS COMENTADAS

01 - De acordo com a Reforma Trabalhista, julgue o item a seguir:

Os horários dos descansos para amamentação em um total de dois, de meia hora cada um, deverão ser realizados no horário que melhor atenda os interesses do empregador.

COMENTÁRIO

Na verdade, após a Reforma Trabalhista, empregador e a empregada mulher, mediante acordo individual, irão definir os horários de descansos a que se refere o art. 396, caput da CLT.

RESPOSTA: Errado

17. DO TRABALHO AUTÔNOMO

QUADRO COMPARATIVO	
ANTES DA REFORMA TRABALHISTA	**APÓS A REFORMA TRABALHISTA**
Sem previsão anterior.	"Art. 442-B. A **contratação do autônomo,** cumpridas por este todas as formalidades legais, **de forma contínua ou não, afasta a qualidade de empregado prevista** no art. 3º desta Consolidação. § 1º É **vedada** a celebração de cláusula de exclusividade no contrato previsto no caput. § 2º Não caracteriza a qualidade de empregado prevista no art. 3º **o fato de o autônomo prestar serviços a apenas um tomador de serviços.** § 3º O autônomo **poderá** prestar serviços de qualquer natureza a outros tomadores de serviços que **exerçam ou não a mesma atividade** econômica, sob qualquer modalidade de contrato de trabalho, inclusive como autônomo. § 4º **Fica garantida ao autônomo a possibilidade de recusa de realizar atividade demandada pelo contratante, garantida a aplicação de cláusula de penalidade prevista em contrato.**

	§ 5º Motoristas, representantes comerciais, corretores de imóveis, parceiros, e trabalhadores de outras categorias profissionais reguladas por leis específicas relacionadas a atividades compatíveis com o contrato autônomo, desde que cumpridos os requisitos do caput, **não possuirão a qualidade de empregado prevista o art. 3º.** § 6º **Presente a subordinação jurídica, será reconhecido o vínculo empregatício.** § 7º O disposto no caput se aplica ao **autônomo, ainda que exerça atividade relacionada ao negócio da empresa contratante."**

⇔ ***O QUE MUDOU?***

A partir da Reforma Trabalhista, a CLT trouxe um regramento específico para a figura do trabalhador autônomo.

Referido vínculo trabalhista pode ser firmado de forma contínua ou não, sendo que a característica mais marcante é a não configuração da qualidade de empregado prevista no artigo 3º do texto consolidado, de seguinte redação:

Art. 3º - Considera-se empregado toda pessoa física que prestar serviços de natureza não eventual a empregador, sob a dependência deste e mediante salário.

Esse fato de afastar a qualidade de empregado se aplica ainda que o autônomo exerça atividade relacionada ao negócio da empresa contratante. Porém, se restar configurada a subordinação jurídica, será reconhecido o vínculo empregatício.

A Medida Provisória nº 808/17 acrescentou os parágrafos 1º a 7º no art.442-B da CLT. Ficou previsto que não é possível a celebração de cláusula de exclusividade na contratação de autônomo, sendo possibilitado a este a prestação de serviços de qualquer natureza a outros tomadores de serviços que exerçam ou não a mesma atividade econômica, sob qualquer modalidade de contrato de trabalho, inclusive como autônomo.

Além disso, cumpre expor que pode o autônomo recusar a realização de atividade demandada pelo contratante, sendo garantida a aplicação de cláusula de penalidade prevista em contrato.

Por fim, os motoristas, representantes comerciais, corretores de imóveis, parceiros, e trabalhadores de outras categorias profissionais reguladas por leis específicas relacionadas a atividades compatíveis com o contrato autônomo, desde que cumpridos os requisitos do caput do art. 442-B, não possuirão a qualidade de empregado prevista o art. 3º da CLT.

QUESTÕES OBJETIVAS COMENTADAS

01 - De acordo com a Reforma Trabalhista, julgue o item a seguir:

Com a mudança proposta pela medida provisória nº 808/17 no regramento da contratação de autônomos, ficou permitida a celebração de cláusula de exclusividade nestes contratos.

COMENTÁRIO

O § 1º do art. 442-B da CLT dispõe que é vedada a celebração de cláusula de exclusividade na contratação de autônomos.

RESPOSTA: Errado

02 - De acordo com a reforma trabalhista, julgue o item a seguir:

Caso um trabalhador autônomo preste serviços a apenas um tomador de serviços, ficará caracterizada a qualidade de empregado prevista no art. 3º da CLT.

COMENTÁRIO

A assertiva afronta o teor do art. 442-B §2º que dispõe que "Não caracteriza a qualidade de empregado prevista no art. 3º o fato de o autônomo prestar serviços a apenas um tomador de serviços."

RESPOSTA: Errado

03 - De acordo com a reforma trabalhista, julgue o item a seguir:

Caso o autônomo exerça atividade relacionada ao negócio da empresa contratante, ficará caracterizada a qualidade de empregado, afastando-se as disposições da CLT que regem a contratação de trabalhadores autônomos.

COMENTÁRIO

A assertiva afronta a literalidade do art. 442-B § 2º que dispõe que "Não caracteriza a qualidade de empregado prevista no art. 3º o fato de o autônomo prestar serviços a apenas um tomador de serviços."

RESPOSTA: Errado

18. DO TRABALHO INTERMITENTE

QUADRO COMPARATIVO	
ANTES DA REFORMA TRABALHISTA	**APÓS A REFORMA TRABALHISTA**
Sem previsão anterior.	"Art. 443. **O contrato individual de trabalho PODERÁ ser acordado tácita ou expressamente, verbalmente ou por escrito, por prazo determinado ou indeterminado, ou para prestação de trabalho intermitente.** .... § 3º Considera-se como **intermitente** o contrato de trabalho no qual **a prestação de serviços, com subordinação, não é contínua, ocorrendo com alternância de períodos de prestação de serviços e de inatividade, determinados em horas, dias ou meses, independentemente do tipo de atividade do empregado e do empregador, exceto para os aeronautas, regidos por legislação própria.**" (NR) .... "Art. 452-A. O contrato de trabalho intermitente será celebrado por escrito e registrado na CTPS, ainda que previsto acordo coletivo de trabalho ou convenção coletiva, e conterá: I – identificação, assinatura e domicílio ou sede das partes;

	II – valor da hora ou do dia de trabalho, que não poderá ser inferior ao valor horário ou diário do salário mínimo, assegurada a remuneração do trabalho noturno superior à do diurno e observado o § 12 deste artigo; e III - valor da hora ou do dia de trabalho, que não poderá ser inferior ao valor horário ou diário do salário mínimo, assegurada a remuneração do trabalho noturno superior à do diurno e observado o disposto no § 12; e IV – local e prazo do pagamento da remuneração.

QUADRO COMPARATIVO

ANTES DA REFORMA TRABALHISTA	APÓS A REFORMA TRABALHISTA
	§ 1º O empregador **convocará**, por **qualquer meio de comunicação eficaz**, para a prestação de serviços, informando qual será a jornada, com, pelo menos, **três dias corridos de antecedência**. § 2º Recebida a convocação, o empregado terá o **prazo de 24 (vinte e quatro) horas para responder ao chamado, presumida, no silêncio, a recusa.** § 3º **A recusa da oferta NÃO descaracteriza a subordinação para fins do contrato de trabalho intermitente.** § 4º **(REVOGADO)** **§ 5º (REVOGADO)** **§ 6º Na data acordada para o pagamento, observado o disposto no § 11, o empregado receberá, de imediato, as seguintes parcelas:**

I – remuneração;
II – férias proporcionais com acréscimo de um terço;
III – décimo terceiro salário proporcional;
IV – repouso semanal remunerado; e
V – adicionais legais.

§ 7º O recibo de pagamento **DEVERÁ** conter a **discriminação** dos valores pagos relativos a cada uma das parcelas referidas no § 6º deste artigo.

§ 8º (REVOGADO)

§ 9º A cada **doze meses**, o empregado adquire direito a usufruir, nos **doze meses subsequentes, um mês de férias**, período no qual **NÃO PODERÁ ser convocado para prestar serviços pelo MESMO empregador.**"

§ 10. O empregado, mediante prévio acordo com o empregador, poderá usufruir suas férias em até três períodos, nos termos dos § 1º e § 2º do art. 134.

§ 11. Na hipótese de o período de convocação exceder um mês, o pagamento das parcelas a que se referem o § 6º não poderá ser estipulado por período superior a um mês, contado a partir do primeiro dia do período de prestação de serviço.

§ 12. O valor previsto no inciso II do caput não será inferior àquele devido aos demais empregados do estabelecimento que exerçam a mesma função.

§ 13. Para os fins do disposto neste artigo, o auxílio-doença será devido ao segurado da Previdência Social a partir da data do início da incapacidade, vedada a aplicação do disposto § 3º do art. 60 da Lei nº 8.213, de 1991.

§ 14. O salário maternidade será pago diretamente pela Previdência Social, nos termos do disposto no § 3º do art. 72 da Lei nº 8.213, de 1991.

§ 15. Constatada a prestação dos serviços pelo empregado, estarão satisfeitos os prazos previstos nos § 1º e § 2º.

"Art. 452–B. É facultado às partes convencionar por meio do contrato de trabalho intermitente:
I - locais de prestação de serviços;
II - turnos para os quais o empregado será convocado para prestar serviços;
III - formas e instrumentos de convocação e de resposta para a prestação de serviços;
IV - formato de reparação recíproca na hipótese de cancelamento de serviços previamente agendados nos termos dos § 1º e § 2º do art. 452-A."

Art. 452-C. Para fins do disposto no § 3º do art. 443, considera-se período de inatividade o intervalo temporal distinto daquele para o qual o empregado intermitente haja sido convocado e tenha prestado serviços nos termos do § 1º do art. 452-A

§ 1º Durante o período de inatividade, o empregado poderá prestar serviços de qualquer natureza a outros tomadores de serviço, que exerçam ou não a mesma atividade econômica, utilizando contrato de trabalho intermitente ou outra modalidade de contrato de trabalho.

§ 2º No contrato de trabalho intermitente, o período de inatividade não será considerado tempo à disposição do empregador e não será remunerado, hipótese em que restará descaracterizado o contrato de trabalho intermitente caso haja remuneração por tempo à disposição no período de inatividade.

Art. 452-D. Decorrido o prazo de um ano sem qualquer convocação do empregado pelo empregador, contado a partir da data da celebração do contrato, da última convocação ou do último dia de prestação de serviços, o que for mais recente, será considerado rescindido de pleno direito o contrato de trabalho intermitente.

Art. 452-E. Ressalvadas as hipóteses a que se referem os art. 482 e art. 483, na hipótese de extinção do contrato de trabalho intermitente serão devidas as seguintes verbas rescisórias:

I – pela metade:
a) o aviso prévio indenizado, calculado conforme o art. 452-F; e
b) a indenização sobre o saldo do Fundo de Garantia do Tempo de Serviço - FGTS, prevista no § 1º do art. 18 da Lei nº 8.036, de 11 de maio de 1990; e
II - na integralidade, as demais verbas trabalhistas.

§ 1º A extinção de contrato de trabalho intermitente permite a movimentação da conta vinculada do trabalhador no FGTS na forma do inciso I-A do art. 20 da Lei nº 8.036, de 1990, limitada a até oitenta por cento do valor dos depósitos.

§ 2º A extinção do contrato de trabalho intermitente a que se refere este artigo não autoriza o ingresso no Programa de Seguro Desemprego."

Art. 452-F. As verbas rescisórias e o aviso prévio serão calculados com base na média dos valores recebidos pelo empregado no curso do contrato de trabalho intermitente.

§ 1º No cálculo da média a que se refere o caput, serão considerados apenas os meses durante os quais o empregado tenha recebido parcelas remuneratórias no intervalo dos últimos doze meses ou o período de vigência do contrato de trabalho intermitente, se este for inferior.

§ 2º O aviso prévio será necessariamente indenizado, nos termos dos § 1º e § 2º do art. 487.

Art. 452-G. Até 31 de dezembro de 2020, o empregado registrado por meio de contrato de trabalho por prazo indeterminado demitido não poderá prestar serviços para o mesmo empregador por meio de contrato de trabalho intermitente pelo prazo de dezoito meses, contado da data da demissão do empregado.

Art. 452-H. No contrato de trabalho intermitente, o empregador efetuará o recolhimento das contribuições previdenciárias próprias e do empregado e o depósito do FGTS com base nos valores pagos no período mensal e fornecerá ao empregado comprovante do cumprimento dessas obrigações, observado o disposto no art. 911-A.

⇔ *O QUE MUDOU?*

A Reforma Trabalhista trouxe a conceituação do trabalho intermitente, sendo de suma importância a memorização para fins de provas de concurso público e exame de ordem.

CARACTERÍSTICAS DO TRABALHO INTERMITENTE
1. SUBORDINAÇÃO 2. NÃO CONTÍNUO 3. ALTERNÂNCIA DE PERÍODOS DE PRESTAÇÃO DE SERVIÇOS E INATIVIDADE 4. DIVISÃO DOS PERÍODOS EM HORAS, DIAS OU MESES 5. QUALQUER TIPO DE ATIVIDADE, EXCETO AERONAUTAS

Assim, acresceu-se ao artigo 443 da CLT mais uma modalidade de contrato. Veja de forma esquematizada:

ARTIGO 443 DA CLT		
PRAZO INDETERMINADO	**PRAZO DETERMINADO**	**INTERMITENTE**
REGRA GERAL	**EXCEÇÃO**	**EXCEÇÃO**
	a) de serviço cuja natureza ou transitoriedade justifique a predeterminação do prazo; b) de atividades empresariais de caráter transitório; c) de contrato de experiência.	Prestação de serviços, com subordinação, não contínua, ocorrendo com alternância de períodos de prestação de serviços e de inatividade, determinados em horas, dias ou meses, independentemente do tipo de atividade do empregado e do empregador, exceto para os aeronautas, regidos por legislação própria.

Mas não basta memorizar tais características, pois as provas certamente irão tentar confundir a conceituação do trabalhador intermitente com a do trabalhador autônomo. Assim, o estudo comparativo é imprescindível.

AUTÔNOMO	INTERMITENTE
Art. 442-B. A contratação do autônomo, cumpridas por este todas as formalidades legais, de forma contínua ou não, afasta a qualidade de empregado prevista no art. 3º desta Consolidação. § 1º É vedada a celebração de cláusula de exclusividade no contrato previsto no caput.	Art. 443, §3º. Considera-se como **intermitente o contrato de trabalho no qual a prestação de serviços, com subordinação, não é contínua, ocorrendo com alternância de períodos de prestação de serviços e de inatividade, determinados em horas, dias ou meses, independentemente do tipo de atividade do empregado**

§ 2º Não caracteriza a qualidade de empregado prevista no art. 3º o fato de o autônomo prestar serviços a apenas um tomador de serviços. § 3º O autônomo poderá prestar serviços de qualquer natureza a outros tomadores de serviços que exerçam ou não a mesma atividade econômica, sob qualquer modalidade de contrato de trabalho, inclusive como autônomo. § 4º Fica garantida ao autônomo a possibilidade de recusa de realizar atividade demandada pelo contratante, garantida a aplicação de cláusula de penalidade prevista em contrato. § 5º Motoristas, representantes comerciais, corretores de imóveis, parceiros, e trabalhadores de outras categorias profissionais reguladas por leis específicas relacionadas a atividades compatíveis com o contrato autônomo, desde que cumpridos os requisitos do caput, não possuirão a qualidade de empregado prevista o art. 3º. § 6º Presente a subordinação jurídica, será reconhecido o vínculo empregatício. § 7º O disposto no caput se aplica ao autônomo, ainda que exerça atividade relacionada ao negócio da empresa contratante."	**e do empregador, exceto para os aeronautas, regidos por legislação própria.**

Com relação ao contrato de trabalho intermitente, é imperioso ressaltar que a Medida Provisória nº 808, de 14 de novembro de 2017, alterou de forma substancial o texto originário da Lei nº 13.467, de 13 de julho de 2017.

E como deve ser realizada a contratação intermitente? Quem explica é o artigo 452-A da CLT, incluído, também, pela Reforma Trabalhista.

O contrato de trabalho intermitente deve ser celebrado por escrito (ainda que previsto em acordo ou convenção coletiva), dever ser registrado na CTPS, e deve conter especificamente: identificação, assinatura e domicílio ou sede das partes;

valor da hora ou dia de trabalho, que não poderá ser inferior ao valor horário ou diário do salário mínimo, assegurada a remuneração do trabalho noturno superior à do diurno; o valor previsto não será inferior àquele devido aos demais empregados do estabelecimento que exerçam a mesma função; e o local e o prazo para o pagamento da remuneração.

De forma esquemática:

CARACTERÍSTICAS DO CONTRATO DE TRABALHO INTERMITENTE
1. Escrito (Ainda que previsto em acordo ou convenção coletiva) **2.** Registrado na CTPS **3.** Identificação, assinatura e domicílio ou sede das partes **4.** Valor da hora ou do dia de trabalho, que não poderá ser inferior ao valor horário ou diário do salário mínimo, assegurada a remuneração do trabalho noturno superior à do diurno **5.** Não será inferior àquele devido aos demais empregados do estabelecimento que exerçam a mesma função **6.** Local e prazo do pagamento da remuneração

A convocação do empregado intermitente pelo empregador, que deve ocorrer, com pelo menos três dias de antecedência, será realizada "por qualquer meio de comunicação eficaz", devendo constar expressamente qual será a jornada.

Uma vez recebida a convocação, o empregado terá o prazo de 24 (vinte e quatro) horas para responder ao chamado. Caso não haja resposta no prazo estabelecido, presume-se a recusa. Dessa forma, não precisa o empregador aguardar uma resposta negativa por parte do empregado intermitente.

Todavia, importante destacar que, conforme estabelecido no §3º, do artigo 452-A, a recusa da oferta não descaracteriza a subordinação para fins do contrato de trabalho intermitente.

A redação original da Reforma Trabalhista estabelecia no § 4º, do art. 452-A, que aceita a oferta para comparecimento ao trabalho, a parte que descumprir, sem justo motivo, pagaria uma multa para parte adversa. A aludida multa foi excluída pela Medida Provisória nº 808, de 14 de novembro de 2008. Assim, o §4º foi expressamente revogado.

Além disso, na data acordada para o pagamento, o empregado receberá o pagamento imediato das seguintes parcelas: remuneração, férias proporcionais com acréscimo de um terço, décimo terceiro salário proporcional, repouso semanal remunerado e adicionais legais.

Importante observar que, caso o período de contratação exceda um mês, o pagamento das parcelas acima não poderá ser estipulado por período superior a um mês, contado a partir do primeiro dia do período de prestação de serviço. Tal pagamento ocorrerá mediante recibo, no qual deverá ser discriminado os valores pagos relativos a cada uma das parcelas.

Ademais, mediante prévio acordo com o empregador, é lícito ao empregado usufruir suas férias em até 3 (três) períodos.

Outrossim, conforme o artigo 452-B, é **facultado** às partes convencionar no instrumento contratual: locais de prestação de serviços; turnos para os quais o empregado será convocado para prestar serviços; formas e instrumentos de convocação e de resposta para a prestação de serviços e formato de reparação recíproca na hipótese de cancelamento de serviços previamente agendados

No art. 452–C, foi conceituado o período de inatividade que é: o intervalo temporal distinto daquele para o qual o empregado intermitente haja sido convocado e tenha prestado serviços nos termos dos § 1º do art. 452-A da CLT.

Importante registrar que, durante o período de inatividade, o empregado poderá prestar serviços de qualquer natureza a outros tomadores de serviço, que exerçam ou não a mesma atividade econômica, utilizando contrato de trabalho intermitente ou outra modalidade de contrato de trabalho.

Vale ficar atento que no contrato de trabalho intermitente, o período de inatividade não será considerado tempo à disposição do empregador e não será remunerado, restando descaracterizado o contrato como intermitente caso haja remuneração por tempo à disposição no período de inatividade.

Nos termos do art. 452–D, da CLT, considera-se rescindido de pleno direito o contrato de trabalho intermitente caso decorrido 1 (um) ano sem qualquer convocação do empregado pelo empregador, contado a partir da celebração do contrato, da última convocação ou do último dia de prestação de serviços, o que for mais recente.

Registra-se que, ressalvados os casos de justa causa por parte do empregado ou do empregador (Artigos 482 e 483 da CLT), em qualquer hipótese de extinção do contrato de trabalho intermitente serão devidas as seguintes verbas rescisórias: **pela metade**: o aviso prévio indenizado, calculado conforme o art. 452-F da CLT e a indenização sobre o saldo do Fundo de Garantia do Tempo de Serviço. **Na integralidade**: as demais verbas trabalhistas.

A extinção de contrato de trabalho intermitente permite a movimentação da conta vinculada do trabalhador no Fundo de Garantia do Tempo de Serviço, limitada a até 80% (oitenta por cento) do valor dos depósitos.

As rescisões do contrato intermitente não autorizam o ingresso no Programa de Seguro-Desemprego.

Conforme previsto no art. 452–F, da CLT, as verbas rescisórias e o aviso-prévio serão calculados com base na média dos valores recebidos pelo empregado intermitente no curso do contrato. No cálculo da média, serão considerados apenas os meses em que o empregado tenha recebido parcelas remuneratórias no intervalo dos últimos 12 (doze) meses ou do período de vigência do contrato de trabalho intermitente, se esse for inferior.

Ademais, o aviso-prévio será necessariamente indenizado.

A Medida Provisória nº 808, de 14 de novembro de 2017, estipulou que até 31 de dezembro de 2020, o empregado registrado por meio de contrato de trabalho por prazo indeterminado demitido não poderá prestar serviços para o mesmo empregador por meio de contrato de trabalho intermitente pelo prazo de 18 (dezoito) meses, contado da data da demissão do empregado. Foi estabelecido assim, um período de quarentena.

No contrato de trabalho intermitente, o empregador efetuará o recolhimento das contribuições previdenciárias próprias e do trabalhador, e o depósito do Fundo de Garantia do Tempo de Serviço – FGTS, na forma da lei, com base nos valores pagos no período mensal e fornecerá ao empregado comprovante do cumprimento dessas obrigações, observado o disposto no art. 911-A da CLT

Vejamos, agora, uma revisão geral do contrato intermitente para fins de fixação:

25 CARACTERÍSTICAS DO TRABALHO INTERMITENTE
1. Existência de subordinação; **2.** Não há continuidade; **3.** Alternância de períodos de prestação de serviços e inatividade; **4.** Divisão dos períodos em horas, dias ou meses; **5.** Qualquer tipo de atividade, *exceto aeronautas*; **6.** Contrato escrito e registrado na CTPS; **7.** Obrigatoriedade de cláusula contendo o valor da hora de trabalho; **8.** A hora de trabalho não pode ser inferior ao valor horário do salário mínimo; **9.** A hora de trabalho não pode ser inferior à hora de trabalho dos demais empregados (intermitente ou não); **10.** Exigência de convocação através de meio de comunicação eficaz por parte do empregador; **11.** Exigência de confirmação da convocação pelo empregado intermitente em 24 horas; **12.** Caso não confirmado, presume-se a recusa por parte do empregado intermitente; **13.** O período de inatividade não representa tempo à disposição do empregador; **14.** No período de inatividade o empregado pode prestar serviços a terceiros; **15.** O pagamento será realizado mediante recibo, no qual necessariamente deverá constar: remuneração, férias proporcionais com acréscimo de um terço, décimo terceiro salário proporcional, repouso semanal remunerado e adicionais legais; **16.** Obrigatoriedade de o empregador efetuar o recolhimento da contribuição previdenciária;

17. Direito a férias após o período de 12 meses. Pode usufruir das férias em três períodos;

18. No período de gozo de férias o empregado não pode ser convocado pelo mesmo empregador. Ou seja, pode laborar para outro empregador;

19. Faculdade das partes convencionarem no instrumento contratual: locais de prestação de serviços; turnos para os quais o empregado será convocado para prestar serviços; formas e instrumentos de convocação e de resposta para a prestação de serviços e formato de reparação recíproca em caso de cancelamento de serviços previamente agendados.

20. Considera-se rescindido de pleno direito caso decorrido 1 (um) ano sem qualquer convocação do empregado pelo empregador, contado a partir da celebração do contrato, da última convocação ou do último dia de prestação de serviços, o que for mais recente.

21. As verbas rescisórias e o aviso-prévio serão calculados com base na média dos valores recebidos pelo empregado intermitente no curso do contrato.

22. Ressalvados os casos de justa causa por parte do empregado ou do empregador (Artigos 482 e 483 da CLT), em qualquer hipótese de extinção do contrato de trabalho intermitente serão devidas as seguintes verbas rescisórias: **pela metade:** o aviso prévio indenizado, calculado conforme o art. 452-F da CLT e a indenização sobre o saldo do Fundo de Garantia do Tempo de Serviço. **Integralmente:** as demais verbas trabalhistas.

23. A extinção de contrato de trabalho intermitente permite a movimentação da conta vinculada do trabalhador no Fundo de Garantia do Tempo de Serviço, limitada a até 80% (oitenta por cento) do valor dos depósitos.

24. As rescisões do contrato intermitente não autorizam o ingresso no Programa de Seguro-Desemprego.

25. Período de quarentena - A Medida Provisória nº 808 estipulou que até 31 de dezembro de 2020, o empregado registrado por meio de contrato de trabalho por prazo indeterminado demitido não poderá prestar serviços para o mesmo empregador por meio de contrato de trabalho intermitente pelo prazo de 18 (dezoito) meses, contado da data da demissão do empregado.

É de suma importância o estudo dos vinte e cinco pontos acima elencados, pois a chance de incidência em provas é muito alta.

QUESTÕES OBJETIVAS COMENTADAS

01 – De acordo com a Reforma Trabalhista, julgue o item a seguir:

Considera-se como intermitente o contrato de trabalho no qual a prestação de serviços, com subordinação, não é contínua, ocorrendo com alternância de períodos de prestação de serviços e de inatividade, determinados em horas, dias ou meses, independentemente do tipo de atividade do empregado e do empregador, exceto para os aeronautas, regidos por legislação própria.

COMENTÁRIO

A assertiva está correta e exigiu o conhecimento da literalidade do § 3º, do art. 443 da CLT, com a seguinte redação:

"Art. 443. § 3º Considera-se como intermitente o contrato de trabalho no qual a prestação de serviços, com subordinação, não é contínua, ocorrendo com alternância de períodos de prestação de serviços e de inatividade, determinados em horas, dias ou meses, independentemente do tipo de atividade do empregado e do empregador, exceto para os aeronautas, regidos por legislação própria."

O dispositivo citado apresenta o conceito de trabalho intermitente. Essa nova modalidade de contrato de trabalho, pode ser elencada entre uma das principais inovações da Reforma Trabalhista.

Conforme já exposto, a reforma acrescentou mais uma modalidade de contrato. Veja de forma esquematizada:

ARTIGO 443 DA CLT		
PRAZO INDETERMINADO	**PRAZO DETERMINADO**	**INTERMITENTE**
REGRA GERAL	**EXCEÇÃO**	**EXCEÇÃO**
	a) de serviço cuja natureza ou transitoriedade justifique a predeterminação do prazo; b) de atividades empresariais de caráter transitório; c) de contrato de experiência.	Prestação de serviços, com subordinação, não é contínua, ocorrendo com alternância de períodos de prestação de serviços e de inatividade, determinados em horas, dias ou meses,

		independentemente do tipo de atividade do empregado e do empregador, exceto para os aeronautas, regidos por legislação própria.

RESPOSTA: Certo

02 – No que concerne ao contrato de trabalho intermitente, julgue os itens abaixo:

I – O empregador convocará, por qualquer meio de comunicação eficaz, para a prestação de serviços, informando qual será a jornada, com, pelo menos, três dias corridos de antecedência.

II – Recebida a convocação, o empregado terá o prazo de 48 horas para responder ao chamado, presumindo-se, no silêncio, a recusa.

III – A recusa da oferta não descaracteriza a subordinação para fins do contrato de trabalho intermitente.

Estão corretas apenas:

a) I

b) II

c) I e III

d) II e III

e) Todas

COMENTÁRIO

A questão em referência exigiu do candidato o conhecimento literal dos parágrafos 1º, 2º e 3º do art. 452-A da CLT.

Certamente os dispositivos acima serão bastante exigidos em provas de concursos públicos, bem como no exame da OAB.

Item I: correto. Representa a literalidade do § 1º, do art. 452-A. O empregador deverá convocar o empregado para prestação de serviços com **3 dias de antecedência**.

Item II: incorreto. Recebida a convocação, o empregado terá prazo de 24 (vinte e quatro) horas para responder ao chamado, presumindo-se, no silêncio, a recusa.

Esse prazo certamente será cobrado em provas de concurso público. A assertiva está errada, pois afirma que esse prazo é de 48 (quarenta e oito) horas.

Item III: correto. Representa a literalidade do § 1º, do art. 452-A. Nessa modalidade de contrato de trabalho ficou positivado que a recusa da oferta é válida e não macula a subordinação jurídica que deve estar presente ao contrato de trabalho.

RESPOSTA: Letra C

03 – Com relação ao contrato de trabalho intermitente, julgue o item a seguir:

Aceita a oferta para o comparecimento ao trabalho, a parte que descumprir, sem justo motivo, pagará à outra parte, no prazo de trinta dias, multa de 50% (cinquenta por cento) da remuneração que seria devida, permitida a compensação em igual prazo.

COMENTÁRIO

Na questão em comento foi exigida a redação original do §º 4º, do art. 452-A, da CLT.

Contudo, a assertiva está incorreta, uma vez que a Medida Provisória nº 808, de 14 de novembro de 2017, revogou expressamente a aludida previsão.

RESPOSTA: Errado.

04 – No que ao contrato de trabalho intermitente, assinale a opção INCORRETA.

a) O empregado, mediante prévio acordo com o empregador, poderá usufruir suas férias em até três períodos.

b) Na data acordada para o pagamento, o empregado receberá, de imediato, as seguintes parcelas: remuneração; férias proporcionais com acréscimo de um terço; décimo terceiro salário proporcional; repouso semanal remunerado; e adicionais legais.

c) No contrato de trabalho intermitente, o em pregador efetuará o recolhimento das contribuições previdenciárias próprias e do empregado e o depósito do FGTS com base nos valores pagos no período mensal e fornecerá ao empregado comprovante do cumprimento dessas obrigações, observado o disposto no art. 911-A.

d) A cada doze meses, o empregado adquire direito a usufruir, nos doze meses subsequentes, um mês de férias, período no qual poderá ser convocado para prestar serviços pelo mesmo empregador.

e) O contrato de trabalho intermitente será celebrado por escrito e registrado na CTPS, ainda que previsto acordo coletivo de trabalho ou convenção coletiva.

COMENTÁRIO

Alternativa "a": correta. Traduz a literalidade do § 10º, do Art. 452-A (Redação dada pela Medida Provisória nº 808)

Alternativa "b": correta. Traduz a literalidade do § 6º e incisos I, II, III, IV e V, do art. 452-A da CLT.

Segue a lista de direitos previstos nos incisos mencionados: **remuneração; férias proporcionais com acréscimo de um terço; décimo terceiro salário proporcional; repouso semanal remunerado;** e **adicionais legais.**

Pelo exposto, é fácil concluir que no contrato de trabalho intermitente são devidas todas as verbas trabalhistas que são conferidas aos trabalhadores de forma geral. Porém, esses direitos serão concedidos de maneira proporcional ao tempo de serviço efetivamente prestado.

Alternativa "c": correta. Tem fundamento no art. 452 – H (Redação dada pela Medida Provisória nº 808).

Assim, sobre os pagamentos efetuados vão incidir o fundo de garantia por tempo de serviço e a contribuição previdenciária.

Alternativa "d": incorreta. Na verdade, conforme previsto no § 9º, do art. 452-A, da CLT, no período de férias o empregado "**não poderá** ser convocado para prestar serviços pelo mesmo empregador".

Registre-se ainda que, pela leitura do art. 452-A, da CLT, para o cálculo do pagamento das férias será realizado a média dos dias trabalhados no ano anterior.

Alternativa "e": correta. Traduz a literalidade do caput do art. 452-A, da CLT (Redação dada pela Medida Provisória nº 808), o qual traz os requisitos do contrato de trabalho intermitente. Nos seguintes termos:

"Art. 452-A. O contrato de trabalho intermitente será celebrado por escrito e registrado na CTPS, ainda que previsto acordo coletivo de trabalho ou convenção coletiva, e conterá:

I - identificação, assinatura e domicílio ou sede das partes;

II - valor da hora ou do dia de trabalho, que não poderá ser inferior ao valor horário ou diário do salário mínimo, assegurada a remuneração do trabalho noturno superior à do diurno e observado o disposto no § 12; e

III - o local e o prazo para o pagamento da remuneração."

RESPOSTA: Letra D

05 - Com relação ao contrato de trabalho intermitente, julgue o item a seguir:

Até 31 de dezembro de 2020, o empregado registrado por meio de contrato de trabalho por prazo indeterminado demitido não poderá prestar serviços para o mesmo empregador por meio de contrato de trabalho intermitente pelo prazo de dezoito meses, contado da data da demissão do empregado.

COMENTÁRIO

A assertiva está correta.

A Medida Provisória nº 808 estipulou que até 31 de dezembro de 2020, o empregado registrado por meio de contrato de trabalho por prazo indeterminado demitido não poderá prestar serviços para o mesmo empregador por meio de contrato de trabalho intermitente pelo prazo de 18 (dezoito) meses, contado da data da demissão do empregado

Esse ponto certamente será bastante cobrado nas provas de concurso público.

RESPOSTA: Certo

06 - Com relação ao contrato de trabalho intermitente, julgue o item a seguir:

As rescisões do contrato intermitente autorizam o ingresso no Programa de Seguro-Desemprego.

COMENTÁRIO

A assertiva está incorreta.

A Medida Provisória nº 808, acrescentou o art. 452-E a CLT. O legislador foi expresso em vedar o acesso ao programa de Seguro--Desemprego nas rescisões do contrato de trabalho intermitente.

Vale transcrever o mencionado dispositivo legal. Segue, abaixo:

"Art. 452-E. Ressalvadas as hipóteses a que se referem os art. 482 e art. 483, na hipótese de extinção do contrato de trabalho intermitente serão devidas as seguintes verbas rescisórias:

I - pela metade:

a) o aviso prévio indenizado, calculado conforme o art. 452-F; e

b) a indenização sobre o saldo do Fundo de Garantia do Tempo de Serviço - FGTS, prevista no § 1º do art. 18 da Lei nº 8.036, de 11 de maio de 1990; e

II - na integralidade, as demais verbas trabalhistas.

§ 1º A extinção de contrato de trabalho intermitente permite a movimentação da conta vinculada do trabalhador no FGTS na forma do inciso I-A do art. 20 da Lei nº 8.036, de 1990, limitada a até oitenta por cento do valor dos depósitos.

§ 2º A extinção do contrato de trabalho intermitente a que se refere este artigo não autoriza o ingresso no Programa de Seguro Desemprego."

RESPOSTA: Errado

07 - Com relação ao contrato de trabalho intermitente, julgue o item a seguir:

Decorrido o prazo de um ano sem qualquer convocação do empregado pelo empregador, contado a partir da data da celebração do contrato, da última convocação ou do último dia de prestação de serviços, o que for mais recente, será considerado rescindido de pleno direito o contrato de trabalho intermitente.

COMENTÁRIO

A assertiva está correta.

A Medida Provisória nº 808 estipulou um período para que o contrato de trabalho intermitente seja considerado rescindido de pleno direito

Desta forma, pela relevância do dispositivo legal, é interessante a sua transcrição. Segue, abaixo:

"Art. 452-D. Decorrido o prazo de um ano sem qualquer convocação do empregado pelo empregador, contado a partir da data da celebração do contrato, da última convocação ou do último dia de prestação de serviços, o que for mais recente, será considerado rescindido de pleno direito o contrato de trabalho intermitente."

RESPOSTA: Certo

19. DA LIBERDADE DE ESTIPULAÇÃO DO EMPREGADO HIPERSUFICIENTE

QUADRO COMPARATIVO	
ANTES DA REFORMA TRABALHISTA	**APÓS A REFORMA TRABALHISTA**
"Art. 444. As relações contratuais de trabalho podem ser objeto de livre estipulação das partes interessadas em tudo quanto NÃO contravenha às disposições de proteção ao trabalho, aos contratos coletivos que lhes sejam aplicáveis e às decisões das autoridades competentes.	"Art. 444. As relações contratuais de trabalho podem ser objeto de livre estipulação das partes interessadas em tudo quanto não contravenha às disposições de proteção ao trabalho, aos contratos coletivos que lhes sejam aplicáveis e às decisões das autoridades competentes.
Sem previsão anterior.	Parágrafo único. A **livre estipulação** a que se refere o caput deste artigo aplica-se às hipóteses previstas no art. 611-A desta Consolidação, **com a mesma eficácia legal e preponderância sobre os instrumentos coletivos, no caso de empregado portador de diploma de nível superior e que perceba salário mensal igual ou superior a duas vezes o limite máximo dos benefícios do Regime Geral de Previdência Social."** (NR)

⇔ *O QUE MUDOU?*

A Reforma Trabalhista, ao incluir o parágrafo único do artigo 444, permite uma maior liberdade dispositiva por parte dos empregados hipersuficientes, ou seja, aqueles que portam diploma de nível superior e que percebam salário mensal igual ou superior a duas vezes o limite máximo dos benefícios do Regime Geral de Previdência Social.

A justificativa para esta maior liberdade é, em tese, a maior capacidade cognitiva do trabalhador com diploma de nível superior e salário igual ou superior ao dobro do teto no INSS.

Dessa forma, tais trabalhadores poderão realizar acordos que versem sobre as hipóteses elencadas no artigo 611-A da CLT, quais sejam:

> I – pacto quanto à jornada de trabalho, observados os limites constitucionais;
>
> II – banco de horas anual;
>
> III – intervalo intrajornada, respeitado o limite mínimo de trinta minutos para jornadas superiores a seis horas;
>
> IV – adesão ao Programa Seguro-Emprego (PSE), de que trata a Lei nº 13.189, de 19 de novembro de 2015;
>
> V – plano de cargos, salários e funções compatíveis com a condição pessoal do empregado, bem como identificação dos cargos que se enquadram como funções de confiança;
>
> VI – regulamento empresarial;
>
> VII – representante dos trabalhadores no local de trabalho;
>
> VIII – teletrabalho, regime de sobreaviso, e trabalho intermitente;
>
> IX – remuneração por produtividade, incluídas as gorjetas percebidas pelo empregado, e remuneração por desempenho individual;
>
> X – modalidade de registro de jornada de trabalho;
>
> XI – troca do dia de feriado;
>
> XII – enquadramento do grau de insalubridade;
>
> XIII – prorrogação de jornada em ambientes insalubres, sem licença prévia das autoridades competentes do Ministério do Trabalho;
>
> XIV – prêmios de incentivo em bens ou serviços, eventualmente concedidos em programas de incentivo;
>
> XV – participação nos lucros ou resultados da empresa.

Referido artigo será estudado detidamente mais à frente, sendo importante neste momento apenas fixar que tais acordos individuais, conforme o parágrafo único ora estudado, terão a mesma eficácia legal e preponderância sobre os instrumentos coletivos.

QUESTÕES OBJETIVAS COMENTADAS

01 - De acordo com a Reforma Trabalhista assinale a alternativa correta:

I. A Reforma Trabalhista não buscou que prevaleçam, em diversos pontos, as disposições negociadas sobre as legisladas.

II. As relações contratuais de trabalho podem ser objeto de livre estipulação das partes interessadas, mesmo que venham a entrar em conflito com as disposições de proteção ao trabalho.

III. No caso de empregado portador de diploma de nível superior e que perceba salário mensal igual ou superior a duas vezes o limite máximo dos benefícios do Regime Geral de Previdência Social, a CLT passou a permitir que eles estipulem livremente suas relações contratuais com a mesma eficácia legal e preponderância sobre os instrumentos coletivos.

a) Somente a alternativa I está correta.

b) As alternativas I e III estão corretas.

c) As alternativas II e III estão corretas.

d) Somente a alternativa III está correta.

e) Somente a alternativa II está correta.

COMENTÁRIO

A alternativa I está incorreta, pois a Reforma Trabalhista deu prevalência do negociado sobre o legislado, como ocorre nos art. 611-A e 611-B. Logo, aquilo que as partes negociarem deverá ser respeitado pelo Judiciário, e a negociação passa a ser regra, e não exceção.

A alternativa II está incorreta, haja vista que confronta com a disposição literal do art. 444 da CLT que dispõe que "As relações contratuais de trabalho podem ser objeto de livre estipulação das partes interessadas em tudo quanto não contravenha às disposições de proteção ao trabalho, aos contratos coletivos que lhes sejam aplicáveis e às decisões das autoridades competentes."

A alternativa III é a única correta. Com a reforma, o parágrafo único do art. 444 da CLT diferencia o poder de negociação dos trabalhadores com baixa renda dos com renda mais elevada. Presume-se que estes possuem maior poder de barganha, podendo livremente estipular suas relações contratuais com a mesma eficácia legal e preponderância sobre os instrumentos coletivos.

RESPOSTA: D

02 - De acordo com a Reforma Trabalhista, julgue o item:

Por uma questão de isonomia, a CLT não diferencia os empregados de baixa renda dos de renda mais alta no tocante à concessão de poderes para livremente negociarem suas relações de trabalho.

COMENTÁRIO

Os empregados com renda mais alta e com diploma de nível superior podem livremente estipular suas relações contratuais com a mesma eficácia legal e preponderância sobre os instrumentos coletivos, o que não ocorre com os empregados de baixa renda. Nesses termos é a disposição do art. 444, parágrafo único: "A livre estipulação a que se refere o caput deste artigo aplica-se às hipóteses previstas no art. 611-A desta Consolidação, com a mesma eficácia legal e preponderância sobre os instrumentos coletivos, no caso de empregado portador de diploma de nível superior e que perceba salário mensal igual ou superior a duas vezes o limite máximo dos benefícios do Regime Geral de Previdência Social."

RESPOSTA: Errado

20. DA SUCESSÃO EMPRESARIAL

QUADRO COMPARATIVO	
ANTES DA REFORMA TRABALHISTA	**APÓS A REFORMA TRABALHISTA**
Sem previsão anterior.	"Art. 448-A. **Caracterizada a sucessão empresarial ou de empregadores prevista nos arts. 10 e 448 desta Consolidação, as obrigações trabalhistas, inclusive as contraídas à época em que os empregados trabalhavam para a empresa sucedida, são de responsabilidade do sucessor.** Parágrafo único. A empresa sucedida responderá **solidariamente** com a sucessora **quando ficar comprovada fraude na transferência.**"

⇔ *O QUE MUDOU?*

O artigo 448-A, incluído pela Reforma Trabalhista, define balizas para a responsabilização pelas obrigações trabalhistas do sucedido.

Em regra, as obrigações contraídas à época em que os empregados trabalhavam para a empresa sucedida, são de responsabilidade do sucessor.

Todavia, a empresa sucedida responderá solidariamente com a sucessora quando ficar comprovada fraude na transferência.

Oportuno, pois, recordar a OJ 261 da SDI 1, de seguinte redação:

> *As obrigações trabalhistas, inclusive as contraídas à época em que os empregados trabalhavam para o banco sucedido, são de responsabilidade do sucessor, uma vez que a este foram transferidos os ativos, as agências, os direitos e deveres contratuais, caracterizando típica sucessão trabalhista.*

QUESTÕES OBJETIVAS COMENTADAS

01 - De acordo com a Reforma Trabalhista, julgue o item a seguir:

A empresa sucedida responderá subsidiariamente com a sucessora quando ficar comprovada fraude na transferência.

COMENTÁRIO

A assertiva é incorreta, pois a Lei nº 13.467/2017, definiu que a empresa sucedida responderá solidariamente com a sucessora quando ficar comprovada fraude na transferência.

Assim, estamos diante de uma responsabilidade solidária prevista em lei.

Vale frisar que, a partir da Reforma Trabalhista, foi positivado o entendimento de que, em regra, apenas a empresa sucessora responde pelos débitos trabalhistas, uma vez que, a empresa sucedida apenas poderá ser acionada se ficar comprovada a fraude na transferência.

Para uma melhor fixação do tema, é importante a transcrição do art. 448-A da CLT:

"Art. 448-A. Caracterizada a sucessão empresarial ou de empregadores prevista nos arts. 10 e 448 desta Consolidação, as obrigações trabalhistas, inclusive as contraídas à época em que os empregados trabalhavam para a empresa sucedida, são de responsabilidade do sucessor.

Parágrafo único. A empresa sucedida responderá solidariamente com a sucessora quando ficar comprovada fraude na transferência."

Vale colacionar alguns entendimentos do TST, que convergem com a previsão acima:

RECURSO DE REVISTA INTERPOSTO NA VIGÊNCIA DA LEI Nº 13.015/2014. SUCESSÃO EMPRESARIAL. RESPONSABILIDADE EXCLUSIVA DA SUCESSORA PELAS VERBAS DEVIDAS AOS EMPREGADOS. **Configurada a sucessão de empregadores, sem a demonstração de fraude no processo sucessório, a responsabilidade pelas obrigações trabalhistas é unicamente da entidade sucessora. Incidência dos artigos 10 e 448 da Consolidação das Leis do Trabalho**. Precedentes desta Corte no mesmo sentido. Recurso de revista não conhecido. (TST - RR: 19602620135090562, Relator: José Roberto Freire Pimenta, Data de Julgamento: 20/05/2015, 2ª Turma, Data de Publicação: DEJT 29/05/2015)

AGRAVO DE INSTRUMENTO EM RECURSO DE REVISTA INTERPOSTO ANTES DA VIGÊNCIA DA LEI 13.015/2014. SUCESSÃO EMPRESARIAL. RESPONSABILIDADE SOLIDÁRIA DA EMPRESA SUCEDIDA. AUSÊNCIA DE FRAUDE. IMPOSSIBILIDADE. PROVIMENTO. Diante da provável ofensa ao art. 448 da CLT, deve ser processado o recurso de revista para melhor exame. Agravo de instrumento provido. RECURSO DE REVISTA INTERPOSTO ANTES DA VIGÊNCIA DA LEI 13.015/2014. NULIDADE POR NEGATIVA DE PRESTAÇÃO JURISDICIONAL. Não há que se falar em nulidade do v. acórdão regional quando houver a devida entrega da prestação jurisdicional, fundamentadamente, com respeito aos princípios constitucionais garantidores da prestação jurisdicional previstos nos artigos 832 da CLT, 458 do CPC e 93, IX, da Carta Magna. Recurso de revista não conhecido. **SUCESSÃO EMPRESARIAL. RESPONSABILIDADE SOLIDÁRIA DA EMPRESA SUCEDIDA. AUSÊNCIA DE FRAUDE. RESPONSABILIDADE EXCLUSIVA DO SUCESSOR PELOS CRÉDITOS TRABALHISTAS DEVIDOS. ARTS. 10 E 448 DA CLT. A sucessão empresarial transfere direitos e obrigações ao sucessor, que responde integral e exclusivamente pelo contrato de trabalho, cujas condições são preservadas por força dos arts. 10 e 448 da CLT. Não havendo delimitação no v. acórdão regional de que tenha havido fraude na sucessão, ou mesmo de insuficiência financeira do sucessor, não há que se falar em responsabilidade da empresa sucedida**. Recurso de revista conhecido e provido. (TST - RR: 11665962013515007, Relator: Aloysio Corrêa da Veiga, Data de Julgamento: 15/04/2015, 6ª Turma, Data de Publicação: DEJT 17/04/2015)

RECURSO DE REVISTA. SUCESSÃO TRABALHISTA. RESPONSABILIDADE EXCLUSIVA DA SOCIEDADE SUCESSORA. **Extrai-se dos artigos 10 e 448 da CLT que, em regra, a responsabilidade pelos créditos trabalhistas dos empregados e ex-empregados da sociedade sucedida recai exclusivamente sobre a sociedade sucessora**. Recurso de revista conhecido e não provido. (TST - RR: 1570272011509O562, Relator: Augusto César Leite de Carvalho, Data de Julgamento: 05/02/2014, 6ª Turma, Data de Publicação: DEJT 07/02/2014)

RESPOSTA: Errado

02 - Com relação a sucessão empresarial, julgue o item a seguir:

Em regra, as obrigações contraídas à época em que os empregados trabalhavam para a empresa sucedida, são de responsabilidade do sucessor.

COMENTÁRIO

A afirmação está correta.

A partir da Reforma Trabalhista, foi positivado o entendimento de que, em regra, apenas a empresa sucessora responde pelos débitos trabalhistas, uma vez que, a empresa sucedida apenas poderá ser acionada se ficar comprovada a fraude na transferência. Segue a redação do art. 448-A, da CLT:

"Art. 448-A. Caracterizada a sucessão empresarial ou de empregadores prevista nos arts. 10 e 448 desta Consolidação, as obrigações trabalhistas, inclusive as contraídas à época em que os empregados trabalhavam para a empresa sucedida, são de responsabilidade do sucessor.

Parágrafo único. A empresa sucedida responderá solidariamente com a sucessora quando ficar comprovada fraude na transferência."

RESPOSTA: Certo

21. DA VESTIMENTA E SUA HIGIENIZAÇÃO

QUADRO COMPARATIVO	
ANTES DA REFORMA TRABALHISTA	**APÓS A REFORMA TRABALHISTA**
Sem previsão anterior.	"Art. 456-A. Cabe ao **empregador** definir o **padrão de vestimenta** no **meio ambiente laboral**, sendo **lícita** a inclusão no **uniforme de logomarcas** da própria empresa ou de empresas parceiras e de outros itens de identificação relacionados à atividade desempenhada. Parágrafo único. **A higienização do uniforme é de responsabilidade do trabalhador, salvo nas hipóteses em que forem necessários procedimentos ou produtos diferentes dos utilizados para a higienização das vestimentas de uso comum.**"

⇔ O QUE MUDOU?

O novel artigo 456-A e seu parágrafo único estabelecem, basicamente, duas regras:

1) Ao empregador cabe definir o padrão de vestimenta no ambiente laboral. Inclusive, ele pode determinar o uso de logomarcas nas fardas, uniformes e congênere, a fim de identificar a atividade desempenhada.
2) Em regra, a higienização do uniforme é de responsabilidade do trabalhador, exceto se a lavagem demandar procedimentos específicos, diverso daqueles necessários para roupas de uso comum. Exemplo: higienização de roupas de proteção que ficaram em contato com produtos químicos.

QUESTÕES OBJETIVAS COMENTADAS

01 - De acordo com a Reforma Trabalhista, julgue o item a seguir:

Ao empregador cabe definir o padrão de vestimenta no ambiente laboral. Inclusive, ele pode determinar o uso de logomarcas nas fardas, uniformes e congênere, a fim de identificar a atividade desempenhada.

COMENTÁRIO

A Reforma Trabalhista trouxe matéria inédita à CLT disciplinando o uso do uniforme nas relações trabalhistas.

A assertiva exigiu o conhecimento da literalidade do caput do art. 456-A da CLT. Com a seguinte redação:

"Art. 456-A. Cabe ao empregador definir o padrão de vestimenta no meio ambiente laboral, sendo lícita a inclusão no uniforme de logomarcas da própria empresa ou de empresas parceiras e de outros itens de identificação relacionados à atividade desempenhada"

Apenas para aprofundamento do tema, é importante registrar que existem julgados no âmbito do Tribunal Superior do Trabalho, que adotam o entendimento positivado com a Reforma Trabalhista. Seguem abaixo:

RECURSO DE REVISTA INTERPOSTO SOB A ÉGIDE DA LEI Nº 13.015/2014. DANOS MORAIS. USO DE UNIFORME COM LOGOMARCAS DE FORNECEDORES. VIOLAÇÃO AO DIREITO DE IMAGEM. NÃO CONFIGURAÇÃO. O entendimento jurisprudencial desta 5ª Turma é no sentido de que o mero uso de uniforme pelo empregado contendo propaganda comercial, por si só, não resulta dano à imagem. Precedentes. Recurso de revista conhecido e não provido. (TST - RR: 11877820135030034, Relator: Maria Helena Mallmann, Data de Julgamento: 04/11/2015, 5ª Turma, Data de Publicação: DEJT 13/11/2015)

RECURSO DE REVISTA DO RECLAMANTE. 1. COMPENSAÇÃO POR DANO MORAL. CONDIÇÕES DEGRADANTES DE TRABALHO. AMBIENTE INADEQUADO. NÃO COMPROVAÇÃO. SÚMULA Nº 126. NÃO CONHECIMENTO. N o caso em exame, a Corte Regional, ao manter a r. sentença, consignou que não restou demonstrada a prática de ato ilícito pela reclamada, uma vez que as condições físicas de trabalho não causaram nenhum dano ao empregado, bem como não foi noticiado acidente de trabalho no depósito, onde o reclamante adentrava para buscar as mercadorias. Diante do quadro fático delineado no acórdão recorrido, a decisão regional não merece reparos, tendo em vista que não restou demonstrada a sujeição do empregado a condições degradantes de trabalho. Incólumes os artigos 5º, V, X, 7º, XXII, da Constituição Federal, 186, 187 e 927 do Código Civil e 157 da CLT. Recurso de revista de que não se conhece. 2. COMPENSAÇÃO POR DANO MORAL. USO DE IMAGEM COM LOGOMARCAS DE FORNECEDORES. VIOLAÇÃO AO DIREITO DE IMAGEM. NÃO CONFIGURADA. NÃO CONHECIMENTO. Na hipótese, extrai-se do v. acórdão regional que, no uniforme fornecido pela reclamada, encontravam-se estampadas logomarcas de fornecedores da empresa. Não restou demonstrado que o uso das camisetas com a logomarca de fornecedores da empresa teria exposto o reclamante à situação vexatória, de forma a atingir o seu íntimo, a sua honra (objetiva e subjetiva), a sua privacidade, tampouco trazido prejuízo à sua imagem-atributo perante a comunidade, à respeitabilidade ou à boa fama. Assim, não há falar em violação dos direitos da personalidade do reclamante e, por consequência, na existência de dano moral. Precedentes. Recurso de revista de que não se conhece. AGRAVO DE INSTRUMENTO DA RECLAMADA. RECURSO DE REVISTA ADESIVO. NÃO CONHECIMENTO DO RECURSO PRINCIPAL. O recurso adesivo tem sua admissibilidade condicionada ao conhecimento do recurso principal, conforme estabelece o artigo 997, § 2º, do NCPC (artigo 500 do CPC/1973). Assim, como não foi conhecido o recurso de revista principal (recurso de revista do reclamante), encontra-se prejudicada a análise do agravo de instrumento por meio do qual se pretende destrancar o recurso de revista adesivo interposto pela reclamada. Agravo de instrumento prejudicado. (TST - ARR: 11258620125240002, Relator: Guilherme Augusto Caputo Bastos, Data de Julgamento: 29/06/2016, 5ª Turma, Data de Publicação: DEJT 01/07/2016)

RESPOSTA: Certo

02 - De acordo com a Reforma Trabalhista, julgue o item a seguir:

Em regra, a higienização do uniforme é de responsabilidade do empregador, por ser parte dos riscos da atividade econômica.

COMENTÁRIO

A assertiva é incorreta. Em regra, a higienização do uniforme é de responsabilidade do trabalhador, exceto se a lavagem demandar procedimentos específicos, diverso daqueles necessários para roupas de uso comum.

A assertiva exigiu o conhecimento da literalidade do parágrafo único do art. 456-A da CLT. Que assim prevê:

"Art. 456- A. Parágrafo único. A higienização do uniforme é de responsabilidade do trabalhador, salvo nas hipóteses em que forem necessários procedimentos ou produtos diferentes dos utilizados para a higienização das vestimentas de uso comum."

Vale registrar a existência de súmula no âmbito do Tribunal Regional do Trabalho da 4ª Região, que tem previsão semelhante. Segue abaixo:

Súmula nº 98 - LAVAGEM DO UNIFORME. INDENIZAÇÃO.

O empregado faz jus à indenização correspondente aos gastos realizados com a lavagem do uniforme quando esta necessitar de produtos ou procedimentos diferenciados em relação às roupas de uso comum.

Contudo, também é necessário registrar a existência de precedentes contrários a norma, no âmbito do TST:

RECURSO DE REVISTA 1 - DESPESAS COM A LIMPEZA DE UNIFORME. USO OBRIGATÓRIO. INDENIZAÇÃO. **O Tribunal Regional consignou ser incontroverso nos autos a exigência pela reclamada do uso dos uniformes e que sua limpeza ficava a cargo da reclamante, concluindo pelo direito à indenização para reparação dos custos despendidos para tal limpeza e higienização.** A controvérsia não foi dirimida à luz da regra da distribuição do ônus da prova, motivo pelo qual, não há como vislumbrar ofensa aos dispositivos legais tidos por violados (arts. 818 da CLT e 333 do CPC). Recurso de revista não conhecido. 2 - HONORÁRIOS ADVOCATÍCIOS. MERA SUCUMBÊNCIA. AUSÊNCIA DOS REQUISITOS. Entendimento pessoal desta relatora no sentido do cabimento na Justiça do Trabalho de condenação em honorários advocatícios, tanto pela mera sucumbência quanto a título de perdas e danos, seja na relação de emprego amparada pela CLT, seja na relação de trabalho protegida pela legislação ordinária, por ser posição que melhor se coaduna com o princípio constitucional da igualdade, regendo uniformemente o assunto para todos os jurisdicionados da seara laboral. Todavia, em homenagem ao caráter uniformizador da jurisprudência do TST, é necessário curvar-me ao posicionamento contido nas Súmulas 219 e 329 do TST. Caso em que houve condenação em honorários advocatícios ante o princípio da sucumbência, o que conduz à contrariedade à Súmula 219 do TST. Recurso de revista conhecido e provido. (TST - RR: 13053320125040205, Relator: Delaíde Miranda Arantes, Data de Julgamento: 11/03/2015, 2ª Turma, Data de Publicação: DEJT 20/03/2015)

RECURSO DE REVISTA DO RECLAMADO. NEGATIVA DE PRESTAÇÃO JURISDICIONAL. A decisão, ainda que contrária ao interesse da parte recorrente, manifestou-se expressamente quanto à previsão contratual de variação das tarefas, atribuições e responsabilidades e quanto à existência ou não de quadro de carreira homologado pelo Ministério do Trabalho. Assim, os fundamentos da decisão encontram-se explanados no acórdão do eg. Tribunal Regional. A questão suscitada pelo reclamado foi examinada pela corte a quo, pelo que completa a prestação jurisdicional. Recurso de revista não conhecido. DIFERENÇAS SALARIAIS POR ACÚMULO DE FUNÇÃO. Não alcança conhecimento o recurso de revista quando o que se pretende é o reexame do fato controvertido e da prova produzida. Entendimento consagrado na Súmula nº 126 desta c. Corte. Recurso de revista não conhecido. HORAS EXTRAORDINÁRIAS. PROVA DOCUMENTAL E TESTEMUNHAL. VALIDADE DOS CARTÕES PONTO. DECISÃO EXTRA PETITA, PRECLUSÃO E COISA JULGADA. A v. decisão foi proferida com base no conjunto fático-probatório, no sentido de que os registros de frequência trazidos aos autos desservem para comprovação da real jornada de trabalho do reclamante. Isso porque a prova testemunhal evidenciou que o autor se submetia à jornada extraordinária. Qualquer posicionamento diverso levaria ao reexame de matéria fática, incabível na atual fase processual, a teor do disposto na Súmula nº 126/TST. Recurso de revista não conhecido. **DESPESAS COM HIGIENIZAÇÃO DO UNIFORME. A matéria versa sobre questão de direito, não de prova, restando incontroverso que ao reclamante cabia a lavagem dos uniformes que eram imprescindíveis ao desempenho da atividade econômica explorada pela reclamada. Dentro desse contexto, então, concluiu o Eg. TRT que a lavagem de uniformes, incumbência repassada ao reclamante, constituía pressuposto para a realização da atividade do empregador. Esse entendimento, relativo a ser ônus da empresa o custo com lavagem de uniformes, quando decorre de sua atividade, vem sendo acatado por esta c. Corte, conforme precedentes**. Recurso de revista não conhecido. HONORÁRIOS ADVOCATÍCIOS. CREDENCIAL SINDICAL. INEXISTÊNCIA. Está pacificado na Seção de Dissídios Individuais deste c. Tribunal Superior o entendimento de que, na Justiça do

Trabalho, o deferimento de honorários advocatícios sujeita-se à constatação da ocorrência concomitante de dois requisitos: o benefício da justiça gratuita e a assistência do sindicato. Neste sentido a Orientação Jurisprudencial nº 305 da SBDI-1 do C. TST. No caso dos autos, não há assistência pelo sindicato representativo da categoria do reclamante. Assim, não preenchidos os requisitos preconizados na lei que regula a matéria, o reclamante não faz jus aos honorários advocatícios. Esta c. Corte Superior também já consolidou seu entendimento acerca da matéria, nos termos das Súmulas 219 e 329. Recurso de revista conhecido e provido. (TST - RR: 925006520085040003 92500-65.2008.5.04.0003, Relator: Aloysio Corrêa da Veiga, Data de Julgamento: 14/12/2011, 6ª Turma, Data de Publicação: DEJT 19/12/2011)

RESPOSTA: Errado.

03 - Com relação ao uso de uniforme nas relações de trabalho, julgue os itens abaixo:

I – Cabe ao empregador definir o padrão de vestimenta no meio ambiente laboral.

II – É lícita a inclusão no uniforme de logomarcas da própria empresa ou de empresas parceiras e de outros itens de identificação relacionados à atividade desempenhada.

III – A higienização do uniforme é de responsabilidade do trabalhador, salvo nas hipóteses em que forem necessários procedimentos ou produtos diferentes dos utilizados para a higienização das vestimentas de uso comum.

Estão corretas apenas:

a) I

b) II

c) I e III

d) II e III

e) Todas

COMENTÁRIO

Item I: correto. Traduz a literalidade de parte do caput, do art. 456-A, da CLT: "Cabe ao empregador definir o padrão de vestimenta no meio ambiente laboral".

Item II: correto. Traduz a literalidade de parte do caput, do art. 456-A, da CLT: "sendo lícita a inclusão no uniforme de logomarcas da própria empresa ou de empresas parceiras e de outros itens de identificação relacionados à atividade desempenhada".

Item III: correto. Traduz a literalidade de parágrafo único, do art. 456-A, da CLT: "A higienização do uniforme é de responsabilidade do trabalhador, salvo nas hipóteses em que forem necessários procedimentos ou produtos diferentes dos utilizados para a higienização das vestimentas de uso comum".

RESPOSTA: Letra E

22. DA REMUNERAÇÃO

QUADRO COMPARATIVO	
ANTES DA REFORMA TRABALHISTA	**APÓS A REFORMA TRABALHISTA**
Art. 457 - Compreendem-se na remuneração do empregado, para todos os efeitos legais, além do salário devido e pago diretamente pelo empregador, como contraprestação do serviço, as gorjetas que receber. (Redação dada pela Lei nº 1.999, de 1.10.1953)	"Art. 457. Compreendem-se na remuneração do empregado, para todos os efeitos legais, além do salário devido e pago diretamente pelo empregador, como contraprestação do serviço, as gorjetas que receber.
§ 1º - Integram o salário não só a importância fixa estipulada, como também as comissões, percentagens, gratificações ajustadas, diárias para viagens e abonos pagos pelo empregador.	§ 1º Integram o salário a importância fixa estipulada, as gratificações legais e de função e as comissões pagas pelo empregador.
§ 2º - Não se incluem nos salários as ajudas de custo, assim como as diárias para viagem que não excedam de 50% (cinquenta por cento) do salário percebido pelo empregado.	§ 2º As importâncias, ainda que habituais, pagas a título de ajuda de custo, limitadas a cinquenta por cento da remuneração mensal, o auxílio-alimentação, vedado o seu pagamento em dinheiro, as diárias para viagem e os prêmios não integram a remuneração do empregado, não se incorporam ao contrato de trabalho e não constituem base de incidência de encargo trabalhista e previdenciário.
....	....
§ 4º A gorjeta mencionada no § 3º não constitui receita própria dos empregadores,	§ 4º Consideram-se **prêmios** as **liberalidades concedidas pelo empregador em forma de bens, serviços ou valor**

destina-se aos trabalhadores e será distribuída segundo critérios de custeio e de rateio definidos em convenção ou acordo coletivo de trabalho.(Incluído pela Lei nº 13.419, de 2017)

em dinheiro a empregado ou a grupo de empregados, em razão de desempenho superior ao ordinariamente esperado no exercício de suas atividades."

§ 12. A gorjeta a que se refere o § 3º não constitui receita própria dos empregadores, destina-se aos trabalhadores e será distribuída segundo os critérios de custeio e de rateio definidos em convenção coletiva ou acordo coletivo de trabalho.

§ 13. Se inexistir previsão em convenção coletiva ou acordo coletivo de trabalho, os critérios de rateio e distribuição da gorjeta e os percentuais de retenção previstos nos § 14 e § 15 serão definidos em assembleia geral dos trabalhadores, na forma estabelecida no art. 612.

§ 14. As empresas que cobrarem a gorjeta de que trata o § 3º deverão:

I - quando inscritas em regime de tributação federal diferenciado, lançá-la na respectiva nota de consumo, facultada a retenção de até vinte por cento da arrecadação correspondente, mediante previsão em convenção coletiva ou acordo coletivo de trabalho, para custear os encargos sociais, previdenciários e trabalhistas derivados da sua integração à remuneração dos empregados, hipótese em que o valor remanescente deverá ser revertido integralmente em favor do trabalhador;

II - quando não inscritas em regime de tributação federal diferenciado, lançá-la na respectiva nota de consumo, facultada a retenção de até trinta e três por cento da arrecadação correspondente, mediante previsão em convenção coletiva ou acordo coletivo de trabalho, para custear os encargos sociais, previdenciários e trabalhistas derivados da sua integração à remuneração dos empregados, hipótese em que o valor remanescente deverá ser revertido integralmente em favor do trabalhador; e

III - anotar na CTPS e no contracheque de seus empregados o salário contratual fixo e o percentual percebido a título de gorjeta.

§ 15. A gorjeta, quando entregue pelo consumidor diretamente ao empregado, terá seus critérios definidos em convenção coletiva ou acordo coletivo de trabalho, facultada a retenção nos parâmetros estabelecidos no § 14.

§ 16. As empresas anotarão na CTPS de seus empregados o salário fixo e a média dos valores das gorjetas referente aos últimos doze meses.

§ 17. Cessada pela empresa a cobrança da gorjeta de que trata o § 3º, desde que cobrada por mais de doze meses, essa se incorporará ao salário do empregado, a qual terá como base a média dos últimos doze meses, sem prejuízo do estabelecido em convenção coletiva ou acordo coletivo de trabalho.

§ 18. Para empresas com mais de sessenta empregados, será constituída comissão de empregados, mediante previsão em convenção coletiva ou acordo coletivo de trabalho, para acompanhamento e fiscalização da regularidade da cobrança e distribuição da gorjeta de que trata o § 3º, cujos representantes serão eleitos em assembleia geral convocada para esse fim pelo sindicato laboral e gozarão de garantia de emprego vinculada ao desempenho das funções para que foram eleitos, e, para as demais empresas, será constituída comissão intersindical para o referido fim.

§ 19. Comprovado o descumprimento ao disposto nos § 12, § 14, § 15 e § 17, o empregador pagará ao trabalhador

	prejudicado, a título de multa, o valor correspondente a um trinta avos da média da gorjeta por dia de atraso, limitada ao piso da categoria, assegurados, em qualquer hipótese, o princípio do contraditório e da ampla defesa. § 20. A limitação prevista no § 19 será triplicada na hipótese de reincidência do empregador. § 21. Considera-se reincidente o empregador que, durante o período de doze meses, descumprir o disposto nos § 12, § 14, § 15 e § 17 por período superior a sessenta dias. § 22. Consideram-se prêmios as liberalidades concedidas pelo empregador, até duas vezes ao ano, em forma de bens, serviços ou valor em dinheiro, a empregado, grupo de empregados ou terceiros vinculados à sua atividade econômica em razão de desempenho superior ao ordinariamente esperado no exercício de suas atividades. § 23. Incidem o imposto sobre a renda e quaisquer outros encargos tributários sobre as parcelas referidas neste artigo, exceto aquelas expressamente isentas em lei específica. ....
"Art. 458. Além do pagamento em dinheiro, compreende-se no salário, para todos os efeitos legais, a alimentação, habitação, vestuário ou outras prestações "in natura" que a empresa, por força do contrato ou do costume, fornecer habitualmente ao empregado. Em caso algum será permitido o pagamento com bebidas alcoólicas ou drogas nocivas.	"Art. 458. Além do pagamento em dinheiro, compreende-se no salário, para todos os efeitos legais, a alimentação, habitação, vestuário ou outras prestações "in natura" que a empresa, por força do contrato ou do costume, fornecer habitualmente ao empregado. Em caso algum será permitido o pagamento com bebidas alcoólicas ou drogas nocivas.

Sem previsão anterior.	§ 5º O valor relativo à **assistência prestada por serviço médico ou odontológico, próprio ou NÃO, inclusive o reembolso de despesas com medicamentos, óculos, aparelhos ortopédicos, próteses, órteses, despesas médico-hospitalares e outras similares, MESMO quando concedido em diferentes modalidades de planos e coberturas, NÃO integram o salário do empregado para qualquer efeito nem o salário de contribuição,** para efeitos do previsto na alínea *q* do § 9º do art. 28 da Lei nº 8.212, de 24 de julho de 1991."
....	....
"Art. 468. Nos contratos individuais de trabalho só é lícita a alteração das respectivas condições por mútuo consentimento, e AINDA assim desde que não resultem, direta ou indiretamente, prejuízos ao empregado, sob pena de nulidade da cláusula infringente desta garantia. § 1º Não se considera alteração unilateral a determinação do empregador para que o respectivo empregado reverta ao cargo efetivo, anteriormente ocupado, deixando o exercício de função de confiança.	"Art. 468. Nos contratos individuais de trabalho só é lícita a alteração das respectivas condições por mútuo consentimento, e AINDA assim desde que não resultem, direta ou indiretamente, prejuízos ao empregado, sob pena de nulidade da cláusula infringente desta garantia § 1º Não se considera alteração unilateral a determinação do empregador para que o respectivo empregado reverta ao cargo efetivo, anteriormente ocupado, deixando o exercício de função de confiança.
Sem previsão anterior.	§ 2º A alteração de que trata o § 1º deste artigo, **com ou sem justo motivo, NÃO assegura ao empregado o direito à manutenção do pagamento da gratificação correspondente, que NÃO será incorporada, independentemente do tempo de exercício da respectiva função.**"

⇔ *O QUE MUDOU?*

A Reforma Trabalhista alterou, sobremaneira, o complexo salarial.

O caput do artigo 457 permaneceu inalterado, porém os parágrafos 1º, 2º ,4º, 12 a 23 foram modificados/acrescidos.

De acordo com a nova redação do art. 457, § 1º, da CLT, integram o salário apenas a importância fixa estipulada, as gratificações legais e de função e as comissões pagas pelo empregador. Assim, exclui-se as comissões pagas por terceiros, percentagens, gratificações ajustadas, diárias de viagens e abonos pagos pelo empregador.

Outras mudanças relevantes são que as gorjetas a que se refere o § 3º do art. 457 não constituem receitas próprias dos empregadores, bem como que, quando entregue pelo consumidor diretamente ao empregado, terá seus critérios definidos em convenção coletiva ou acordo coletivo de trabalho, facultada a retenção nos parâmetros estabelecidos no § 14. Já se a empresa cessar a cobrança das gorjetas, desde que cobrada por mais de doze meses, essas se incorporarão ao salário do empregado, as quais terão como base a média dos últimos doze meses, sem prejuízo do estabelecido em convenção coletiva ou acordo coletivo de trabalho.

Além disso, no parágrafo 12 do art. 457 ficou previsto o conceito de prêmios, sendo estes considerados as liberalidades concedidas pelo empregador, até duas vezes ao ano, em forma de bens, serviços ou valor em dinheiro, a empregado, grupo de empregados ou terceiros vinculados à sua atividade econômica em razão de desempenho superior ao ordinariamente esperado no exercício de suas atividades.

Mais adiante, no art. 458, § 5º, da CLT, resta expresso, de forma não exaustiva, que valor relativo à assistência prestada por serviço médico ou odontológico, próprio ou não, inclusive o reembolso de despesas com medicamentos, óculos, aparelhos ortopédicos, próteses, órteses, despesas médico-hospitalares e outras similares, mesmo quando concedido em diferentes modalidades de planos e coberturas, não integram o salário do empregado para qualquer efeito nem o salário de contribuição.

Isto significa que tais valores deverão ser deduzidos da base de cálculo para efeitos, por exemplo, das férias, 13º salário, dentre outras parcelas.

Por fim, o art. 468, § 2º, da CLT, trata especificamente da redução salarial em razão da reversão do empregado do cargo de confiança. Significa que, quando da reversão do empregado ocupante do cargo de confiança para o cargo original, independente do motivo da reversão ou do tempo de exercício da função, a gratificação que ele percebia não será incorporada.

QUESTÕES OBJETIVAS COMENTADAS

01 - De acordo com a Reforma Trabalhista, julgue o item a seguir:

A partir da Reforma Trabalhista, as diárias passam a ter caráter indenizatório, independentemente do seu percentual em relação ao salário.

COMENTÁRIO

A assertiva tem a base jurídica no § 2º, do art. 457, da CLT.

Apenas as importâncias pagas a título de ajuda de custo é que possuem limitação de 50% da remuneração mensal.

"Art. 457. § 2º As importâncias, ainda que habituais, pagas a título de ajuda de custo, limitadas a cinquenta por cento da remuneração mensal, o auxílio-alimentação, vedado o seu pagamento em dinheiro, as diárias para viagem e os prêmios não integram a remuneração do empregado, não se incorporam ao contrato de trabalho e não constituem base de incidência de encargo trabalhista e previdenciário."

De acordo com a nova redação do art. 457, § 1º, da CLT, apenas integram o salário a importância fixa estipulada, as gratificações legais e de função e as comissões pagas pelo empregador.

Antes da Reforma Trabalhista, integravam ao salário as diárias que ultrapassarem 50% do salário do empregado. Esse inclusive é o entendimento presente na Súmula nº 101 do TST:

Súmula nº 101 do TST

DIÁRIAS DE VIAGEM. SALÁRIO.

Integram o salário, pelo seu valor total e para efeitos indenizatórios, as diárias de viagem que excedam a 50% (cinquenta por cento) do salário do empregado, enquanto perdurarem as viagens.

RESPOSTA: Certo

02 - De acordo com a Reforma Trabalhista, julgue o item a seguir:

Consideram-se prêmios as liberalidades concedidas pelo empregador em forma de bens, serviços ou valor em dinheiro a empregado ou a grupo de empregados, em razão de desempenho superior ao ordinariamente esperado no exercício de suas atividades.

COMENTÁRIO

A assertiva está correta, uma vez que representa a literalidade do § 22º, do art. 457 da CLT, que traz o conceito de "prêmios". Com a seguinte redação:

"Art. 457. § 22. Consideram-se prêmios as liberalidades concedidas pelo empregador, até duas vezes ao ano, em forma de bens, serviços ou valor em dinheiro, a empregado, grupo de empregados ou terceiros vinculados à sua atividade econômica em razão de desempenho superior ao ordinariamente esperado no exercício de suas atividades."

É importante ressaltar que os prêmios não se incorporam ao contrato de trabalho e não constituem base de incidência de qualquer encargo trabalhista e previdenciário (Art. 457, § 2º).

O legislador afim de evitar fraudes das relações empregatícias conceituou de forma exaustiva os "prêmios".

RESPOSTA: Certo

03 - No que concerne ao tema remuneração, julgue os itens abaixo:

I – Integram o salário a importância fixa estipulada, as gratificações legais e as comissões pagas pelo empregador.

II – O valor relativo à assistência prestada por serviço médico ou odontológico, próprio ou não, inclusive o reembolso de despesas com medicamentos, óculos, aparelhos ortopédicos, próteses, órteses, despesas médico-hospitalares e outras similares, salvo quando concedido em diferentes modalidades de planos e coberturas, não integram o salário do empregado para qualquer efeito nem o salário de contribuição.

III – Consideram-se prêmios as liberalidades concedidas pelo empregador em forma exclusiva de bem e serviços a empregado ou a grupo de empregados, em razão de desempenho superior ao ordinariamente esperado no exercício de suas atividades.

Estão corretas apenas:

a) I

b) II

c) I e III

d) II e III

e) Todas

COMENTÁRIO

Item I: correta. De acordo com a nova redação do art. 457, § 1º, da CLT, apenas integram o salário a importância fixa estipulada, as gratificações legais e de função e as comissões pagas pelo empregador.

Item II: incorreta. O examinador exigiu o conhecimento da literalidade do § 5º, do art. 458, da CLT. Com a seguinte redação:

"Art. 458.§ 5ºO valor relativo à assistência prestada por serviço médico ou odontológico, próprio ou não, inclusive o reembolso de despesas com medicamentos, óculos, aparelhos ortopédicos, próteses, órteses, despesas médico-hospitalares e outras similares, **mesmo quando concedido em diferentes modalidades de planos e coberturas**, não integram o salário do empregado para qualquer efeito nem o salário de contribuição, para efeitos do previsto na alínea q do § 9º do art. 28 da Lei nº 8.212, de 24 de julho de 1991."

O erro da assertiva está na parte onde é afirmado que:"**salvo** quando concedido em diferentes modalidades de planos e coberturas".

Importante registrar que o § 2º, IV, do artigo 458 da CLT, já estabelece que não serão considerados como salário as seguintes utilidades: "assistência médica, hospitalar e odontológica, prestada diretamente ou mediante seguro-saúde".

Item III: incorreta. A gorjeta, quando entregue pelo consumidor diretamente ao empregado, terá seus critérios definidos em convenção coletiva ou acordo coletivo de trabalho, e não em acordo individual escrito.

RESPOSTA: Letra A

04 – De acordo com a Reforma Trabalhista, julgue o item a seguir:

Percebida a gratificação de função por dez ou mais anos pelo empregado, se o empregador, sem justo motivo, revertê-lo a seu cargo efetivo, não poderá retirar-lhe a gratificação tendo em vista o princípio da estabilidade financeira.

COMENTÁRIO

A assertiva está errada.

Com a Reforma Trabalhista foi acrescentado o § 2º, ao artigo 468, da CLT. Assim, o aludido dispositivo ficou com a seguinte redação:

"Art. 468. Nos contratos individuais de trabalho só é lícita a alteração das respectivas condições por mútuo consentimento, e ainda assim desde que não resultem, direta ou indiretamente, prejuízos ao empregado, sob pena de nulidade da cláusula infringente desta garantia.

§ 1º Não se considera alteração unilateral a determinação do empregador para que o respectivo empregado reverta ao cargo efetivo, anteriormente ocupado, deixando o exercício de função de confiança.

§ 2º A alteração de que trata o § 1º deste artigo, com ou sem justo motivo, não assegura ao empregado o direito à manutenção do pagamento da gratificação correspondente, que não será incorporada, independentemente do tempo de exercício da respectiva função."

Pela previsão do § 2º ficou expresso que, quando da reversão do empregado ocupante do cargo de confiança para o cargo original, independente do motivo da reversão ou do tempo de exercício da função, a gratificação que ele percebia não será incorporada.

Na questão em comento o examinador exigiu o entendimento sedimentado na Súmula nº 372, do Tribunal Superior do Trabalho, que prevê o princípio da estabilidade financeira. Vejamos a sua redação:

Súmula nº 372 do TST

GRATIFICAÇÃO DE FUNÇÃO. SUPRESSÃO OU REDUÇÃO. LIMITES.

I – **Percebida a gratificação de função por dez ou mais anos pelo empregado, se o empregador, sem justo motivo, revertê-lo a seu cargo efetivo, não poderá retirar-lhe a gratificação tendo em vista o princípio da estabilidade financeira.**

II – Mantido o empregado no exercício da função comissionada, não pode o empregador reduzir o valor da gratificação.

Pelo exposto, é fácil perceber que o item I, da Súmula 372 do TST, perdeu sua aplicabilidade após a Reforma Trabalhista, uma vez que contraria frontalmente o § 2º, ao artigo 468, da CLT.

RESPOSTA: Errado

05 - De acordo com a Reforma Trabalhista, julgue o item a seguir:

Quando da reversão do empregado ocupante do cargo de confiança para o cargo original, independente do motivo da reversão ou do tempo de exercício da função, a gratificação que ele percebia não será incorporada.

COMENTÁRIO

Com a Reforma Trabalhista foi acrescentado o § 2º, ao artigo 468, da CLT.

Pela previsão do § 2º ficou expresso que, quando da reversão do empregado ocupante do cargo de confiança para o cargo original, independente do motivo da reversão ou do tempo de exercício da função, a gratificação que ele percebia não será incorporada.

RESPOSTA: Certo

06 – No que concerne ao tema remuneração, assinale a opção INCORRETA.

a) As empresas que cobrarem a gorjeta deverão, dentre outras atribuições, anotar na CTPS e no contracheque de seus empregados o salário contratual fixo e o percentual percebido a título de gorjeta.

b) As empresas anotarão na CTPS de seus empregados o salário fixo e a média dos valores das gorjetas referente aos últimos doze meses.

c) O valor relativo à assistência prestada por serviço médico ou odontológico, próprio ou não, inclusive o reembolso de despesas com medicamentos, óculos, aparelhos ortopédicos, próteses, órteses, despesas médico-hospitalares e outras similares, mesmo quando concedido em diferentes modalidades de planos e coberturas, não integram o salário do empregado para qualquer efeito nem o salário de contribuição.

d) Percebida a gratificação de função por dez ou mais anos pelo empregado, se o empregador, sem justo motivo, revertê-lo a seu cargo efetivo, não poderá retirar-lhe a gratificação tendo em vista o princípio da estabilidade financeira.

e) A partir da Reforma Trabalhista, as diárias passam a ter caráter indenizatório, independentemente do seu percentual em relação ao salário.

COMENTÁRIO

Alternativa "a". Correta. Traduz a literalidade do art.457 § 14,III da CLT: "As empresas que cobrarem a gorjeta de que trata o § 3º deverão: III - anotar na CTPS e no contracheque de seus empregados o salário contratual fixo e o percentual percebido a título de gorjeta."

Alternativa "b". Correta. Conforme a nova redação do art. 457, § 16, da CLT, as empresas anotarão na CTPS de seus empregados o salário fixo e a média dos valores das gorjetas referente aos últimos doze meses.

Alternativa "c". Correta. Foi exigido a literalidade do § 5º, do art. 458, da CLT.

Alternativa "d". Errada. Com a Reforma Trabalhista foi acrescentado o § 2º, ao artigo 468, da CLT. Pela previsão do § 2º ficou expresso que, quando da reversão do empregado ocupante do cargo de confiança para o cargo original, independente do motivo da reversão ou do tempo de exercício da função, a gratificação que ele percebia não será incorporada.

Na questão em comento o examinador exigiu o entendimento sedimentado na Súmula nº 372, do Tribunal Superior do Trabalho, que prevê o princípio da estabilidade financeira. Vejamos a sua redação:

Súmula nº 372 do TST

GRATIFICAÇÃO DE FUNÇÃO. SUPRESSÃO OU REDUÇÃO. LIMITES.

I – **Percebida a gratificação de função por dez ou mais anos pelo empregado, se o empregador, sem justo motivo, revertê-lo a seu cargo efetivo, não poderá retirar-lhe a gratificação tendo em vista o princípio da estabilidade financeira.**

II – Mantido o empregado no exercício da função comissionada, não pode o empregador reduzir o valor da gratificação.

Conforme já exposto, o item I, da Súmula 372 do TST perdeu sua aplicabilidade após a Reforma Trabalhista, uma vez que contraria frontalmente o § 2º, ao artigo 468, da CLT.

Alternativa "e". Correta. A assertiva tem a base jurídica no § 2º, do art. 457, da CLT. Antes da Reforma Trabalhista, integravam ao salário as diárias que ultrapassarem 50% do salário do empregado. Esse inclusive é o entendimento presente na súmula nº 101 do TST.

RESPOSTA: Letra D

23. DA REMUNERAÇÃO - EQUIPARAÇÃO SALARIAL

QUADRO COMPARATIVO	
ANTES DA REFORMA TRABALHISTA	**APÓS A REFORMA TRABALHISTA**
Art. 461 - Sendo idêntica a função, a todo trabalho de igual valor, prestado ao mesmo empregador, na mesma localidade, corresponderá igual salário, sem distinção de sexo, nacionalidade ou idade.(Redação dada pela Lei nº 1.723, de 8.11.1952)	"Art. 461. **Sendo idêntica a função, a todo trabalho de igual valor, prestado ao MESMO empregador, <u>NO MESMO ESTABELECIMENTO EMPRESARIAL</u>, corresponderá igual salário, sem distinção de sexo, etnia, nacionalidade ou idade**.
§ 1º - Trabalho de igual valor, para os fins deste Capítulo, será o que for feito com igual produtividade e com a mesma perfeição técnica, entre pessoas cuja diferença de tempo de serviço não for superior a 2 (dois) anos. (Redação dada pela Lei nº 1.723, de 8.11.1952)	§ 1º **Trabalho de igual valor**, para os fins deste Capítulo, será o que for feito com **igual produtividade e com a mesma perfeição técnica**, entre pessoas cuja **diferença de tempo de serviço para o MESMO empregador NÃO seja superior a quatro anos e a diferença de tempo na função NÃO seja superior a dois anos.**
§ 2º - Os dispositivos deste artigo não prevalecerão quando o empregador tiver pessoal organizado em quadro de carreira, hipótese em que as promoções deverão obedecer aos critérios de antiguidade e merecimento.(Redação dada pela Lei nº 1.723, de 8.11.1952)	§ 2º **Os dispositivos deste artigo NÃO prevalecerão quando o empregador tiver pessoal organizado em quadro de carreira ou adotar, por meio de norma interna da empresa ou de negociação coletiva, plano de cargos e salários, <u>DISPENSADA QUALQUER FORMA DE HOMOLOGAÇÃO OU REGISTRO EM ÓRGÃO PÚBLICO.</u>**

QUADRO COMPARATIVO	
ANTES DA REFORMA TRABALHISTA	**APÓS A REFORMA TRABALHISTA**
§ 3º - No caso do parágrafo anterior, as promoções deverão ser feitas alternadamente por merecimento e por antingüidade, dentro de cada categoria profissional.(Incluído pela Lei nº 1.723, de 8.11.1952)	§ 3º No caso do § 2º deste artigo, as promoções poderão ser feitas por **merecimento e por antiguidade, ou por apenas um destes critérios, dentro de cada categoria profissional**.
....	....
	§ 5º A equiparação salarial só será possível entre **empregados contemporâneos no cargo ou na função, ficando vedada a indicação de paradigmas remotos, AINDA que o paradigma contemporâneo tenha obtido a vantagem em ação judicial própria.**
	§ 6º **No caso de comprovada discriminação por motivo de sexo ou etnia, o juízo determinará, além do pagamento das diferenças salariais devidas, multa, em favor do empregado discriminado, no valor de 50% (cinquenta por cento) do limite máximo dos benefícios do Regime Geral de Previdência Social.”**

⇔ *O QUE MUDOU?*

Além das alterações promovidas no artigo 457 da CLT, que trata da remuneração, profundas modificações foram trazidas pela Reforma Trabalhista ao artigo 461, que trata da equiparação salarial.

Conforme passa a dispor o caput do artigo 461, para fins de equiparação salarial, substitui-se o critério geográfico da “mesma localidade” para “mesmo estabelecimento”.

Isto significa que, dois empregados que exerçam as mesmas funções dentro de um mesmo município poderão ter remunerações distintas, desde que o estabelecimento empresarial que trabalhem sejam diferentes.

Por exemplo: o empregado que trabalhar no centro da cidade, cujo custo para alimentação é superior, poderá ter uma remuneração mais elevada do que aquele que atue na zona periférica, cujo custo de alimentação é inferior, sem que este último tenha direito a equiparação salarial, vez que laboram em estabelecimentos distintos, ainda que do mesmo empregador.

Veja o quadro sistematizado:

EQUIPARAÇÃO SALARIAL X LOCALIZAÇÃO	
ANTES DA REFORMA TRABALHISTA	**APÓS A REFORMA TRABALHISTA**
Critério da mesma localidade	Critério do mesmo estabelecimento

Assim, resta prejudicado o item X da Súmula 06 do TST, de seguinte redação:

> *X – O conceito de "mesma localidade" de que trata o art. 461 da CLT refere-se, em princípio, ao mesmo município, ou a municípios distintos que, comprovadamente, pertençam à mesma região metropolitana.*

O art. 461, § 1º, da CLT, por seu turno, acrescenta mais um requisito para fins de obtenção do direito à equiparação salarial, qual seja, diferença de tempo de serviço para o mesmo empregador não ser superior a quatro anos e a diferença de tempo na função não ser superior a dois anos.
Ou seja, a partir da Reforma Trabalhista, a CLT passa a utilizar dois critérios:

1) tempo de serviço para o mesmo empregador (cuja exigência anterior era de apenas dois anos) não inferior a quatro anos;
2) diferença de tempo de função não superior a dois anos.

Veja o quadro sistematizado:

EQUIPARAÇÃO SALARIAL X TEMPO	
ANTES DA REFORMA TRABALHISTA	**APÓS A REFORMA TRABALHISTA**
Diferença de tempo de serviço não for superior a 2 (dois) anos.	Diferença de tempo de serviço para o mesmo empregador NÃO seja superior a quatro anos e a diferença de tempo na função NÃO seja superior a dois anos.

Assim, resta prejudicado o item II da Súmula 06 do TST, de seguinte redação:

> *II – Para efeito de equiparação de salários em caso de trabalho igual, conta-se o tempo de serviço na função e não no emprego.*

O art. 461, § 2º, da CLT estabelece que as regras consolidadas a respeito da equiparação salarial não prevalecerão quando o empregador tiver pessoal organizado em quadro de carreira ou adotar, por meio de norma interna da empresa ou de negociação coletiva, plano de cargos e salários, dispensada qualquer forma de homologação ou registro em órgão público.
Assim, o quadro de carreira, seja ele fixado em norma interna ou coletiva, impossibilita a equiparação, mesmo que não haja homologação ou registro em órgão público.

EQUIPARAÇÃO SALARIAL X QUADRO DE CARREIRA	
ANTES DA REFORMA TRABALHISTA	**APÓS A REFORMA TRABALHISTA**
Necessidade de homologação pelo Ministério do Trabalho do quadro de carreira.	Dispensa de qualquer forma de homologação ou registro em órgão público do quadro de carreira.

Assim, mais uma vez, a Reforma Trabalhista superou a Súmula 06 do TST, agora, em seu item I, de seguinte redação:

> *I – Para os fins previstos no § 2º do art. 461 da CLT, só é válido o quadro de pessoal organizado em carreira quando homologado pelo Ministério do Trabalho, excluindo-se, apenas, dessa exigência o quadro de carreira das entidades de direito público da administração direta, autárquica e fundacional aprovado por ato administrativo da autoridade competente.*

O art. 461, § 5º, da CLT, traz mais uma profunda alteração. Segundo a sua redação, exige-se que o trabalhador paradigma (aquele com maior remuneração) seja contemporâneo ao empregado, sendo vedada a equiparação em cadeia. Referida alteração tem o condão de superar mais dois itens da súmula 06 do TST, ora transcritos:

> *IV – É desnecessário que, ao tempo da reclamação sobre equiparação salarial, reclamante e paradigma estejam a serviço do estabelecimento, desde que o pedido se relacione com situação pretérita.*
>
> *VI – Presentes os pressupostos do art. 461 da CLT, é irrelevante a circunstância de que o desnível salarial tenha origem em decisão judicial que beneficiou o paradigma, exceto: b) na hipótese de equiparação salarial em cadeia, suscitada em defesa, se o empregador produzir prova do alegado fato modificativo, impeditivo ou extintivo do direito à equiparação salarial em relação ao paradigma remoto, considerada irrelevante, para esse efeito, a existência de diferença de tempo de serviço na função superior a dois anos entre o reclamante e os empregados paradigmas componentes da cadeia equiparatória, à exceção do paradigma imediato.*

Importante destacar que o inciso "a" do item VI da súmula 06 não foi prejudicado: a) se decorrente de vantagem pessoal ou de tese jurídica superada pela jurisprudência de Corte Superior

Por fim, além do acréscimo do §5º acima estudado, inclui-se o §6º, que estabelece multa no valor de 50% do teto de benefícios da Previdência Social, em favor do empregado, se restar comprovado que a diferença salarial entre o paradigma e o empregado ocorreu por motivo de sexo ou etnial.

QUESTÕES OBJETIVAS COMENTADAS

01 – De acordo com a Reforma Trabalhista, julgue o item a seguir:

Sendo idêntica a função, a todo trabalho de igual valor, prestado ao mesmo empregador, na mesma localidade, corresponderá igual salário, sem distinção de sexo, etnia, nacionalidade ou idade.

COMENTÁRIO

A questão exigiu o conhecimento do ***caput*** do art. 461 da CLT. Com a seguinte redação:

"Art. 461.Sendo idêntica a função, a todo trabalho de igual valor, prestado ao mesmo empregador, no mesmo estabelecimento empresarial, corresponderá igual salário, sem distinção de sexo, etnia, nacionalidade ou idade"

O erro da assertiva está na afirmativa: "na mesma localidade".

Conforme já exposto o caput do artigo 461, para fins de equiparação salarial, substitui-se o critério geográfico da "mesma localidade" para "mesmo estabelecimento".

Isto significa que, dois empregados que exerçam as mesmas funções dentro de um mesmo município poderão ter remunerações distintas, desde que o estabelecimento empresarial que trabalhem sejam diferentes.

Para fins de fixação, vale relembrar o quadro sistematizado:

EQUIPARAÇÃO SALARIAL X LOCALIZAÇÃO	
ANTES DA REFORMA TRABALHISTA	**APÓS A REFORMA TRABALHISTA**
Critério da mesma localidade	Critério do mesmo estabelecimento

Desta forma, resta prejudicado o item X da Súmula 06 do TST, de seguinte redação:

X – O conceito de "mesma localidade" de que trata o art. 461 da CLT refere-se, em princípio, ao mesmo município, ou a municípios distintos que, comprovadamente, pertençam à mesma região metropolitana.

RESPOSTA: Errado

02 – No que concerne ao tema equiparação salarial, julgue os itens abaixo:

I – Trabalho de igual valor, para os fins de equiparação salarial, será o que for feito com igual produtividade e com a mesma perfeição técnica, entre pessoas cuja diferença de tempo de serviço para o mesmo empregador não seja superior a cinco anos e a diferença de tempo na função não seja superior a dois anos.

II – As previsões legais para fins de equiparação salarial, nos moldes do artigo 461 da CLT, não prevalecerão quando o empregador tiver pessoal organizado em quadro de carreira ou adotar, por meio de norma interna da empresa ou de negociação coletiva, plano de cargos e salários, dispensada qualquer forma de homologação ou registro em órgão público.

III – Nos casos em que o empregador tiver pessoal organizado em quadro de carreiras ou adotar, por meio de norma interna da empresa ou de negociação coletiva, plano de cargos e salários, as promoções poderão ser feitas por merecimento e por antiguidade, é vedado a utilização de apenas um destes critérios.

Estão corretas apenas:

a) I

b) II

c) I e III

d) II e III

e) Todas

COMENTÁRIO

Item I: incorreta. O examinador exigiu a literalidade do art. 461, § 1º, da CLT, o qual acrescenta mais um requisito para fins de obtenção do direito à equiparação salarial, qual seja, diferença de tempo de serviço para o mesmo empregador não ser superior a quatro anos e a diferença de tempo na função não ser superior a dois anos. Assim, a partir da Reforma Trabalhista, a CLT passa a utilizar dois critérios: tempo de serviço para o mesmo empregador (cuja exigência anterior era de apenas dois anos) não inferior a quatro anos e diferença de tempo de função não superior a dois anos. O erro da questão está na indicação do prazo de exigência de tempo de serviço para o mesmo empregador. Foi indicado pelo examinador o prazo errado de 5 (cinco anos).

Item II: certo. O examinador exigiu a literalidade do art. 461, § 2º, da CLT, o mesmo estabelece que as regras consolidadas a respeito da equiparação salarial não prevalecerão quando o empregador tiver pessoal organizado em quadro de carreira ou adotar, por meio de norma interna da empresa ou de negociação coletiva, plano de cargos e salários, dispensada qualquer forma de homologação ou registro em órgão público. Assim, o quadro de carreira, seja ele fixado em norma interna ou coletiva, impossibilita a equiparação, **mesmo que não haja homologação ou registro em órgão público.** Importante observar que, antes da reforma, existia a necessidade de homologação pelo Ministério do Trabalho do quadro de carreira. Assim, a Reforma Trabalhista superou a súmula 06 do TST, em seu item I, de seguinte redação: "I – Para os fins previstos no § 2º do art. 461 da CLT, só é válido o quadro de pessoal organizado em carreira quando homologado pelo Ministério do Trabalho, excluindo-se, apenas, dessa exigência o quadro de carreira das entidades de direito público da administração direta, autárquica e fundacional aprovado por ato administrativo da autoridade competente.

Item III: incorreta. O examinador exigiu o conhecimento do art. 461, § 3º, da CLT, que possibilita que as promoções sejam feitas por merecimento e por antiguidade, ou apenas um destes critérios. Ademais, o dispositivo legal possibilitou que a promoção se faz dentro de cada categoria profissional, se assim o quadro estiver dimensionado, e não obrigatoriamente na soma de todos os empregados da empresa.

RESPOSTA: Letra B

03 – De acordo com a Reforma Trabalhista, julgue o item a seguir:

A equiparação salarial só será possível entre empregados contemporâneos no cargo ou na função, ficando vedada a indicação de paradigmas remotos, ainda que o paradigma contemporâneo tenha obtido a vantagem em ação judicial própria.

COMENTÁRIO

A questão exigiu o conhecimento da literalidade do art. 461, § 5º, da CLT. Conforme a sua redação, exige-se que o trabalhador paradigma (aquele com maior remuneração) seja contemporâneo ao empregado, sendo vedada a equiparação em cadeia.

Referida alteração tem o condão de superar dois itens da súmula 06 do TST, ora transcritos:

IV – É desnecessário que, ao tempo da reclamação sobre equiparação salarial, reclamante e paradigma estejam a serviço do estabelecimento, desde que o pedido se relacione com situação pretérita.

VI – Presentes os pressupostos do art. 461 da CLT, é irrelevante a circunstância de que o desnível salarial tenha origem em decisão judicial que beneficiou o paradigma, exceto: b) na hipótese de equiparação salarial em cadeia, suscitada em defesa, se o empregador produzir prova do alegado fato modificativo, impeditivo ou extintivo do direito à equiparação salarial em relação ao paradigma remoto, considerada irrelevante, para esse efeito, a existência de diferença de tempo de serviço na função superior a dois anos entre o reclamante e os empregados paradigmas componentes da cadeia equiparatória, à exceção do paradigma imediato.

RESPOSTA: Certo

04 – No que concerne a equiparação salarial, assinale a opção INCORRETA.

a) No caso de comprovada discriminação por motivo de sexo ou etnia, o juízo determinará, além do pagamento das diferenças salariais devidas, multa, em favor do empregado discriminado, no valor de 50% (cinquenta por cento) do limite máximo dos benefícios do Regime Geral de Previdência Social.

b) Sendo idêntica a função, a todo trabalho de igual valor, prestado ao mesmo empregador, no mesmo estabelecimento empresarial, corresponderá igual salário, sem distinção de sexo, etnia, nacionalidade ou idade.

c) As diretrizes da equiparação salarial não prevalecerão quando o empregador tiver pessoal organizado em quadro de carreira ou adotar, por meio de norma interna da empresa ou de negociação coletiva, plano de cargos e salários, dispensada qualquer forma de homologação ou registro em órgão público.

d) A equiparação salarial só será possível entre empregados contemporâneos no cargo ou na função, ficando vedada a indicação de paradigmas remotos, ainda que o paradigma contemporâneo tenha obtido a vantagem em ação judicial própria.

e) Dois empregados que exerçam as mesmas funções dentro de um mesmo município não poderão ter remunerações distintas.

COMENTÁRIO

Alternativa "a". Correta. Foi incluído §6º, ao art. 461, da CLT, que estabelece multa no valor de 50% do teto de benefícios da Previdência Social, em favor do empregado, se restar comprovado que a diferença salarial entre o paradigma e o empregado ocorreu por motivo de sexo ou etnial. É importante ficar atento ao percentual indicado, qual seja: 50% do teto de benefícios da Previdência Social.

Alternativa "b". Correta. A questão exigiu o conhecimento do caput do art. 461 da CLT. Conforme já exposto o caput do artigo 461, para fins de equiparação salarial, substitui-se o critério geográfico da "mesma localidade" para "mesmo estabelecimento". Isto significa que, dois empregados que exerçam as mesmas funções dentro de um mesmo município poderão ter remunerações distintas, desde que o estabelecimento empresarial que trabalhem sejam diferentes.

Alternativa "c". Correta. O examinador exigiu o conhecimento do art. 461, § 2º, da CLT, o mesmo estabelece que as regras consolidadas a respeito da equiparação salarial não prevalecerão quando o empregador tiver pessoal organizado em quadro de carreira ou adotar, por meio de norma interna da empresa ou de negociação coletiva, plano de cargos e salários, dispensada qualquer forma de homologação ou registro em órgão público. Assim, o quadro de carreira, seja ele fixado em norma interna ou coletiva, impossibilita a equiparação, **mesmo que não haja homologação ou registro em órgão público.** Importante observar que, antes da reforma, existia a necessidade de homologação pelo Ministério do Trabalho do quadro de carreira. Assim, a Reforma Trabalhista superou a súmula 06 do TST (Item I).

Alternativa "d". Correta. A questão exigiu o conhecimento da literalidade do art. 461, § 5º, da CLT. Conforme a sua redação, exige-se que o trabalhador paradigma (aquele com maior remuneração) seja contemporâneo ao empregado, sendo vedada a equiparação em cadeia. Foram assim superados dos itens da súmula 06 do TST (Itens IV e VI).

Alternativa "e". Incorreta. Conforma já exposto na alternativa "b", dois empregados que exerçam as mesmas funções dentro de um mesmo município poderão ter remunerações distintas, desde que o estabelecimento empresarial que trabalhem sejam diferentes.

RESPOSTA: Letra E

05- Com relação ao tema equiparação salarial, julgue o item a seguir:

No caso de comprovada discriminação por motivo de sexo ou etnia, o juízo determinará, além do pagamento das diferenças salariais devidas, multa, em favor do empregado discriminado, no valor de 20% (vinte por cento) do limite máximo dos benefícios do Regime Geral de Previdência Social.

COMENTÁRIO

Conforme já exposto, foi incluído §6º, ao art. 461, da CLT, que estabelece multa no valor de 50% do teto de benefícios da Previdência Social, em favor do empregado, se restar comprovado que a diferença salarial entre o paradigma e o empregado ocorreu por motivo de sexo ou etnial. O examinador indicou o percentual de forma equivocada.

RESPOSTA: Errado.

24. DA RESCISÃO DO CONTRATO DE TRABALHO

QUADRO COMPARATIVO	
ANTES DA REFORMA TRABALHISTA	**APÓS A REFORMA TRABALHISTA**
Art. 477 - É assegurado a todo empregado, não existindo prazo estipulado para a terminação do respectivo contrato, e quando não haja êle dado motivo para cessação das relações de trabalho, o direto de haver do empregador uma indenização, paga na base da maior remuneração que tenha percebido na mesma emprêsa.	"Art. 477. Na extinção do contrato de trabalho, **o empregador DEVERÁ proceder à anotação na Carteira de Trabalho e Previdência Social, comunicar a dispensa aos órgãos competentes e realizar o pagamento das verbas rescisórias no prazo e na forma estabelecidos neste artigo.**
§ 1º - O pedido de demissão ou recibo de quitação de rescisão, do contrato de trabalho, firmado por empregado com mais de 1 (um) ano de serviço, só será válido quando feito com a assistência do respectivo Sindicato ou perante a autoridade do Ministério do Trabalho e Previdência Social.	§ 1º (Revogado).
§ 2º - O instrumento de rescisão ou recibo de quitação, qualquer que seja a causa ou forma de dissolução do contrato, deve ter especificada a natureza de cada parcela paga ao empregado e discriminado o seu valor, sendo válida a quitação, apenas, relativamente às mesmas parcelas.	§ 2º - O instrumento de rescisão ou recibo de quitação, qualquer que seja a causa ou forma de dissolução do contrato, deve ter especificada a natureza de cada parcela paga ao empregado e discriminado o seu valor, sendo válida a quitação, apenas, relativamente às mesmas parcelas.

QUADRO COMPARATIVO	
ANTES DA REFORMA TRABALHISTA	**APÓS A REFORMA TRABALHISTA**
§ 3º - Quando não existir na localidade nenhum dos órgãos previstos neste artigo, a assistência será prestada pelo Represente do Ministério Público ou, onde houver, pelo Defensor Público e, na falta ou impedimento dêste, pelo Juiz de Paz.	§ 3º (Revogado).
§ 4º - O pagamento a que fizer jus o empregado será efetuado no ato da homologação da rescisão do contrato de trabalho, em dinheiro ou em cheque visado, conforme acordem as partes, salvo se o empregado fôr analfabeto, quando o pagamento sòmente poderá ser feito em dinheiro.	§ 4º O pagamento a que fizer jus o empregado será efetuado: I – em **dinheiro, depósito bancário ou cheque visado**, conforme **acordem as partes**; ou II – em **dinheiro ou depósito bancário quando o empregado for analfabeto.**
§ 5º - Qualquer compensação no pagamento de que trata o parágrafo anterior não poderá exceder o equivalente a um mês de remuneração do empregado.	§ 5º - Qualquer compensação no pagamento de que trata o parágrafo anterior não PODERÁ exceder o equivalente a um mês de remuneração do empregado.
§ 6º - O pagamento das parcelas constantes do instrumento de rescisão ou recibo de quitação deverá ser efetuado nos seguintes prazos: (Incluído pela Lei nº 7.855, de 24.10.1989)	§ 6º A entrega ao **empregado** de documentos que **comprovem a comunicação da extinção contratual aos órgãos competentes bem como o pagamento dos valores constantes do instrumento de rescisão ou recibo de quitação** deverão ser efetuados **até dez dias contados a partir do término do contrato.**
a) até o primeiro dia útil imediato ao término do contrato; ou	a) (revogada);
b) até o décimo dia, contado da data da notificação da demissão, quando da ausência do aviso prévio, indenização do mesmo ou dispensa de seu cumprimento.	b) (revogada).

§ 7º - O ato da assistência na rescisão contratual (§§ 1º e 2º) será sem ônus para o trabalhador e empregador.	§ 7º(Revogado).
....	....
Sem previsão anterior.	§ 10. **A anotação da extinção do contrato na Carteira de Trabalho e Previdência Social é documento hábil para requerer o benefício do seguro-desemprego e a movimentação da conta vinculada no Fundo de Garantia do Tempo de Serviço, nas hipóteses legais, desde que a comunicação prevista no caput deste artigo tenha sido realizada.**"

⇔ *O QUE MUDOU?*

Outro ponto que recebeu profundas modificações com a Reforma Trabalhista foram as regras atinentes a rescisão do contrato de trabalho.

De início, tem-se o caput do artigo 477, que com a sua redação mais didática, adapta-se ao quanto previsto na Constituição Federal. Senão, vejamos.

A Constituição Federal de 1988, ao estabelecer como direito do trabalhador o fundo de garantia do tempo de serviço, superou a antiga redação do artigo 477, que previa uma indenização, paga na base da maior remuneração que tenha percebido.

O artigo 477 pós reforma, então, passa a prever apenas que o empregador deverá proceder à anotação na Carteira de Trabalho e Previdência Social, comunicar a dispensa aos órgãos competentes e realizar o pagamento das verbas rescisórias conforme os prazos e regras estabelecidas na CLT.

E quais seriam esta forma e este o prazo estabelecido? A resposta está no §6º do artigo 477.

EXTINÇÃO DO CONTRATO DE TRABALHO	
FORMA	**PRAZO**
Entrega ao empregado de documentos que comprovem a comunicação da extinção contratual aos órgãos competentes bem como o pagamento dos valores constantes do instrumento de rescisão ou recibo de quitação.	Até dez dias contados a partir do término do contrato.

E quais alterações ocorreram no que tange o pagamento?

Conforme o alterado §4º do artigo 477, este deverá ser em dinheiro, depósito bancário ou cheque visado, conforme acordem as partes ou em dinheiro ou depósito bancário quando o empregado for analfabeto.

FORMA DE PAGAMENTO	
REGRA GERAL	**EMPREGADO ANALFABETO**
Dinheiro, depósito bancário ou cheque visado, conforme acordem as partes.	**Dinheiro ou depósito bancário**

Por fim, o novel §10º do artigo 477 estabelece que, para fins de requerimento de seguro-desemprego e saque do Fundo de Garantia do Tempo de Serviço, é suficiente, por ser um documento hábil, a baixa na CTPS, desde que efetuada a comunicação aos órgãos oficiais.

QUESTÕES OBJETIVAS COMENTADAS

01 – De acordo com a Reforma Trabalhista, julgue o item a seguir:

Na extinção do contrato de trabalho, o empregador deverá proceder à anotação na Carteira de Trabalho e Previdência Social, comunicar a dispensa aos órgãos competentes e realizar o pagamento das verbas rescisórias no prazo e na forma estabelecidos neste artigo.

COMENTÁRIO

A afirmação é a transcrição do caput do art. 477 da CLT.

Com a Reforma Trabalhista a nova redação do caput do art. 477, adapta-se ao quanto previsto na Constituição Federal.

A Constituição Federal de 1988, ao estabelecer como direito do trabalhador o fundo de garantia do tempo de serviço, superou a antiga redação do artigo 477, que previa uma indenização, paga na base da maior remuneração que tenha percebido. Antes da reforma o caput tratava de matéria estranha a rescisão contratual. É que o mencionado dispositivo se referia ao pagamento de indenização devida pelo empregador, em face do desligamento involuntário do empregado.

O artigo 477 pós reforma, então, passa a prever apenas que o empregador deverá proceder à anotação na Carteira de Trabalho e Previdência Social, comunicar a dispensa aos órgãos competentes e realizar o pagamento das verbas rescisórias conforme os prazos e regras estabelecidas na CLT.

RESPOSTA: Certo

02 – No que concerne a rescisão do contrato de trabalho, julgue os itens abaixo:

I – O instrumento de rescisão ou recibo de quitação, qualquer que seja a causa ou forma de dissolução do contrato, deve ter especificada a natureza de cada parcela paga ao empregado e discriminado o seu valor, sendo válida a quitação, apenas, relativamente às mesmas parcelas.

II – O pagamento a que fizer jus o empregado analfabeto somente poderá ser feito em dinheiro.

III – A entrega ao empregado de documentos que comprovem a comunicação da extinção contratual aos órgãos competentes bem como o pagamento dos valores constantes do instrumento de rescisão ou recibo de quitação deverão ser efetuados até dez dias contados a partir do término do contrato.

Estão corretas apenas:

a) I

b) II

c) I e III

d) II e III

e) Todas

COMENTÁRIO

Item I: certo. Literalidade do § 2º do art. 477, da CLT. Perceba que a reforma não alterou os mandamentos do § 2º (necessidade de especificação da natureza das parcelas e dos valores).

Item II: errado. A assertiva contraria a nova redação do § 4º do art. 477 consolidado. Após a reforma o empregado analfabeto poderá receber seus haveres através de: **dinheiro** ou **depósito bancário**. Para uma melhor fixação do tema transcreveremos o aludido dispositivo:

"Art. 477. § 4° O pagamento a que fizer jus o empregado será efetuado:

I – em dinheiro, depósito bancário ou cheque visado, conforme acordem as partes; ou

II – em dinheiro ou depósito bancário quando o empregado for analfabeto"

Item III: certo. Literalidade do § 6º do art. 477. O mencionado dispositivo estabelece a forma (entrega ao empregado de documentos que comprovem a comunicação da extinção contratual aos órgãos competentes bem como o pagamento dos valores constantes do instrumento de rescisão ou recibo de quitação) e o prazo (até dez dias contados a partir do término do contrato), nas rescisões contratuais.

RESPOSTA: Letra C

03 – De acordo com a Reforma Trabalhista, julgue o item a seguir:

Com a Reforma Trabalhista foram expressamente revogados os dispositivos que obrigavam a homologação sindical do termo de rescisão do contrato de trabalho.

COMENTÁRIO

A Lei 13.467/2017, que implementou a Reforma Trabalhista, expressamente revogou os dispositivos que obrigavam a homologação do termo de rescisão do contrato de trabalho.

Foram assim, expressamente, revogados os parágrafos 1ª, 3º e 7º do art. 477 da CLT.

RESPOSTA: Certo

04 – No que concerne a rescisão contratual do contrato de trabalho, assinale a opção correta.

a) Qualquer compensação no pagamento da rescisão contratual não poderá exceder o equivalente a dois meses de remuneração do empregado.

b) A entrega ao empregado de documentos que comprovem a comunicação da extinção contratual aos órgãos competentes bem como o pagamento dos valores constantes do instrumento de rescisão ou recibo de quitação deverão ser efetuados até dez dias úteis contados a partir do término do contrato.

c) O pagamento a que fizer jus o empregado será efetuado: em dinheiro, depósito bancário ou cheque visado, conforme acordem as partes; ou em dinheiro quando o empregado for analfabeto.

d) A anotação da extinção do contrato na Carteira de Trabalho e Previdência Social é documento hábil para requerer o benefício do seguro-desemprego e a movimentação da conta vinculada no Fundo de Garantia do Tempo de Serviço, nas hipóteses legais, desde que efetuada a comunicação aos órgãos oficiais.

e) Com a Reforma Trabalhista não foram expressamente revogados os dispositivos que obrigavam a homologação sindical do termo de rescisão do contrato de trabalho.

COMENTÁRIO

Alternativa "a". Incorreta. A Reforma Trabalhista não alterou a redação do § 5º do art. 477 da CLT. Tal dispositivo legal limita ao valor não excedente a **um mês de remuneração** o valor de qualquer compensação no pagamento dos haveres rescisórios.

Alternativa "b". Incorreta. O prazo estabelecido no § 6º do art. 477 não serão contados em dias úteis.

Alternativa "c". Incorreta. A assertiva contraria a nova redação do § 4º do art. 477 consolidado. Após a reforma o empregado analfabeto poderá receber seus haveres através de: **dinheiro** ou **depósito bancário**.

Alternativa "d". Correta. Traduz a literalidade do §10º do artigo 477. O mencionado dispositivo estabelece que, para fins de requerimento de seguro-desemprego e saque do Fundo de Garantia do Tempo de Serviço, é suficiente, por ser um documento hábil, a baixa na CTPS, desde que efetuada a comunicação aos órgãos oficiais.

Alternativa "e". Incorreta. A Lei 13.467/2017 que implementou a Reforma Trabalhista, expressamente revogou os dispositivos que obrigavam a homologação do termo de rescisão do contrato de trabalho. Foram assim, expressamente, revogados os parágrafos 1ª, 3º e 7º do art. 477 da CLT.

RESPOSTA: Letra D

25. DAS DISPENSAS COLETIVAS

QUADRO COMPARATIVO	
ANTES DA REFORMA TRABALHISTA	**APÓS A REFORMA TRABALHISTA**
Sem previsão anterior.	"Art. 477-A. As dispensas **imotivadas individuais, plúrimas ou coletivas equiparam-se para todos os fins, NÃO havendo necessidade de autorização prévia de entidade sindical ou de celebração de convenção coletiva ou acordo coletivo de trabalho para sua efetivação.**" "Art. 477-B. **Plano de Demissão Voluntária ou Incentivada, para dispensa individual, plúrima ou coletiva, previsto em convenção coletiva ou acordo coletivo de trabalho, enseja quitação plena e irrevogável dos direitos decorrentes da relação empregatícia, salvo disposição em contrário estipulada entre as partes.**"

⇔ O QUE MUDOU?

A Reforma Trabalhista trouxe dois importantes dispositivos a respeito das dispensas coletivas.

O primeiro deles, o artigo 477-A, equipara as dispensas imotivadas individuais, plúrimas ou coletivas, não havendo necessidade de autorização prévia de entidade sindical ou de celebração de convenção coletiva ou acordo coletivo de trabalho para sua efetivação.

Por seu turno, o artigo 477-B, previu a denominada eficácia liberatória da adesão ao Plano de Demissão Voluntária ou Incentivada para dispensa individual, plúrima ou coletiva, previsto em convenção coletiva ou acordo coletivo de trabalho, ensejará a quitação plena e irrevogável dos direitos decorrentes da relação empregatícia, salvo disposição em contrário estipulada entre as partes.

QUESTÕES OBJETIVAS COMENTADAS

01 - De acordo com a Reforma Trabalhista, julgue o item a seguir:

As dispensas imotivadas individuais, plúrimas ou coletivas equiparam-se para todos os fins, havendo necessidade de comunicação prévia a entidade sindical.

COMENTÁRIO

O examinador exigiu o conhecimento da redação do Art. 477-A da CLT. Que assim estabelece:

"Art. 477 – A. As dispensas imotivadas individuais, plúrimas ou coletivas equiparam-se para todos os fins, não havendo necessidade de autorização prévia de entidade sindical ou de celebração de convenção coletiva ou acordo coletivo de trabalho para sua efetivação"

Importante registrar que essa previsão legal diverge do entendimento predominante no âmbito do TST (Processo nº 309/2009-000-15.4). O TST firmou o entendimento de que é obrigatória a negociação coletiva para que uma empresa possa promover a demissão em massa de empregado.

A decisão preferida pelo TST foi questionada no âmbito do STF.

Desta forma, o STF reconheceu a repercussão geral da matéria que, no momento, está pendente de julgamento. Segue abaixo, a decisão que reconheceu a repercussão geral da matéria:

CONTRATO DE TRABALHO – ROMPIMENTO – NEGOCIAÇÃO COLETIVA – EXIGÊNCIA NA ORIGEM – RECURSO EXTRAORDINÁRIO – REPERCUSSÃO GERAL VERIFICADA. Possui repercussão geral a controvérsia acerca da necessidade de prévia negociação coletiva com o sindicato dos trabalhadores para dispensa dos empregados em massa. (ARE 647651 RG, Relator(a): Min. MARCO AURÉLIO, julgado em 21/03/2013, ACÓRDÃO ELETRÔNICO DJe-081 DIVULG 30-04-2013 PUBLIC 02-05-2013)

RESPOSTA: Errado.

02- De acordo com a Reforma Trabalhista, julgue o item a seguir:

O Plano de Demissão Voluntária ou Incentivada, para dispensa individual, plúrima ou coletiva, previsto em convenção coletiva ou acordo coletivo de trabalho, enseja quitação plena e irrevogável dos direitos decorrentes da relação empregatícia, salvo disposição em contrário estipulada entre as partes.

COMENTÁRIO

A questão exigiu a literalidade do art. 477-B da CLT.

No presente caso, a Reforma Trabalhista acompanhou os entendimentos firmados no âmbito do TST e do STF.

Para uma melhor visualização do tema, seguem abaixo, respectivamente, decisões do TST e STF, nas quais restou decidido que a transação extrajudicial que importa rescisão do contrato de trabalho, em razão de adesão voluntária do empregado a plano de dispensa incentivada, enseja quitação ampla e irrestrita de todas as parcelas objeto do contrato de emprego, caso essa condição tenha constado expressamente do acordo coletivo que aprovou o plano:

RECURSO DE REVISTA INTERPOSTO PELA RECLAMADA. PLANO DE DESLIGAMENTO VOLUNTÁRIO. TRANSAÇÃO. PREVISÃO EM NORMA COLETIVA DE QUITAÇÃO AMPLA E IRRESTRITA DAS VERBAS TRABALHISTAS. VALIDADE. I. O Supremo Tribunal Federal, no julgamento do Recurso Extraordinário nº 590415, DJE de 29/5/2015, com repercussão geral reconhecida, firmou entendimento de que "a transação extrajudicial que importa rescisão do contrato de trabalho, em razão de adesão voluntária do empregado a plano de dispensa incentivada, enseja quitação ampla e irrestrita de todas as parcelas objeto do contrato de emprego, caso essa condição tenha constado expressamente do acordo coletivo que aprovou o plano, bem como dos demais instrumentos celebrados com o empregado". II. Não obstante, a Orientação Jurisprudencial 270 da SBDI-1, impõe-se seguir a jurisprudência do STF, responsável pela uniformização da interpretação constitucional, desde que envolvam as mesmas circunstâncias fáticas do citado precedente. III. No caso em apreço, extrai-se do acórdão regional que houve adesão ao Plano de Demissão Incentivada, pactuado por meio de acordo coletivo, amplamente discutido entre empregados, empregador e sindicato profissional, na qual se outorgou quitação expressa de todos os direitos decorrentes do extinto contrato de trabalho. IV. Assim, ao afastar a eficácia ampla da quitação do contrato de trabalho, passada pelo empregado no ato de adesão voluntária, tal qual prevista na negociação coletiva que instituiu o Plano de Demissão Voluntária - PDV, o v. acórdão regional viola o art. 5º, XXXVI, da Constituição Federal. V. Recurso de revista de que se conhece, por violação do art. 5º, XXXVI, da CF/88, e a que se dá provimento. (TST - RR: 1274004320075020463, Data de Julgamento: 16/03/2016, Data de Publicação: DEJT 22/03/2016)

Ementa: DIREITO DO TRABALHO. ACORDO COLETIVO. PLANO DE DISPENSA INCENTIVADA. VALIDADE E EFEITOS. 1. Plano de dispensa incentivada aprovado em acordo coletivo que contou com ampla participação dos empregados. Previsão de vantagens aos trabalhadores, bem como quitação de toda e qualquer parcela decorrente de relação de emprego. Faculdade do empregado de optar ou não pelo plano. 2. Validade da quitação ampla. Não incidência, na hipótese, do art. 477, § 2º da Consolidação das Leis do Trabalho, que restringe a eficácia liberatória da quitação aos valores e às parcelas discriminadas no termo de rescisão exclusivamente. 3. No âmbito do direito coletivo do trabalho não se verifica a mesma situação de assimetria de poder presente nas relações individuais de trabalho. Como consequência, a autonomia coletiva da vontade não se encontra sujeita aos mesmos limites que a autonomia individual. 4. A Constituição de 1988, em seu artigo 7º, XXVI, prestigiou a autonomia coletiva da vontade e a autocomposição dos conflitos trabalhistas, acompanhando a tendência mundial ao crescente reconhecimento dos mecanismos de negociação coletiva, retratada na Convenção n. 98/1949 e na Convenção n. 154/1981 da Organização Internacional do Trabalho. O reconhecimento dos acordos e convenções coletivas permite que os trabalhadores contribuam para a formulação das normas que regerão a sua própria vida. 5. Os planos de dispensa incentivada permitem reduzir as repercussões sociais das dispensas, assegurando àqueles que optam por seu desligamento da empresa condições econômicas mais vantajosas do que aquelas que decorreriam do mero desligamento por decisão do empregador. É importante, por isso, assegurar a credibilidade de tais planos, a fim de preservar a sua função protetiva e de não desestimular o seu uso. 7. Provimento do recurso extraordinário. Afirmação, em repercussão geral, da seguinte tese: "A transação extrajudicial que importa rescisão do contrato de trabalho, em razão de adesão voluntária do empregado a plano de dispensa incentivada, enseja quitação ampla e irrestrita de todas as parcelas objeto do contrato de emprego, caso essa condição tenha constado expressamente do acordo coletivo que aprovou o plano, bem como dos demais instrumentos celebrados com o empregado". (RE 590415, Relator(a):Min. ROBERTO BARROSO, Tribunal Pleno, julgado em 30/04/2015, ACÓRDÃO ELETRÔNICO REPERCUSSÃO GERAL - MÉRITO DJe-101 DIVULG 28-05-2015 PUBLIC 29-05-2015)

RESPOSTA: Certo

26. DA DISPENSA POR JUSTA CAUSA (NOVA MODALIDADE)

QUADRO COMPARATIVO	
ANTES DA REFORMA TRABALHISTA	**APÓS A REFORMA TRABALHISTA**
Sem previsão anterior.	"Art. 482. Constituem justa causa para rescisão do contrato de trabalho pelo empregador: m) **perda da habilitação ou dos requisitos estabelecidos em lei para o exercício da profissão**, em decorrência de **conduta dolosa do empregado**. ...."(NR)

⇔ ***O QUE MUDOU?***

O rol de hipóteses que ensejam a rescisão por justa causa foi ampliado com a Reforma Trabalhista, sendo incluído, dentre elas, a perda da habilitação ou dos requisitos estabelecidos em lei para o exercício da profissão, em razão de ato doloso do empregado.

Um exemplo bem ilustrativo é do motorista de empresa de transporte urbano que perde a sua habilitação para dirigir em virtude de, no final de semana em momento de lazer, ser flagrado dirigindo alcoolizado.

Uma vez que a empresa não pode permitir que este conduza veículos sem a necessária habilitação, não há motivo para manutenção do vínculo empregatício. Assim, será possível, caso o empregador queira, rescindir o contrato de trabalho por justa causa.

QUESTÕES OBJETIVAS COMENTADAS

01 - De acordo com a Reforma Trabalhista, julgue o item a seguir:

Caso um advogado seja contratado como empregado de um escritório de advocacia e vem a perder a habilitação para o exercício de sua profissão pela Ordem dos Advogados do Brasil, o empregador pode despedi-lo por justa causa, se sua conduta for considerada dolosa.

COMENTÁRIO

A Lei 13.467/2017 ampliou o rol de motivos que ensejam a rescisão por justa causa, sendo incluído, dentre as hipóteses, a perda da habilitação ou dos requisitos estabelecidos em lei para o exercício da profissão, em razão de ato doloso do empregado (Art. 482, alínea "m", da CLT)

RESPOSTA: Certo

02- De acordo com a Reforma Trabalhista, julgue o item a seguir:

Constituem justa causa para rescisão do contrato de trabalho pelo empregador: perda da habilitação ou dos requisitos estabelecidos em lei para o exercício da profissão, em decorrência de conduta dolosa ou culposa do empregado.

COMENTÁRIO

A questão exigiu o conhecimento da literalidade do art. 482, alínea "m" da CLT. Com a seguinte redação:

"Art. 482. Constituem justa causa para rescisão do contrato de trabalho pelo empregador:

m) perda da habilitação ou dos requisitos estabelecidos em lei para o exercício da profissão, em decorrência de **conduta dolosa do empregado**."

Para que seja configurado justa causa é necessária que a conduta seja dolosa. Na hipótese de conduta culposa (negligência, imprudência ou imperícia) a rescisão contratual apenas poderá ocorrer sem justa causa.

RESPOSTA: Errado

27. DA EXTINÇÃO DO CONTRATO POR COMUM ACORDO: DISTRATO

QUADRO COMPARATIVO	
ANTES DA REFORMA TRABALHISTA	**APÓS A REFORMA TRABALHISTA**
Sem previsão anterior.	"Art. 484-A. O contrato de trabalho **PODERÁ** ser **extinto por acordo entre empregado e empregador**, caso em que serão devidas as seguintes verbas trabalhistas: **I – por metade:** **a) o aviso prévio, se indenizado; e** **b) a indenização sobre o saldo do Fundo de Garantia do Tempo de Serviço, prevista no § 1º do art. 18 da Lei nº 8.036, de 11 de maio de 1990;** **II – na integralidade, as demais verbas trabalhistas.** § 1º A extinção do contrato prevista no caput deste artigo **permite a movimentação da conta vinculada do trabalhador no Fundo de Garantia do Tempo de Serviço** na forma do inciso I-A do art. 20 da Lei nº 8.036[5], de 11 de maio de 1990, **limitada até 80% (oitenta por cento) do valor dos depósitos.**

5 Art. 20. A conta vinculada do trabalhador no FGTS poderá ser movimentada nas seguintes situações:

I-A: extinção do contrato de trabalho prevista no art. 484-A da Consolidação das Leis do Trabalho (CLT), aprovada pelo Decreto-Lei nº 5.452, de 1º de maio de 1943;

	§ 2º **A extinção do contrato por acordo prevista no caput deste artigo NÃO autoriza o ingresso no Programa de Seguro-Desemprego."**

⇔ ***O QUE MUDOU?***

A Reforma Trabalhista inovou ao incluir na CLT a previsão da extinção do contrato de trabalho por comum acordo entre o empregado e o empregador. Neste caso, estabelece o artigo 484-A da CLT uma forma diversa de cálculo das verbas rescisórias.

EXTINÇÃO DO CONTRATO POR COMUM ACORDO – VERBAS RESCISÓRIAS	
POR METADE	NA INTEGRALIDADE
Aviso prévio, se indenizado Indenização sobre o saldo do FGTS	Demais verbas trabalhistas

Neste ponto, importante recordar a redação do § 1º do artigo 18 da Lei nº 8.036:

> *§ 1º Na hipótese de despedida pelo empregador sem justa causa, depositará este, na conta vinculada do trabalhador no FGTS, importância igual a quarenta por cento do montante de todos os depósitos realizados na conta vinculada durante a vigência do contrato de trabalho, atualizados monetariamente e acrescidos dos respectivos juros.*

Assim, na hipótese de extinção do contrato de trabalho por comum acordo, o valor do percentual será de vinte por cento.

Todavia, nesta modalidade de extinção do contrato do trabalho, duas regras importante, previstas nos parágrafos 1º e 2º, surgem:

1) a movimentação do FGTS será limitado a 80% do valor dos depósitos (art. 484-A, §1º)

2) proibição do acesso ao seguro-desemprego (art. 484-A, §2º)

QUESTÕES OBJETIVAS COMENTADAS

01 – De acordo com a Reforma Trabalhista, julgue o item a seguir:

Com a vigência da Lei nº 13.467/17, foi introduzido à CLT o art. 484-A, permitindo a extinção do contrato de trabalho por comum acordo entre empregado e empregador.

COMENTÁRIO

A Reforma Trabalhista incluiu a previsão da extinção do contrato de trabalho por comum acordo entre o empregado e o empregador.

Em provas de concursos públicos e no exame da OAB, certamente, serão cobradas questões que envolvam essa nova modalidade de extinção do contrato de trabalho. Vejamos a redação do art. 484-A da CLT:

"Art. 484-A. O contrato de trabalho poderá ser extinto por acordo entre empregado e empregador, caso em que serão devidas as seguintes verbas trabalhistas:

I – por metade:

a) o aviso prévio, se indenizado; e

b) a indenização sobre o saldo do Fundo de Garantia do Tempo de Serviço, prevista no § 1º do art. 18 da Lei nº 8.036, de 11 de maio de 1990;

II – na integralidade, as demais verbas trabalhistas.

§ 1º A extinção do contrato prevista no caput deste artigo permite a movimentação da conta vinculada do trabalhador no Fundo de Garantia do Tempo de Serviço na forma do inciso I-A do art. 20 da Lei nº 8.036, de 11 de maio de 1990, limitada até 80% (oitenta por cento) do valor dos depósitos.

§ 2º A extinção do contrato por acordo prevista no caput deste artigo não autoriza o ingresso no Programa de Seguro-Desemprego."

RESPOSTA: Certo.

02 – No que concerne a extinção do contrato por comum acordo, julgue os itens abaixo:

I – A extinção do contrato por acordo entre empregado e empregador permite a movimentação da conta vinculada do trabalhador no Fundo de Garantia do Tempo de Serviço na forma do inciso I-A do art. 20 da Lei nº 8.036, de 11 de maio de 1990, limitada até 50% (cinquenta por cento) do valor dos depósitos.

II – O contrato de trabalho poderá ser extinto por acordo entre empregado e empregador, caso em que serão devidas as seguintes verbas trabalhistas: por metade, o aviso prévio, se indenizado; e a indenização sobre o saldo do Fundo de Garantia do Tempo de Serviço, prevista no § 1º do art. 18

da Lei nº 8.036, de 11 de maio de 1990; na integralidade, as demais verbas trabalhistas.

III – A extinção do contrato por acordo entre empregado e empregador autoriza o ingresso no Programa de Seguro--Desemprego.

Estão corretas apenas:

a) I

b) II

c) I e III

d) II e III

e) Todas

COMENTÁRIO

Item I: incorreta. A questão exigiu a literalidade do § 1º do art. 484 – A da CLT. Com a seguinte redação:

"Art. 484 – A. § 1ºA extinção do contrato prevista no caput deste artigo permite a movimentação da conta vinculada do trabalhador no Fundo de Garantia do Tempo de Serviço na forma do inciso I-A do art. 20 da Lei nº 8.036, de 11 de maio de 1990, **limitada até 80% (oitenta por cento) do valor dos depósitos**"

Contudo, a extinção de contrato por comum acordo entre empregado e empregador permite a movimentação de 80% (oitenta por cento) da conta vinculada do trabalhador no Fundo de Garantia do Tempo de Serviço.

Item II: correta. A Reforma Trabalhista incluiu a previsão da extinção do contrato de trabalho por comum acordo entre o empregado e o empregador.

Neste caso, estabelece os incisos I e II do artigo 484-A da CLT o pagamento das seguintes verbas trabalhistas:

"Art. 484-A.O contrato de trabalho poderá ser extinto por acordo entre empregado e empregador, caso em que serão devidas as seguintes verbas trabalhistas:

I – por metade:

a) o aviso prévio, se indenizado; e

b) a indenização sobre o saldo do Fundo de Garantia do Tempo de Serviço, prevista no § 1º do art. 18 da Lei nº 8.036, de 11 de maio de 1990;

II – na integralidade, as demais verbas trabalhistas"

Item III: incorreta. Na hipótese de extinção de contrato de trabalho por acordo entre empregado e empregador foi prevista a proibição do acesso ao seguro-desemprego (art. 484-A, §2º).

RESPOSTA: Letra B

03 - De acordo com a Reforma Trabalhista, julgue o item a seguir:

A extinção do contrato por acordo entre empregado e empregador não autoriza o ingresso no Programa de Seguro-Desemprego.

COMENTÁRIO

Conforme já exposto, caso seja realizada a extinção de contrato de trabalho por acordo entre empregado e empregador foi prevista a proibição do acesso ao seguro-desemprego (art. 484-A, §2º).

É que o art. 7º, II, da Constituição Federal de 1988, exige o "desemprego involuntário" para percepção do seguro-desemprego. Nos seguintes termos:

"Art. 7º São direitos dos trabalhadores urbanos e rurais, além de outros que visem à melhoria de sua condição social:

(...)

II – seguro-desemprego, em caso de desemprego involuntário"

RESPOSTA: Certo

28. DA POSSIBILIDADE DA CLÁUSULA COMPROMISSÓRIA ARBITRAL

QUADRO COMPARATIVO	
ANTES DA REFORMA TRABALHISTA	**APÓS A REFORMA TRABALHISTA**
Sem previsão anterior.	"Art. 507-A. Nos **contratos individuais de trabalho cuja remuneração seja superior a duas vezes o limite máximo estabelecido para os benefícios do Regime Geral de Previdência Social[6], PODERÁ ser pactuada cláusula compromissória de arbitragem, desde que por iniciativa do empregado ou mediante a sua concordância expressa**, nos termos previstos na Lei nº 9.307, de 23 de setembro de 1996.[7]"

⇔ O QUE MUDOU?

A Reforma Trabalhista traz a previsão de que, aos empregados cuja remuneração seja superior a duas vezes o limite máximo estabelecido para os benefícios do Regime Geral de Previdência Social, é possível a pactuação de cláusula compromissória de arbitragem. Para que isto ocorra, é necessário que seja por iniciativa do empregado ou mediante a sua concordância expressa.

Neste momento, para fins didáticos, é necessário relembrar conceitos importantes, que distinguem a cláusula compromissória arbitral do compromisso arbitral.

---

6 Atualmente (22 de novembro de 2017), o limite máximo estabelecido para os benefícios do Regime Geral de Previdência Social ("teto no INSS") é de R$ 5.531,31. Ou seja, o dobro desse valor é R$ 11.062,62.

7 Dispõe sobre a arbitragem.

CONVENÇÃO DE ARBITRAGEM	
Cláusula Compromissória	**Compromisso Arbitral**
Precede ao conflito	Posterior ao conflito
A **cláusula** compromissória é a convenção através da qual as partes em um contrato comprometem-se a submeter à arbitragem os litígios que possam vir a surgir, relativamente a tal contrato. (Art. 4º, Lei nº 9.307)	**Contrato** bilateral, oneroso, consensual e comutativo.

Por fim, importante destacar uma curiosa distinção que a Reforma Trabalhista fez entre a hipótese o artigo 507-A, ora em comento, e o artigo 444, parágrafo único. No primeiro, nada se menciona a respeito do diploma em nível em superior, além disso a remuneração a de ser superior, enquanto no segundo este requisito do diploma está presente e o valor deve ser igual ou superior. Vejamos de forma comparativa.

CLÁUSULA COMPROMISSÓRIA	LIBERDADE DE ESTIPULAÇÃO DO HIPERSSUFICIENTE
• Remuneração superior a duas vezes o limite máximo estabelecido para os benefícios do INSS	• Diploma de nível superior; • Remuneração igual ou superior a duas vezes o limite máximo dos benefícios do INSS
"Art. 507-A. Nos contratos individuais de trabalho cuja remuneração seja superior a duas vezes o limite máximo estabelecido para os benefícios do Regime Geral de Previdência Social, poderá ser pactuada cláusula compromissória de arbitragem, desde que por iniciativa do empregado ou mediante a sua concordância expressa, nos termos previstos na Lei nº 9.307, de 23 de setembro de 1996."	Art. 444. Parágrafo único. A livre estipulação a que se refere o caput deste artigo aplica-se às hipóteses previstas no art. 611-A desta Consolidação, com a mesma eficácia legal e preponderância sobre os instrumentos coletivos, no caso de empregado portador de diploma de nível superior e que perceba salário mensal igual ou superior a duas vezes o limite máximo dos benefícios do Regime Geral de Previdência Social." (NR)

Esta distinção possui relevo, pois os examinadores costumam se prender a estes pequenos detalhes.

QUESTÕES OBJETIVAS COMENTADAS

01 – De acordo com a Reforma Trabalhista, julgue o item a seguir:

Nos contratos individuais de trabalho cuja remuneração seja igual ou superior a duas vezes o limite máximo estabelecido para os benefícios do Regime Geral de Previdência Social, poderá ser pactuada cláusula compromissória de arbitragem, desde que por iniciativa do empregado ou mediante a sua concordância expressa, nos termos previstos na Lei nº 9.307, de 23 de setembro de 1996.

COMENTÁRIO

O examinador exigiu a literalidade do art. 507-A da CLT. Com a seguinte redação:

"Art. 507-A. Nos contratos individuais de trabalho cuja remuneração **seja superior a duas vezes o limite** máximo estabelecido para os benefícios do Regime Geral de Previdência Social, poderá ser pactuada cláusula compromissória de arbitragem, desde que por iniciativa do empregado ou mediante a sua concordância expressa, nos termos previstos na Lei nº 9.307, de 23 de setembro de 1996"

Na verdade, só é permitido a pactuação de cláusula compromissória de arbitragem no caso de remuneração superior a duas vezes o limite máximo estabelecido para os benefícios do Regime Geral de Previdência Social. A remuneração não poderá ser igual ao limite estipulado.

RESPOSTA: Errado

02 – De acordo com a Reforma Trabalhista, julgue o item a seguir:

A Reforma Trabalhista possibilitou, aos empregados cuja remuneração seja superior a duas vezes o limite máximo estabelecido para os benefícios do Regime Geral de Previdência Social, firmarem compromisso arbitral. Para que isto ocorra, é necessário que seja por iniciativa do empregado ou mediante a sua concordância expressa.

COMENTÁRIO

Na verdade, a reforma possibilitou a pactuação de cláusula compromissória, eis o erro da questão.

Vale lembrar as distinções entre a cláusula compromissória arbitral e o compromisso arbitral.

RESPOSTA: Errado

CONVENÇÃO DE ARBITRAGEM	
Cláusula Compromissória	**Compromisso Arbitral**
Precede ao conflito	Posterior ao conflito
A **cláusula** compromissória é a convenção através da qual as partes em um contrato comprometem-se a submeter à arbitragem os litígios que possam vir a surgir, relativamente a tal contrato. (Art. 4º, Lei º 9.307)	**Contrato** bilateral, oneroso, consensual e comutativo.

RESPOSTA: Errado

29. DO TERMO ANUAL DE QUITAÇÃO

QUADRO COMPARATIVO	
ANTES DA REFORMA TRABALHISTA	**APÓS A REFORMA TRABALHISTA**
Sem previsão anterior.	"Art. 507-B. É **facultado a empregados e empregadores, na vigência ou NÃO do contrato de emprego, firmar o termo de quitação anual de obrigações trabalhistas**, perante o **sindicato dos empregados** da categoria. Parágrafo único. O termo discriminará as **obrigações de dar e fazer cumpridas mensalmente e dele constará a quitação anual dada pelo empregado, com eficácia liberatória das parcelas nele especificadas.**"

⇔ O QUE MUDOU?

A Reforma Trabalhista trouxe à CLT o instrumento denominado "termo de quitação anual de obrigações trabalhista", nele estarão discriminadas as obrigações de dar e fazer cumpridas mensalmente e dele constará a quitação anual dada pelo empregado, com eficácia liberatória das parcelas nele especificadas.

Importante observar que ela não é obrigatória, mas sim facultativa e pode ser firmada na vigência ou não do contrato de emprego, perante o sindicato de empregados da categoria.

A título interdisciplinar, o termo de quitação assemelha-se, de certo modo, à declaração de quitação anual de débitos das relações consumeristas, prevista na lei nº 12.007/2009, porém, com algumas distinções.

QUITAÇÃO ANUAL DE OBRIGAÇÕES	
DIREITO DO TRABALHO	**DIREITO DO CONSUMIDOR**
Facultativo	**Obrigatório**
Bilateral (Empregador ↔ Empregado)	Unilateral (Fornecedor → Consumidor)
Possui eficácia liberatória das obrigações descritas	Possui eficácia liberatória das obrigações descritas

Este estudo comparativo é importante para fins de facilitar a fixação do tema.

QUESTÕES OBJETIVAS COMENTADAS

01 – De acordo com a Reforma Trabalhista, julgue o item a seguir:

Imagine que durante o contrato de trabalho firmado por Marcelo e a empresa X Ltda. surgiu um conflito com relação ao pagamento de verbas rescisórias. Nessa hipótese, é possível que seja firmado termo de quitação anual de obrigações trabalhistas, perante o sindicato dos empregados da categoria, conferindo quitação às verbas trabalhistas que expressamente constar no instrumento respectivo. Contudo, a quitação só produzirá efeitos em relação às obrigações discriminadas, com validade anual e homologada pelo sindicato da categoria profissional do empregado.

COMENTÁRIO

A questão exigiu o conhecimento do art. 507-B da CLT. Com a seguinte redação:

"Art. 507-B. É facultado a empregados e empregadores, na vigência ou não do contrato de emprego, firmar o termo de quitação anual de obrigações trabalhistas, perante o sindicato dos empregados da categoria.

Parágrafo único. O termo discriminará as obrigações de dar e fazer cumpridas mensalmente e dele constará a quitação anual dada pelo empregado, com eficácia liberatória das parcelas nele especificadas."

A Lei 13.467/2017 acrescentou o art. 507-B à CLT. Foi previsto o instrumento denominado "termo de quitação anual de obrigações trabalhista", nele estarão discriminadas as obrigações de dar e fazer cumpridas mensalmente e dele constará a quitação anual dada pelo empregado, com eficácia liberatória das parcelas nele especificadas.

RESPOSTA: Certo

02 – No que concerne ao termo anual de quitação, julgue os itens abaixo:

I – É facultado a empregados e empregadores, na vigência ou não do contrato de emprego, firmar o termo de quitação anual de obrigações trabalhistas, perante o sindicato dos empregados da categoria.

II – A Reforma Trabalhista dispõe sobre a gratuidade do serviço realizado pelo Sindicato na homologação do termo anual de quitação.

III – O termo discriminará as obrigações de dar e fazer cumpridas mensalmente e dele constará a quitação anual dada pelo empregado, com eficácia liberatória das parcelas nele especificadas.

Estão corretas apenas:

a) I

b) II

c) I e III

d) II e III

e) Todas

COMENTÁRIO

Item I: correta. Traduz a literalidade do art. 507-B. A Reforma Trabalhista trouxe à CLT o instrumento denominado "termo de quitação anual de obrigações trabalhista", nele estarão discriminadas as obrigações de dar e fazer cumpridas mensalmente e dele constará a quitação anual dada pelo empregado, com eficácia liberatória das parcelas nele especificadas. Importante observar que ela não é obrigatória, mas sim facultativa e pode ser firmada na vigência ou não do contrato de emprego, perante o sindicato de empregados da categoria.

Item II: incorreta. A Reforma Trabalhista não trouxe a previsão específica sobre a gratuidade do serviço por parte dos Sindicatos.

Item III: correta. Traduz a literalidade do parágrafo único do art. 507-B.

RESPOSTA: Letra C

30. DA REPRESENTAÇÃO DOS EMPREGADOS

"TÍTULO IV-A

QUADRO COMPARATIVO	
ANTES DA REFORMA TRABALHISTA	**APÓS A REFORMA TRABALHISTA**
Sem previsão anterior.	'Art. 510-A. Nas empresas com mais de **duzentos empregados**, é assegurada a **eleição de uma comissão para representá-los**, com a finalidade de promover-lhes o **entendimento direto com os empregadores.** § 1º A comissão será composta: I – nas empresas com **mais de duzentos e até três mil empregados**, por **três membros;** II – nas empresas com **mais de três mil e até cinco mil empregados**, por **cinco membros;** III – nas empresas com **mais de cinco mil empregados**, por **sete membros.** § 2º **No caso de a empresa possuir empregados em vários Estados da Federação e no Distrito Federal, será assegurada a eleição de uma comissão de representantes dos empregados por Estado ou no Distrito Federal, na mesma forma estabelecida no § 1º deste artigo.'**

⇔ O QUE MUDOU?

A Reforma Trabalhista incluiu no capítulo destinado às disposições especiais da CLT, os artigos 510-A, 510-B, 510-C, 510-D e 510-E.[8]

Por questões didáticas, analisaremos cada um individualmente, porém nas questões os artigos serão tratados de forma conjunta.

O artigo 510-A estabelece que nas empresas com mais de 200 empregados é assegurada a eleição de uma comissão para representá-los, com a finalidade de promover-lhes o entendimento direto com os empregadores.

De se notar que, a depender do número de funcionários da empresa, o número de representantes será alterado, conforme quadro a seguir:

COMISSÃO DE TRABALHADORES	
NÚMERO DE TRABALHADORES	NÚMERO DE MEMBROS
Mais de duzentos e até três mil empregados	03
Mais de três mil e até cinco mil empregados	05
Mais de cinco mil empregados	07

A memorização da tabela acima é de extrema importância, vez que as bancas costumam misturar os dispositivos, de forma a induzir em erro. A notícia boa é que ela é de fácil memorização:

- ✓ Quando for até 03 mil empregados serão 03 membros;
- ✓ Quando for até 05 mil empregados serão 05 membros;
- ✓ Quando for mais de 05 mil empregados serão 07 membros.

Mas muito cuidado com as faixas de transição, pois se empresa tiver exatos três mil empregados, por exemplo, ela ficará na primeira faixa da tabela, e o número de membros da comissão será de três.

Por fim, caso seja uma empresa de âmbito nacional (isto significando mais de um Estado ou Distrito Federal), será assegurada a eleição de uma comissão de representantes dos empregados por Estado ou no Distrito Federal, seguindo a mesma regra numérica acima exposta.

Perceba que tal dispositivo não se aplica para o caso de a empresa ter diversos empregados em municípios distintos de um mesmo Estado, por exemplo, São Paulo, Campinas e Guarulhos, todos localizados no Estado de São Paulo. Neste caso será composta apenas uma comissão.

Já se a empresa tiver empregados em São Paulo – SP, Rio de Janeiro – RJ, Fortaleza – CE e Salvador – BA, desde que cada filial possua mais de duzentos empregados, será necessária a criação de quatro comissões, conforme, frise-se, a tabela acima.

8 Artigo incluído pela Medida Provisória nº 808, de 14 de novembro de 2017.

Assim, resta claro que a base territorial para aferição é o Estado-membro ou Distrito Federal.

O que a Reforma Trabalhista, curiosamente, deixou em aberto é a seguinte hipótese: a empresa tiver mais de 200 empregados, porém espalhados por todo o territorial nacional, sendo que em nenhum Estado-membro ou Distrito Federal congrega mais de 200.

Neste caso, caberá ao Poder Judiciário, analisar eventual discussão a respeito se há, ou não, o direito de formar a comissão e onde ela será sediada.

QUADRO COMPARATIVO	
ANTES DA REFORMA TRABALHISTA	**APÓS A REFORMA TRABALHISTA**
Sem previsão anterior.	'Art. 510-B. A **comissão** de representantes dos empregados terá as seguintes **atribuições:** **I – representar os empregados perante a administração da empresa;** **II – aprimorar o relacionamento entre a empresa e seus empregados com base nos princípios da boa-fé e do respeito mútuo;** **III – promover o diálogo e o entendimento no ambiente de trabalho com o fim de prevenir conflitos;** **IV – buscar soluções para os conflitos decorrentes da relação de trabalho, de forma rápida e eficaz, visando à efetiva aplicação das normas legais e contratuais;** **V – assegurar tratamento justo e imparcial aos empregados, impedindo qualquer forma de discriminação por motivo de sexo, idade, religião, opinião política ou atuação sindical;** **VI – encaminhar reivindicações específicas dos empregados de seu âmbito de representação;** **VII – acompanhar o cumprimento das leis trabalhistas, previdenciárias e das convenções coletivas e acordos coletivos de trabalho.**

	§ 1º As **decisões** da comissão de representantes dos empregados SERÃO sempre **colegiadas,** observada a maioria simples. § 2º **A comissão organizará sua atuação de forma independente.'**

⇔ O QUE MUDOU?

O artigo 510-B, por seu turno, elenca o rol de atribuições das comissões de empregados, sendo de suma importância a leitura recorrente para fins de fixação. De um modo geral, nota-se que as atribuições são voltadas no intuito de possibilitar um melhor diálogo com o empregador.

Além disso, impõe, em respeito à participação democrática, que as decisões sejam sempre colegiadas, observada a maioria simples, e, em respeito ao princípio da liberdade organizativa dos trabalhadores, a atuação ocorrerá de forma independente, ou seja, sem ingerências do empregador ou estatais, desde que, por óbvio, respeitadas as disposições legais.

Por exemplo, não poderá uma comissão de trabalhadores, no uso de sua independência, decidir que os seus membros passarão a andar armados, vez que isto esbarra em outras normas do ordenamento jurídico pátrio.

QUADRO COMPARATIVO

ANTES DA REFORMA TRABALHISTA	APÓS A REFORMA TRABALHISTA
Sem previsão anterior.	'Art. 510-C. A eleição será convocada, com antecedência mínima de **trinta dias**, contados do término do mandato anterior, por meio de **edital que DEVERÁ ser fixado na empresa**, com ampla publicidade, para inscrição de candidatura. § 1º Será formada **comissão eleitoral**, integrada por **cinco empregados, NÃO candidatos, para a organização** e o acompanhamento do processo eleitoral, **vedada a interferência da empresa e do sindicato da categoria.**

	§ 2º **Os empregados da empresa poderão candidatar-se, exceto aqueles com contrato de trabalho por prazo determinado, com contrato suspenso ou que estejam em período de aviso prévio, AINDA que indenizado.**
	§ 3º SERÃO eleitos membros da comissão de representantes dos empregados os candidatos mais votados, **em votação secreta, vedado o voto por representação.**
	§ 4º A comissão tomará posse no primeiro dia útil seguinte à eleição ou ao término do mandato anterior.
	§ 5º Se NÃO houver candidatos suficientes, a comissão de representantes dos empregados PODERÁ ser formada com número de membros inferior ao previsto no art. 510-A desta Consolidação.
	§ 6º Se NÃO houver registro de candidatura, será lavrada ata e convocada nova eleição no prazo de um ano.'

⇔ *O QUE MUDOU?*

O artigo 510-C, por seu turno, traz o procedimento de eleição dos membros da comissão de empregados.

Quando ocorrerá a convocação?

Antecedência de 30 dias do término do mandato anterior.

De qual forma ocorrerá a convocação?

Por meio de edital que deverá ser fixado na empresa. Respeita-se, assim, o princípio da publicidade e, em última análise, o princípio democrático.

Quem organizará as eleições?

Uma comissão eleitoral, formada por cinco empregados. Tais empregados não podem, por óbvio, ser candidatos à membros da comissão.

E se tiver menos do que cinco interessados, haverá indicação de não empregados?

Não. Neste caso, a comissão é formada por um número inferior do que cinco.

A empresa e o sindicato da categoria participam desta comissão?

Não. É vedada a interferência da empresa e do sindicato da categoria.

Quem pode se candidatar à membro da comissão?

Os empregados da empresa, exceto:

Empregados por prazo determinado;

Empregados com contrato suspenso;

Empregados em aviso prévio.

Qual a forma de votação?

A votação será secreta, vedado o voto por representação, e será eleito aquele mais votado (eleição majoritária).

Quando ocorre a posse da nova comissão?

São duas as possibilidades:

(1) no primeiro dia útil seguinte à eleição

(2) ao término do mandato anterior.

Por fim, caso nenhum empregado queira se candidatar, o que acontecerá?

Se não houver registro de candidatura, será lavrada ata e convocada nova eleição no prazo de um ano.

QUADRO COMPARATIVO	
ANTES DA REFORMA TRABALHISTA	**APÓS A REFORMA TRABALHISTA**
Sem previsão anterior.	'Art. 510-D. O mandato dos membros da comissão de representantes dos empregados será de **um ano.** § 1º O membro que houver exercido a função de representante dos empregados na comissão **NÃO PODERÁ ser candidato nos dois períodos subsequentes.** § 2º **O mandato de membro de comissão de representantes dos empregados NÃO implica suspensão ou interrupção do contrato de trabalho, devendo o empregado permanecer no exercício de suas funções.**

	§ 3º **Desde o registro da candidatura até um ano após o fim do mandato, o membro da comissão de representantes dos empregados NÃO PODERÁ sofrer despedida arbitrária, entendendo-se como tal a que NÃO se fundar em motivo disciplinar, técnico, econômico ou financeiro.**
	§ 4º Os documentos referentes ao processo eleitoral devem ser emitidos em duas vias, as quais permanecerão sob a guarda dos empregados e da empresa pelo prazo de cinco anos, à disposição para consulta de qualquer trabalhador interessado, **do Ministério Público do Trabalho e do Ministério do Trabalho."'**

⇔ *O QUE MUDOU?*

Ultrapassada a análise de como ocorrerá a eleição da comissão (art. 510-C da CLT), passa-se ao estudo da duração do mandato.

Qual a duração deste mandato?

Um ano.

É possível a reeleição de um membro?

Não. Ele não poderá ser candidato nos dois períodos subsequentes.

Uma vez eleito e em exercício, o contrato de trabalho sofrerá algum impacto?

Não. Não haverá suspensão ou interrupção do contrato de trabalho, devendo o empregado permanecer no exercício de suas funções.

Existe algum tipo de proteção ao candidato eleito membro da comissão?

Sim. Ele possuíra estabilidade provisória, pois desde o registro da candidatura até um ano após o fim do mandato, o membro da comissão de representantes dos empregados não poderá sofrer despedida arbitrária.

Qual o prazo?

Registro da candidatura até um ano após o fim do mandato.

E o que vem a ser despedida arbitrária?

O conceito é feito por exclusão, ou seja, a despedida que não se fundar em motivo disciplinar, técnico, econômico ou financeiro.

Ou seja, o membro não poderá ser demitido em qualquer hipótese?

Não. Em caso de motivo disciplinar, técnico, econômico ou financeiro não será considerada uma despedida arbitrária, podendo, assim, ocorrer.

Por fim, quais as formalidades do processo eleitoral?

1) Os documentos referentes ao processo eleitoral devem ser emitidos em duas vias;

2) Uma via ficará com os empregados;

3) Outra via ficará com o empregador;

4) O tempo de guarda da documentação é de 05 anos.

5) Qualquer interessado, o Ministério Público do Trabalho e o Ministério do Trabalho poderão ter acesso aos documentos.

A título de observação, tem-se que o §4º do artigo 510-D seria mais bem enquadrado no artigo 510-C, que trata do procedimento eleitoral.

QUADRO COMPARATIVO	
ANTES DA REFORMA TRABALHISTA	**APÓS A REFORMA TRABALHISTA**
Sem previsão anterior.	Art. 510-E. A comissão de representantes dos empregados **NÃO SUBSTITUIRÁ** a função do sindicato de defender os direitos e os interesses coletivos ou individuais da categoria, inclusive em questões judiciais ou administrativas, **HIPÓTESE EM QUE SERÁ OBRIGATÓRIA** a participação dos sindicatos em negociações coletivas de trabalho, nos termos dos incisos III e VI do caput do art. 8º da Constituição.

⇔ O QUE MUDOU?

A Medida Provisória 808 incluiu o artigo 510-E no texto consolidado, de forma a evitar qualquer tipo de discussão a respeito à substituição, ou não, das funções dos sindicatos pelas comissões de representantes dos empregados.

Assim, o que traz o artigo 510-E são as denominadas "**salvaguardas sindicais**".

De fato, não se pode confundir a função de encurtamento do diálogo entre empregador e empregados, objetivada com a criação das comissões de representantes dos empregados, com as atividades desempenhadas pelos sindicatos.

Neste ponto, para fins didáticos, importante a transcrição dos incisos III e VI do artigo 8º da Constituição Federal.

Art. 8º É livre a associação profissional ou sindical, observado o seguinte:

...

III - ao sindicato cabe a defesa dos direitos e interesses coletivos ou individuais da categoria, inclusive em questões judiciais ou administrativas;

VI - é obrigatória a participação dos sindicatos nas negociações coletivas de trabalho;

De se observar que, em verdade, como visto acima, referido dispositivo tem índole apenas esclarecedora, vez que um dispositivo de lei (norma infraconstitucional) jamais teria capacidade de revogar as atribuições dos sindicatos, vez que estas possuem viés constitucional.

Dito de outra forma, eventual interpretação da norma no sentido de que a comissão de representantes dos empregados substituiria as funções dos sindicatos dos trabalhadores certamente seria inconstitucional por violação aos mencionados incisos III e VI do artigo 8º da Constituição Federal.

QUESTÕES OBJETIVAS COMENTADAS

01 - De acordo com a Reforma Trabalhista, julgue o item a seguir:

Nas empresas com mais de duzentos empregados, é assegurada a eleição de uma comissão para representá-los, com a finalidade de promover-lhes o entendimento direto com os empregadores.

COMENTÁRIO

A questão exigiu a literalidade do caput do art. 510-A da CLT. Com a seguinte redação:

"Art. 510-A. Nas empresas com mais de duzentos empregados, é assegurada a eleição de uma comissão para representá-los, com a finalidade de promover-lhes o entendimento direto com os empregadores.

O artigo citado estabelece que nas empresas com mais de 200 empregados seja assegurada a eleição de uma comissão para representá-los, com a finalidade de promover-lhes o entendimento direto com os empregadores.

É fácil perceber que o legislador teve o objetivo de regulamentar o art.11 da Constituição Federal de 1988, com a seguinte previsão:

CF/88. Art. 11. Nas empresas de mais de duzentos empregados, é assegurada a eleição de um representante destes com a finalidade exclusiva de promover-lhes o entendimento direto com os empregadores.

RESPOSTA: Certo

02 – De acordo com a Reforma Trabalhista, julgue o item a seguir:

Imagine que uma empresa tem 200 empregados. Nesse caso, é assegurada a eleição de uma comissão para representá-los, com a finalidade de promover-lhes o entendimento direto com os empregadores.

COMENTÁRIO

Foi exigido o conhecimento das diretrizes do art. 510-A da CLT. O artigo citado estabelece que nas empresas com mais de 200 empregados seja assegurada a eleição de uma comissão para representá-los, com a finalidade de promover-lhes o entendimento direto com os empregadores.

Verifica-se que o art. 510-A refere a obrigatoriedade do representante para empresas com mais de 200 empregados. Assim, para eleição de comissão é imprescindível que a emprega tenha 201º empregados. Desta forma, fica justificado o erro da assertiva.

Vale lembrar que, a depender do número de funcionários da empresa, o número de representantes será alterado, conforme quadro a seguir:

COMISSÃO DE TRABALHADORES	
NÚMERO DE TRABALHADORES	NÚMERO DE MEMBROS
Mais de duzentos e até três mil empregados	03
Mais de três mil e até cinco mil empregados	05
Mais de cinco mil empregados	07

RESPOSTA: Errado

03 – No que concerne a representação dos empregados, julgue os itens abaixo:

A comissão de representantes dos empregados terá, dentre outras, as seguintes atribuições:

I – representar os empregados perante a administração da empresa.

II – promover o diálogo e o entendimento no ambiente de trabalho com o fim de solucionar conflitos.

III - aprimorar o relacionamento entre a empresa e seus empregados com base nos princípios da boa-fé e do respeito mútuo.

Estão corretas apenas:

a) I

b) II

c) I e III

d) II e III

e) Todas

COMENTÁRIO

A questão exigiu o conhecimento nas atribuições da comissão de representantes dos empregados, previstas de forma expressa no art. 510-B.

Assim, para uma maior fixação do tema, vale a transcrição do art. 510-B da CLT:

"Art. 510-B. A comissão de representantes dos empregados terá as seguintes atribuições:

I – representar os empregados perante a administração da empresa;

II – aprimorar o relacionamento entre a empresa e seus empregados com base nos princípios da boa-fé e do respeito mútuo;

III – promover o diálogo e o entendimento no ambiente de trabalho com o fim de prevenir conflitos;

IV – buscar soluções para os conflitos decorrentes da relação de trabalho, de forma rápida e eficaz, visando à efetiva aplicação das normas legais e contratuais;

V – assegurar tratamento justo e imparcial aos empregados, impedindo qualquer forma de discriminação por motivo de sexo, idade, religião, opinião política ou atuação sindical;

VI – encaminhar reivindicações específicas dos empregados de seu âmbito de representação;

VII – acompanhar o cumprimento das leis trabalhistas, previdenciárias e das convenções coletivas e acordos coletivos de trabalho.

§ 1º As decisões da comissão de representantes dos empregados serão sempre colegiadas, observada a maioria simples.

§ 2º A comissão organizará sua atuação de forma independente."

Item I: correta. Literalidade do inciso I do art. 510-B.

Item II: incorreta. A assertiva está incorreta, eis que cabe a comissão promover o diálogo e o entendimento no ambiente de trabalho com o fim de **prevenir** conflitos (art. 510-B, III). O examinador buscou confundir o candidato e colocou o verbo "solucionar".

Item III: correta. Literalidade do inciso II do art. 510-B.

RESPOSTA: Letra C

04 – No que concerne a representação dos empregados, julgue os itens abaixo:

A comissão de representantes dos empregados terá, dentre outras, as seguintes atribuições:

I – buscar soluções para os conflitos decorrentes da relação de trabalho, de forma permanente, visando à efetiva aplicação das normas legais e contratuais.

II – assegurar tratamento justo e imparcial aos empregados, impedindo qualquer forma de discriminação por motivo de sexo, idade, religião, opinião política ou atuação sindical.

III – encaminhar reivindicações específicas dos empregados de seu âmbito de representação.

Estão corretas apenas:

a) I

b) II

c) I e III

d) II e III

e) Todas

COMENTÁRIO

Item I: incorreta. A assertiva está incorreta, uma vez que a busca para a solução dos conflitos, deve ser **de forma rápida e eficaz** (art. 510-B, IV).

Item II: correta. Literalidade do inciso V do art. 510-B.

Item III: correta. Literalidade do inciso VI do art. 510-B.

RESPOSTA: Letra D

05 – Com relação a representação dos empregados prevista na CLT, julgue o item a seguir:

As decisões da comissão de representantes dos empregados serão sempre colegiadas, observada a maioria absoluta.

COMENTÁRIO

Conforme § 1ª do art. 510-B, as decisões serão tomadas por "maioria simples".

RESPOSTA: Errado.

06 – Com relação a representação dos empregados prevista na CLT, julgue o item a seguir:

A comissão organizará sua atuação de forma independente.

COMENTÁRIO

Conforme § 2º do art. 510-B: "a comissão organizará sua a atuação de forma independente". É que, em respeito ao princípio da liberdade organizativa dos trabalhadores, a atuação ocorrerá de forma independente, ou seja, sem ingerências do empregador ou estatais, desde que, por óbvio, respeitadas as disposições legais.

RESPOSTA: Certo

07 – No que concerne a representação dos empregados prevista na CLT, assinale a opção INCORRETA.

a) A eleição será convocada, com antecedência mínima de trinta dias, contados do término do mandato anterior, por meio de edital que deverá ser fixado na empresa, com ampla publicidade, para inscrição de candidatura.

b) Será formada comissão eleitoral, integrada por sete empregados, não candidatos, para a organização e o acompanhamento do processo eleitoral, vedada a interferência da empresa e do sindicato da categoria.

c) Os empregados da empresa poderão candidatar-se, exceto aqueles com contrato de trabalho por prazo determinado, com contrato suspenso ou que estejam em período de aviso prévio, ainda que indenizado.

d) Serão eleitos membros da comissão de representantes dos empregados os candidatos mais votados, em votação secreta, vedado o voto por representação.

e) A comissão tomará posse no primeiro dia útil seguinte à eleição ou ao término do mandato anterior.

COMENTÁRIO

A questão em referência exigiu o conhecimento das particularidades dos trâmites da eleição da comissão de representação dos empregados. As diretrizes foram traçadas pelo legislador no art. 510-C da CLT. Com a seguinte redação:

"Art. 510-C. A eleição será convocada, com antecedência mínima de trinta dias, contados do término do mandato anterior, por meio de edital que deverá ser fixado na empresa, com ampla publicidade, para inscrição de candidatura.

§ 1º Será formada comissão eleitoral, integrada por cinco empregados, não candidatos, para a organização e o acompanhamento do processo eleitoral, vedada a interferência da empresa e do sindicato da categoria.

§ 2º Os empregados da empresa poderão candidatar-se, exceto aqueles com contrato de trabalho por prazo determinado, com contrato suspenso ou que estejam em período de aviso prévio, ainda que indenizado.

§ 3º Serão eleitos membros da comissão de representantes dos empregados os candidatos mais votados, em votação secreta, vedado o voto por representação.

§ 4º A comissão tomará posse no primeiro dia útil seguinte à eleição ou ao término do mandato anterior.

§ 5º Se não houver candidatos suficientes, a comissão de representantes dos empregados poderá ser formada com número de membros inferior ao previsto no art. 510-A desta Consolidação.

§ 6º Se não houver registro de candidatura, será lavrada ata e convocada nova eleição no prazo de um ano"

Alternativa "a". Correta. Literalidade do caput do art. 510-C.

Alternativa "b". Incorreta. A comissão eleitoral será formada por 5 (cinco) membros.

Alternativa "c". Correta. Literalidade do § 2º do art. 510-C.

Alternativa "d". Correta. Literalidade do § 3º do art. 510-C.

Alternativa "e". Correta. Literalidade do § 4º do art. 510-C.

RESPOSTA: Letra B

08 - No que concerne ao mandato dos membros de representantes dos empregados, assinale a opção correta.

a) O mandato dos membros da comissão de representantes dos empregados será de dois anos.

b) O membro que houver exercido a função de representante dos empregados na comissão não poderá ser candidato nos dois períodos subsequentes.

c) O mandato de membro de comissão de representantes dos empregados implica suspensão ou interrupção do contrato de trabalho, devendo o empregado permanecer no exercício de suas funções.

d) Desde o registro da candidatura até dois anos após o fim do mandato, o membro da comissão de representantes dos empregados não poderá sofrer despedida arbitrária, entendendo-se como tal a que não se fundar em motivo disciplinar, técnico, econômico ou financeiro.

e) Os documentos referentes ao processo eleitoral devem ser emitidos em duas vias, as quais permanecerão sob a guarda dos empregados e da empresa pelo prazo de dois anos, à disposição para consulta de qualquer trabalhador interessado, do Ministério Público do Trabalho e do Ministério do Trabalho.

COMENTÁRIO

A questão em referência exigiu o conhecimento das particularidades do mandato dos membros da comissão de representantes dos empregados. As diretrizes foram traçadas pelo legislador no art. 510-D da CLT. Com a seguinte redação:

"Art. 510-D. O mandato dos membros da comissão de representantes dos empregados será de um ano.

§ 1º O membro que houver exercido a função de representante dos empregados na comissão não poderá ser candidato nos dois períodos subsequentes.

§ 2º O mandato de membro de comissão de representantes dos empregados não implica suspensão ou interrupção do contrato de trabalho, devendo o empregado permanecer no exercício de suas funções.

§ 3º Desde o registro da candidatura até um ano após o fim do mandato, o membro da comissão de representantes dos empregados não poderá sofrer despedida arbitrária, entendendo-se como tal a que não se fundar em motivo disciplinar, técnico, econômico ou financeiro.

§ 4º Os documentos referentes ao processo eleitoral devem ser emitidos em duas vias, as quais permanecerão sob a guarda dos empregados e da empresa pelo prazo de cinco anos, à disposição para consulta de qualquer trabalhador interessado, do Ministério Público do Trabalho e do Ministério do Trabalho"

Alternativa "a". Incorreta. Conforme caput do art. 510-D da CLT, o mandato dos membros da comissão de representantes dos empregados será de 1 (um) ano.

Alternativa "b". Correta. Literalidade do § 1º do art. 510-D.

Alternativa "c". Incorreta. Conforme § 2º do art. 510-D da CLT, "o mandato de membro de comissão de representantes dos empregados **não implica suspensão ou interrupção do contrato de trabalho**, devendo o empregado permanecer no exercício de suas funções".

Alternativa "d". Incorreta. Conforme § 3º do art. 510-D da CLT, o prazo previsto para estabilidade provisória é "até um ano após o fim do mandato".

Alternativa "e". Incorreta. Conforme § 4º do art. 510-D da CLT, os documentos referentes ao processo eleitoral permanecerão sob a guarda dos empregados e da empresa pelo prazo de 5 (cinco) anos.

RESPOSTA: Letra B

09 - De acordo com a Reforma Trabalhista, julgue o item a seguir:

A partir do momento da criação da comissão de representantes dos empregados, esta substituirá os sindicatos dos empregados no que tange as seguintes funções: defesa dos direitos e interesses coletivos ou individuais da categoria, inclusive em questões judiciais ou administrativas e participação dos sindicatos nas negociações coletivas de trabalho.

COMENTÁRIO

A questão vai de encontro ao quanto previsto no artigo 510-E da CLT, de seguinte teor:

"Art. 510-E. A comissão de representantes dos empregados não substituirá a função do sindicato de defender os direitos e os interesses coletivos ou individuais da categoria, inclusive em questões judiciais ou administrativas, hipótese em que será obrigatória a participação dos sindicatos em negociações coletivas de trabalho, nos termos do incisos III e VI do caput do art. 8º da Constituição."

Com efeito, conforme visto acima, a comissão de representantes dos empregados **NÃO SUBSTITUIRÁ** os sindicatos no que tange a defesa dos direitos e interesses coletivos ou individuais da categoria, inclusive em questões judiciais ou administrativas e participação dos sindicatos nas negociações coletivas de trabalho.

RESPOSTA: Errado

31. CONTRIBUIÇÃO SINDICAL FACULTATIVA – DESCONTO EM FOLHA

QUADRO COMPARATIVO	
ANTES DA REFORMA TRABALHISTA	**APÓS A REFORMA TRABALHISTA**
Art. 545 - Os empregadores ficam obrigados a descontar na folha de pagamento dos seus empregados, desde que por eles devidamente autorizados, as contribuições devidas ao Sindicato, quando por este notificados, salvo quanto à contribuição sindical, cujo desconto independe dessas formalidades.	"Art. 545. Os **empregadores** ficam obrigados a **descontar da folha de pagamento** dos seus empregados, **desde que por eles devidamente autorizados, as contribuições devidas ao sindicato, quando por este notificados**. ...."
Art. 578 - As contribuições devidas aos Sindicatos pelos que participem das categorias econômicas ou profissionais ou das profissões liberais representadas pelas referidas entidades serão, sob a denominação do "imposto sindical", pagas, recolhidas e aplicadas na forma estabelecida neste Capítulo.	"Art. 578. **As contribuições devidas aos sindicatos pelos participantes das categorias econômicas ou profissionais ou das profissões liberais representadas pelas referidas entidades SERÃO, sob a denominação de contribuição sindical, pagas, recolhidas e aplicadas na forma estabelecida neste Capítulo, desde que prévia e expressamente autorizadas.**"
Art. 579 - A contribuição sindical é devida por todos aquêles que participarem de uma determinada categoria econômica ou profissional, ou de uma profissão liberal, em favor do sindicato representativo da mesma categoria ou profissão ou, inexistindo êste, na conformidade do disposto no art. 591.	"Art. 579. O **desconto da contribuição sindical está condicionado à autorização prévia e expressa dos que participarem de uma determinada categoria econômica ou profissional, ou de uma profissão liberal, em favor do sindicato representativo da mesma categoria ou profissão ou, inexistindo este, na conformidade**

	do disposto no art. 591 desta Consolidação.[8]"
Art. 582. Os empregadores são obrigados a descontar, da folha de pagamento de seus empregados relativa ao mês de março de cada ano, a contribuição sindical por estes devida aos respectivos sindicatos.	"Art. 582. Os **empregadores são obrigados a descontar da folha de pagamento de seus empregados relativa ao mês de março** de cada ano a contribuição sindical dos **empregados que autorizaram prévia e expressamente o seu recolhimento aos respectivos sindicatos.** ...."
Art. 583 - O recolhimento da contribuição sindical referente aos empregados e trabalhadores avulsos será efetuado no mês de abril de cada ano, e o relativo aos agentes ou trabalhadores autônomos e profissionais liberais realizar-se-á no mês de fevereiro.	"Art. 583. O recolhimento da contribuição sindical referente aos empregados e trabalhadores **avulsos** será efetuado no **mês de abril** de cada ano, e o relativo aos **agentes ou trabalhadores autônomos e profissionais liberais realizar-se-á no mês de fevereiro**, observada a exigência de autorização prévia e expressa prevista no art. 579 desta Consolidação. ...."
Art. 587. O recolhimento da contribuição sindical dos empregadores efetuar-se-á no mês de janeiro de cada ano, ou, para os que venham a estabelecer-se após aquele mês, na ocasião em que requeiram às repartições o registro ou a licença para o exercício da respectiva atividade.	"Art. 587. Os empregadores que optarem pelo recolhimento da contribuição sindical deverão fazê-lo no mês de janeiro de cada ano, ou, para os que venham a se estabelecer após o referido mês, na ocasião em que requererem às repartições o registro ou a licença para o exercício da respectiva atividade."
Art. 602 - Os empregados que não estiverem trabalhando no mês destinado ao desconto da imposto sindical serão descontados no primeiro mês subsequente ao do reinício do trabalho.	"Art. 602. **Os empregados que NÃO estiverem trabalhando no mês destinado ao desconto da contribuição sindical e que venham a autorizar prévia e expressamente o recolhimento SERÃO descontados no primeiro mês subsequente ao do reinício do trabalho.** ...."

8 Art. 591.Inexistindo sindicato, os percentuais previstos na alínea c do inciso I e na alínea d do inciso II do caput do art. 589 desta Consolidação serão creditados à federação correspondente à mesma categoria econômica ou profissional.(Redação dada pela Lei nº 11.648, de 2008)

⇔ *O QUE MUDOU?*

Está foi uma das alterações mais significativas no campo das relações trabalhistas coletivas.

A partir da reforma, com a nova redação do artigo 545 da CLT, houve a extinção da obrigatoriedade da contribuição sindical, vulgarmente conhecida como "imposto sindical", apesar da sua natureza jurídica não ser de um imposto.

Assim, os empregadores somente serão obrigados a descontar da folha de pagamento o valor devido, caso haja expressa autorização por parte do empregado e, além disso, a notificação por parte do sindicato.

Por seu turno, o artigo 578 e seguintes passaram a tratar de como ocorrerá o recolhimento das contribuições sindicais.

O artigo 578 inaugura o capítulo "DA FIXAÇÃO E DO RECOLHIMENTO DO IMPOSTO SINDICAL", reafirmando a necessidade de prévia e expressa autorização do empregado, o mesmo ocorrendo com o artigo 579.

Já o artigo 582 define o mês em que deverá ser realizado o desconto da folha de pagamento, qual seja, março, e, mais uma vez, reafirma o caráter não compulsório da contribuição sindical.

O artigo 583 trata do mês de descontos dos trabalhadores avulsos, que ocorrerá em abril de cada ano, e dos agentes ou trabalhadores autônomos e profissionais liberais, que ocorrerá em fevereiro de cada ano. Além disso, reafirma-se, mais uma vez, o caráter opcional da contribuição sindical.

Vejamos a previsão legal de forma esquematizada:

MÊS DE DESCONTO DAS CONTRIBUÇÕES SINDICAIS	
FEVEREIRO	Agentes ou trabalhadores autônomos e profissionais liberais
MARÇO	Empregados ordinários
ABRIL	Empregados e trabalhadores avulsos

Já o artigo 587 traz a previsão de que os empregadores que optarem pelo recolhimento da contribuição sindical deverão fazê-lo no mês de janeiro de cada ano, ou, para os que venham a se estabelecer após o referido mês, na ocasião em que requererem às repartições o registro ou a licença para o exercício da respectiva atividade.

Por fim, o artigo 602 trata dos empregados que não estiverem trabalhando no mês destinado ao desconto da contribuição sindical, o que vai depender do tipo de trabalhador, conforme tabela acima. Neste caso, em havendo a autorização destes, o desconto será realizado no primeiro mês subsequente ao do reinício do trabalho.

QUESTÕES OBJETIVAS COMENTADAS

01 – De acordo com a Reforma Trabalhista, julgue o item a seguir:

Os empregadores ficam obrigados a descontar da folha de pagamento dos seus empregados, desde que por eles devidamente autorizados, as contribuições devidas ao sindicato, quando por este notificados.

COMENTÁRIO

Foi conferida nova redação do artigo 545 da CLT, houve a extinção da obrigatoriedade da contribuição sindical. Desta forma, os empregadores somente serão obrigados a descontar da folha de pagamento o valor devido, caso haja expressa autorização por parte do empregado e, além disso, a notificação por parte do sindicato.

RESPOSTA: Certo

02 – No que concerne a contribuição sindical, julgue os itens abaixo:

I – As contribuições devidas aos sindicatos pelos participantes das categorias econômicas ou profissionais ou das profissões liberais representadas pelas referidas entidades serão, sob a denominação de contribuição sindical, pagas, recolhidas e aplicadas na forma estabelecida na CLT, desde que prévia e expressamente autorizadas.

II – Os empregados que não estiverem trabalhando no mês destinado ao desconto da contribuição sindical e que venham a autorizar prévia e expressamente o recolhimento serão descontados em duplicidade no ano subsequente ao do reinício do trabalho.

III – Os empregadores que optarem pelo recolhimento da contribuição sindical deverão fazê-lo no mês de fevereiro de cada ano, ou, para os que venham a se estabelecer após o referido mês, na ocasião em que requererem às repartições o registro ou a licença para o exercício da respectiva atividade.

Estão corretas apenas:

a) I

b) II

c) I e III

d) II e III

e) Todas

COMENTÁRIO

Item I: correta. A assertiva é baseada no art. 578 da CLT. O artigo em comento apenas conceitua a contribuição sindical, bem como ressalta a sua facultatividade. Segue, abaixo, a sua redação final:

"Art. 578. As contribuições devidas aos sindicatos pelos participantes das categorias econômicas ou profissionais ou das profissões liberais representadas pelas referidas entidades serão, sob a denominação de contribuição sindical, pagas, recolhidas e aplicadas na forma estabelecida neste Capítulo, desde que prévia e expressamente autorizadas."

Item II: incorreta. A assertiva diverge do art. 602 da CLT, o mesmo determina que:"Os empregados que não estiverem trabalhando no mês destinado ao desconto da contribuição sindical e que venham a autorizar prévia e expressamente o recolhimento serão descontados no primeiro mês subsequente ao do reinício do trabalho".

Item III: incorreta. A assertiva contraria a previsão do art. 587 da CLT, em regra os empregadores que optarem pelo recolhimento da contribuição sindical deverão fazer o recolhimento no mês de janeiro de cada ano.

RESPOSTA: Letra A

03 – De acordo com a Reforma Trabalhista, julgue o item a seguir:

O recolhimento da contribuição sindical referente aos empregados e trabalhadores avulsos será efetuado no mês de janeiro de cada ano, e o relativo aos agentes ou trabalhadores autônomos e profissionais liberais realizar-se-á no mês de fevereiro, observada a exigência de autorização prévia e expressa prevista na CLT.

COMENTÁRIO

A assertiva contraria o art. 583 da CLT, o mesmo prevê que: " (...)" o recolhimento da contribuição sindical referente aos empregados e trabalhadores avulsos será efetuado no **mês de abril** de cada ano, e o relativo aos agentes ou trabalhadores autônomos e profissionais liberais realizar-se-á no mês de fevereiro "(...)".

Desta forma, o recolhimento da contribuição sindical dos empregados e trabalhadores avulsos será realizada em abril de cada ano.

RESPOSTA: Errado

04 - No que concerne a contribuição sindical, assinale a opção INCORRETA.

a) Os empregadores ficam obrigados a descontar da folha de pagamento dos seus empregados, desde que por eles devidamente autorizados, as contribuições devidas ao sindicato, quando por este notificados.

b) As contribuições devidas aos sindicatos pelos participantes das categorias econômicas ou profissionais ou das profissões liberais representadas pelas referidas entidades serão, sob a denominação de contribuição sindical, pagas, recolhidas e aplicadas na forma estabelecida na CLT, desde que prévia e expressamente autorizadas.

c) Os empregadores são obrigados a descontar da folha de pagamento de seus empregados relativa ao mês de março de cada ano a contribuição sindical dos empregados que autorizaram prévia e expressamente o seu recolhimento aos respectivos sindicatos.

d) O recolhimento da contribuição sindical referente aos empregados e trabalhadores avulsos será efetuado no mês de abril de cada ano, e o relativo aos agentes ou trabalhadores autônomos e profissionais liberais realizar-se-á no mês de fevereiro, observada a exigência de autorização prévia e expressa prevista na CLT.

e) Os empregadores que optarem pelo recolhimento da contribuição sindical deverão fazê-lo no mês de junho de cada ano, ou, para os que venham a se estabelecer após o referido mês, na ocasião em que requererem às repartições o registro ou a licença para o exercício da respectiva atividade.

COMENTÁRIO

A questão em referência exigiu o conhecimento dos principais pontos referente a contribuição sindical pós Reforma Trabalhista. Perceba que todos os artigos citados deixam claro a facultatividade do recolhimento da contribuição sindical, sendo esse o ponto central da reforma.

Alternativa "a". Correta. Literalidade do caput do art. 545 da CLT.

Alternativa "b". Correta. Literalidade do caput do art. 578 da CLT.

Alternativa "c". Correta. Literalidade do § 2º do art. 582 da CLT.

Alternativa "d". Correta. Literalidade do § 3º do art. 583 da CLT.

Alternativa "e". Incorreta. A assertiva contraria a previsão do art. 587 da CLT, em regra os empregadores que optarem pelo recolhimento da contribuição sindical deverão fazer o recolhimento no mês de janeiro de cada ano.

RESPOSTA: Letra E

32. CONVENÇÕES E ACORDOS COLETIVOS DE TRABALHO

QUADRO COMPARATIVO	
ANTES DA REFORMA TRABALHISTA	**APÓS A REFORMA TRABALHISTA**
Sem previsão anterior.	**"Art. 611-A. A convenção coletiva e o acordo coletivo de trabalho, observados os incisos III e VI do caput do art. 8º da Constituição, têm prevalência sobre a lei quando, entre outros, dispuserem sobre:** **I – pacto quanto à jornada de trabalho, observados os limites constitucionais;** **II – banco de horas anual;** **III – intervalo intrajornada, respeitado o limite mínimo de trinta minutos para jornadas superiores a seis horas;** **IV – adesão ao Programa Seguro-Emprego (PSE), de que trata a Lei nº 13.189, de 19 de novembro de 2015;** **V – plano de cargos, salários e funções compatíveis com a condição pessoal do empregado, bem como identificação dos cargos que se enquadram como funções de confiança;** **VI – regulamento empresarial;** **VII – representante dos trabalhadores no local de trabalho;** **VIII – teletrabalho, regime de sobreaviso, e trabalho intermitente;**

	IX – remuneração por produtividade, incluídas as gorjetas percebidas pelo empregado, e remuneração por desempenho individual; **X – modalidade de registro de jornada de trabalho;** **XI – troca do dia de feriado;** **XII - enquadramento do grau de insalubridade e prorrogação de jornada em locais insalubres, incluída a possibilidade de contratação de perícia, afastada a licença prévia das autoridades competentes do Ministério do Trabalho, desde que respeitadas, na integralidade, as normas de saúde, higiene e segurança do trabalho previstas em lei ou em normas regulamentadoras do Ministério do Trabalho;** **XIII – (Revogado);** **XIV – prêmios de incentivo em bens ou serviços, eventualmente concedidos em programas de incentivo;** **XV – participação nos lucros ou resultados da empresa.**

⇔ O QUE MUDOU?

A Reforma Trabalhista incluiu os artigos 611-A e 611-B na CLT.

Neste ponto, importante destacar que, após a entrada em vigor da Lei nº 13.467/2017, cuidou o Presidente da República de editar a Medida Provisória nº 808, de 14 de novembro de 2017, que, dentre outras modificações, alterou a redação do caput do artigo 611-A.

Vejamos as duas redações:

Redação da Lei nº 13.467/2017	Redação da Medida Provisória nº 808
A convenção coletiva e o acordo coletivo de trabalho têm prevalência sobre a lei quando, entre outros, dispuserem sobre:	A convenção coletiva e o acordo coletivo de trabalho, observados os incisos III e VI do caput do art. 8º da Constituição, têm prevalência sobre a lei quando, entre outros, dispuserem sobre

Conforme visto quando da análise do artigo 510-E da CLT, inserido também pela Medida Provisória 808, salvaguardou-se a participação dos sindicatos nas negociações coletivas.

Em razão da importância, transcreve os dispositivos constitucionais mencionados:

Art. 8º É livre a associação profissional ou sindical, observado o seguinte:

...

III - ao sindicato cabe a defesa dos direitos e interesses coletivos ou individuais da categoria, inclusive em questões judiciais ou administrativas;

VI - é obrigatória a participação dos sindicatos nas negociações coletivas de trabalho;

Por questões didáticas, analisaremos os artigos 611-A e 611-B individualmente, porém nas questões os artigos serão tratados de forma conjunta.

O artigo 611-A estabelece o que ficou conhecido como a prevalência do negociado sobre o legislado. Ele estabelece que a convenção coletiva e o acordo coletivo de trabalho têm prevalência sobre a lei e, em seus incisos, elenca um rol exemplificativo de direitos, haja vista a expressão "entre outros".

A leitura dos incisos é de extrema importância para fins de memorização. Porém, mais importante, é o estudo conjunto com o artigo 611-B, que elenca o que não pode ser objeto de negociação coletiva. Assim, por exclusão, chega-se ao que é permitido ser negociado.

NEGOCIAÇÃO COLETIVA	
O QUE PODE SER NEGOCIADO	O QUE NÃO PODE SER NEGOCIADO
ARTIGO 611-A	ARTIGO 611-B
EXEMPLIFICATIVO	TAXATIVO
"entre outros"	***"exclusivamente"***

Mais adiante analisaremos o artigo 611-B.

QUADRO COMPARATIVO	
ANTES DA REFORMA TRABALHISTA	**APÓS A REFORMA TRABALHISTA**
Sem previsão anterior.	§ 1º No exame da convenção coletiva ou do acordo coletivo de trabalho, a Justiça do Trabalho observará o disposto no **§ 3º do art. 8º desta Consolidação.** § 2º **A inexistência de expressa indicação de contrapartidas recíprocas** em convenção coletiva ou acordo coletivo de trabalho **NÃO ensejará sua nulidade por NÃO caracterizar um vício do negócio jurídico**.

	§ 3º Se for pactuada cláusula que **reduza o salário ou a jornada, a convenção coletiva ou o acordo coletivo de trabalho deverão prever a proteção dos empregados contra dispensa imotivada durante o prazo de vigência do instrumento coletivo.** § 4º Na hipótese de **procedência de ação anulatória de cláusula de convenção coletiva ou de acordo coletivo de trabalho**, quando houver a **cláusula compensatória**, esta **DEVERÁ ser igualmente anulada, sem repetição do indébito.** § 5º Os sindicatos subscritores de convenção coletiva ou de acordo coletivo de trabalho **participarão, como litisconsortes necessários, em ação coletiva que tenha como objeto a anulação de cláusulas desses instrumentos, vedada a apreciação por ação individual.**

⇔ *O QUE MUDOU?*

O artigo 611-A, §1º, incluído pela Reforma Trabalhista, estabelece que a Justiça do Trabalho, quando examinar as convenções e acordos coletivos, deverá observar o artigo 8º, § 3º, da CLT, cuja redação alterada prevê que:

> *"No exame de convenção coletiva ou acordo coletivo de trabalho, a Justiça do Trabalho analisará exclusivamente a conformidade dos elementos essenciais do negócio jurídico, respeitado o disposto no art. 104 da Lei nº 10.406, de 10 de janeiro de 2002 (Código Civil), e balizará sua atuação pelo princípio da intervenção mínima na autonomia da vontade coletiva."*

Por seu turno, §2º do artigo 611-A estabelece que, caso em uma convenção ou acordo coletivo de trabalho não haja expressa indicação de contrapartidas recíprocas (obrigações mútuas) não haverá nulidade, vez que não se estará diante de um vício do negócio jurídico. Ou seja, as partes terão a liberdade de acordar determinada obrigação, ainda que não haja uma contrapartida.

Já o §3º do artigo 611-A protege os empregados em face de dispensas imotivadas durante o prazo de vigência de uma convenção coletiva ou de um acordo coletivo de trabalho, nos quais sejam pactuadas a redução de salário ou jornada de trabalho. Assim, por exemplo, se for pactuado que durante um ano haverá a redução salarial, durante a validade da convenção ou acordo o empregado não poderá ser dispensado.

O §4º do artigo 611-A prevê que na hipótese de procedência de ação anulatória de cláusula de convenção coletiva ou de acordo coletivo de trabalho, quando houver a cláusula compensatória, esta deverá ser igualmente anulada, sem repetição do indébito.

Por fim, o §5º do artigo 611-A estabelece que, os sindicatos subscritores de convenção coletiva ou de acordo coletivo de trabalho participarão, como litisconsortes necessários, em ação coletiva que tenha como objeto a anulação de cláusulas desses instrumentos, vedada a apreciação por ação individual.

QUADRO COMPARATIVO	
ANTES DA REFORMA TRABALHISTA	**APÓS A REFORMA TRABALHISTA**
Sem previsão anterior.	"Art. 611-B. Constituem **objeto ilícito** de convenção coletiva ou de acordo coletivo de trabalho, **exclusivamente, a supressão ou a redução dos seguintes direitos:** **I – normas de identificação profissional, inclusive as anotações na Carteira de Trabalho e Previdência Social;** **II – seguro-desemprego, em caso de desemprego involuntário;** **III – valor dos depósitos mensais e da indenização rescisória do Fundo de Garantia do Tempo de Serviço (FGTS);** **IV – salário mínimo;** **V – valor nominal do décimo terceiro salário;** **VI – remuneração do trabalho noturno superior à do diurno;** **VII – proteção do salário na forma da lei, constituindo crime sua retenção dolosa;** **VIII – salário-família;** **IX – repouso semanal remunerado;** **X – remuneração do serviço extraordinário superior, no mínimo, em 50% (cinquenta por cento) à do normal;**

QUADRO COMPARATIVO	
ANTES DA REFORMA TRABALHISTA	**APÓS A REFORMA TRABALHISTA**
	XI – número de dias de férias devidas ao empregado; **XII – gozo de férias anuais remuneradas com, pelo menos, um terço a mais do que o salário normal;** **XIII – licença-maternidade com a duração mínima de cento e vinte dias;** **XIV – licença-paternidade nos termos fixados em lei;** XV – **proteção do mercado de trabalho da mulher, mediante incentivos específicos, nos termos da lei;** **XVI – aviso prévio proporcional ao tempo de serviço, sendo no mínimo de trinta dias, nos termos da lei;** **XVII – normas de saúde, higiene e segurança do trabalho previstas em lei ou em normas regulamentadoras do Ministério do Trabalho;** **XVIII – adicional de remuneração para as atividades penosas, insalubres ou perigosas;** **XIX – aposentadoria;** **XX – seguro contra acidentes de trabalho, a cargo do empregador;** **XXI – ação, quanto aos créditos resultantes das relações de trabalho, com prazo prescricional de cinco anos para os trabalhadores urbanos e rurais, até o limite de dois anos após a extinção do contrato de trabalho;** **XXII – proibição de qualquer discriminação no tocante a salário e critérios de admissão do trabalhador com deficiência;** **XXIII – proibição de trabalho noturno, perigoso ou insalubre a menores de dezoito anos e de qualquer trabalho a menores de dezesseis anos, salvo na condição de aprendiz, a partir de quatorze anos;**

QUADRO COMPARATIVO	
ANTES DA REFORMA TRABALHISTA	**APÓS A REFORMA TRABALHISTA**
	XXIV – medidas de proteção legal de crianças e adolescentes; **XXV – igualdade de direitos entre o trabalhador com vínculo empregatício permanente e o trabalhador avulso;** **XXVI – liberdade de associação profissional ou sindical do trabalhador, inclusive o direito de NÃO sofrer, sem sua expressa e prévia anuência, qualquer cobrança ou desconto salarial estabelecidos em convenção coletiva ou acordo coletivo de trabalho;** **XXVII – direito de greve, competindo aos trabalhadores decidir sobre a oportunidade de exercê-lo e sobre os interesses que devam por meio dele defender;** **XXVIII – definição legal sobre os serviços ou atividades essenciais e disposições legais sobre o atendimento das necessidades inadiáveis da comunidade em caso de greve;** **XXIX – tributos e outros créditos de terceiros;** **XXX – as disposições previstas nos arts. 373-A, 390, 392, 392-A, 394, 394-A, 395, 396 e 400 desta Consolidação.**

⇔ *O QUE MUDOU?*

O artigo 611-B estabelece as matérias que não podem ser objeto supressão ou redução por meio de negociação coletiva. Isto não significa que uma negociação coletiva não pode tratar dos temas, mas sim que não poderá suprimir ou reduzir.

Conforme antecipado nas páginas anteriores, trata-se de um rol taxativo, ao contrário do que ocorre no artigo 611-A, cujo rol é exemplificativo.

Para fins didáticos, é importante uma leitura do rol do artigo 611-A e do artigo 611-B lado a lado.

NEGOCIAÇÃO COLETIVA	
O QUE PODE SER NEGOCIADO	O QUE NÃO PODE SER NEGOCIADO
ARTIGO 611-A	ARTIGO 611-B
EXEMPLIFICATIVO	TAXATIVO
"entre outros"	***"exclusivamente"***
Art. 611-A. A convenção coletiva e o acordo coletivo de trabalho, observados os incisos III e VI do caput do art. 8º da Constituição, têm prevalência sobre a lei quando, entre outros, **dispuserem sobre:** **I – pacto quanto à jornada de trabalho, observados os limites constitucionais;** **II – banco de horas anual;** **III – intervalo intrajornada, respeitado o limitemínimo de trinta minutos para jornadas superiores a seis horas;** **IV – adesão ao Programa Seguro-Emprego (PSE), de que trata a Lei nº 13.189, de 19 de novembro de 2015;** **V – plano de cargos, salários e funções compatíveis com a condição pessoal do empregado, bem como identificação dos cargos que se enquadram como funções de confiança;** **VI – regulamento empresarial;** **VII – representante dos trabalhadores no local de trabalho;** **VIII – teletrabalho, regime de sobreaviso, e trabalho intermitente;** **IX – remuneração por produtividade, incluídas as gorjetas percebidas pelo empregado, e remuneração por desempenho individual;** **X – modalidade de registro de jornada de trabalho;** **XI – troca do dia de feriado;**	"Art. 611-B. Constituem **objeto ilícito** de convenção coletiva ou de acordo coletivo de trabalho, **exclusivamente, a supressão ou a redução dos seguintes direitos:** **I – normas de identificação profissional, inclusive as anotações na Carteira de Trabalho e Previdência Social;** **II – seguro-desemprego, em caso de desemprego involuntário;** **III – valor dos depósitos mensais e da indenização rescisória do Fundo de Garantia do Tempo de Serviço (FGTS);** **IV – salário mínimo;** **V – valor nominal do décimo terceiro salário;** **VI – remuneração do trabalho noturno superior à do diurno;** **VII – proteção do salário na forma da lei, constituindo crime sua retenção dolosa;** **VIII – salário-família;** **IX – repouso semanal remunerado;** **X – remuneração do serviço extraordinário superior, no mínimo, em 50% (cinquenta por cento) à do normal;** **XI – número de dias de férias devidas ao empregado;** **XII – gozo de férias anuais remuneradas com, pelo menos, um terço a mais do que o salário normal;** **XIII – licença-maternidade com a duração mínima de cento e vinte dias;** **XIV – licença-paternidade nos termos fixados em lei;**

NEGOCIAÇÃO COLETIVA	
O QUE PODE SER NEGOCIADO	O QUE NÃO PODE SER NEGOCIADO
ARTIGO 611-A	ARTIGO 611-B
EXEMPLIFICATIVO	TAXATIVO
"entre outros"	*"exclusivamente"*
XII - enquadramento do grau de insalubridade e prorrogação de jornada em locais insalubres, incluída a possibilidade de contratação de perícia, afastada a licença prévia das autoridades competentes do Ministério do Trabalho, desde que respeitadas, na integralidade, as normas de saúde, higiene e segurança do trabalho previstas em lei ou em normas regulamentadoras do Ministério do Trabalho; **XIII – (Revogado);** **XIV – prêmios de incentivo em bens ou serviços, eventualmente concedidos em programas de incentivo;** **XV – participação nos lucros ou resultados da empresa.**	**XV – proteção do mercado de trabalho da mulher, mediante incentivos específicos, nos termos da lei;** **XVI – aviso prévio proporcional ao tempo de serviço, sendo no mínimo de trinta dias, nos termos da lei;** **XVII – normas de saúde, higiene e segurança do trabalho previstas em lei ou em normas regulamentadoras do Ministério do Trabalho;** **XVIII – adicional de remuneração para as atividades penosas, insalubres ou perigosas;** **XIX – aposentadoria;** **XX – seguro contra acidentes de trabalho, a cargo do empregador;** **XXI – ação, quanto aos créditos resultantes das relações de trabalho, com prazo prescricional de cinco anos para os trabalhadores urbanos e rurais, até o limite de dois anos após a extinção do contrato de trabalho;** **XXII – proibição de qualquer discriminação no tocante a salário e critérios de admissão do trabalhador com deficiência;** **XXIII – proibição de trabalho noturno, perigoso ou insalubre a menores de dezoito anos e de qualquer trabalho a menores de dezesseis anos, salvo na condição de aprendiz, a partir de quatorze anos;** **XXIV – medidas de proteção legal de crianças e adolescentes;** **XXV – igualdade de direitos entre o trabalhador com vínculo empregatício permanente e o trabalhador avulso;**

NEGOCIAÇÃO COLETIVA	
O QUE PODE SER NEGOCIADO	O QUE NÃO PODE SER NEGOCIADO
ARTIGO 611-A	ARTIGO 611-B
EXEMPLIFICATIVO	TAXATIVO
"entre outros"	***"exclusivamente"***
	XXVI – liberdade de associação profissional ou sindical do trabalhador, inclusive o direito de NÃO sofrer, sem sua expressa e prévia anuência, qualquer cobrança ou desconto salarial estabelecidos em convenção coletiva ou acordo coletivo de trabalho; **XXVII – direito de greve, competindo aos trabalhadores decidir sobre a oportunidade de exercê-lo e sobre os interesses que devam por meio dele defender;** **XXVIII – definição legal sobre os serviços ou atividades essenciais e disposições legais sobre o atendimento das necessidades inadiáveis da comunidade em caso de greve;** **XXIX – tributos e outros créditos de terceiros;** **XXX – as disposições previstas nos arts. 373-A, 390, 392, 392-A, 394, 394-A, 395, 396 e 400 desta Consolidação.**

⇔ O QUE MUDOU?

Destaca-se que, em virtude da edição da Medida Provisória nº 808, o teor dos incisos XII e XIII do artigo 611-A foram alterados. Vejamos comparativamente:

Redação da Lei nº 13.467/2017	Redação da Medida Provisória 808/2017
XII – enquadramento do grau de insalubridade;	XII - enquadramento do grau de insalubridade e prorrogação de jornada em locais insalubres, incluída a possibilidade de contratação de perícia, afastada a licença prévia das autoridades competentes do Ministério do Trabalho, desde que respeitadas, na integralidade, as normas de saúde, higiene e segurança do trabalho previstas em lei ou em normas regulamentadoras do Ministério do Trabalho;
XIII – prorrogação de jornada em ambientes insalubres, sem licença prévia das autoridades competentes do Ministério do Trabalho;	**XIII – (Revogado)**

Assim, duas alterações foram realizadas.

A primeira delas é que o teor do inciso XIII, revogado, foi incluído no texto do inciso XII; a segunda é a necessidade de respeito, **na integralidade**, às normas de saúde, higiene e segurança do trabalho previstas em lei ou em normas regulamentadoras do ministério do trabalho.

Assim, a liberdade de negociação, tanto para o enquadramento do grau de insalubridade quanto para a prorrogação de jornada em ambientes insalubres, independe da licença prévia das autoridades competentes do Ministério do Trabalho. Todavia, tal liberdade é **condicionada**.

E qual é a condição imposta pela Medida Provisória nº 808?

Que sejam respeitadas, na integralidade, as normas de saúde, higiene e segurança do trabalho previstas em lei ou em normas regulamentadoras do Ministério do Trabalho.

Assim, pode-se afirmar que, no âmbito das negociações coletivas atinentes ao enquadramento do grau de insalubridade e a prorrogação de jornada em ambientes insalubres, o teor do negociado não poderá confrontar com as normas de saúde, higiene e segurança do trabalho previstas em lei ou em normas regulamentadoras do Ministério do Trabalho.

Ultrapassado este ponto, indaga-se: quais são os mencionados artigos 373-A, 390, 392, 392-A, 394, 394-A, 395, 396 e 400 da CLT?

> *Art. 373-A. Ressalvadas as disposições legais destinadas a corrigir as distorções que afetam o acesso da mulher ao mercado de trabalho e certas especificidades estabelecidas nos acordos trabalhistas, é vedado: (Incluído pela Lei nº 9.799, de 26.5.1999)*

I – publicar ou fazer publicar anúncio de emprego no qual haja referência ao sexo, à idade, à cor ou situação familiar, salvo quando a natureza da atividade a ser exercida, pública e notoriamente, assim o exigir; (Incluído pela Lei nº 9.799, de 26.5.1999)

II – recusar emprego, promoção ou motivar a dispensa do trabalho em razão de sexo, idade, cor, situação familiar ou estado de gravidez, salvo quando a natureza da atividade seja notória e publicamente incompatível; (Incluído pela Lei nº 9.799, de 26.5.1999)

III – considerar o sexo, a idade, a cor ou situação familiar como variável determinante para fins de remuneração, formação profissional e oportunidades de ascensão profissional; (Incluído pela Lei nº 9.799, de 26.5.1999)

IV – exigir atestado ou exame, de qualquer natureza, para comprovação de esterilidade ou gravidez, na admissão ou permanência no emprego; (Incluído pela Lei nº 9.799, de 26.5.1999)

V – impedir o acesso ou adotar critérios subjetivos para deferimento de inscrição ou aprovação em concursos, em empresas privadas, em razão de sexo, idade, cor, situação familiar ou estado de gravidez; (Incluído pela Lei nº 9.799, de 26.5.1999)

VI – proceder o empregador ou preposto a revistas íntimas nas empregadas ou funcionárias. (Incluído pela Lei nº 9.799, de 26.5.1999)

Parágrafo único. O disposto neste artigo não obsta a adoção de medidas temporárias que visem ao estabelecimento das políticas de igualdade entre homens e mulheres, em particular as que se destinam a corrigir as distorções que afetam a formação profissional, o acesso ao emprego e as condições gerais de trabalho da mulher. (Incluído pela Lei nº 9.799, de 26.5.1999)

Art. 390 - Ao empregador é vedado empregar a mulher em serviço que demande o emprego de força muscular superior a 20 (vinte) quilos para o trabalho continuo, ou 25 (vinte e cinco) quilos para o trabalho ocasional.

Parágrafo único - Não está compreendida na determinação deste artigo a remoção de material feita por impulsão ou tração de vagonetes sobre trilhos, de carros de mão ou quaisquer aparelhos mecânicos.

Art. 392. A empregada gestante tem direito à licença-maternidade de 120 (cento e vinte) dias, sem prejuízo do emprego e do salário. (Redação dada pela Lei nº 10.421, 15.4.2002)

§ 1º A empregada deve, mediante atestado médico, notificar o seu empregador da data do início do afastamento do emprego, que PODERÁ ocorrer entre o 28º (vigésimo oitavo) dia antes do parto e ocorrência deste. (Redação dada pela Lei nº 10.421, 15.4.2002)

§ 2º Os períodos de repouso, antes e depois do parto, poderão ser aumentados de 2 (duas) semanas cada um, mediante atestado médico.(Redação dada pela Lei nº 10.421, 15.4.2002)

⇔ O QUE MUDOU?

§ 3º Em caso de parto antecipado, a mulher terá direito aos 120 (cento e vinte) dias previstos neste artigo. (Redação dada pela Lei nº 10.421, 15.4.2002)

§ 4º É garantido à empregada, durante a gravidez, sem prejuízo do salário e demais direitos:(Redação dada pela Lei nº 9.799, de 26.5.1999)

I – transferência de função, quando as condições de saúde o exigirem, assegurada a retomada da função anteriormente exercida, logo após o retorno ao trabalho;(Incluído pela Lei nº 9.799, de 26.5.1999)

II – dispensa do horário de trabalho pelo tempo necessário para a realização de, no mínimo, seis consultas médicas e demais exames complementares. (Incluído pela Lei nº 9.799, de 26.5.1999)

Art. 392-A. À empregada que adotar ou obtiver guarda judicial para fins de adoção de criança será concedida licença-maternidade nos termos do art. 392. (Redação dada pela Lei nº 12.873, de 2013)

Art. 394 - Mediante atestado médico, à mulher grávida é facultado romper o compromisso resultante de qualquer contrato de trabalho, desde que este seja prejudicial à gestação.

Art. 394-A. A empregada gestante ou lactante será afastada, enquanto durar a gestação e a lactação, de quaisquer atividades, operações ou locais insalubres, devendo exercer suas atividades em local salubre. (Incluído pela Lei nº 13.287, de 2016)

Art. 395 - Em caso de aborto não criminoso, comprovado por atestado médico oficial, a mulher terá um repouso remunerado de 2 (duas) semanas, ficando-lhe assegurado o direito de retornar à função que ocupava antes de seu afastamento.

Art. 396 - Para amamentar o próprio filho, até que este complete 6 (seis) meses de idade, a mulher terá direito, durante a jornada de trabalho, a 2 (dois) descansos especiais, de meia hora cada um.

Parágrafo único - Quando o exigir a saúde do filho, o período de 6 (seis) meses PODERÁ ser dilatado, a critério da autoridade competente.

Art. 400 - Os locais destinados à guarda dos filhos das operárias durante o período da amamentação deverão possuir, no mínimo, um berçário, uma saleta de amamentação, uma cozinha dietética e uma instalação sanitária.

QUADRO COMPARATIVO	
ANTES DA REFORMA TRABALHISTA	**APÓS A REFORMA TRABALHISTA**
Sem previsão anterior.	Art. 611-B Parágrafo único. **Regras sobre duração do trabalho e intervalos NÃO são consideradas como normas de saúde, higiene e segurança do trabalho para os fins do disposto neste artigo."**

O QUE MUDOU?

Inclui-se na CLT uma norma expressa que estabelece que as regras sobre duração do trabalho e intervalos não são consideradas como normas de saúde, higiene e segurança do trabalho para os fins do disposto no artigo 611-B.

Ou seja, as regras sobre duração do trabalho e intervalos não poderão ser enquadradas no inciso XVII do artigo 611-B, de modo que não haverá ilicitude caso elas sejam tratadas no bojo de uma convenção coletiva ou de um acordo coletivo, que visem a sua supressão ou redução.

Dito de outra forma: as regras sobre duração do trabalho e intervalos não estão no âmbito de proteção do artigo 611-B da CLT.

QUESTÕES OBJETIVAS COMENTADAS

01 - A CLT passou a prever que as convenções coletivas e os acordos coletivos de trabalho possuem preferência sobre a lei quando dispuserem sobre alguns temas. Assinale o tema não é abrangido por essa preferência.

a) banco de horas anual;

b) intervalo intrajornada, respeitado o limite mínimo de quarenta minutos para jornadas superiores a seis horas;

c) regulamento empresarial;

d) representante dos trabalhadores no local de trabalho;

e) teletrabalho, regime de sobreaviso, e trabalho intermitente;

COMENTÁRIO

O art. 611-A passou a prever alguns temas em que as convenções coletivas e acordos coletivos irão ter preferência sobre a lei.

O item b não está entre os incisos deste artigo, uma vez que a disposição relativa ao intervalo intrajornada se encontra no inciso

III que prevê que "III – intervalo intrajornada, respeitado o limite mínimo de trinta minutos para jornadas superiores a seis horas".

Logo, o limite mínimo é de trinta minutos e não de quarenta, para jornadas superiores a seis horas.

RESPOSTA: Letra B

02 – Sobre as questões hermenêuticas relativas às convenções e acordos coletivos, assinale a alternativa correta:

a) A CLT exige contrapartidas recíprocas em convenções coletivas para que esta não seja considerada nula.

b) Caso uma determinada convenção coletiva venha a dispor de forma diferente das disposições legais sobre o enquadramento do grau de insalubridade, será eivada de nulidade.

c) Se for pactuada cláusula que reduza o salário ou a jornada, a convenção coletiva ou o acordo coletivo de trabalho deverão prever a proteção dos empregados contra dispensa imotivada durante o prazo de vigência do instrumento coletivo.

d) Na hipótese de procedência de ação anulatória de cláusula de convenção coletiva ou de acordo coletivo de trabalho, quando houver a cláusula compensatória, esta deverá ser igualmente anulada, com repetição do indébito.

e) Os sindicatos subscritores de convenção coletiva ou de acordo coletivo de trabalho deverão participar, como litisconsortes simples, em ação individual ou coletiva, que tenha como objeto a anulação de cláusulas desses instrumentos.

COMENTÁRIO

A alternativa a está incorreta, pois é possível que as convenções e acordos coletivos não prevejam contrapartidas recíprocas, nos termos do art.611-A, § 2º da CLT.

A alternativa btambém está errada, uma vez que o inciso, XII do art. 611-A da CLT possibilita que prevaleçam as disposições da convenção ou acordo coletivo sobre as disposições legais referentes ao tema.

A alternativa c está correta. Trata-se da literal disposição do art. 611-A, § 3º que dispõe que " Se for pactuada cláusula que reduza o salário ou a jornada, a convenção coletiva ou o acordo coletivo de trabalho deverão prever a proteção dos empregados contra dispensa imotivada durante o prazo de vigência do instrumento coletivo."

A alternativa d está incorreta, pois no caso em questão, não haverá a repetição do indébito.

A alternativa e está errada, uma vez que o litisconsórcio será necessário por disposição de lei ou quando, pela natureza da relação jurídica controvertida, a eficácia da sentença depender da citação de todos que devam ser litisconsortes. Assim, a redação do § 5º do art. 611-A da CLT aduz que os sindicatos deverão participar como litisconsórcio necessário.

RESPOSTA: Letra C

03 – São ilícitas convenções e acordos coletivos que suprimam ou reduzam os seguintes direitos, com exceção de:

a) normas de identificação profissional, inclusive as anotações na Carteira de Trabalho e Previdência Social;

b) seguro-desemprego, em caso de desemprego involuntário;

c) valor dos depósitos mensais e da indenização rescisória do Fundo de Garantia do Tempo de Serviço (FGTS);

d) salário mínimo;

e) troca do dia de feriado;

COMENTÁRIO

O art. 611-B dispõe sobre o que é considerado objeto ilícito nas disposições de convenções e acordos coletivos. Assim, o referido artigo aduz que: "Art. 611-B. Constituem objeto ilícito de convenção coletiva ou de acordo coletivo de trabalho, exclusivamente, a supressão ou a redução dos seguintes direitos: I – normas de identificação profissional, inclusive as anotações na Carteira de Trabalho e Previdência Social; II – seguro-desemprego, em caso de desemprego involuntário; III – valor dos depósitos mensais e da indenização rescisória do Fundo de Garantia do Tempo de Serviço (FGTS); IV – salário mínimo;

Já o art. 611-A estabelece que as convenções e acordos coletivos possuirão prevalência sobre a lei se dispuserem sobre a troca do dia de feriado, de modo que não constitui objeto ilícito essa pactuação.

RESPOSTA: Letra E

04 - De acordo com a Reforma Trabalhista, julgue o item a seguir:

Em razão da prevalência do negociado sobre o legislado, as negociações coletivas atinentes ao enquadramento do grau de insalubridade e a prorrogação de jornada em ambientes insalubres, dispensam o cumprimento de normas de saúde, higiene e segurança do trabalho previstas em lei ou em normas regulamentadoras do Ministério do Trabalho.

COMENTÁRIO

Conforme acima destacado, a Medida Provisória nº 808 alterou a redação dos incisos XII e XIII do artigo 611-A da CLT, após a entrada em vigor da Lei nº 13.467/2017.

Vejamos comparativamente:

Redação da Lei nº 13.467/2017	Redação da Medida Provisória 808/2017
XII – enquadramento do grau de insalubridade; **XIII – prorrogação de jornada em ambientes insalubres, sem licença prévia das autoridades competentes do Ministério do Trabalho;**	**XII - enquadramento do grau de insalubridade e prorrogação de jornada em locais insalubres, incluída a possibilidade de contratação de perícia, afastada a licença prévia das autoridades competentes do Ministério do Trabalho, desde que respeitadas, na integralidade, as normas de saúde, higiene e segurança do trabalho previstas em lei ou em normas regulamentadoras do Ministério do Trabalho;** **XIII – (Revogado)**

Verifica-se, assim, que a liberdade de negociação é **condicionada**, devendo ser respeitadas, na **integralidade**, as normas de saúde, higiene e segurança do trabalho previstas em lei ou em normas regulamentadoras do Ministério do Trabalho.

Por estar em desacordo os dispositivos ora elencados, a assertiva está errada.

RESPOSTA: Errado

33. DA VEDAÇÃO A ULTRATIVIDADE DAS NORMAS COLETIVAS

QUADRO COMPARATIVO	
ANTES DA REFORMA TRABALHISTA	**APÓS A REFORMA TRABALHISTA**
"Art. 614. Os Sindicatos convenentes ou as emprêsas acordantes promoverão, conjunta ou separadamente, dentro de 8 (oito) dias da assinatura da Convenção ou Acôrdo, o depósito de uma via do MESMO, para fins de registro e arquivo, no Departamento Nacional do Trabalho, em se tratando de instrumento de caráter nacional ou interestadual, ou nos órgãos regionais do Ministério do Trabalho e Previdência Social, nos demais casos. (Redação dada pelo Decreto-lei nº 229, de 28.2.1967) § 3º Não será permitido estipular duração de Convenção ou Acôrdo superior a 2 (dois) anos.	"Art. 614. Os Sindicatos convenentes ou as emprêsas acordantes promoverão, conjunta ou separadamente, **dentro de 8 (oito) dias da assinatura da Convenção ou Acordo, o depósito de uma via do MESMO, para fins de registro e arquivo**, no Departamento Nacional do Trabalho, em se tratando de instrumento de caráter nacional ou interestadual, ou nos órgãos regionais do Ministério do Trabalho e Previdência Social, nos demais casos. (Redação dada pelo Decreto-lei nº 229, de 28.2.1967) § 3º **NÃO será permitido estipular duração de convenção coletiva ou acordo coletivo de trabalho superior a dois anos, sendo vedada a ultratividade."**

⇔ ***O QUE MUDOU?***

A Reforma Trabalhista acrescentou ao parágrafo 3º do artigo 614 da CLT a previsão expressa de vedação da ultratividade das convenções e acordos coletivos.

Assim, ultrapassado o prazo estabelecido para a convenção ou acordo coletivo, os seus termos não mais prevalecerão.

O tema, inclusive, é objeto da Ação de Descumprimento de Preceito Fundamental 323, cujo trecho da decisão liminar segue transcrito:

"Em relação ao pedido liminar, ressalto que não tenho dúvidas de que a suspensão do andamento de processos é medida extrema que deve ser adotada apenas em circunstâncias especiais. Em juízo inicial, todavia, as razões declinadas pela requerente, bem como a reiterada aplicação do entendimento judicial consolidado na atual redação da Súmula 277 do TST, são questões que aparentam possuir relevância jurídica suficiente a ensejar o acolhimento do pedido.

Da análise do caso extrai-se indubitavelmente que se tem como insustentável o entendimento jurisdicional conferido pelos tribunais trabalhistas ao interpretar arbitrariamente a norma constitucional.

Ante o exposto, defiro o pedido formulado e determino, desde já, ad referendum do Pleno (art. 5º, §1º, Lei 9.882, de 1999) a suspensão de todos os processos em curso e dos efeitos de decisões judiciais proferidas no âmbito da Justiça do Trabalho que versem sobre a aplicação da ultratividade de normas de acordos e de convenções coletivas, sem prejuízo do término de sua fase instrutória, bem como das execuções já iniciadas."

ADPF 323 MC / DF - DISTRITO FEDERAL

MEDIDA CAUTELAR NA ARGUIÇÃO DE DESCUMPRIMENTO DE PRECEITO FUNDAMENTAL

Relator(a):Min. GILMAR MENDES

Julgamento: 14/10/2016

Dessa forma, supera-se o entendimento consolidado no enunciado sumular 277 do Tribunal Superior do Trabalho:

Súmula nº 277 do TST

CONVENÇÃO COLETIVA DE TRABALHO OU ACORDO COLETIVO DE TRABALHO. EFICÁCIA. ULTRATIVIDADE.

As cláusulas normativas dos acordos coletivos ou convenções coletivas integram os contratos individuais de trabalho e somente poderão ser modificadas ou suprimidas mediante negociação coletiva de trabalho.

QUESTÕES OBJETIVAS COMENTADAS

01 - Sobre a Reforma Trabalhista, julgue o item a seguir:

As cláusulas normativas dos acordos coletivos ou convenções coletivas integram os contratos individuais de trabalho e somente poderão ser modificadas ou suprimidas mediante negociação coletiva de trabalho.

COMENTÁRIO

A redação da assertiva correspondia a redação da Súmula nº 277 do TST.

Antes mesmos da entrada em vigor da "Reforma Trabalhista", o Supremo Tribunal Federal já havia proferido decisão liminar nos autos da ADPF 323, na qual determinou a suspensão de todos os processos e efeitos de decisões no âmbito da Justiça do Trabalho que discutam a aplicação da ultratividade de normas de convenções e de acordos coletivos.

Nesse sentido, com a Reforma Trabalhista, ficou vedada a ultratividade das convenções e acordos coletivos, não sendo permitido estipular duração de convenção coletiva ou acordo coletivo de trabalho superior a dois anos.

RESPOSTA: Errado

34. DA PREVALÊNCIA DO ACORDO COLETIVO SOBRE A CONVENÇÃO COLETIVA

QUADRO COMPARATIVO

ANTES DA REFORMA TRABALHISTA	APÓS A REFORMA TRABALHISTA
Art. 620. As condições estabelecidas em Convenção quando mais favoráveis, prevalecerão sôbre as estipuladas em Acôrdo.	"Art. 620. **As condições estabelecidas em acordo coletivo de trabalho SEMPRE PREVALECERÃO sobre as estipuladas em convenção coletiva de trabalho.**"

⇔ O QUE MUDOU?

A Reforma Trabalhista alterou a redação do artigo 620 da CLT, de modo a deixar expresso que os acordos coletivos prevalecerão sobre as convenções coletivas.

Assim, independentemente de ser a condição mais favorável ou não, prevalecerá o acordo coletivo.

ACORDO COLETIVO

↓

CONVEÇÃO COLETIVA

QUESTÕES OBJETIVAS COMENTADAS

01 – Sobre as convenções e acordos coletivos de trabalho, julgue o item a seguir:

Em virtude do princípio da norma mais favorável, caso as disposições de convenção coletiva seja mais favorável do que o constante em acordo coletivo, prevalecerá sobre estas.

COMENTÁRIO

A antiga redação do art. 620 da CLT estabelecia que "as condições estabelecidas em convenção quando mais favoráveis, prevalecerão sobre as estipuladas em acordo". Tal disposição se baseava no princípio da norma mais favorável.

Ocorre que, a atual redação do art. 620 dispõe que "As condições estabelecidas em acordo coletivo de trabalho sempre prevalecerão sobre as estipuladas em convenção coletiva de trabalho".

Portanto, seja em qualquer situação, haverá prevalência dos acordos coletivos.

RESPOSTA: Errado

35. DO ÍNDICE DE REAJUSTE DAS MULTAS ADMINISTRATIVAS

QUADRO COMPARATIVO	
ANTES DA REFORMA TRABALHISTA	**APÓS A REFORMA TRABALHISTA**
Art. 634 - Na falta de disposição especial, a imposição das multas incumbe às autoridades regionais competentes em matéria de trabalho, na forma estabelecida por este Título. § 1º- A aplicação da multa não eximirá o infrator da responsabilidade em que incorrer por infração das leis penais. ***Sem previsão anterior.***	Art. 634 - Na falta de disposição especial, a imposição das multas incumbe às autoridades regionais competentes em matéria de trabalho, na forma estabelecida por este Título. § 1º- A aplicação da multa não eximirá o infrator da responsabilidade em que incorrer por infração das leis penais. § 2º Os valores das **multas administrativas** expressos em moeda corrente SERÃO reajustados anualmente pela **Taxa Referencial (TR), divulgada pelo Banco Central do Brasil, ou pelo índice que vier a substituí-lo.**" (NR)

⇔ *O QUE MUDOU?*

A Reforma Trabalhista acrescentou o §2º ao artigo 634, estabelecendo que os valores das multas administrativas expressos em moeda corrente serão reajustados anualmente pela Taxa Referencial (TR), divulgada pelo Banco Central do Brasil, ou pelo índice que vier a substituí-lo.

QUESTÕES OBJETIVAS COMENTADAS

01 - De acordo com a Reforma Trabalhista, julgue o item:

Os valores das multas administrativas expressos em moeda corrente serão reajustados anualmente pela Taxa Referencial (TR), divulgada pelo Banco Central do Brasil, ou pelo índice que vier a substituí-lo.

COMENTÁRIO

Trata-se de literal disposição do § 2º do art. 634 da CLT. Segue sua disposição:

Art. 634 § 2º: Os valores das multas administrativas expressos em moeda corrente serão reajustados anualmente pela Taxa Referencial (TR), divulgada pelo Banco Central do Brasil, ou pelo índice que vier a substituí-lo."

RESPOSTA: Certo

36. DA JUSTIÇA DO TRABALHO - DA JURISDIÇÃO E COMPETÊNCIA DAS JUNTAS

QUADRO COMPARATIVO	
ANTES DA REFORMA TRABALHISTA	**APÓS A REFORMA TRABALHISTA**
	"Art. 652.Compete às Varas do Trabalho: .... f) decidir quanto à **homologação de acordo extrajudicial** em matéria de competência da Justiça do Trabalho. ...."(NR)

O QUE MUDOU?

A Reforma Trabalhista introduziu a possibilidade de jurisdição voluntária no processo do trabalho. Assim, houve uma verdadeira inovação no sistema processual trabalhista.

Nesse contexto, o artigo 652 da CLT foi alterado para incluir entre as competências das Varas Trabalhistas a homologação de acordos extrajudiciais.

Fetais essas ponderações, registramos que as diretrizes para a homologação do acordo extrajudicial constam de forma expressa nos artigos 855-B a 855 –E da CLT.

QUESTÕES OBJETIVAS COMENTADAS

01 – De acordo com a Reforma Trabalhista, julgue o item a seguir:

Nos termos da Consolidação das Leis do Trabalho, compete às Varas do Trabalho: decidir quanto à homologação de acordo extrajudicial em matéria de competência da Justiça do Trabalho.

COMENTÁRIO

A questão exigiu do candidato a literalidade da lei.

A Reforma Trabalhista introduziu a possibilidade de jurisdição voluntária no processo do trabalho.

Vejamos o teor do dispositivo legal:

"Art. 652.Compete às Varas do Trabalho:

f) **decidir quanto à homologação de acordo extrajudicial em matéria de competência da Justiça do Trabalho**."

Sendo assim, a afirmativa está correta.

RESPOSTA: Certo

02 – A Consolidação das Leis do Trabalho estabelece expressamente a competência das Varas do Trabalho, dentre as competências abaixo, marque a alternativa que não está entre as suas competências:

a) processar e julgar os inquéritos para apuração de falta grave.

b) julgar os embargos opostos às suas próprias decisões.

c) impor multas e demais penalidades relativas aos atos de sua competência.

d) as ações entre trabalhadores portuários e os operadores portuários ou o Órgão Gestor de Mão-de-Obra - OGMO decorrentes da relação de trabalho.

e) opinar quanto à homologação de acordo extrajudicial em matéria de competência da Justiça do Trabalho.

COMENTÁRIO

De início, é importante frisar que a Reforma Trabalhista introduziu a jurisdição voluntária no processo do trabalho.

Contudo, a alternativa "e" está incorreta, uma vez que não cabe Varas do Trabalho "opinar" quanto a homologação de acordo extrajudicial, mas sim "decidir" quanto a sua homologação.

Nas demais alternativas foram elencadas competências previstas no artigo 652 da CLT.

Nesse sentido, para uma melhor visualização do tema, transcrevemos o aludido dispositivo legal:

Varas do Trabalho:

a) conciliar e julgar:

I – os dissídios em que se pretenda o reconhecimento da estabilidade de empregado;

II – os dissídios concernentes a remuneração, férias e indenizações por motivo de rescisão do contrato individual de trabalho;

III – os dissídios resultantes de contratos de empreitadas em que o empreiteiro seja operário ou artífice;

IV – os demais dissídios concernentes ao contrato individual de trabalho;

b) processar e julgar os inquéritos para apuração de falta grave;

c) julgar os embargos opostos às suas próprias decisões;

d) impor multas e demais penalidades relativas aos atos de sua competência;

f) **decidir quanto à homologação de acordo extrajudicial** em matéria de competência da Justiça do Trabalho.

V – as ações entre trabalhadores portuários e os operadores portuários ou o Órgão Gestor de Mão-de-Obra - OGMO decorrentes da relação de trabalho;

Parágrafo único - Terão preferência para julgamento os dissídios sobre pagamento de salário e aqueles que derivarem da falência do empregador, podendo o Presidente da Junta, a pedido do interessado, constituir processo em separado, sempre que a reclamação também versar sobre outros assuntos."

RESPOSTA: Letra E

03 – De acordo com a Reforma Trabalhista, julgue o item a seguir:

A partir da Reforma Trabalhista, restou positivado, no âmbito do Direito Processual do Trabalho, a possibilidade da jurisdição voluntária.

COMENTÁRIO

A Reforma Trabalhista introduziu a possibilidade de jurisdição voluntária no processo do trabalho. Assim, houve uma verdadeira inovação no sistema processual trabalhista.

Nesse contexto, é importante observar que foi introduzido um capítulo especifico na CLT, qual seja: "DO PROCESSO DE JURISDIÇÃO VOLUNTÁRIA PARA HOMOLOGAÇÃO DE ACORDO EXTRAJUDICIAL", que prevê as diretrizes para a homologação de acordo extrajudicial.

RESPOSTA: Certo

37. DO TRIBUNAL SUPERIOR DO TRABALHO – DA COMPETÊNCIA DO CONSELHO PLENO

QUADRO COMPARATIVO	
ANTES DA REFORMA TRABALHISTA	**APÓS A REFORMA TRABALHISTA**
Art. 702 - Ao Tribunal Pleno compete: I – em única instância: f) estabelecer súmulas de jurisprudência uniforme, na forma prescrita no Regimento Interno.	"Art. 702. Ao Tribunal Pleno compete: I – em única instância: f) **estabelecer ou alterar súmulas e outros enunciados de jurisprudência uniforme**, pelo voto de pelo menos **dois terços de seus membros**, caso a mesma matéria já tenha sido decidida de **forma idêntica por unanimidade em, no mínimo, dois terços das turmas em pelo menos dez sessões diferentes em cada uma delas, podendo, AINDA, por maioria de dois terços de seus membros, restringir os efeitos daquela declaração ou decidir que ela só tenha eficácia a partir de sua publicação no Diário Oficial**; .... § 3º As sessões de julgamento sobre estabelecimento ou alteração de súmulas e outros enunciados de jurisprudência **deverão ser públicas, divulgadas com, no mínimo, trinta dias de antecedência, e deverão possibilitar a**

	sustentação oral pelo Procurador-Geral do Trabalho, pelo Conselho Federal da Ordem dos Advogados do Brasil, pelo Advogado-Geral da União e por confederações sindicais ou entidades de classe de âmbito nacional. § 4º O estabelecimento ou a alteração de súmulas e outros enunciados de jurisprudência pelos Tribunais Regionais do Trabalho deverão observar o disposto na **alínea f do inciso I e no § 3º deste artigo**, com rol equivalente de legitimados para sustentação oral, observada a abrangência de sua circunscrição judiciária." (NR)

⇔ *O QUE MUDOU?*

Com a Reforma Trabalhista o legislador aumentou o grau de exigência para estabelecer ou alterar súmulas e outros enunciados de jurisprudência uniforme.

Foi retirado do Tribunal Superior do Trabalho o atributo de elaborar as súmulas *"na forma prescrita no Regimento Interno"*, como era previsto na redação anterior.

QUESTÕES OBJETIVAS COMENTADAS

01 - Com relação a competência do Tribunal Pleno do Tribunal Superior do Trabalho, julgue o item que se segue:

Ao Tribunal Pleno compete: estabelecer ou alterar súmulas e outros enunciados de jurisprudência uniforme, pelo voto de pelo menos dois terços de seus membros, caso a mesma matéria já tenha sido decidida de forma idêntica por unanimidade em, no mínimo, dois terços das turmas em pelo menos dez sessões diferentes em cada uma delas, podendo, ainda, por maioria de dois terços de seus membros, restringir os efeitos daquela declaração ou decidir que ela só tenha eficácia a partir de sua publicação no Diário Oficial.

COMENTÁRIO

A questão exigiu o conhecimento da atual redação do artigo 702, inciso I, alínea "f" da CLT. Nos seguintes termos:

"Art. 702. Ao Tribunal Pleno compete:

I – em única instância:

f) estabelecer ou alterar súmulas e outros enunciados de jurisprudência uniforme, pelo voto de pelo menos dois terços de seus membros, caso a mesma matéria já tenha sido decidida de forma idêntica por unanimidade em, no mínimo, dois terços das turmas em pelo menos dez sessões diferentes em cada uma delas, podendo, ainda, por maioria de dois terços de seus membros, restringir os efeitos daquela declaração ou decidir que ela só tenha eficácia a partir de sua publicação no Diário Oficial"

Foi retirado do Tribunal Superior do Trabalho o atributo de elaborar as súmulas "na forma prescrita no Regimento Interno", como era previsto na redação anterior.

RESPOSTA: Certo

02 – No que concerne ao mecanismo de elaboração ou alteração de súmulas e outros enunciados de jurisprudência uniformes no âmbito do Tribunal Superior do Trabalho, julgue os itens abaixo:

I – Ao Tribunal Pleno compete: estabelecer ou alterar súmulas e outros enunciados de jurisprudência uniforme, pelo voto de pelo menos dois terços de seus membros, caso a mesma matéria já tenha sido decidida de forma idêntica por unanimidade em, no mínimo, dois terços das turmas em pelo menos dez sessões diferentes em cada uma delas, podendo, ainda, por maioria de dois terços de seus membros, restringir os efeitos daquela declaração ou decidir que ela só tenha eficácia a partir de sua publicação no Diário Oficial.

II – O estabelecimento ou a alteração de súmulas e outros enunciados de jurisprudência pelos Tribunais Regionais do Trabalho deverão observar os Regimentos Internos dos respectivos Tribunais.

III – As sessões de julgamento sobre estabelecimento ou alteração de súmulas e outros enunciados de jurisprudência deverão ser públicas, divulgadas com, no mínimo, trinta dias de antecedência, e deverão possibilitar a sustentação oral pelo Procurador-Geral do Trabalho, pelo Conselho Federal da Ordem dos Advogados do Brasil, pelo Advogado-Geral da União e por confederações sindicais ou entidades de classe de âmbito nacional.

Estão corretas apenas:

a) I

b) II

c) I e III

d) II e III

e) Todas

COMENTÁRIO

Os itens I e III estão corretos. Foram transcritos literalmente o artigo 702, "f" e o § 3º da CLT.

Por outro lado, o item II está incorreto. Com a Reforma Trabalhista foi acrescentado o § 4º ao artigo 702 da CLT, que assim estabelece:

"Art. 702. § 4º. O estabelecimento ou a alteração de súmulas e outros enunciados de jurisprudência pelos Tribunais Regionais do Trabalho deverão observar o disposto na alínea f do inciso I e no § 3º deste artigo, com rol equivalente de legitimados para sustentação oral, observada a abrangência de sua circunscrição judiciária."

RESPOSTA: Letra C

03 – Com relação a competência do Tribunal Pleno do Tribunal Superior do Trabalho, julgue o item que se segue.

Ao Tribunal Pleno compete: estabelecer ou alterar súmulas e outros enunciados de jurisprudência uniforme, pelo voto da maioria absoluta de seus membros, caso a mesma matéria já tenha sido decidida de forma idêntica por unanimidade em, no mínimo, dois terços das turmas em pelo menos dez sessões diferentes em cada uma delas, podendo, ainda, por maioria de dois terços de seus membros, restringir os efeitos daquela declaração ou decidir que ela só tenha eficácia a partir de sua publicação no Diário Oficial.

COMENTÁRIO

A questão exigiu o conhecimento da atual redação do artigo 702, inciso I, alínea "f" da CLT. Nos seguintes termos:

"Art. 702.Ao Tribunal Pleno compete:

I – em única instância:

f) estabelecer ou alterar súmulas e outros enunciados de jurisprudência uniforme, pelo voto de pelo menos dois terços de seus membros, caso a mesma matéria já tenha sido decidida de forma idêntica por unanimidade em, no mínimo, dois terços das turmas em pelo menos dez sessões diferentes em cada uma delas, podendo, ainda, por maioria de dois terços de seus membros, restringir os efeitos daquela declaração ou decidir que ela só tenha eficácia a partir de sua publicação no Diário Oficial"

Contudo, a assertiva está incorreta. O erro da questão está na afirmação de que é necessária a "maioria absoluta" para estabelecer ou alterar súmulas e outros enunciados de jurisprudência uniforme.

Na verdade, é necessário pelo menos dois terços dos membros do Tribunal Pleno.

Vale lembrar ainda que foi retirado do Tribunal Superior do Trabalho o atributo de elaborar as súmulas "na forma prescrita no Regimento Interno", como era previsto na redação anterior.

RESPOSTA: Errado

38. DO PROCESSO EM GERAL - DOS ATOS, TERMOS E PRAZOS PROCESSUAIS

QUADRO COMPARATIVO	
ANTES DA REFORMA TRABALHISTA	**APÓS A REFORMA TRABALHISTA**
Art. 775 - Os prazos estabelecidos neste Título contam-se com exclusão do dia do começo e inclusão do dia do vencimento, e são contínuos e irreleváveis, podendo, entretanto, ser prorrogados pelo tempo estritamente necessário pelo juiz ou tribunal, ou em virtude de força maior, devidamente comprovada. (Redação dada pelo Decreto-lei nº 8.737, de 19.1.1946)	"Art. 775. Os prazos estabelecidos neste Título **SERÃO** contados em **dias úteis, com exclusão do dia do começo e inclusão do dia do vencimento**. § 1º Os prazos podem ser **prorrogados,** pelo **tempo estritamente necessário**, nas seguintes hipóteses: **I – quando o juízo entender necessário;** **II – em virtude de força maior, devidamente comprovada.**
Parágrafo único - Os prazos que se vencerem em sábado, domingo ou dia feriado, terminarão no primeiro dia útil seguinte.	§ 2º Ao juízo incumbe **dilatar os prazos processuais e alterar a ordem de produção dos meios de prova, ADEQUANDO-OS ÀS NECESSIDADES DO CONFLITO** de modo a conferir maior efetividade à tutela do direito." (NR)

O QUE MUDOU?

A partir da Reforma Trabalhista os prazos processuais serão contados em dias úteis, com exclusão do dia do começo e inclusão do dia do vencimento. Anteriormente os prazos processuais eram contados de forma contínua.

Desta forma, a aludida mudança acompanhou o Código de Processo Civil de 2015, o qual prevê no artigo 219 que na contagem de prazo em dias, somente serão considerados os dias úteis. Segue, abaixo, o aludido dispositivo legal:

"Art. 219. Na contagem de prazo em dias, estabelecido por lei ou pelo juiz, computar-se-ão somente os dias úteis.

Parágrafo único. O disposto neste artigo aplica-se somente aos prazos processuais."

É fácil perceber que essa mudança favorece os advogados atuantes na Justiça do Trabalho, que terão mais tempo para cumprir os prazos processuais.

Vale lembrar que a previsão do artigo 775 é apenas aplicável aos prazos processuais. É que constou expressamente no dispositivo legal a expressão "neste título", de forma que os prazos referentes ao direito material continuam a ser contados em dias corridos.

Outra observação importante diz respeito a inclusão do § 2º que estipula a possibilidade da dilação dos prazos processuais e alterações da ordem de produção dos meios de prova, adequando-os às necessidades do conflito de modo a conferir maior efetividade à tutela do direito.

QUESTÕES OBJETIVAS COMENTADAS

01 – De acordo com a Reforma Trabalhista, julgue o item a seguir:

Os prazos processuais serão contados em dias úteis, com exclusão do dia do começo e inclusão do dia do vencimento, podem ser prorrogados, pelo tempo estritamente necessário, nas seguintes hipóteses: quando o juízo entender necessário e em virtude de força maior, devidamente comprovada. Ao juízo incumbe dilatar os prazos processuais e alterar a ordem de produção dos meios de prova, adequando-os às necessidades do conflito de modo a conferir maior efetividade à tutela do direito.

COMENTÁRIO

A questão exigiu do candidato a literalidade do artigo 775 da CLT, que após a Reforma Trabalhista, tem a seguinte redação:

"Art. 775. Os prazos estabelecidos neste Título serão contados em **dias úteis**, com exclusão do dia do começo e inclusão do dia do vencimento.

§ 1º Os prazos podem ser prorrogados, pelo tempo estritamente necessário, nas seguintes hipóteses:

I – quando o juízo entender necessário;

II – em virtude de força maior, devidamente comprovada.

§ 2º Ao juízo incumbe dilatar os prazos processuais e alterar a ordem de produção dos meios de prova, adequando-os às necessidades do conflito de modo a conferir maior efetividade à tutela do direito.

A partir da Reforma Trabalhista os prazos processuais serão contados em dias úteis, com exclusão do dia do começo e inclusão do dia do vencimento. Anteriormente os prazos processuais eram contados de forma contínua.

Ademais, foi incluído o § 2º ao artigo 775 da CLT, o qual estipula a possibilidade da dilação dos prazos processuais e alterações da ordem de produção dos meios de prova, adequando-os às necessidades do conflito de modo a conferir maior efetividade à tutela do direito.

RESPOSTA: Certo

02 – No que concerne aos prazos processuais na Justiça do Trabalho, assinale a opção correta.

a) Os prazos materiais contam-se com exclusão do dia do começo e inclusão do dia do vencimento.

b) Os prazos processuais são contínuos e irreleváveis, podendo, entretanto, ser prorrogados pelo tempo estritamente necessário pelo juiz ou tribunal, ou em virtude de força maior, devidamente comprovada.

c) Os prazos processuais contam-se com inclusão do dia do começo e exclusão do dia do vencimento, e são contínuos e irreleváveis, podendo, entretanto, ser prorrogados pelo tempo estritamente necessário pelo juiz ou tribunal, ou em virtude de força maior, devidamente comprovada.

d) Os prazos processuais contam-se com inclusão do dia do começo e exclusão do dia do vencimento, e não são contínuos, podendo, entretanto, ser prorrogados pelo tempo estritamente necessário pelo juiz ou tribunal, ou em virtude de força maior, devidamente comprovada.

e) Os prazos processuais serão contados em dias úteis, com exclusão do dia do começo e inclusão do dia do vencimento, podem ser prorrogados, pelo tempo estritamente necessário, nas seguintes hipóteses: quando o juízo entender necessário e em virtude de força maior, devidamente comprovada. Ao juízo incumbe dilatar os prazos processuais e alterar a ordem de produção dos meios de prova, adequando-os às necessidades do conflito de modo a conferir maior efetividade à tutela do direito.

COMENTÁRIO

A alternativa "e" traduz a literalidade do artigo 775 da Consolidação das Leis do Trabalho, que após a Reforma Trabalhista tem a seguinte redação:

"Art. 775. Os prazos estabelecidos neste Título serão contados em dias úteis, com exclusão do dia do começo e inclusão do dia do vencimento.

§ 1º Os prazos podem ser prorrogados, pelo tempo estritamente necessário, nas seguintes hipóteses:

I – quando o juízo entender necessário;

II – em virtude de força maior, devidamente comprovada.

§ 2º Ao juízo incumbe dilatar os prazos processuais e alterar a ordem de produção dos meios de prova, adequando-os às necessidades do conflito de modo a conferir maior efetividade à tutela do direito.

A partir da Reforma Trabalhista os prazos processuais serão contados em dias úteis, com exclusão do dia do começo e inclusão do dia do vencimento. Anteriormente os prazos processuais eram contados de forma contínua.

RESPOSTA: Letra E

03 – De acordo com a Reforma Trabalhista, julgue o item a seguir:

Os prazos processuais serão contados em dias úteis, com inclusão do dia do começo e exclusão do dia do vencimento, podem ser prorrogados, pelo tempo estritamente necessário, nas seguintes hipóteses: quando o juízo entender necessário e em virtude de força maior, devidamente comprovada. Ao juízo incumbe dilatar os prazos processuais e alterar a ordem de produção dos meios de prova, adequando-os às necessidades do conflito de modo a conferir maior efetividade à tutela do direito.

COMENTÁRIO

A questão exigiu do candidato a literalidade do artigo 775 da Consolidação das Leis do Trabalho.

O erro da assertiva está na parte onde afirma que na contagem do prazo será incluído o dia do começo e excluído o dia do vencimento.

Na verdade, a norma consolidada estabelece a exclusão do dia do começo e a inclusão do dia do vencimento.

RESPOSTA: Errado

04 – No que concerne aos prazos processuais na Justiça do Trabalho, assinale a opção correta.

a) Os prazos processuais serão contados em dias úteis, com exclusão do dia do começo e inclusão do dia do vencimento, podem ser prorrogados, pelo tempo estritamente necessário, nas seguintes hipóteses: quando o juízo entender necessário e em virtude de força maior, devidamente comprovada. Ao juízo incumbe dilatar os prazos processuais e alterar a ordem de produção dos meios de prova, adequando-os às necessidades do conflito de modo a conferir maior efetividade à tutela do direito.

b) A parte, quando da interposição do recurso, não tem o ônus de comprovar a existência de feriado local que autorize a prorrogação do prazo recursal.

c) Aplica-se no processo do trabalho, inclusive nos processos eletrônicos, a duplicação dos prazos processuais quando os litisconsortes tenham advogados distintos.

d) O recesso forense e as férias coletivas dos Ministros do TST não suspendem os prazos recursais.

e) A contagem do quinquídio para apresentação dos originais de recurso interposto por intermédio de fac-símile começa a fluir do dia seguinte à interposição do recurso, se esta se deu antes do termo final do prazo.

COMENTÁRIO

A "letra a" está correta e exigiu do candidato a literalidade do artigo 775 da Consolidação das Leis do Trabalho.

A "letra b" está errado, pois existe previsão em contrário. Conforme previsto na súmula nº 385 do Tribunal Superior do Trabalho, incube à parte o ônus de provar, quando a interposição do recurso, a existência de feriado local que autorize a prorrogação do prazo recursal. Nos seguintes termos:

Súmula nº 385 do TST

FERIADO LOCAL OU FORENSE. AUSÊNCIA DE EXPEDIENTE. PRAZO RECURSAL. PRORROGAÇÃO. COMPROVAÇÃO. NECESSIDADE.

I – Incumbe à parte o ônus de provar, quando da interposição do recurso, a existência de feriado local que autorize a prorrogação do prazo recursal (art. 1.003, § 6º, do CPC de 2015). No caso de o recorrente alegar a existência de feriado local e não o comprovar no momento da interposição do recurso, cumpre ao relator conceder o prazo de 5 (cinco) dias para que seja sanado o vício (art. 932, parágrafo único, do CPC de 2015), sob pena de não conhecimento se da comprovação depender a tempestividade recursal;

II – Na hipótese de feriado forense, incumbirá à autoridade que proferir a decisão de admissibilidade certificar o expediente nos autos.

III – Admite-se a reconsideração da análise da tempestividade do recurso, mediante prova documental superveniente, em agravo de instrumento, agravo interno, agravo regimental, ou embargos de declaração, desde que, em momento anterior, não tenha havido a concessão de prazo para a comprovação da ausência de expediente forense.

A "letra c" está errada. O Tribunal Superior do Trabalho, tem entendimento previsto na Orientação Jurisprudencial nº 310 da SDI-1, em sentido contrário do exposto na assertiva. Vejamos:

310. LITISCONSORTES. PROCURADORES DISTINTOS. PRAZO EM DOBRO. ART. 229, CAPUT E §§ 1º E 2º, DO CPC DE 2015. ART. 191 DO CPC DE 1973. INAPLICÁVEL AO PROCESSO DO TRABALHO.

Inaplicável ao processo do trabalho a norma contida no art. 229, caput e §§ 1º e 2º, do CPC de 2015 (art. 191 do CPC de 1973), em razão de incompatibilidade com a celeridade que lhe é inerente.

A "letra d" também está errada, pois contraria entendimento sumulado do Tribunal Superior do Trabalho (Súmula nº 262). Com a seguinte redação:

Súmula nº 262 do TST

PRAZO JUDICIAL. NOTIFICAÇÃO OU INTIMAÇÃO EM SÁBADO. RECESSO FORENSE.

I – Intimada ou notificada a parte no sábado, o início do prazo se dará no primeiro dia útil imediato e a contagem, no subsequente.

II – **O recesso forense e as férias coletivas dos Ministros do Tribunal Superior do Trabalho suspendem os prazos recursais.**

A letra "e" contraria entendimento firmado da Súmula 387 do TST:

Súmula nº 387 do TST

RECURSO. FAC-SÍMILE. LEI Nº 9.800/1999.

I – A Lei nº 9.800, de 26.05.1999, é aplicável somente a recursos interpostos após o início de sua vigência.

II – **A contagem do quinquidio para apresentação dos originais de recurso interposto por intermédio de fac-símile começa a fluir do dia subsequente ao término do prazo recursal, nos termos do art. 2º da Lei nº 9.800, de 26.05.1999, e não do dia seguinte à interposição do recurso, se esta se deu antes do termo final do prazo.**

III – Não se tratando a juntada dos originais de ato que dependa de notificação, pois a parte, ao interpor o recurso, já tem ciência de seu ônus processual, não se aplica a regra do art. 224 do CPC de 2015 (art. 184 do CPC de 1973) quanto ao "dies a quo", podendo coincidir com sábado, domingo ou feriado.

IV – A autorização para utilização do fac-símile, constante do art. 1º da Lei n.º 9.800, de 26.05.1999, somente alcança as hipóteses em que o documento é dirigido diretamente ao órgão jurisdicional, não se aplicando à transmissão ocorrida entre particulares.

RESPOSTA: Letra A

05 – De acordo com a Reforma Trabalhista, julgue o item a seguir:

A Reforma Trabalhista possibilitou ao juízo dilatar os prazos processuais e alterar a ordem de produção dos meios de prova, adequando-os às necessidades do conflito de modo a conferir maior efetividade à tutela do direito.

COMENTÁRIO

A partir da Reforma Trabalhista houve a inclusão do § 2º ao artigo 775, que estipula a possibilidade do juízo dilatar os prazos processuais e alterar a ordem de produção dos meios de prova, adequando-os às necessidades do conflito de modo a conferir maior efetividade à tutela do direito.

A questão exigiu do candidato a literalidade do § 2º do artigo 775 da CLT. Segue abaixo:

"Art. 775. § 2º Ao juízo incumbe dilatar os prazos processuais e alterar a ordem de produção dos meios de prova, adequando-os às necessidades do conflito de modo a conferir maior efetividade à tutela do direito."

RESPOSTA: Certo

39. DO PROCESSO EM GERAL – DAS CUSTAS

QUADRO COMPARATIVO	
ANTES DA REFORMA TRABALHISTA	**APÓS A REFORMA TRABALHISTA**
Art. 789. Nos dissídios individuais e nos dissídios coletivos do trabalho, nas ações e procedimentos de competência da Justiça do Trabalho, bem como nas demandas propostas perante a Justiça Estadual, no exercício da jurisdição trabalhista, as custas relativas ao processo de conhecimento incidirão à base de 2% (dois por cento), observado o mínimo de R$ 10,64 (dez reais e sessenta e quatro centavos) e serão calculadas:	"Art. 789. Nos dissídios individuais e nos dissídios coletivos do trabalho, nas ações e procedimentos de competência da Justiça do Trabalho, bem como nas demandas propostas perante a Justiça Estadual, no exercício da jurisdição trabalhista, **as custas relativas ao processo de conhecimento incidirão à base de 2% (dois por cento), observado o mínimo de R$ 10,64 (dez reais e sessenta e quatro centavos) e o máximo de quatro vezes o limite máximo dos benefícios do Regime Geral de Previdência Social**, e **SERÃO** calculadas: ...."(NR)

⇔ *O QUE MUDOU?*

Com a Reforma Trabalhista foi fixado um teto para o pagamento das custas processuais, qual seja, quatro vezes o limite máximo dos benefícios do Regime Geral de Previdência Social.

Foi mantido o parâmetro de fixação das custas processuais no percentual de 2% sobre o valor da condenação arbitrado pelo magistrado ou sobre o valor da causa ou do acordo.

QUESTÕES OBJETIVAS COMENTADAS

01 – De acordo com a Reforma Trabalhista, julgue o item a seguir:

Nos dissídios individuais e nos dissídios coletivos do trabalho, nas ações e procedimentos de competência da Justiça do Trabalho, bem como nas demandas propostas perante a Justiça Estadual, no exercício da jurisdição trabalhista, as custas relativas ao processo de conhecimento incidirão à base de 2% (dois por cento), observado o mínimo de R$ 10,64 (dez reais e sessenta e quatro centavos) e o máximo de quatro vezes o limite máximo dos benefícios do Regime Geral de Previdência Social.

COMENTÁRIO

A assertiva transcreve a literalidade da nova redação do artigo 789 da CLT.

A diferença entre a atual redação e a revogada é a fixação de um teto para o pagamento das custas processuais, qual seja, quatro vezes o limite máximo dos benefícios do Regime Geral de Previdência Social.

Segue abaixo, o caput do aludido dispositivo legal:

"Art. 789. Nos dissídios individuais e nos dissídios coletivos do trabalho, nas ações e procedimentos de competência da Justiça do Trabalho, bem como nas demandas propostas perante a Justiça Estadual, no exercício da jurisdição trabalhista, as custas relativas ao processo de conhecimento incidirão à base de 2% (dois por cento), observado o mínimo de R$ 10,64 (dez reais e sessenta e quatro centavos) e o máximo de quatro vezes o limite máximo dos benefícios do Regime Geral de Previdência Social, e serão calculadas:"

RESPOSTA: Certo

02 – No que concerne as custas processuais na Justiça do Trabalho, assinale a opção correta.

a) As custas relativas ao processo de conhecimento incidirão à base de 4% (quatro por cento).

b) As custas relativas ao processo de conhecimento incidirão à base de 5% (cinco por cento).

c) As custas relativas ao processo de conhecimento incidirão à base de 10% (dez por cento).

d) As custas relativas ao processo de conhecimento incidirão à base de 2% (dois por cento), observado o mínimo de R$ 10,64 (dez reais e sessenta e quatro centavos) e o máximo de quatro vezes o limite máximo dos benefícios do Regime Geral de Previdência Social.

e) As custas relativas ao processo de conhecimento incidirão à base de 2% (dois por cento), observado o mínimo de R$ 10,64 (dez reais e sessenta e quatro centavos) e o máximo de dez vezes o limite máximo dos benefícios do Regime Geral de Previdência Social.

COMENTÁRIO

A questão exigiu do candidato o conhecimento da literalidade da nova redação do artigo 789 da CLT.

A diferença entre a atual redação e a revogada é a fixação de um teto para o pagamento das custas processuais, qual seja, quatro vezes o limite máximo dos benefícios do Regime Geral de Previdência Social.

RESPOSTA: Letra D

03 – De acordo com a Reforma Trabalhista, julgue o item a seguir:

As custas relativas ao processo de conhecimento incidirão à base de 2% (dois por cento), observado o mínimo de R$ 10,64 (dez reais e sessenta e quatro centavos) e o máximo de cinco vezes o limite máximo dos benefícios do Regime Geral de Previdência Social

COMENTÁRIO

Para responder à questão, é preciso estar atento a nova redação do artigo 789 da CLT.

O erro da questão está presente no valor do teto das custas processuais, que corresponde ao valor de quatro vezes o limite máximo dos benefícios do Regime Geral de Previdência Social.

RESPOSTA: Errado

QUADRO COMPARATIVO	
ANTES DA REFORMA TRABALHISTA	**APÓS A REFORMA TRABALHISTA**
	"Art. 790. Nas Varas do Trabalho, nos Juízos de Direito, nos Tribunais e no Tribunal Superior do Trabalho, a forma de pagamento das custas e emolumentos obedecerá às instruções que SERÃO expedidas pelo Tribunal Superior do Trabalho. (Redação dada pela Lei nº 10.537, de 27.8.2002).

§ 3º É facultado aos juízes, órgãos julgadores e presidentes dos tribunais do trabalho de qualquer instância conceder, a requerimento ou de ofício, o benefício da justiça gratuita, inclusive quanto a traslados e instrumentos, àqueles que perceberem salário igual ou inferior ao dobro do mínimo legal, ou declararem, sob as penas da lei, que não estão em condições de pagar as custas do processo sem prejuízo do sustento próprio ou de sua família.	§ 3º É **FACULTADO** aos juízes, órgãos julgadores e presidentes dos tribunais do trabalho de qualquer instância **conceder, a requerimento ou de ofício, o benefício da justiça gratuita**, inclusive quanto a traslados e instrumentos, **àqueles que perceberem salário igual ou inferior a 40% (quarenta por cento) do limite máximo dos benefícios do Regime Geral de Previdência Social**[9].
	§ 4º O benefício da justiça gratuita **SERÁ concedido à parte que comprovar insuficiência de recursos para o pagamento das custas do processo**." (NR)

⇔ *O QUE MUDOU?*

A reforma processual trabalhista alterou o § 3º e acrescentou o § 4º ao artigo 790 da CLT, dificultando o deferimento da justiça gratuita.

Acontece que o §3º que, antes da reforma, estabelecia que o benefício da justiça gratuita seria concedido àqueles que perceberam salário igual ou inferior ao dobro do mínimo legal ou então àqueles que declarassem, sob a pena da lei, que não possuíam condições de arcar com as custas, sofreu substancial alteração.

Desta maneira, com a modificação do § 3º do art. 790 da CLT, o benefício da justiça gratuita fundado em simples declaração de insuficiência de recursos financeiros só pode ser concedido aos empregados que percebam até 40% do limite máximo dos benefícios do Regime Geral de Previdência Social.

Caso o valor percebido ultrapasse o limite acima mencionado, é imprescindível que a parte comprove a insuficiência de recursos para o pagamento das custas processuais, nos moldes do § 4º do artigo 790 da CLT.

QUESTÕES OBJETIVAS COMENTADAS

04 - De acordo com a Reforma Trabalhista, julgue o item a seguir:

É dever dos juízes, órgãos julgadores e presidentes dos tribunais do trabalho de qualquer instância conceder, a

9 Atualmente (22 de novembro de 2017), o limite máximo estabelecido para os benefícios do Regime Geral de Previdência Social ("teto no INSS") é de R$ 5.531,31. Ou seja, o 40% desse valor é R$ 2.212,52.

requerimento ou de ofício, o benefício da justiça gratuita, inclusive quanto a traslados e instrumentos, àqueles que perceberem salário igual ou inferior a 40% (quarenta por cento) do limite máximo dos benefícios do Regime Geral de Previdência Social.

COMENTÁRIO

A assertiva está errada.

Na verdade, na hipótese em referência, não é obrigatória o deferimento do benefício da justiça gratuita.

Não pode ser imputado ao magistrado o "dever" de conceder a justiça gratuita. Conforme a redação originária, bem como se percebe da redação atual, o deferimento do benefício da justiça gratuita é uma faculdade.

"Artigo 790. § 3º **É FACULTADO** aos juízes, órgãos julgadores e presidentes dos tribunais do trabalho de qualquer instância conceder, a requerimento ou de ofício, o benefício da justiça gratuita, inclusive quanto a traslados e instrumentos, àqueles que perceberem salário igual ou Inferior a 40% (quarenta por cento) do limite máximo dos benefícios do Regime Geral de Previdência Social"

RESPOSTA: Errado

05 – No que concerne ao benefício da justiça gratuita, julgue os itens abaixo:

I – É facultado aos juízes, órgãos julgadores e presidentes dos tribunais do trabalho de qualquer instância conceder, a requerimento ou de ofício, o benefício da justiça gratuita, inclusive quanto a traslados e instrumentos, àqueles que perceberem salário igual ou inferior a 40% (quarenta por cento) do limite máximo dos benefícios do Regime Geral de Previdência Social.

II – O benefício da justiça gratuita será concedido à parte que comprovar insuficiência de recursos para o pagamento das custas do processo.

III – A concessão do benefício da justiça gratuita pode ocorrer de ofício ou a requerimento da parte.

Estão corretas apenas:

a) I

b) II

c) I e III

d) II e III

e) Todas

COMENTÁRIO

Todos os itens estão corretos.

Item I – Literalidade do § 3º, do artigo 790 da CLT. O qual estabelece:

"§3º É facultado aos juízes, órgãos julgadores e presidentes dos tribunais do trabalho de qualquer instância conceder, a requerimento ou de ofício, o benefício da justiça gratuita, inclusive quanto a traslados e instrumentos, àqueles que perceberem salário igual ou inferior a 40% (quarenta por cento) do limite máximo dos benefícios do Regime Geral de Previdência Social"

Item II – Literalidade do § 4º, do artigo 790 da CLT. O qual estabelece:

§ 4º O benefício da justiça gratuita será concedido à parte que comprovar insuficiência de recursos para o pagamento das custas do processo."

Item III – A concessão do benefício da justiça gratuita pode ocorrer de ofício ou a requerimento da parte, conforme estabelece o §3º, do artigo 790 da CLT. Nesse ponto, não houve alteração pela Lei 13.467/17.

RESPOSTA: Letra E

06 – De acordo com a Reforma Trabalhista, julgue o item a seguir:

O benefício da justiça gratuita poderá ser concedido à parte que comprovar insuficiência de recursos para o pagamento das custas do processo.

COMENTÁRIO

A afirmação contraria a previsão do § 4º, do artigo 790 da CLT. Para maior compreensão do tema segue o mencionado dispositivo legal:

"Art. 790. § 4ºO benefício da justiça gratuita **SERÁ concedido à parte** que comprovar insuficiência de recursos para o pagamento das custas do processo."

O erro da assertiva está na parte que aduz que o benefício da justiça gratuita "poderá ser concedido". Na verdade, caso a parte comprove a insuficiência de recursos o benefício será concedido.

RESPOSTA: Errado.

40. DOS HONORÁRIOS PERICIAIS

QUADRO COMPARATIVO	
ANTES DA REFORMA TRABALHISTA	**APÓS A REFORMA TRABALHISTA**
Art. 790-B. A responsabilidade pelo pagamento dos honorários periciais é da parte sucumbente na pretensão objeto da perícia, salvo se beneficiária de justiça gratuita.(Incluído pela Lei nº 10.537, de 27.8.2002)	"Art. 790-B. A responsabilidade pelo pagamento dos **honorários periciais** é da **parte sucumbente na pretensão objeto da perícia, AINDA que beneficiária da justiça gratuita**. § 1º Ao fixar o valor dos honorários periciais, **o juízo DEVERÁ respeitar o limite máximo estabelecido pelo Conselho Superior da Justiça do Trabalho.** § 2º O juízo **PODERÁ** deferir **parcelamento dos honorários periciais.** § 3º **O juízo NÃO PODERÁ exigir adiantamento de valores para realização de perícias.** § 4º **SOMENTE no caso em que o beneficiário da justiça gratuita NÃO tenha obtido em juízo créditos capazes de suportar a despesa referida no caput, AINDA que em outro processo, a União responderá pelo encargo.**"(NR)

⇔ ***O QUE MUDOU?***

A partir da Reforma Trabalhista houve alterações substanciais no que tange aos honorários periciais.

Antes da reforma a única previsão existente era que o pagamento dos honorários periciais é devido pela parte sucumbente, salvo na hipótese de beneficiário da justiça gratuita.

Após a reforma, foi mantida a responsabilidade pelo pagamento dos honorários periciais pela parte sucumbente, mas foi previsto que os beneficiários da justiça gratuita passarão a arcar com os honorários periciais, caso sucumbirem no pleito que levou a produção da prova pericial.

Porém, foi estabelecido no § 4º, do artigo 790–B da CLT, que somente no caso em que o beneficiário da justiça gratuita não tenha obtido em juízo créditos capazes de suportar a despesa referente aos honorários periciais, ainda que em outro processo, a União responderá pelo encargo.

Ademais, foram previstas: obrigatoriedade do juiz, ao fixar o valor dos honorários periciais, respeitar o limite máximo estabelecido pelo Conselho Superior da Justiça do Trabalho; possibilidade de parcelamento dos honorários periciais e a impossibilidade de exigência por parte do juiz do adiantamento de valores para realização das perícias.

QUESTÕES OBJETIVAS COMENTADAS

01 - De acordo com a Reforma Trabalhista, julgue o item a seguir:

A responsabilidade pelo pagamento dos honorários periciais é da parte sucumbente na pretensão objeto da perícia, ainda que beneficiária da justiça gratuita.

COMENTÁRIO

A assertiva está correta.

Com a Reforma Trabalhista foi mantida a responsabilidade pelo pagamento dos honorários periciais pela parte sucumbente, mas foi previsto que os beneficiários da justiça gratuita passarão a arcar com os honorários periciais, caso sucumbirem no pleito que levou a produção da prova pericial.

Porém, foi estabelecido no § 4º do artigo 790–B da CLT, que somente no caso em que o beneficiário da justiça gratuita não tenha obtido em juízo créditos capazes de suportar a despesa referente aos honorários periciais, ainda que em outro processo, a União responderá pelo encargo.

Segue abaixo, o aludido dispositivo legal:

"Art. 790-B. A responsabilidade pelo pagamento dos honorários periciais é da parte sucumbente na pretensão objeto da perícia, ainda que beneficiária da justiça gratuita.

§ 1º Ao fixar o valor dos honorários periciais, o juízo deverá respeitar o limite máximo estabelecido pelo Conselho Superior da Justiça do Trabalho.

§ 2º O juízo poderá deferir parcelamento dos honorários periciais.

§ 3º O juízo não poderá exigir adiantamento de valores para realização de perícias.

§ 4º Somente no caso em que o beneficiário da justiça gratuita NÃO tenha obtido em juízo créditos capazes de suportar a despesa referida no caput, AINDA que em outro processo, a União responderá pelo encargo."

RESPOSTA: Certo

02 - No que concerne aos honorários periciais na Justiça do Trabalho, julgue os itens abaixo:

I - A responsabilidade pelo pagamento dos honorários periciais é da parte sucumbente na pretensão objeto da perícia, salvo se beneficiária de justiça gratuita.

II - Ao fixar o valor dos honorários periciais, o juízo deverá respeitar o limite máximo estabelecido pelo Conselho Superior da Justiça do Trabalho.

III - O juízo poderá deferir parcelamento dos honorários periciais.

Estão corretas apenas:

a) I

b) II

c) I e III

d) II e III

e) Todas

COMENTÁRIO

Item I – Incorreto. Antes da reforma, a única previsão existente era que o pagamento dos honorários periciais é devido pela parte sucumbente, salvo na hipótese de beneficiário da justiça gratuita.

Após a reforma, foi mantida a responsabilidade pelo pagamento dos honorários periciais pela parte sucumbente, mas foi previsto que os beneficiários da justiça gratuita passarão a arcar com os honorários periciais, caso sucumbirem no pleito que levou a produção da prova pericial.

Porém, foi estabelecido no § 4º, do artigo 790–B da CLT, que somente no caso em que o beneficiário da justiça gratuita não tenha obtido em juízo créditos capazes de suportar a despesa referente aos honorários periciais, ainda que em outro processo, a União responderá pelo encargo.

Item II – Correto. A Reforma Trabalhista acrescentou o § 1º ao art. 790-B da CLT, prevendo a obrigatoriedade do juiz, ao fixar o valor dos honorários periciais, respeitar o limite máximo estabelecido pelo Conselho Superior da Justiça do Trabalho. Nos seguintes termos:

"Art. 790- B. § 1ºAo fixar o valor dos honorários periciais, o juízo deverá respeitar o limite máximo estabelecido pelo Conselho Superior da Justiça do Trabalho"

Item III – Correto. A partir da reforma foi incluído o § 2º, ao art. 790 – B da CLT, possibilitando o parcelamento dos honorários periciais. Com a seguinte redação:

"Art. 790 – B. § 2ºO juízo poderá deferir parcelamento dos honorários periciais"

RESPOSTA: Letra D

03 – De acordo com a Reforma Trabalhista, julgue o item a seguir:

O juízo poderá exigir adiantamento de valores para realização de perícias.

COMENTÁRIO

A assertiva contraria o que é previsto no § 3º, do art. 790 – B da CLT. Nos seguintes termos:

"Art. 790 – B. § 3º O juízo não poderá exigir adiantamento de valores para realização de perícias."

A Reforma Trabalhista estabeleceu expressamente a impossibilidade de o juiz exigir das partes o adiantamento dos honorários periciais.

Nesse ponto, o legislador convergiu com o entendimento do TST, conforme se observa da redação da OJ nº 98 da SDI-II:

98. MANDADO DE SEGURANÇA. CABÍVEL PARA ATACAR EXIGÊNCIA DE DEPÓSITO PRÉVIO DE HONORÁRIOS PERICIAIS.

É ilegal a exigência de depósito prévio para custeio dos honorários periciais, dada a incompatibilidade com o processo do trabalho, sendo cabível o mandado de segurança visando à realização da perícia, independentemente do depósito.

RESPOSTA: Errado

04 - No que concerne aos honorários periciais na Justiça do Trabalho, assinale a opção INCORRETA.

a) A responsabilidade pelo pagamento dos honorários periciais é da parte sucumbente na pretensão objeto da perícia, ainda que beneficiária da justiça gratuita.

b) Ao fixar o valor dos honorários periciais, o juízo deverá respeitar o limite máximo estabelecido pelo Conselho Superior da Justiça do Trabalho.

c) O juízo deverá deferir parcelamento dos honorários periciais.

d) O juízo não poderá exigir adiantamento de valores para realização de perícias.

e) Somente no caso em que o beneficiário da justiça gratuita não tenha obtido em juízo créditos capazes de suportar a despesa, ainda que em outro processo, a União responderá pelo encargo.

COMENTÁRIO

A alternativa C está incorreta. Na verdade, nos termos do §2º, do art. 790-B da CLT, o juiz "poderá" deferir parcelamento dos honorários periciais.

A alternativa afirmou que o juiz "deverá" nesse ponto reside o erro da questão. Segue o dispositivo legal:

"Art. 790- B. § 2º O juízo poderá deferir parcelamento dos honorários periciais."

As demais alternativas exigiram do candidato o conhecimento da literalidade dos dispositivos legais.

RESPOSTA: Letra C

05 – Com relação aos honorários periciais na Justiça do Trabalho, julgue o item a seguir:

A partir da Reforma Trabalhista, foi mantida a responsabilidade pelo pagamento dos honorários periciais pela parte sucumbente, mas foi previsto que os beneficiários da justiça gratuita passarão a arcar com os honorários periciais, caso sucumbirem no pleito que levou a produção da prova pericial.

COMENTÁRIO

A assertiva está correta.

Após a reforma, foi mantida a responsabilidade pelo pagamento dos honorários periciais pela parte sucumbente, mas foi previsto que os beneficiários da justiça gratuita passarão a arcar com os honorários periciais, caso sucumbirem no pleito que levou a produção da prova pericial.

Porém, foi estabelecido no § 4º, do artigo 790 –B da CLT, que somente no caso em que o beneficiário da justiça gratuita não tenha obtido em juízo créditos capazes de suportar a despesa referente aos honorários periciais, ainda que em outro processo, a União responderá pelo encargo.

RESPOSTA: Certo

41. DAS PARTES E DOS PROCURADORES (HONORÁRIOS ADVOCATÍCIOS)

QUADRO COMPARATIVO	
ANTES DA REFORMA TRABALHISTA	**APÓS A REFORMA TRABALHISTA**
Sem previsão anterior.	"Art. 791-A. Ao advogado, **AINDA que atue em causa própria, SERÃO devidos honorários de sucumbência**, fixados entre o **mínimo de 5% (cinco por cento) e o máximo de 15% (quinze por cento)** sobre o valor que resultar da **liquidação da sentença,** do **proveito econômico obtido ou, NÃO sendo possível mensurá-lo, sobre o valor atualizado da causa.** § 1º **OS HONORÁRIOS SÃO DEVIDOS TAMBÉM NAS AÇÕES CONTRA A FAZENDA PÚBLICA E NAS AÇÕES EM QUE A PARTE ESTIVER ASSISTIDA OU SUBSTITUÍDA PELO SINDICATO DE SUA CATEGORIA.** § 2º Ao fixar os honorários, o juízo observará: I – o grau de zelo do profissional; II – o lugar de prestação do serviço; III – a natureza e a importância da causa; IV – o trabalho realizado pelo advogado e o tempo exigido para o seu serviço. § 3º Na hipótese de **procedência parcial**, o **juízo arbitrará honorários de**

	sucumbência recíproca, VEDADA a compensação entre os honorários. § 4º Vencido o **beneficiário da justiça gratuita, desde que NÃO tenha obtido em juízo, AINDA QUE EM OUTRO PROCESSO, créditos capazes de suportar a despesa, as obrigações decorrentes de sua sucumbência FICARÃO SOB CONDIÇÃO SUSPENSIVA DE EXIGIBILIDADE E SOMENTE PODERÃO SER EXECUTADAS SE, NOS DOIS ANOS SUBSEQUENTES AO TRÂNSITO EM JULGADO DA DECISÃO QUE AS CERTIFICOU, O CREDOR DEMONSTRAR QUE DEIXOU DE EXISTIR A SITUAÇÃO DE INSUFICIÊNCIA DE RECURSOS QUE JUSTIFICOU A CONCESSÃO DE GRATUIDADE, EXTINGUINDO-SE, PASSADO ESSE PRAZO, TAIS OBRIGAÇÕES DO BENEFICIÁRIO**. § 5º São devidos **honorários de sucumbência na reconvenção**."

⇔ *O QUE MUDOU?*

A Reforma Trabalhista possibilitou a fixação de honorários sucumbenciais no processo trabalho.

Antes da vigência da Lei nº 13.467/17 a condenação em honorários não decorria da mera sucumbência, conforme o entendimento firmado pelo TST na Súmula nº 219:

> *"Súmula nº 219 do TST*
>
> *HONORÁRIOS ADVOCATÍCIOS.CABIMENTO.*
>
> *I – Na Justiça do Trabalho, a condenação ao pagamento de honorários advocatícios não decorre pura e simplesmente da sucumbência, devendo a parte, concomitantemente: a) estar assistida por sindicato da categoria profissional; b) comprovar a percepção de salário inferior ao dobro do salário mínimo ou encontrar-se em situação econômica que não lhe permita demandar sem prejuízo do próprio sustento ou da respectiva família. (art.14,§1º, da Lei nº 5.584/1970).*
>
> *II – É cabível a condenação ao pagamento de honorários advocatícios em ação rescisória no processo trabalhista.*

III – São devidos os honorários advocatícios nas causas em que o ente sindical figure como substituto processual e nas lides que não derivem da relação de emprego.

IV – Na ação rescisória e nas lides que não derivem de relação de emprego, a responsabilidade pelo pagamento dos honorários advocatícios da sucumbência submete-se à disciplina do Código de Processo Civil (arts. 85, 86, 87 e 90).

V – Em caso de assistência judiciária sindical ou de substituição processual sindical, excetuados os processos em que a Fazenda Pública for parte, os honorários advocatícios são devidos entre o mínimo de dez e o máximo de vinte por cento sobre o valor da condenação, do proveito econômico obtido ou, não sendo possível mensurá-lo, sobre o valor atualizado da causa (CPC de 2015, art. 85, § 2º).

VI – Nas causas em que a Fazenda Pública for parte, aplicar-se-ão os percentuais específicos de honorários advocatícios contemplados no Código de Processo Civil."

Assim, antes da reforma, para serem devidos os honorários sucumbenciais eram necessários dois requisitos cumulativos, quais sejam, o reclamante deveria ser beneficiário da justiça gratuita e estar assistido por sindicato da categoria profissional.

A lei nº 13.467/17 acrescentou o art. 791-A à CLT prevendo expressamente a condenação de honorários de sucumbência ao vencido.

QUESTÕES OBJETIVAS COMENTADAS

01 – De acordo com a Reforma Trabalhista, julgue o item a seguir:

Ao advogado, ainda que atue em causa própria, serão devidos honorários de sucumbência, fixados entre o mínimo de 10% (dez por cento) e o máximo de 20% (vinte por cento) sobre o valor que resultar da liquidação da sentença, do proveito econômico obtido ou, não sendo possível mensurá-lo, sobre o valor atualizado da causa.

COMENTÁRIO

A lei nº 13.467/17 acrescentou o art. 791-A à CLT prevendo expressamente a condenação de honorários de sucumbência ao vencido.

Contudo, a legislação trabalhista apresenta tabela própria de fixação dos honorários sucumbenciais no **patamar entre 5% a 15%**. Segue, abaixo, o dispositivo legal acrescentado à CLT:

"Art. 791-A. Ao advogado, ainda que atue em causa própria, serão devidos honorários de sucumbência, fixados entre **o mínimo de 5% (cinco por cento) e o máximo de 15% (quinze por cento)** sobre o valor que resultar da liquidação da sentença, do proveito econômico obtido ou, não sendo possível mensurá-lo, sobre o valor atualizado da causa.

§ 1º Os honorários são devidos também nas ações contra a Fazenda Pública e nas ações em que a parte estiver assistida ou substituída pelo sindicato de sua categoria.

§ 2º Ao fixar os honorários, o juízo observará:

I – o grau de zelo do profissional;

II – o lugar de prestação do serviço;

III – a natureza e a importância da causa;

IV – o trabalho realizado pelo advogado e o tempo exigido para o seu serviço.

§ 3º Na hipótese de procedência parcial, o juízo arbitrará honorários de sucumbência recíproca, vedada a compensação entre os honorários.

§ 4º Vencido o beneficiário da justiça gratuita, desde que não tenha obtido em juízo, ainda que em outro processo, créditos capazes de suportar a despesa, as obrigações decorrentes de sua sucumbência ficarão sob condição suspensiva de exigibilidade e somente poderão ser executadas se, nos dois anos subsequentes ao trânsito em julgado da decisão que as certificou, o credor demonstrar que deixou de existir a situação de insuficiência de recursos que justificou a concessão de gratuidade, extinguindo-se, passado esse prazo, tais obrigações do beneficiário.

§ 5º São devidos honorários de sucumbência na reconvenção."

Vale lembrar que o artigo 85 § 2º, do Código de Processo Civil estabelece a porcentagem de no mínimo 10% e no máximo 20%.

RESPOSTA: Errado

02 – De acordo com a Reforma Trabalhista, julgue o item a seguir:

Ao advogado, ainda que atue em causa própria, serão devidos honorários de sucumbência, fixados entre o mínimo de 5% (cinco por cento) e o máximo de 15% (quinze por cento) sobre o valor que resultar da liquidação da sentença, do proveito econômico obtido ou, não sendo possível mensurá-lo, sobre o valor atualizado da causa.

COMENTÁRIO

Alei nº 13.467/17 acrescentou o art. 791-A à CLT prevendo assim a condenação de honorários de sucumbência ao vencido.

Conforme já exposto, a legislação trabalhista apresenta tabela própria de fixação dos honorários sucumbenciais no patamar entre 5% a 15%.

Segue abaixo o dispositivo legal acrescentado à CLT:

"Art. 791-A. Ao advogado, ainda que atue em causa própria, serão devidos honorários de sucumbência, fixados entre o mínimo de 5% (cinco por cento) e o máximo de 15% (quinze por cento) sobre o valor que resultar da liquidação da sentença, do proveito econômico obtido ou, não sendo possível mensurá-lo, sobre o valor atualizado da causa.

§ 1º Os honorários são devidos também nas ações contra a fazenda pública e nas ações em que a parte estiver assistida ou substituída pelo sindicato de sua categoria.

§ 2º Ao fixar os honorários, o juízo observará:

I – o grau de zelo do profissional;

II – o lugar de prestação do serviço;

III – a natureza e a importância da causa;

IV – o trabalho realizado pelo advogado e o tempo exigido para o seu serviço.

§ 3º Na hipótese de procedência parcial, o juízo arbitrará honorários de sucumbência recíproca, vedada a compensação entre os honorários.

§ 4º Vencido o beneficiário da justiça gratuita, desde que não tenha obtido em juízo, ainda que em outro processo, créditos capazes de suportar a despesa, as obrigações decorrentes de sua sucumbência ficarão sob condição suspensiva de exigibilidade e somente poderão ser executadas se, nos dois anos subsequentes ao trânsito em julgado da decisão que as certificou, o credor demonstrar que deixou de existir a situação de insuficiência de recursos que justificou a concessão de gratuidade, extinguindo-se, passado esse prazo, tais obrigações do beneficiário.

§ 5º São devidos honorários de sucumbência na reconvenção."

RESPOSTA: Certo

03 - No que concerne aos honorários advocatícios na Justiça do Trabalho, julgue os itens abaixo:

Ao fixar os honorários, o juízo observará:

I - o grau de zelo do profissional.

II - o lugar de prestação do serviço.

III - a natureza e a importância da causa.

Estão corretas apenas:

a) I

b) II

c) I e III

d) II e III

e) Todas

COMENTÁRIO

Constam expressamente no § 2º, do artigo 791-A, os parâmetros para auxiliar o juiz a fundamentar a fixação dos percentuais dos honorários advocatícios, no patamar entre de 5% a 15%:

"Art. 791 – A. § 2ºAo fixar os honorários, o juízo observará:

I – o grau de zelo do profissional;

II – o lugar de prestação do serviço;

III – a natureza e a importância da causa;

IV – o trabalho realizado pelo advogado e o tempo exigido para o seu serviço."

Na questão em comento foram elencados expressamente os incisos I, II e III.

RESPOSTA: Letra E

04 - No que concerne aos honorários advocatícios na Justiça do Trabalho, julgue os itens abaixo:

I - Os honorários são devidos também nas ações contra a fazenda pública e nas ações em que a parte estiver assistida ou substituída pelo sindicato de sua categoria.

II - Na hipótese de procedência parcial, o juízo arbitrará honorários de sucumbência recíproca, vedada a compensação entre os honorários.

III – Vencido o beneficiário da justiça gratuita, desde que não tenha obtido em juízo, ainda que em outro processo, créditos capazes de suportar a despesa, as obrigações decorrentes de sua sucumbência ficarão sob condição suspensiva de exigibilidade e somente poderão ser executadas se, nos dois anos subsequentes ao trânsito em julgado da decisão que as certificou, o credor demonstrar que deixou de existir a situação de insuficiência de recursos que justificou a concessão de gratuidade, extinguindo-se, passado esse prazo, tais obrigações do beneficiário.

Estão corretas apenas:

a) I

b) II

c) I e III

d) II e III

e) Todas

COMENTÁRIO

A questão em referência exigiu o conhecimento literal do artigo 791-A da CLT. Com a seguinte redação:

"Art. 791-A. Ao advogado, ainda que atue em causa própria, serão devidos honorários de sucumbência, fixados entre o mínimo de 5% (cinco por cento) e o máximo de 15% (quinze por cento)sobre o valor que resultar da liquidação da sentença, do proveito econômico obtido ou, não sendo possível mensurá-lo, sobre o valor atualizado da causa.

§ 1º Os honorários são devidos também nas ações contra a fazenda pública e nas ações em que a parte estiver assistida ou substituída pelo sindicato de sua categoria.

§ 2º Ao fixar os honorários, o juízo observará:

I – o grau de zelo do profissional;

II – o lugar de prestação do serviço;

III – a natureza e a importância da causa;

IV – o trabalho realizado pelo advogado e o tempo exigido para o seu serviço.

§ 3º Na hipótese de procedência parcial, o juízo arbitrará honorários de sucumbência recíproca, vedada a compensação entre os honorários.

§ 4º Vencido o beneficiário da justiça gratuita, desde que não tenha obtido em juízo, ainda que em outro processo, créditos capazes de suportar a despesa, as obrigações decorrentes de sua sucumbência ficarão sob condição suspensiva de exigibilidade e somente poderão ser executadas se, nos dois anos subsequentes ao trânsito em julgado da decisão que as certificou, o credor demonstrar que deixou de existir a situação de insuficiência de recursos que justificou a concessão de gratuidade, extinguindo-se, passado esse prazo, tais obrigações do beneficiário.

§ 5º São devidos honorários de sucumbência na reconvenção."

Item I – A partir da Reforma Trabalhista são devidos honorários advocatícios em todas as causas, inclusive aquelas envolvendo entes públicos e de âmbito coletivo, com substituição processual do sindicato.

Item II – Antes da Reforma Trabalhista o trabalhador não era atingido pelos efeitos da sucumbência parcial. Agora, na hipótese de procedência parcial, o juiz do trabalho deve fixar honorários de sucumbência recíproca, não sendo permitida a sua compensação, conforme previsto no § 3º, art. 791-A da CLT.

Item III – Nesse item foi transcrito o § 4º, do art. 791-A da CLT, que trata da hipótese do beneficiário da justiça gratuita sucumbir em parte na sua pretensão.

Nesse caso, o seu crédito deve ser utilizado para pagar os honorários de sucumbência. Uma observação importante é que podem ser utilizados créditos obtidos em outra demanda.

Contudo, caso o beneficiário não tenha conseguido créditos capazes de suportar as despesas as obrigações decorrentes de sua sucumbência ficarão sob condição suspensiva de exigibilidade e somente poderão ser executadas se, nos dois anos subsequentes ao trânsito em julgado da decisão que as certificou, o credor demonstrar que deixou de existir a situação de insuficiência de recursos que justificou a concessão de gratuidade, extinguindo-se, passado esse prazo, tais obrigações do beneficiário da justiça gratuita.

RESPOSTA: Letra E

05 – De acordo com a Reforma Trabalhista, julgue o item a seguir:

Vencido o beneficiário da justiça gratuita, desde que não tenha obtido em juízo, ainda que em outro processo, créditos capazes de suportar a despesa, as obrigações decorrentes de sua sucumbência ficarão sob condição suspensiva de exigibilidade e somente poderão ser executadas se, nos cinco anos subsequentes ao trânsito em julgado da decisão que as certificou, o credor demonstrar que deixou de existir a situação de insuficiência de recursos que justificou a concessão de gratuidade, extinguindo-se, passado esse prazo, tais obrigações do beneficiário.

COMENTÁRIO

A assertiva está incorreta.

Foi exigido o conhecimento da literalidade do § 4º, do art. 791-A da CLT. Com a seguinte redação:

"791- A. § 4º Vencido o beneficiário da justiça gratuita, desde que não tenha obtido em juízo, ainda que em outro processo, créditos capazes de suportar a despesa, as obrigações decorrentes de sua sucumbência ficarão sob condição suspensiva de exigibilidade e somente poderão ser executadas se, nos dois anos subsequentes ao trânsito em julgado da decisão que as certificou, o credor demonstrar que deixou de existir a situação de insuficiência de recursos que justificou a concessão de gratuidade, extinguindo-se, passado esse prazo, tais obrigações do beneficiário."

O dispositivo acima transcrito trata da hipótese do beneficiário da justiça gratuita sucumbir em parte na sua pretensão.

Nesse caso, o seu crédito deve ser utilizado para pagar os honorários de sucumbência.

Uma observação importante é que podem ser utilizados créditos obtidos em outra demanda.

Contudo, caso o beneficiário não tenha conseguido créditos capazes de suportar as despesas as obrigações decorrentes de sua sucumbência ficarão sob condição suspensiva de exigibilidade e somente poderão ser executadas se, nos dois anos subsequentes ao trânsito em julgado da decisão que as certificou, o credor demonstrar que deixou de existir a situação de insuficiência de recursos que justificou a concessão de gratuidade, extinguindo-se, passado esse prazo, tais obrigações do beneficiário da justiça gratuita.

A assertiva alterou o prazo em que as obrigações do sucumbente poderão ficar suspensa. Perceba que a norma estabelece um prazo de 2 (dois) anos. Já o examinador afirmou que o prazo seria 5 (cinco) anos.

RESPOSTA: Errado

06 – De acordo com a Reforma Trabalhista, julgue o item a seguir:

São devidos honorários de sucumbência na reconvenção.

COMENTÁRIO

A assertiva exigiu a literalidade do § 5º do art. 791-A: "São devidos honorários de sucumbência na reconvenção".

RESPOSTA: Certo

07 – No que concerne aos honorários advocatícios na Justiça do Trabalho, assinale a opção INCORRETA.

a) Ao advogado, ainda que atue em causa própria, serão devidos honorários de sucumbência, fixados entre o mínimo de 5% (cinco por cento) e o máximo de 15% (quinze por cento) sobre o valor que resultar da liquidação da sentença, do proveito econômico obtido ou, não sendo possível mensurá-lo, sobre o valor atualizado da causa.

b) Os honorários são devidos também nas ações contra a fazenda pública e nas ações em que a parte estiver assistida ou substituída pelo sindicato de sua categoria.

c) Ao fixar os honorários, o juízo observará: o grau de zelo do profissional; o lugar de prestação do serviço; a natureza e a importância da causa; o trabalho realizado pelo advogado e o tempo exigido para o seu serviço.

d) Na hipótese de procedência parcial, o juízo arbitrará honorários de sucumbência recíproca, vedada a compensação entre os honorários.

e) Não são devidos honorários de sucumbência na reconvenção.

COMENTÁRIO

Mais uma vez foi exigido a literalidade do artigo 791-A da CLT.

A alternativa "a" está correta. A legislação trabalhista apresenta tabela própria de fixação dos honorários sucumbenciais no patamar entre 5% a 15%. Vale lembrar que, o artigo 85 § 2º, do Código de Processo Civil, estabelece a porcentagem de no mínimo 10% e no máximo 20%.

A alternativa "b" está correta. A partir da Reforma Trabalhista são devidos honorários advocatícios em todas as causas, inclusive aquelas envolvendo entes públicos e de âmbito coletivo, com substituição processual do sindicato.

A alternativa "c" está correta. Consta expressamente no § 2º, do artigo 791-A, os parâmetros para auxiliar o juiz a fundamentar a fixação dos percentuais no patamar entre de 5% a 15%: Na questão em comento foram elencados expressamente os incisos I, II e III.

A alternativa "d" está correta. Antes da Reforma Trabalhista o trabalhador não era atingido pelos efeitos da sucumbência parcial. Agora, na hipótese de procedência parcial, o juiz do trabalho deve fixar honorários de sucumbência recíproca, não sendo permitida a sua compensação, conforme previsto no § 3º, art. 791-A da CLT.

Por outro lado, a alternativa "e" está incorreta. A assertiva exigiu a literalidade do § 5º do art. 791-A: "São devidos honorários de sucumbência na reconvenção".

RESPOSTA: Letra E

42. DO PROCESSO EM GERAL – DA RESPONSABILIDADE POR DANO PROCESSUAL

Seção IV-A
Da Responsabilidade por Dano Processual

QUADRO COMPARATIVO	
ANTES DA REFORMA TRABALHISTA	**APÓS A REFORMA TRABALHISTA**
Sem previsão anterior.	'Art. 793-A. Responde por **perdas e danos aquele que litigar de má-fé como reclamante, reclamado ou interveniente.**' 'Art. 793-B. Considera-se **litigante de má-fé aquele que:** **I – deduzir pretensão ou defesa contra texto expresso de lei ou fato incontroverso;** **II – alterar a verdade dos fatos;** **III – usar do processo para conseguir objetivo ilegal;** **IV – opuser resistência injustificada ao andamento do processo;** **V – proceder de modo temerário em qualquer incidente ou ato do processo;** **VI – provocar incidente manifestamente infundado;** **VII – interpuser recurso com intuito manifestamente protelatório.**' 'Art. 793-C. De **ofício** ou a **requerimento**, o juízo condenará o **litigante de**

má-fé a pagar multa, que DEVERÁ ser superior a 1% (um por cento) e inferior a 10% (dez por cento) do valor corrigido da causa, a indenizar a parte contrária pelos **prejuízos que esta sofreu** e **a arcar com os honorários advocatícios e com todas as despesas que efetuou.**

§ 1º Quando forem **dois ou mais** os litigantes de má-fé, **o juízo condenará cada um na proporção de seu respectivo interesse na causa ou solidariamente aqueles que se coligaram para lesar a parte contrária.**

§ 2º Quando o valor da causa for **irrisório** ou **inestimável, a multa PODERÁ ser fixada em até duas vezes o limite máximo dos benefícios do Regime Geral de Previdência Social**[10].

§ 3º O valor da indenização será fixado pelo juízo ou, **caso NÃO seja possível mensurá-lo, liquidado por arbitramento ou pelo procedimento comum, nos próprios autos.'**

'Art. 793-D. Aplica-se a multa prevista no art. 793-C desta Consolidação à **testemunha que intencionalmente alterar a verdade dos fatos ou omitir fatos essenciais ao julgamento da causa.**

Parágrafo único. A execução da multa prevista neste artigo dar-se-á nos **mesmos autos**.'"

10 Atualmente (15 de julho de 2017), o limite máximo estabelecido para os benefícios do Regime Geral de Previdência Social ("teto no INSS") é de R$ 5.531,31. Ou seja, o dobro desse valor é R$ 11.062,62.

O QUE MUDOU?

Com a Reforma Trabalhista ficou expressa a previsão de litigância de má-fé no processo do trabalho, com a inclusão dos artigos 793-A, 793-B, 793-C e 793-D a CLT.

Importante registrar que foram adotados critérios semelhantes ao Código de Processo Civil.

Antes da reforma, os juízes aplicavam de forma subsidiária as normas previstas no CPC para aplicar a litigância de má-fé na seara trabalhista, com fundamento no artigo 769 da CLT, que determina: "Nos casos omissos, o direito processual comum será fonte subsidiária do direito processual do trabalho, exceto naquilo em que for incompatível com as normas deste Título".

Assim, com a Reforma Trabalhista, o Direito Processual do Trabalho tem regramento específico sobre a "Responsabilidade por Dano Processual".

QUESTÕES OBJETIVAS COMENTADAS

01 – De acordo com a Reforma Trabalhista, julgue o item a seguir:

Responde por perdas e danos aquele que litigar de má-fé como reclamante, reclamado ou interveniente.

COMENTÁRIO

A questão exigiu a literalidade do art. 793-A da CLT. Com a seguinte redação:

"Art. 793-A. Responde por perdas e danos aquele que litigar de má-fé como reclamante, reclamado ou interveniente."

Com a Reforma Trabalhista ficou expressa a previsão de litigância de má-fé no processo do trabalho. Com a inclusão dos artigos 793-A, 793-B, 793-C e 793-D.

Importante ficar atento para o alcance do art. 793-A da CLT que englobo o reclamante, reclamado e o interveniente.

RESPOSTA: Certo

02 – No que concerne a Responsabilidade por Dano Processual na Justiça do Trabalho, julgue os itens abaixo:

Considera-se litigante de má-fé aquele que:

I – deduzir pretensão ou defesa contra texto expresso de lei ou fato incontroverso.

II – alterar a verdade dos fatos.

III – usar do processo para conseguir objetivo ilegal.

Estão corretas apenas:

a) I

b) II

c) I e III

d) II e III

e) Todas

COMENTÁRIO

A questão exigiu a literalidade do artigo 793-B, da CLT. Com a seguinte redação:

"Art. 793-B. Considera-se litigante de má-fé aquele que:

I – deduzir pretensão ou defesa contra texto expresso de lei ou fato incontroverso;

II – alterar a verdade dos fatos;

III – usar do processo para conseguir objetivo ilegal;

IV – opuser resistência injustificada ao andamento do processo;

V – proceder de modo temerário em qualquer incidente ou ato do processo;

VI – provocar incidente manifestamente infundado;

VII – interpuser recurso com intuito manifestamente protelatório."

Na questão em referência que o examinador elencou os incisos I, II e III do artigo acima citado.

O aludido preceito celetista reproduz, o rol contido no art. 80 do CPC. Que assim prevê:

"Art. 80.Considera-se litigante de má-fé aquele que:

I – deduzir pretensão ou defesa contra texto expresso de lei ou fato incontroverso;

II – alterar a verdade dos fatos;

III – usar do processo para conseguir objetivo ilegal;

IV – opuser resistência injustificada ao andamento do processo;

V – proceder de modo temerário em qualquer incidente ou ato do processo;

VI – provocar incidente manifestamente infundado;

VII – interpuser recurso com intuito manifestamente protelatório."

RESPOSTA: Letra E

03 – No que concerne a Responsabilidade por Dano Processual na Justiça do Trabalho, julgue os itens abaixo:

Considera-se litigante de má-fé aquele que:

I – opuser resistência justificada ao andamento do processo.

II – proceder de modo temerário em qualquer incidente ou ato do processo.

III – interpuser recurso com intuito manifestamente intempestivo.

Estão corretas apenas:

a) I

b) II

c) I e III

d) II e III

e) Todas

COMENTÁRIO

A questão exigiu o conhecimento literal do artigo 793-B, da CLT.

Acontece que os itens I e III estão errados, uma vez que o examinador alterou a redação dos incisos IV e VII do art. 793-B.

Na verdade, considera-se litigante de má-fé aquele que: opuser resistência **injustificada** ao andamento do processo e interpuser recurso com intuito manifestamente **protelatório.**

RESPOSTA: Letra B

04 – De acordo com a Reforma Trabalhista, julgue o item a seguir:

De ofício ou a requerimento, o juízo condenará o litigante de má-fé a pagar multa, que deverá ser superior a 1% (um por cento) e inferior a 20% (vinte por cento) do valor corrigido da causa, a indenizar a parte contrária pelos prejuízos que esta sofreu e a arcar com os honorários advocatícios e com todas as despesas que efetuou.

COMENTÁRIO

A questão exigiu o conhecimento do Caput, artigo 793-C, da CLT. Com a seguinte redação:

"Art. 793-C. De ofício ou a requerimento, o juízo condenará o litigante de má-fé a pagar multa, que deverá ser superior a 1% (um por cento) e inferior a 10% (dez por cento) do valor corrigido da causa, a indenizar a parte contrária pelos prejuízos que esta sofreu e a arcar com os honorários advocatícios e com todas as despesas que efetuou."

A assertiva está errada, uma vez que a multa deverá ser inferior a 10% (dez por cento) do valor corrigido da causa. O examinador aduziu que seria 20% (vinte por cento).

O aludido preceito celetista reproduz o rol contido no art. 81 do CPC. Que assim prevê:

"Art. 81. De ofício ou a requerimento, o juiz condenará o litigante de má-fé a pagar multa, que deverá ser superior a um por cento e inferior a dez por cento do valor corrigido da causa, a indenizar a parte contrária pelos prejuízos que esta sofreu e a arcar com os honorários advocatícios e com todas as despesas que efetuou."

Importante registrar que o valor da causa passou a figurar como elemento obrigatório da petição inicial, nos moldes do art. 840, § 1º, da CLT.

RESPOSTA: Errado

05 - De acordo com a Reforma Trabalhista, julgue o item a seguir:

Aplica-se a multa de litigância de má-fé, prevista na CLT, à testemunha que intencionalmente alterar a verdade dos fatos ou omitir fatos essenciais ao julgamento da causa.

COMENTÁRIO

A questão exigiu o conhecimento do Caput, artigo 793-D, da CLT. Com a seguinte redação:

"Art. 793-D. Aplica-se a multa prevista no art. 793-C desta Consolidação à testemunha que intencionalmente alterar a verdade dos fatos ou omitir fatos essenciais ao julgamento da causa.

Parágrafo único. A execução da multa prevista neste artigo dar-se-á nos mesmos autos.'"

Por expressa determinação legal, a multa por litigância por má-fé será aplicada as testemunhas que intencionalmente alterar a verdade dos fatos ou omitir fatos essências ao julgamento da causa.

Importante registrar que permanece em vigor o art. 730 da CLT, que determina:

"Art. 730 - Aqueles que se recusarem a depor como testemunhas, sem motivo justificado, incorrerão na multa de Cr$ 50,00 (cinquenta cruzeiros) a Cr$ 500,00 (quinhentos cruzeiros)."

Vale registrar ainda que a multa aplicada a testemunha (1% a 10% do valor da causa), não se confunde com o crime de falso testemunho.

RESPOSTA: Certo

06 - No que concerne a Responsabilidade por Dano Processual na Justiça do Trabalho, assinale a opção INCORRETA.

a) Com a Reforma Trabalhista ficou expressa a previsão de litigância de má-fé no processo do trabalho, com a inclusão dos artigos 793-A, 793-B, 793-C e 793-D a CLT.

b) De ofício ou a requerimento, o juízo condenará o litigante de má-fé a pagar multa, que deverá ser superior a 1% (um por cento) e inferior a 10% (dez por cento) do valor corrigido da causa, a indenizar a parte contrária pelos prejuízos que esta sofreu e a arcar com os honorários advocatícios e com todas as despesas que efetuou.

c) Quando forem dois ou mais os litigantes de má-fé, o juízo condenará cada um na proporção de seu respectivo interesse na causa ou solidariamente aqueles que se coligaram para lesar a parte contrária.

d) Quando o valor da causa for irrisório ou inestimável, a multa poderá ser fixada em até duas vezes o limite máximo dos benefícios do Regime Geral de Previdência Social .

e) O valor da indenização será fixado pelo juízo ou, caso não seja possível mensurá-lo, liquidado por artigos, em autos apartados.

COMENTÁRIO

A questão em referência exigiu o conhecimento literal do artigo 793-C da CLT. Com a seguinte redação:

"Art. 793-C. De ofício ou a requerimento, o juízo condenará o litigante de má-fé a pagar multa, que deverá ser superior a 1% (um por cento) e inferior a 10% (dez por cento) do valor corrigido da causa, a indenizar a parte contrária pelos prejuízos que esta sofreu e a arcar com os honorários advocatícios e com todas as despesas que efetuou.

§ 1º Quando forem dois ou mais os litigantes de má-fé, o juízo condenará cada um na proporção de seu respectivo interesse na causa ou solidariamente aqueles que se coligaram para lesar a parte contrária.

§ 2º Quando o valor da causa for irrisório ou inestimável, a multa poderá ser fixada em até duas vezes o limite máximo dos benefícios do Regime Geral de Previdência Social .

§ 3º O valor da indenização será fixado pelo juízo ou, caso não seja possível mensurá-lo, liquidado por arbitramento ou pelo procedimento comum, nos próprios autos."

A alternativa "a" está correta. Foi através da Reforma Trabalhista que ficou expresso a previsão de litigância de má-fé no processo do trabalho.

A alternativa "b" está correta. Traduz a literalidade do Caput, do art. 793-C.

A alternativa "c" está correta. Traduz a literalidade do art. 793-C, § 1º, o qual estabelece que quando houver mais de um litigante em torno do mesmo desvirtuamento processual, o juiz condenará cada um na proporção de seu respectivo interesse na causa ou solidariamente aqueles que se coligaram para lesar a parte contrária.

A aplicação do dispositivo em referência poderá acontecer em várias hipóteses a exemplo das ações plúrimas e das demandas envolvendo, no polo passivo, grupo econômico e ou regime de terceirização.

A alternativa "d" está correta. Traduz a literalidade do art. 793-C, § 2º. O legislador atento as causas com valor irrisório ou inestimável, atribuiu balizas ao juiz. Nesses casos, a multa poderá ser fixada em até duas vezes o limite máximo dos benefícios do Regime Geral de Previdência Social.

Por outro lado, a alternativa "e" está incorreta. É que a assertiva contraria o art. 793-A, § 3º. Caso não seja possível mensurar a valor da indenização, acorrerá a liquidação por arbitramento ou pelo procedimento comum, nos próprios autos.

RESPOSTA: Letra E

43. DO PROCESSO EM GERAL - DAS EXCEÇÕES

QUADRO COMPARATIVO	
ANTES DA REFORMA TRABALHISTA	**APÓS A REFORMA TRABALHISTA**
Art. 800 - Apresentada a exceção de incompetência, abrir-se-á vista dos autos ao exceto, por 24 (vinte e quatro) horas improrrogáveis, devendo a decisão ser proferida na primeira audiência ou sessão que se seguir.	"Art. 800. Apresentada **exceção de incompetência territorial no prazo de cinco dias a contar da notificação, antes da audiência e em peça que sinalize a existência desta exceção**, seguir-se-á o procedimento estabelecido neste artigo.
Sem previsão anterior.	§ 1º Protocolada a petição, **será suspenso o processo e NÃO se realizará a audiência a que se refere o art. 843 desta Consolidação até que se decida a exceção.**
Sem previsão anterior.	§ 2º Os autos **SERÃO IMEDIATAMENTE CONCLUSOS AO JUIZ**, que **intimará o reclamante** e, **se existentes**, os **litisconsortes, para manifestação no prazo comum de cinco dias.**
Sem previsão anterior.	§ 3º Se entender necessária a **produção de prova oral**, o juízo designará **audiência**, garantindo o direito de o excipiente e de suas testemunhas serem ouvidos, por carta precatória, no juízo que este houver indicado como competente.

Sem previsão anterior.	§ 4º **Decidida a exceção de incompetência territorial, o processo retomará seu curso, com a designação de audiência, a apresentação de defesa e a instrução processual perante o juízo competente."** (NR)

⇔ O QUE MUDOU?

A Reforma Trabalhista alterou consideravelmente a esquemática da exceção de incompetência territorial no âmbito do processo do trabalho.

O caput do artigo 800 foi alterado e, além disso, foram acrescidos quatro parágrafos acerca do regramento da exceção de incompetência territorial.

No novo procedimento, o excipiente, no prazo de cinco dias a contar da notificação e antes da audiência, apresentará o pleito em peça apartada, na qual deverá sinalizar tratar-se de uma exceção de incompetência territorial.

Os autos serão conclusos imediatamente ao juiz, que receberá a exceção e abrirá o prazo de 05 dias, a contar da notificação, para que o reclamante e, se existentes, os litisconsortes, para manifestação no prazo comum de cinco dias.

Talvez a maior diferença em comparação com o regramento anterior é que a decisão acerca da exceção de incompetência territorial não ocorrerá na primeira audiência ou sessão que se seguir à oposição da exceção.

Com a Reforma Trabalhista, cria-se um incidente processual, que interrompe o curso processual. Além disso, fica vedada a realização da audiência de julgamento, prevista no artigo 843 da CLT.

Além disso, abre-se a possibilidade da ocorrência da instrução probatória, caso o juízo entenda haver a necessidade.

Por fim, uma vez decidida a exceção de incompetência territorial, o processo retomará o seu curso perante o juízo competente, no qual haverá a designação de audiência, a apresentação de defesa e a instrução processual.

Certo é que, caso modificada a competência e o novo juízo da causa não concordar com a decisão proferida na exceção de incompetência territorial, deverá arguir o conflito de competência perante o tribunal competente, conforme o caso.

Em razão da relevância, importante recordar a súmula 214 do TST:

> *Súmula nº 214 do TST*
>
> *DECISÃO INTERLOCUTÓRIA. IRRECORRIBILIDADE.*
>
> *Na Justiça do Trabalho, nos termos do art. 893, § 1º, da CLT, as decisões interlocutórias não ensejam recurso imediato, salvo nas hipóteses de decisão:*
>
> *a) de Tribunal Regional do Trabalho contrária à Súmula ou Orientação Jurisprudencial do Tribunal Superior do Trabalho;*

b) suscetível de impugnação mediante recurso para o mesmo Tribunal;

c) que acolhe exceção de incompetência territorial, com a remessa dos autos para Tribunal Regional distinto daquele a que se vincula o juízo excepcionado, consoante o disposto no art. 799, § 2º, da CLT.

Assim, caso haja a remessa dos autos para Tribunal Regional distinto a que se vincula o juízo excepcionado, ainda que se trate de uma decisão interlocutória, caberá a interposição de recurso em face desta decisão.

QUESTÕES OBJETIVAS COMENTADAS

01 – De acordo com a Reforma Trabalhista, julgue o item a seguir:

Apresentada a exceção de incompetência, abrir-se-á vista dos autos ao exceto, por 24 (vinte e quatro) horas improrrogáveis, devendo a decisão ser proferida na primeira audiência ou sessão que se seguir.

COMENTÁRIO

O examinador transcreveu a anterior redação do art. 800 da CLT, eis o erro da assertiva.

Houve substancial alteração no art. 800. O legislador, além de alterar o caput, incluiu quatro parágrafos para tratar do tema.

No novo procedimento, o excipiente, no prazo de cinco dias a contar da notificação e antes da audiência, apresentará o pleito em peça apartada, na qual deverá sinalizar tratar-se de uma exceção de incompetência territorial. Em ato contínuo, os autos serão conclusos imediatamente ao juiz, que receberá a exceção e abrirá o prazo de 05 dias, a contar da notificação, para que o reclamante e, se existentes, os litisconsortes, para manifestação no prazo comum de cinco dias.

RESPOSTA: Errado

02 – No que concerne a exceção de incompetência territorial no Processo do Trabalho, julgue os itens abaixo:

I – Protocolada a petição, será suspenso o processo e não se realizará a audiência de julgamento até que se decida a exceção.

II – Se entender necessária a produção de prova oral, o juízo designará audiência, garantindo o direito de o excipiente e de suas testemunhas serem ouvidos, por carta precatória, no juízo que este houver indicado como competente.

III – Decidida a exceção de incompetência territorial, o processo retomará seu curso, com a designação de audiência, a apresentação de defesa e a instrução processual perante o juízo competente.

Estão corretas apenas:

a) I

b) II

c) I e III

d) II e III

e) Todas

COMENTÁRIO

I: correto. Traduz as diretrizes do § 1º do art. 800. A apresentação de exceção de incompetência territorial suspende imediatamente o processo. Não poderá ser realizada audiência de julgamento até que se decida a exceção.

II: correto. Traduz as diretrizes do § 3º do art. 800. A Reforma Trabalhista possibilitou a expedição de carta precatória inquiritória para oitiva do preposto da reclamada (preposto excipiente), bem como de testemunhas.

IIII: correto. Traduz as diretrizes do § 4º do art. 800. Tal dispositivo legal estabelece as diretrizes a serem seguidas depois de decidida a exceção de incompetência territorial. Fica mais uma vez comprovado que a apresentação da exceção suspende o curso do processo.

RESPOSTA: Letra E

03 – No que concerne a exceção de incompetência territorial no Processo do Trabalho, assinale a opção INCORRETA.

a) Fica sujeita a recurso imediato a decisão que acolhe exceção de incompetência territorial, com a remessa dos autos para Tribunal Regional distinto daquele a que se vincula o juízo excepcionado.

b) Se entender necessária a produção de prova oral, o juízo designará audiência, garantindo o direito de o excipiente e de suas testemunhas serem ouvidos, por carta precatória, no juízo que este houver indicado como competente.

c) Decidida a exceção de incompetência territorial, o processo retomará seu curso, com a designação de audiência, a apresentação de defesa e a instrução processual perante o juízo competente.

d) Apresentada a exceção de incompetência, abrir-se-á vista dos autos ao exceto, por 5 (cinco) dias, devendo a decisão ser proferida na primeira audiência ou sessão que se seguir.

e) A Reforma Trabalhista possibilitou a apresentação de exceção de incompetência territorial sem a necessidade do reclamado se deslocar até o local da propositura da reclamação trabalhista.

COMENTÁRIO

Alternativa "a". Correta. A jurisprudência do TST admite a interposição de recurso de imediato da decisão que acolhe exceção de incompetência territorial, com a remessa dos autos para Tribunal Regional distinto daquele a que se vincula o juízo excepcionado. Vejamos o teor do item "c" da Súmula 214 do TST, que permanece válido após a Reforma Trabalhista:

Súmula nº 214 do TST

DECISÃO INTERLOCUTÓRIA. IRRECORRIBILIDADE (nova redação) - Res. 127/2005, DJ 14, 15 e 16.03.2005

Na Justiça do Trabalho, nos termos do art. 893, § 1º, da CLT, as decisões interlocutórias não ensejam recurso imediato, salvo nas hipóteses de decisão: a) de Tribunal Regional do Trabalho contrária à Súmula ou Orientação Jurisprudencial do Tribunal Superior do Trabalho; b) suscetível de impugnação mediante recurso para o mesmo Tribunal; **c) que acolhe exceção de incompetência territorial, com a remessa dos autos para Tribunal Regional distinto daquele a que se vincula o juízo excepcionado, consoante o disposto no art. 799, § 2º, da CLT**.

Alternativa "b". Correta. Traduz as diretrizes do § 3º do art. 800. A Reforma Trabalhista possibilitou a expedição de carta precatória inquiritória para oitiva do preposto da reclamada (preposto excipiente), bem como de testemunhas.

Alternativa "c". Correta. Traduz as diretrizes do § 4º do art. 800. Tal dispositivo legal determina as diretrizes a serem seguidas depois de decidida a exceção de incompetência territorial.

Alternativa "d". Incorreta. No novo procedimento, o excipiente, no prazo de cinco dias a contar da notificação e antes da audiência, apresentará o pleito em peça apartada, na qual deverá sinalizar tratar-se de uma exceção de incompetência territorial. Os autos serão conclusos imediatamente ao juiz, que receberá a exceção e abrirá o prazo de 05 dias, a contar da notificação, para que o reclamante e, se existentes, os litisconsortes, para manifestação no prazo comum de cinco dias.

Alternativa "e". Correta. Pela literal redação do caput do art. 800, fica claro que o reclamando não precisa se deslocar até o local da propositura da reclamação trabalhista. Nos seguintes termos:

"Art. 800. Apresentada exceção de incompetência territorial no prazo de cinco dias a contar da notificação, antes da audiência e em peça que sinalize a existência desta exceção, seguir-se-á o procedimento estabelecido neste artigo"

Como no processo do trabalho a realidade é a de processo judicial eletrônico, não há que se falar em protocolo em outro juízo, mas sim, eletronicamente, dentro da própria reclamação trabalhista.

RESPOSTA: Letra D

44. DA INVERSÃO DO ÔNUS DA PROVA

QUADRO COMPARATIVO	
ANTES DA REFORMA TRABALHISTA	**APÓS A REFORMA TRABALHISTA**
Art. 818 - A prova das alegações incumbe à parte que as fizer.	"Art. 818. O **ônus da prova** incumbe: I – ao **reclamante**, quanto ao **fato constitutivo de seu direito;** II – ao **reclamado**, quanto à existência de **fato impeditivo, modificativo ou extintivo** do direito do reclamante.
Sem previsão anterior.	§ 1º Nos casos previstos em **lei ou diante de peculiaridades da causa relacionadas à impossibilidade ou à excessiva dificuldade de cumprir o encargo nos termos deste artigo ou à maior facilidade de obtenção da prova do fato contrário, PODERÁ o juízo atribuir o ônus da prova de modo diverso, desde que o faça por decisão fundamentada, caso em que DEVERÁ dar à parte a oportunidade de se desincumbir do ônus que lhe foi atribuído.**
Sem previsão anterior.	§ 2º A decisão referida no § 1º deste artigo **DEVERÁ ser proferida antes da abertura da instrução e, a requerimento da parte, implicará o adiamento da audiência e possibilitará provar os fatos por qualquer meio em direito admitido.**

Sem previsão anterior.	§ 3º A decisão referida no § 1º deste artigo **NÃO pode gerar situação em que a desincumbência do encargo pela parte seja impossível ou excessivamente difícil**." (NR)

⇔ *O QUE MUDOU?*

A Reforma Trabalhista, aproximando-se do regramento processual civil, regulamentou mais detalhadamente a questão do ônus da prova.

Vejamos como ocorre do âmbito do Direito Processual Civil. Eis a redação do artigo 373 do Código de Processo Civil:

> *Art. 373.O ônus da prova incumbe:*
>
> *I – ao autor, quanto ao fato constitutivo de seu direito;*
>
> *II – ao réu, quanto à existência de fato impeditivo, modificativo ou extintivo do direito do autor.*
>
> *§ 1º Nos casos previstos em lei ou diante de peculiaridades da causa relacionadas à impossibilidade ou à excessiva dificuldade de cumprir o encargo nos termos do caput ou à maior facilidade de obtenção da prova do fato contrário, poderá o juiz atribuir o ônus da prova de modo diverso, desde que o faça por decisão fundamentada, caso em que deverá dar à parte a oportunidade de se desincumbir do ônus que lhe foi atribuído.*
>
> *§ 2º A decisão prevista no § 1º deste artigo não pode gerar situação em que a desincumbência do encargo pela parte seja impossível ou excessivamente difícil.*
>
> *§ 3º A distribuição diversa do ônus da prova também pode ocorrer por convenção das partes, salvo quando:*
>
> *I – recair sobre direito indisponível da parte;*
>
> *II – tornar excessivamente difícil a uma parte o exercício do direito.*
>
> *§ 4º A convenção de que trata o § 3º pode ser celebrada antes ou durante o processo.*

Com efeito, o caput, o §1º e o §3º, do artigo 818 da CLT são transcrições do caput, §1º e §2º, do artigo 373 do CPC.

Destaca-se, porém, que a possibilidade da negociação do ônus probatório, prevista no âmbito do direito processual civil, não foi trazida para o âmbito do direito processual do trabalho.

Por seu turno, o §2º do artigo 818 da CLT alinha-se, no que tange o momento da inversão do ônus da prova, alinha-se ao artigo 357, III, do CPC, ora transcrito:

> *Art. 357. Não ocorrendo nenhuma das hipóteses deste Capítulo, deverá o juiz, em decisão de saneamento e de organização do processo:*
>
> *III – definir a distribuição do ônus da prova, observado o art. 373;*

Assim, sucintamente, o regime do ônus da prova ficou da seguinte forma:

A regra geral é que o ônus da prova incumbe ao reclamante, quanto ao fato constitutivo de seu direito e ao reclamado, quanto à existência de fato impeditivo, modificativo ou extintivo do direito do reclamante.

Todavia, caso a lei preveja ou diante de peculiaridade da causa, que estejam relacionadas à impossibilidade ou à excessiva dificuldade de cumprir o encargo nos termos deste artigo ou à maior facilidade de obtenção da prova do fato contrário, haverá a possibilidade (não é obrigatório) de o juízo atribuir o ônus da prova de modo diverso.

Para isso, será necessário que o faça por decisão fundamentada (em verdade, todas as decisões judiciais devem ser fundamentas), hipótese em que deverá (aqui, sim, é obrigatório) dar à parte a oportunidade de se desincumbir do ônus que lhe foi atribuído, sob pena de flagrante violação ao contraditório e ampla defesa, constitucionalmente garantidos.

Demais disso, a decisão pela inversão do ônus da prova deverá ser proferida antes da abertura da instrução e, caso haja requerimento da parte, implicará o adiamento da audiência, possibilitando, ainda, a prova dos fatos por qualquer meio em direito admitido.

Por fim, reza o §3º que não poderá ocorrer a inversão do ônus da prova quando a desincumbência do encargo pela parte seja impossível ou excessivamente difícil.

QUESTÕES OBJETIVAS COMENTADAS

01 – De acordo com a Reforma Trabalhista, julgue o item a seguir:

A regra geral é que o ônus da prova incumbe ao reclamante, quanto ao fato constitutivo de seu direito e ao reclamado, quanto à existência de fato impeditivo, modificativo ou extintivo do direito do reclamante.

COMENTÁRIO

As diretrizes gerais do ônus da prova estão definidas no art. 818, incisos I e II da CLT, que após a reforma tem a seguinte redação:

"Art. 818. O ônus da prova incumbe:

I – ao reclamante, quanto ao fato constitutivo de seu direito;

II – ao reclamado, quanto à existência de fato impeditivo, modificativo ou extintivo do direito do reclamante"

Com relação a regra geral, a reforma incorporou a previsão consolidada do Direito Processual Civil, que, desde os códigos de 1939 e 1973, definem que cabe ao autor provar o fato constitutivo do seu direito, cabendo ao réu provar à existência de fato impeditivo, modificativo ou extintivo do direito do autor.

RESPOSTA: Certo

02 – No que concerne ao ônus da prova do Direito Processual do Trabalho, julgue os itens abaixo:

I – Na seara processual trabalhista, toda a prova incumbe ao empregador, tendo em vista que o reclamante é parte hipossuficiente da relação empregatícia.

II – O reclamante tem o ônus de provar o fato constitutivo de seu direito.

III – O reclamado tem o ônus de provar a existência de fato impeditivo, modificativo ou extintivo do direito do reclamante.

Estão corretas apenas:

a) I

b) II

c) I e III

d) II e III

e) Todas

COMENTÁRIO

A questão exigiu a literalidade do artigo 818, I e II da CLT, que define a nova regra geral do ônus da prova do Direito Processual do Trabalho.

I: incorreta. A assertiva diverge da previsão do art. 818, I e II. Apesar de o reclamante ser a parte hipossuficiente da relação empregatícia, em regra, cabe a ele provar o fato constitutivo de seu direito.

II: correta. Fundamento legal (Art. 818, I)

III: correta. Fundamento legal (Art. 818, II)

RESPOSTA: Letra D

03 – No que concerne ao ônus da prova do Direito Processual do Trabalho, julgue os itens abaixo:

I – Nos casos previstos em lei ou diante de peculiaridades da causa relacionadas à impossibilidade ou à excessiva dificuldade de cumprir o encargo probatório previsto ou à maior facilidade de obtenção da prova do fato contrário, poderá o juízo atribuir o ônus da prova de modo diverso, desde que o faça por decisão fundamentada, caso em que deverá dar à parte a oportunidade de se desincumbir do ônus que lhe foi atribuído.

II – A decisão que inverte o ônus da prova deverá ser proferida antes da abertura da instrução e, a requerimento da parte, implicará o adiamento da audiência e possibilitará provar os fatos por qualquer meio em direito admitido.

III – A decisão que inverte o ônus da prova não pode gerar situação em que a desincumbência do encargo pela parte seja impossível ou excessivamente difícil.

Estão corretas apenas:

a) I

b) II

c) I e III

d) II e III

e) Todas

COMENTÁRIO

A questão exigiu o conhecimento literal dos § 1º, 2º e 3º do artigo 818 da CLT, que trazem as diretrizes para a inversão do ônus da prova, no Processo do Trabalho.

Vale registrar que a teoria da inversão do ônus da prova ganhou eficácia com o Código de Defesa do Consumidor e foi incorporada ao novo Código de Processo Civil. Após a Reforma Trabalhista esta teoria está presente na seara trabalhista.

I: correta. Literalidade do § 1º do art. 818. Traduz as regras gerais para aplicação da inversão do ônus da prova.

II: correta: Literalidade do § 2º do art. 818. Define que no caso de decisão de inversão do ônus da prova tomada em audiência, deverá ocorrer o adiamento da sessão para o aparelhamento da parte

III: correta: Literalidade do § 3º do art. 818. Define limites para aplicação pelo juiz da inversão do ônus da prova. A mesma não pode ser proferida caso tal encargo seja impossível ou excessivamente difícil.

RESPOSTA: Letra E

04 - No que concerne ao ônus da prova do Direito Processual do Trabalho, assinale a opção INCORRETA.

a) Nos casos previstos em lei ou diante de peculiaridades da causa relacionadas à impossibilidade ou à excessiva dificuldade de cumprir o encargo nos termos deste artigo ou à maior facilidade de obtenção da prova do fato contrário, poderá o juízo atribuir o ônus da prova de modo diverso, desde que o faça por decisão fundamentada, caso em que deverá dar à parte a oportunidade de se desincumbir do ônus que lhe foi atribuído.

b) A decisão que inverte o ônus da prova deverá ser proferida antes da abertura da instrução e, a requerimento da parte, implicará o adiamento da audiência e possibilitará provar os fatos por qualquer meio em direito admitido.

c) A decisão que inverte o ônus da prova não pode gerar situação em que a desincumbência do encargo pela parte seja impossível ou excessivamente difícil.

d) O reclamado tem o ônus de provar, quanto à existência de fato impeditivo, modificativo ou extintivo do direito do reclamante.

e) Na seara processual trabalhista, toda a prova incumbe ao empregador, tendo em vista que o reclamante é parte hipossuficiente da relação empregatícia.

COMENTÁRIO

Alternativa "a". Correta. Literalidade do § 1º do art. 818.

Alternativa "b". Correta. Literalidade do § 2º do art. 818.

Alternativa "c". Correta. Literalidade do § 3º do art. 818.

Alternativa "d". Correta. Fundamento legal (Art. 818, II).

Alternativa "e". Incorreta. A assertiva diverge da previsão do art. 818, I e II. Apesar de o reclamante ser a parte hipossuficiente da relação empregatícia, em regra, cabe a ele provar o fato constitutivo de seu direito.

RESPOSTA: Letra E

45. DOS DISSÍDIOS INDIVIDUAIS - DA FORMA DE RECLAMAÇÃO E DA NOTIFICAÇÃO

QUADRO COMPARATIVO	
ANTES DA REFORMA TRABALHISTA	**APÓS A REFORMA TRABALHISTA**
"Art. 840. A reclamação poderá ser escrita ou verbal. § 1º - Sendo escrita, a reclamação deverá conter a designação do Presidente da Junta, ou do juiz de direito a quem for dirigida, a qualificação do reclamante e do reclamado, uma breve exposição dos fatos de que resulte o dissídio, o pedido, a data e a assinatura do reclamante ou de seu representante. § 2º - Se verbal, a reclamação será reduzida a termo, em 2 (duas) vias datadas e assinadas pelo escrivão ou secretário, observado, no que couber, o disposto no parágrafo anterior. ***Sem previsão anterior.***	"Art. 840. A reclamação poderá ser escrita ou verbal. § 1º **Sendo escrita**, a reclamação **DEVERÁ conter a designação do juízo, a qualificação das partes, a breve exposição dos fatos de que resulte o dissídio, o pedido, que DEVERÁ ser certo, determinado e com indicação de seu valor, a data e a assinatura do reclamante ou de seu representante.** § 2º **Se verbal**, a reclamação será **reduzida a termo**, em duas vias datadas e assinadas pelo escrivão ou secretário, observado, no que couber, o disposto no § 1º deste artigo. § 3º **Os pedidos que NÃO atendam ao disposto no § 1º deste artigo SERÃO julgados extintos sem resolução do mérito."** (NR)

⇔ ***O QUE MUDOU?***

O parágrafo primeiro do art. 840 foi alterado, passando a utilizar denominação referente à atual organização da Justiça do Trabalho, impondo que nas reclamações trabalhistas deverá haver a designação do juízo e não mais do Presidente da Junta ou do juiz de direito a quem for dirigida.

Além disso foram criadas novas exigências no que tange os pedidos, que deverão ser:

I – certo;

II – determinado

III – com indicação de seu valor.

Assim, é exigido que o pedido seja certo, determinado e, além disso, com indicação de seu valor.

Demais disso, o parágrafo terceiro acrescentado estabelece que os pedidos que não respeitarem as regras definidas no parágrafo primeiro serão extintos sem resolução do mérito.

Conclui-se, pois, que a parte reclamante deverá ficar atenta aos requisitos exigidos no parágrafo primeiro do art. 840.

QUESTÕES OBJETIVAS COMENTADAS

01- Com relação a reclamação trabalhista, julgue o item a seguir:

Sendo escrita, a reclamação deverá conter a designação do Presidente da Junta, ou do juiz de direito a quem for dirigida, a qualificação do reclamante e do reclamado, uma breve exposição dos fatos de que resulte o dissídio, o pedido, a data e a assinatura do reclamante ou de seu representante.

COMENTÁRIO

Foi transcrita a redação original do art. 840.

A Reforma Trabalhista alterou a redação do art. 840 da CLT. A principal mudança foi em relação ao pedido, que agora deverá ser: certo, determinado e com indicação de seu valor.

Importante registrar que a indicação do valor da causa é muito relevante para vários aspectos do Direito Processual Trabalhista, especialmente, para fixação do rito processual adequado. É que, o critério adotado para observância do rito sumaríssimo é o valor da causa (até o limite de 40 salários mínimos). Com a Lei 13.467/2017, foi sanado esse problema.

RESPOSTA: Errado

02- De acordo com a Reforma Trabalhista, julgue o item a seguir:

A Reforma Trabalhista eliminou a possibilidade de apresentação de reclamação verbalmente.

COMENTÁRIO

A Reforma Trabalhista manteve a possibilidade de a reclamação trabalhista ser apresentada da forma oral (Art. 840, § 2º). Apesar de ser uma prática muito pouco utilizada, foi mantida pelo legislador, especialmente, em face dos princípios da informalidade e da oralidade tão presentes na seara laboral.

RESPOSTA: Errado

03- De acordo com a Reforma Trabalhista, julgue o item a seguir:

Após a Reforma Trabalhista ficou positivada a possibilidade de inépcia da petição inicial.

COMENTÁRIO

A Reforma Trabalhista positivou a possibilidade da inépcia da petição inicial, com a extinção do processo sem resolução do mérito, na hipótese de não serem observadas as diretrizes traçadas no art. 840, § 1º da CLT.

Vale a transcrição da redação do § 3º do art. 840:

"Art. 840. § 3º Os pedidos que não atendam ao disposto no § 1º deste artigo serão julgados extintos sem resolução do mérito"

RESPOSTA: Certo

QUADRO COMPARATIVO

ANTES DA REFORMA TRABALHISTA	APÓS A REFORMA TRABALHISTA
"Art. 841.Recebida e protocolada a reclamação, o escrivão ou secretário, dentro de 48 (quarenta e oito) horas, remeterá a segunda via da petição, ou do termo, ao reclamado, notificando-o ao mesmo tempo, para comparecer à audiência do julgamento, que será a primeira desimpedida, depois de 5 (cinco) dias.	"Art. 841. Recebida e protocolada a reclamação, o escrivão ou secretário, dentro de 48 (quarenta e oito) horas, remeterá a segunda via da petição, ou do termo, ao reclamado, notificando-o ao mesmo tempo, para comparecer à audiência do julgamento, que será a primeira desimpedida, depois de 5 (cinco) dias.
....	....

Sem previsão anterior.	§ 3º **Oferecida a contestação, AINDA que eletronicamente, o reclamante NÃO PODERÁ, sem o consentimento do reclamado, desistir da ação.**" (NR)

⇔ O QUE MUDOU?

Com a Reforma Trabalhista, acrescentou-se ao art. 841 da CLT disposição semelhante àquela existente no âmbito do Direito Processual Civil.

A partir de agora, uma vez apresentada a defesa, ainda que de forma eletrônica, o reclamante somente poderá desistir da ação se houver anuência da parte reclamada.

Importante observar que o marco da necessidade ou não da anuência do reclamado é a apresentação da contestação.

Assim, caso ainda não tenha sido apresentada contestação, não será necessária a concordância por parte do reclamado.

QUESTÕES OBJETIVAS COMENTADAS

01- De acordo com a Reforma Trabalhista, julgue o item a seguir:

Oferecida a contestação, ainda que eletronicamente, o reclamante não poderá, sem o consentimento do reclamado, desistir da ação.

COMENTÁRIO

Foi exigida a literalidade do art. 841, § 3º da CLT. É que a reclamada tem direito a prestação jurisdicional após a apresentação da defesa, devendo concordar com a desistência da parte contrária.

Importante registrar que a desistência não impossibilita a reapresentação da ação, por isso é salutar a concordância da parte reclamada antes de sua homologação.

RESPOSTA: Certo

02- De acordo com a Reforma Trabalhista, julgue o item a seguir:

Oferecida a contestação, salvo se eletronicamente, o reclamante não poderá, sem o consentimento do reclamado, desistir da ação.

COMENTÁRIO

A necessidade do consentimento do reclamado é exigido em qualquer forma de apresentação da defesa, inclusive, da forma eletrônica.

RESPOSTA: Errado

QUADRO COMPARATIVO

ANTES DA REFORMA TRABALHISTA	APÓS A REFORMA TRABALHISTA
"Art. 843. Na audiência de julgamento deverão estar presentes o reclamante e o reclamado, independentemente do comparecimento de seus representantes salvo, nos casos de Reclamatórias Plúrimas ou Ações de Cumprimento, quando os empregados poderão fazer-se representar pelo Sindicato de sua categoria.(Redação dada pela Lei nº 6.667, de 3.7.1979)	"Art. 843. Na audiência de julgamento deverão estar presentes o reclamante e o reclamado, independentemente do comparecimento de seus representantes salvo, nos casos de Reclamatórias Plúrimas ou Ações de Cumprimento, quando os empregados poderão fazer-se representar pelo Sindicato de sua categoria.(Redação dada pela Lei nº 6.667, de 3.7.1979)
....	....
Sem previsão anterior.	§ 3º **O preposto** a que se refere o § 1º deste artigo **NÃO precisa ser empregado da parte reclamada**." (NR)

O QUE MUDOU?

Foi incluído parágrafo terceiro do art. 843 estabelecendo que o preposto estará presente audiência não necessariamente precisa ser empregado da empresa reclamada.

Desta forma, restará superada a súmula 377 do Tribunal Superior do Trabalho, de seguinte redação:

> *Súmula nº 377 do TST*
>
> *PREPOSTO. EXIGÊNCIA DA CONDIÇÃO DE EMPREGADO.*
>
> Exceto quanto à reclamação de empregado doméstico, ou contra micro ou pequeno empresário, o preposto deve ser necessariamente empregado do reclamado. Inteligência do art. 843, § 1º, da CLT e do art. 54 da Lei Complementar nº 123, de 14 de dezembro de 2006.

Assim, a regra geral é que o preposto não precisa mais, necessariamente, ser empregado.

QUESTÕES OBJETIVAS COMENTADAS

01- De acordo com a Reforma Trabalhista, julgue o item a seguir:

Exceto quanto à reclamação de empregado doméstico, ou contra micro ou pequeno empresário, o preposto deve ser necessariamente empregado do reclamado.

COMENTÁRIO

O examinador exigiu a redação da súmula 377 do TST, a qual restou superada com a Reforma Trabalhista.

Após a reforma, restou positivado que o preposto não precisa ser empregado da parte reclamada (Art. 843, § 3º).

RESPOSTA: Errado

02- De acordo com a Reforma Trabalhista, julgue o item a seguir:

Foi incluído parágrafo terceiro do art. 843 estabelecendo que o preposto que estará presente na audiência não necessariamente precisa ser empregado da empresa reclamada.

COMENTÁRIO

Conforme já exposto, a Lei 13.467/2017 definiu que o preposto não precisa ser empregado da parte reclamada.

RESPOSTA: Certo.

03- De acordo com a Reforma Trabalhista, julgue o item a seguir:

Antes da Reforma Trabalhista, existia dispositivo legal na CLT exigindo que o preposto presente em audiência deveria ser necessariamente empregado da empresa reclamada.

COMENTÁRIO

A redação original da CLT jamais constou a necessidade do preposto ser empregado da reclamada. A exigência surgiu da jurisprudência dos Tribunais, o que cominou com a edição da Súmula 377 do TST.

RESPOSTA: Errado.

QUADRO COMPARATIVO	
ANTES DA REFORMA TRABALHISTA	**APÓS A REFORMA TRABALHISTA**
Art. 844 - O não-comparecimento do reclamante à audiência importa o arquivamento da reclamação, e o não-comparecimento do reclamado importa revelia, além de confissão quanto à matéria de fato. Parágrafo único - Ocorrendo, entretanto, motivo relevante, poderá o presidente suspender o julgamento, designando nova audiência.	"Art. 844. O não-comparecimento do reclamante à audiência importa o arquivamento da reclamação, e o não-comparecimento do reclamado importa revelia, além de confissão quanto à matéria de fato. § 1º **Ocorrendo motivo relevante, PODERÁ o juiz suspender o julgamento, designando nova audiência.** § 2º Na hipótese de **ausência do reclamante, este será condenado ao pagamento das custas calculadas na forma do art. 789 desta Consolidação, AINDA que beneficiário da justiça gratuita, salvo se comprovar, no prazo de quinze dias, que a ausência ocorreu por motivo legalmente justificável**. § 3º O **pagamento das custas** a que se refere o § 2º **é condição para a propositura de nova demanda.** § 4º A **revelia NÃO produz o efeito** mencionado no caput deste artigo se: **I – havendo pluralidade de reclamados, algum deles contestar a ação;** **II – o litígio versar sobre direitos indisponíveis;** **III – a petição inicial NÃO estiver acompanhada de instrumento que a lei considere indispensável à prova do ato;** **IV – as alegações de fato formuladas pelo reclamante forem inverossímeis ou estiverem em contradição com prova constante dos autos.** § 5º **AINDA que AUSENTE o reclamado, presente o advogado na audiência, SERÃO aceitos a contestação e os documentos eventualmente apresentados."** (NR)

⇔ O QUE MUDOU?

O caput do art. 844 permaneceu inalterado.

Por seu turno, o antigo parágrafo único teve a sua redação alterada, bem como foi transformado no parágrafo primeiro do artigo ora comentado. Além disso, foram acrescidos os parágrafos segundo, terceiro, quarto, e quinto. Passaremos à análise individual de cada um.

O parágrafo segundo trouxe uma regra polêmica, a qual, inclusive, já é objeto de ADI perante o Supremo Tribunal Federal (ADI 5766).

Ficou estabelecido que ausência do reclamante a audiência importará no pagamento de custas do processo, ainda que este seja beneficiário da justiça gratuita. O reclamante somente estará isento do pagamento de custas se comprovar, no prazo de 15 dias a contar da data da audiência, justo motivo para o seu não comparecimento.

Por seu turno, parágrafo terceiro define que caso o reclamante ausente não realize o pagamento das custas impostas, não poderá ajuizar nova demanda. Ou seja, cria-se uma nova condição de procedibilidade da demanda.

Já o parágrafo 4º, estabelece que a revelia não produzirá os seus efeitos em quatro hipóteses:

(1) havendo pluralidade de reclamados, algum deles contestar a ação;

(2) o litígio versar sobre direitos indisponíveis;

(3) a petição inicial NÃO estiver acompanhada de instrumento que a lei considere indispensável à prova do ato;

(4) as alegações de fato formuladas pelo reclamante forem inverossímeis ou estiverem em contradição com prova constante dos autos.

Por fim, o parágrafo 5º finaliza o artigo, asseverando que o fato do reclamante estar ausente não impede o recebimento da contestação e documentos, desde que o advogado compareça à audiência.

QUESTÕES OBJETIVAS COMENTADAS

01 –De acordo com a Reforma Trabalhista, julgue o item a seguir:

Na hipótese de ausência do reclamante na audiência este será condenado ao pagamento das custas, ainda que beneficiário da justiça gratuita, salvo se comprovar, no prazo de quinze dias, que a ausência ocorreu por motivo legalmente justificável.

COMENTÁRIO

A Reforma Trabalhista foi mais rigorosa com a ausência do reclamante na audiência. Foi imposto o pagamento de custas, ainda que beneficiário da justiça gratuita (Art. 844, § 2º).

Com relação a este dispositivo é importante ficar atento a dois detalhes: a efetiva condenação em custas processuais, mesmo àqueles beneficiários da justiça gratuita e o prazo de quinze dias, para o reclamante comprovar que a ausência ocorreu por motivo legalmente relevante.

RESPOSTA: Certo.

02 – No que concerne aos efeitos da revelia na Justiça do Trabalho, julgue os itens abaixo:

A revelia não produz o efeito mencionado no caput do art. 844 se:

I – havendo pluralidade de reclamados, algum deles contestar a ação.

II – o litígio versar sobre direitos disponíveis.

III – a petição inicial não estiver acompanhada de instrumento que a lei considere indispensável à prova do ato.

Estão corretas apenas:

a) I

b) II

c) I e III

d) II e III

e) Todas

COMENTÁRIO

A Reforma Trabalhista delimitou o campo de aplicação da revelia do § 4º do art. 844.

Item I: correta. Literalidade do inciso I, § 4º do artigo 844.

Item II – incorreta. Na verdade, a revelia não produzirá efeitos quando o litígio versar sobre direitos indisponíveis.

Item III –correta. Literalidade do inciso III, § 4º do artigo 844.

RESPOSTA: Letra C

03 – De acordo com a Reforma Trabalhista, julgue o item a seguir:

Ainda que ausente o reclamado, presente o advogado na audiência, serão aceitos a contestação e os documentos eventualmente apresentados.

COMENTÁRIO

A Reforma Trabalhista ampliou os poderes do advogado que ficar sozinho em audiência, ou seja, sem a presença de preposto. Foi acrescentado ao art. 844 o § 5º, com a seguinte redação:

"Art. 844. § 5ºAinda que ausente o reclamado, presente o advogado na audiência, serão aceitos a contestação e os documentos eventualmente apresentados"

RESPOSTA: Certo

QUADRO COMPARATIVO

ANTES DA REFORMA TRABALHISTA	APÓS A REFORMA TRABALHISTA
	"Art. 847.Não havendo acordo, o reclamado terá vinte minutos para aduzir sua defesa, após a leitura da reclamação, quando esta não for dispensada por ambas as partes. Parágrafo único. **A parte PODERÁ apresentar DEFESA ESCRITA pelo sistema de processo judicial eletrônico até a audiência.**"(NR)

O QUE MUDOU?

Foi acrescido ao artigo 847 o parágrafo único, que compatibiliza a CLT ao processo judicial eletrônico.

Segundo a nova previsão, a parte poderá apresentar a defesa escrita pelo sistema eletrônico até o momento da audiência.

Importante notar que esta previsão não exclui a possibilidade apresentação da defesa oralmente audiência.

QUESTÕES OBJETIVAS COMENTADAS

01 –De acordo com a Reforma Trabalhista, julgue o item a seguir:

A parte poderá apresentar defesa escrita pelo sistema de processo judicial eletrônico até 2 (duas) horas antes audiência.

COMENTÁRIO

Foi acrescido ao art. 847 o parágrafo único, que compatibiliza a CLT ao processo judicial eletrônico.

O legislador resolveu deixar claro que a defesa eletrônica pode ser encaminhada até o momento exato da audiência. Para uma maior fixação do tema, segue o dispositivo legal:

"Art. 847. Parágrafo único. A parte poderá apresentar defesa escrita pelo sistema de processo judicial eletrônico até a audiência."

RESPOSTA: Errado

02 –De acordo com a Reforma Trabalhista, julgue o item a seguir:

A parte poderá apresentar defesa escrita pelo sistema de processo judicial eletrônico até a audiência.

COMENTÁRIO

Trata-se de literalidade do parágrafo único do art. 847 da CLT.

RESPOSTA: Certo.

46. DO INCIDENTE DE DESCONSIDERAÇÃO DA PERSONALIDADE JURÍDICA

"TÍTULO X
DO PROCESSO JUDICIÁRIO DO TRABALHO
CAPÍTULO III
DOS DISSÍDIOS INDIVIDUAIS

QUADRO COMPARATIVO	
ANTES DA REFORMA TRABALHISTA	**APÓS A REFORMA TRABALHISTA**
Sem previsão anterior.	'Art. 855-A. Aplica-se ao **processo do trabalho o incidente de desconsideração da personalidade jurídica** previsto nos **arts. 133 a 137 da Lei nº 13.105**, de 16 de março de 2015 - Código de Processo Civil. § 1º Da **decisão interlocutória** que acolher ou rejeitar o incidente: I – na fase de **cognição, NÃO cabe recurso de imediato**, na forma do § 1º do art. 893 desta Consolidação; II – na fase de **execução**, cabe **agravo de petição, independentemente de garantia do juízo**; III – cabe **agravo interno se proferida pelo relator em incidente instaurado originariamente no tribunal**. § 2º A instauração do incidente **suspenderá o processo, sem prejuízo de concessão da tutela de urgência de**

	natureza cautelar de que trata o art. 301 da Lei nº 13.105, de 16 de março de 2015 (Código de Processo Civil).'

⇔ O QUE MUDOU?

O ponto ora sob análise se relaciona diretamente com a responsabilização dos sócios, vez que trata do procedimento a ser adotado para que haja desconsideração da personalidade jurídica da sociedade empresarial.

Estabelece o artigo 855-A a aplicação do incidente de desconsideração da personalidade jurídica previsto no Código de Processo Civil, ora transcrito:

> *CÓDIGO DE PROCESSO CIVIL*
>
> *DO INCIDENTE DE DESCONSIDERAÇÃO DA PERSONALIDADE JURÍDICA*
>
> *Art. 133.O incidente de desconsideração da personalidade jurídica será instaurado a pedido da parte ou do Ministério Público, quando lhe couber intervir no processo.*
>
> *§ 1º O pedido de desconsideração da personalidade jurídica observará os pressupostos previstos em lei.*
>
> *§ 2º Aplica-se o disposto neste Capítulo à hipótese de desconsideração inversa da personalidade jurídica.*
>
> *Art. 134. O incidente de desconsideração é cabível em todas as fases do processo de conhecimento, no cumprimento de sentença e na execução fundada em título executivo extrajudicial.*
>
> *§ 1º A instauração do incidente será imediatamente comunicada ao distribuidor para as anotações devidas.*
>
> *§ 2º Dispensa-se a instauração do incidente se a desconsideração da personalidade jurídica for requerida na petição inicial, hipótese em que será citado o sócio ou a pessoa jurídica.*
>
> *§ 3º A instauração do incidente suspenderá o processo, salvo na hipótese do § 2º.*
>
> *§ 4º O requerimento deve demonstrar o preenchimento dos pressupostos legais específicos para desconsideração da personalidade jurídica.*
>
> *Art. 135. Instaurado o incidente, o sócio ou a pessoa jurídica será citado para manifestar-se e requerer as provas cabíveis no prazo de 15 (quinze) dias.*
>
> *Art. 136. Concluída a instrução, se necessária, o incidente será resolvido por decisão interlocutória.*
>
> *Parágrafo único. Se a decisão for proferida pelo relator, cabe agravo interno.*
>
> *Art. 137. Acolhido o pedido de desconsideração, a alienação ou a oneração de bens, havida em fraude de execução, será ineficaz em relação ao requerente.*

Todavia, ao contrário do quanto previsto no Código de Processo Civil, a sistemática recursal será distinta, vez que o §1º define que da decisão interlocutória que acolher ou rejeitar o incidente na fase de cognição, não cabe recurso de imediato, na forma do § 1º do art. 893[11] desta Consolidação; na fase de execução, cabe agravo de petição, independentemente de garantia do juízo e; cabe agravo interno se proferida pelo relator em incidente instaurado originariamente no tribunal.

A análise esquemática, para fins de memorização, é de suma importância.

DESCONSIDERAÇÃO DA PERSONALIDADE JURÍDICA	
FASE DE COGNIÇÃO	**NÃO CABE RECURSO IMEDIATO, OU SEJA, CABE RECURSO ORDINÁRIO DA SENTENÇA**
EXECUÇÃO	**AGRAVO DE PETIÇÃO**
INCIDENTE ORIGINÁRIO DO TRIBUNAL	**AGRAVO INTERNO**

Desta forma, importante o domínio das regras referentes à desconsideração da personalidade jurídica, ficando atento ao recurso cabível a depender do momento processual em que for proferida a decisão.

Por fim, a instauração do incidente suspenderá o processo, sem prejuízo de concessão da tutela de urgência de natureza cautelar de que trata o art. 301 da Lei nº 13.105, de 16 de março de 2015 (Código de Processo Civil), ora transcrito:

> *Art. 301. A tutela de urgência de natureza cautelar pode ser efetivada mediante arresto, sequestro, arrolamento de bens, registro de protesto contra alienação de bem e qualquer outra medida idônea para asseguração do direito.*

QUESTÕES OBJETIVAS COMENTADAS[1]

01 – Sobre o incidente de desconsideração da personalidade jurídica, assinale a assertiva correta:

a) O incidente de desconsideração da personalidade jurídica é inaplicável ao processo do trabalho.

b) O Ministério Público não poderá requerer a instauração do incidente de desconsideração da personalidade jurídica.

11 CLT, Art. 893, § 1º - Os incidentes do processo são resolvidos pelo próprio Juízo ou Tribunal, admitindo-se a apreciação do merecimento das decisões interlocutórias somente em recursos da decisão definitiva.

c) Não caberá o incidente na fase de conhecimento.

d) Dispensa-se a instauração do incidente se a desconsideração da personalidade jurídica for requerida na petição inicial, hipótese em que será citado o sócio ou a pessoa jurídica.

e) A instauração do incidente não suspenderá o processo.

COMENTÁRIO

A- Errado. Nos termos do art. 855-A da CLT, aplica-se ao processo do trabalho o incidente de desconsideração da personalidade jurídica.

B- Errado. O Ministério Público, juntamente com as partes, poderá requerer a instauração do incidente.

C- Errado. O incidente é cabível em todas as fases do processo (art. 134 do CPC).

D- Correto. Exata disposição do parágrafo 2º do art. 134 do CPC.

E- Errado. Há a suspensão do processo com a instauração do incidente, em face da disposição do parágrafo 2º do art. 855-A.

RESPOSTA: Letra D

02 – Sobre o incidente de desconsideração da personalidade jurídica aplicável ao processo do trabalho, julgue o item a seguir:

Da decisão interlocutória que acolher o incidente de desconsideração da personalidade jurídica na fase de execução, caberá agravo de petição, desde que garantido o juízo.

COMENTÁRIO

O erro da assertiva é que o agravo de petição a ser interposto, independe de garantia do juízo. Segue o teor do art.855-A, parágrafo 1º, II da CLT:

Art. 855-A § 1º Da decisão interlocutória que acolher ou rejeitar o incidente:

I – na fase de cognição, não cabe recurso de imediato, na forma do § 1º do art. 893 desta Consolidação;

II – na fase de execução, cabe agravo de petição, independentemente de garantia do juízo

RESPOSTA: Errado

03 - Sobre o incidente de desconsideração da personalidade jurídica aplicável ao processo do trabalho, julgue o item a seguir:

Caso venha a ser rejeitado o incidente de desconsideração da personalidade jurídica e o processo esteja na fase de conhecimento, será cabível agravo de petição.

COMENTÁRIO

O agravo de petição é incabível na fase de conhecimento, sendo um recurso próprio da execução trabalhista.

Assim, na hipótese da assertiva, não é cabível recurso de imediato, em face da irrecorribilidade imediata das decisões interlocutórias. Segue o teor do art.855-A, parágrafo 1º, I da CLT:

Art. 855-A § 1º Da decisão interlocutória que acolher ou rejeitar o incidente:

I – na fase de cognição, não cabe recurso de imediato, na forma do § 1º do art. 893 desta Consolidação;

RESPOSTA: Errado

47. DO PROCESSO DE JURISDIÇÃO VOLUNTÁRIA PARA HOMOLOGAÇÃO DE ACORDO EXTRAJUDICIAL

CAPÍTULO III-A

QUADRO COMPARATIVO	
ANTES DA REFORMA TRABALHISTA	**APÓS A REFORMA TRABALHISTA**
Sem previsão anterior.	'Art. 855-B. O processo de **homologação de acordo extrajudicial terá início por petição conjunta, sendo obrigatória a representação das partes por <u>advogado</u>**. § 1º **As partes NÃO poderão ser representadas por advogado comum.** § 2º **Faculta-se ao trabalhador ser assistido pelo advogado do sindicato** de sua categoria.' 'Art. 855-C. O disposto neste Capítulo **NÃO prejudica o prazo estabelecido no § 6º do art. 477 desta Consolidação e NÃO afasta a aplicação da multa prevista no § 8º art. 477** desta Consolidação.' 'Art. 855-D. No prazo de **quinze dias a contar da distribuição da petição, o juiz analisará o acordo, designará audiência se entender necessário e proferirá sentença.'**

	'Art. 855-E. **A petição de homologação de acordo extrajudicial suspende o prazo prescricional da ação quanto aos direitos nela especificados.** Parágrafo único. O prazo prescricional **voltará a fluir no dia útil seguinte ao do trânsito em julgado da decisão que negar a homologação** do acordo.'"

⇔ *O QUE MUDOU?*

Os arts. 855-B e seguintes trouxeram ao texto consolidado o procedimento de homologação de acordo extrajudicial.

De acordo com o caput do art. 855-B o processo de homologação de acordo extrajudicial deverá ter início por meio de petição conjunta.

Neste caso, será obrigatória a representação das partes por advogado, sendo que as partes deverão ser representadas por advogado distinto. Ou seja, conforme reza o parágrafo primeiro, as partes não poderão ser representadas por advogado comum.

Além disso, conforme estabelece o parágrafo segundo, é facultado ao trabalhador ser assistido por advogado do sindicato de sua categoria.

Uma vez distribuída a petição com pedido de homologação, no prazo de 15 dias o juiz deverá: analisar os termos do acordo, designar audiência, se entender necessário, e, proferir a sentença.

É muito importante destacar a relação existente entre o processo de homologação de acordo extrajudicial e o prazo prescricional.

Conforme determina o art. 855-E, a petição de homologação de acordo extrajudicial, assim que apresentada, suspenderá o prazo prescricional da ação quanto aos direitos nela especificados.

A suspensão do prazo de prescrição permanece até que haja o trânsito em julgado da decisão que negar a homologação do acordo. Ou seja, no dia seguinte o prazo prescricional voltará a fluir.

Por fim, insta salientar a norma trazida no art. 855-C. Estabelece o referido dispositivo que o processo de homologação de acordo extrajudicial não prejudica o prazo estabelecido no parágrafo sexto do art. 477 e, além disso, não afasta a aplicação da multa prevista no parágrafo oitavo do artigo 477, a seguir transcritos:

ART. 477, §6º	ART. 477, §8º
§ 6º A entrega ao empregado de documentos que comprovem a comunicação da extinção contratual aos órgãos competentes bem como o pagamento dos valores constantes do instrumento de rescisão ou recibo de quitação deverão ser efetuados até dez dias contados a partir do término do contrato.	§ 8º - A inobservância do disposto no § 6º deste artigo sujeitará o infrator à multa de 160 BTN, por trabalhador, bem assim ao pagamento da multa a favor do empregado, em valor equivalente ao seu salário, devidamente corrigido pelo índice de variação do BTN, salvo quando, comprovadamente, o trabalhador der causa à mora.

Vejamos, então, de forma sucinta os principais pontos:

1) Petição conjunta;

2) Advogados distintos;

3) Trabalhador pode ser assistido pelo advogado do sindicato;

4) Art. 477, §§ 6º e 8º, da CLT não são prejudicados;

5) Prazo de 15 dias para o juiz analisar, designar audiência (se for necessário) e julgar.

6) Suspensão do prazo prescricional quanto aos direitos constantes no acordo.

QUESTÕES OBJETIVAS COMENTADAS

01 – Com relação ao processo de jurisdição voluntária para homologação extrajudicial de acordo, julgue o item a seguir:

O processo de homologação de acordo extrajudicial terá início por petição conjunta, sendo dispensável a representação das partes por advogado.

COMENTÁRIO

A presença obrigatória de advogado constou expressamente na cabeça do art. 855-B da CLT.

Assim, para a realização do acordo extrajudicial não se aplica o "jus postulandi" presente no art. 791 da CLT.

RESPOSTA: Errado

02 – Com relação ao processo de jurisdição voluntária para homologação extrajudicial de acordo, julgue o item a seguir:

As partes poderão ser representadas por advogado comum.

COMENTÁRIO

A assertiva contraria a previsão do §1º do art. 855-B da CLT. A norma legal veda a representação por advogado comum as partes.

RESPOSTA: Errado

03 – Com relação ao processo de jurisdição voluntária para homologação extrajudicial de acordo, julgue o item a seguir:

Faculta-se ao trabalhador ser assistido pelo advogado do sindicato de sua categoria.

COMENTÁRIO

Foi exigido o conhecimento da literalidade do § 2º do art. 855-B da CLT.

RESPOSTA: Certo

04 – Com relação ao processo de jurisdição voluntária para homologação extrajudicial de acordo, julgue os itens abaixo:

I – No prazo de 30 dias a contar da distribuição da petição, o juiz analisará o acordo, designará audiência se entender necessário e proferirá sentença.

II – A petição de homologação de acordo extrajudicial suspende o prazo prescricional da ação quanto aos direitos nela especificados.

III – O prazo prescricional voltará a fluir no dia útil seguinte ao do trânsito em julgado da decisão que negar a homologação do acordo.

Estão corretas apenas:

a) I

b) II

c) I e III

d) II e III

e) Todas

COMENTÁRIO

Item I: incorreta. O prazo previsto do art. 855-D é de 15 (quinze) dias.

Item II: correta. Literalidade do art. 855-D da CLT.

Item III: correta. Literalidade do art. 855-E da CLT.

RESPOSTA: Letra D

48. DA EXECUÇÃO

QUADRO COMPARATIVO	
ANTES DA REFORMA TRABALHISTA	**APÓS A REFORMA TRABALHISTA**
"Art. 876. As decisões passadas em julgado ou das quais não tenha havido recurso com efeito suspensivo; os acordos, quando não cumpridos; os termos de ajuste de conduta firmados perante o Ministério Público do Trabalho e os termos de conciliação firmados perante as Comissões de Conciliação Prévia serão executada pela forma estabelecida neste Capítulo. Parágrafo único. Serão executadas ex-officio as contribuições sociais devidas em decorrência de decisão proferida pelos Juízes e Tribunais do Trabalho, resultantes de condenação ou homologação de acordo, inclusive sobre os salários pagos durante o período contratual reconhecido.	"Art. 876. As decisões passadas em julgado ou das quais não tenha havido recurso com efeito suspensivo; os acordos, quando não cumpridos; os termos de ajuste de conduta firmados perante o Ministério Público do Trabalho e os termos de conciliação firmados perante as Comissões de Conciliação Prévia serão executada pela forma estabelecida neste Capítulo. Parágrafo único. A Justiça do Trabalho executará, de ofício, as contribuições sociais previstas na alínea *a* do inciso I e no inciso II do caput do art. 195 da Constituição Federal, e seus acréscimos legais, **relativas ao objeto da condenação constante das sentenças que proferir e dos acordos que homologar.**" (NR)

⇔ *O QUE MUDOU?*

Com a Reforma Trabalhista, a redação do parágrafo único se adequou ao constante no incisivo VII do art. 114 da Constituição Federal que assim dispõe:

"Art. 114, VIII a execução, de ofício, das contribuições sociais previstas no art. 195, I, a, e II, e seus acréscimos legais, decorrentes das sentenças que proferir."

A Lei n 13.467/17 (Reforma Trabalhista) ratificou o entendimento sedimentado na Súmula Vinculante nº 53 do STF e na Súmula nº 368, I, do TST.

QUADRO COMPARATIVO	
ANTES DA REFORMA TRABALHISTA	**APÓS A REFORMA TRABALHISTA**
Art. 878 - A execução poderá ser promovida por qualquer interessado, ou exofficio pelo próprio Juiz ou Presidente ou Tribunal competente, nos termos do artigo anterior.	"Art. 878.A execução será promovida pelas partes, **PERMITIDA A EXECUÇÃO DE OFÍCIO PELO JUIZ OU PELO PRESIDENTE DO TRIBUNAL APENAS NOS CASOS EM QUE AS PARTES NÃO ESTIVEREM REPRESENTADAS POR ADVOGADO.**
Parágrafo único - Quando se tratar de decisão dos Tribunais Regionais, a execução poderá ser promovida pela Procuradoria da Justiça do Trabalho.	Parágrafo único.(Revogado)."(NR)
"Art. 879.Sendo ilíquida a sentença exeqüenda, ordenar-se-á, previamente, a sua liquidação, que poderá ser feita por cálculo, por arbitramento ou por artigos.	"Art. 879.Sendo ilíquida a sentença exeqüenda, ordenar-se-á, previamente, a sua liquidação, que poderá ser feita por cálculo, por arbitramento ou por artigos.
....	....
§ 2º - Elaborada a conta e tornada líquida, o Juiz poderá abrir às partes prazo sucessivo de 10 (dez) dias para impugnação fundamentada com a indicação dos itens e valores objeto da discordância, sob pena de preclusão.	§ 2º Elaborada a conta e tornada **líquida, o juízo DEVERÁ abrir às partes prazo comum de OITO dias para impugnação fundamentada com a indicação dos itens e valores objeto da discordância, sob pena de preclusão.**
....	....
Sem previsão anterior.	§ 7º A **atualização dos créditos** decorrentes de condenação judicial será feita pela **Taxa Referencial (TR), divulgada pelo Banco Central do Brasil**, conforme a Lei nº 8.177, de 1º de março de 1991." (NR)

⇔ *O QUE MUDOU?*

A partir da Lei nº 13.467/17, a execução apenas poderá ser promovida de ofício nos casos em que as partes não estiverem representadas por advogado.

Anteriormente era uma faculdade abrir prazo às partes para impugnarem a conta, no prazo sucessivo de 10 (dez) dias.

Atualmente é dever do Juiz, e não mais uma faculdade, abrir prazo para as partes impugnarem a conta. Ademais, o prazo passou a ser comum e de oito dias.

Por fim, frise-se que a atualização dos créditos resultantes de condenação judicial deverá ser feita pela TR.

QUADRO COMPARATIVO	
ANTES DA REFORMA TRABALHISTA	**APÓS A REFORMA TRABALHISTA**
Art. 882 - O executado que não pagar a importância reclamada poderá garantir a execução mediante depósito da mesma, atualizada e acrescida das despesas processuais, ou nomeando bens à penhora, observada a ordem preferencial estabelecida no art. 655 do Código Processual Civil.	"Art. 882. **O executado que NÃO pagar a importância reclamada PODERÁ garantir a execução mediante depósito da quantia correspondente**, atualizada e acrescida das despesas processuais, **apresentação de seguro-garantia judicial ou nomeação de bens à penhora,** observada a ordem preferencial estabelecida no **art. 835 da Lei nº 13.105, de 16 de março de 2015** - Código de Processo Civil." (NR)

⇔ O QUE MUDOU?

A nova redação do referido artigo incluiu entre as garantias que o devedor fornecerá o "seguro-garantia judicial" e atualizou a referência ao art. 835 do novo CPC, uma vez que a redação anterior se referida ao Código de 1973.

CÓDIGO DE PROCESSO CIVIL

Art. 835. A penhora observará, preferencialmente, a seguinte ordem:

I – dinheiro, em espécie ou em depósito ou aplicação em instituição financeira;

II – títulos da dívida pública da União, dos Estados e do Distrito Federal com cotação em mercado;

III – títulos e valores mobiliários com cotação em mercado;

IV – veículos de via terrestre;

V – bens imóveis;

VI – bens móveis em geral;

VII – semoventes;

VIII – navios e aeronaves;

IX – ações e quotas de sociedades simples e empresárias;

X – percentual do faturamento de empresa devedora;

XI – pedras e metais preciosos;

XII – direitos aquisitivos derivados de promessa de compra e venda e de alienação fiduciária em garantia;

XIII – outros direitos.

§ 1º É prioritária a penhora em dinheiro, podendo o juiz, nas demais hipóteses, alterar a ordem prevista no caput de acordo com as circunstâncias do caso concreto.

§ 2º Para fins de substituição da penhora, equiparam-se a dinheiro a fiança bancária e o seguro garantia judicial, desde que em valor não inferior ao do débito constante da inicial, acrescido de trinta por cento.

§ 3º Na execução de crédito com garantia real, a penhora recairá sobre a coisa dada em garantia, e, se a coisa pertencer a terceiro garantidor, este também será intimado da penhora.

QUESTÕES OBJETIVAS COMENTADAS

01 - De acordo com a Reforma Trabalhista, julgue o item a seguir:

A Justiça do Trabalho executará, de ofício, as contribuições sociais previstas na alínea a do inciso I e no inciso II do caput do art. 195 da Constituição Federal, e seus acréscimos legais, relativas ao objeto da condenação constante das sentenças que proferir e dos acordos que homologar.

COMENTÁRIO

Foi exigida a literalidade do parágrafo único do art. 876 da CLT.

A nova redação está em consonância com o entendimento do Supremo Tribunal Federal (Súmula Vinculante nº 53), eis que limita a competência da Justiça do Trabalho, nas contribuições sociais (I e II do art. 195) das **sentenças que proferir e dos acordos que homologar**.

Segue, abaixo, teor da Súmula Vinculante nº 53:

Súmula Vinculante 53

A competência da Justiça do Trabalho prevista no art. 114, VIII, da Constituição Federal alcança a execução de ofício das contribuições previdenciárias relativas ao objeto da condenação constante das sentenças que proferir e acordos por ela homologados.

Para uma melhor compreensão do tema, transcrevemos o precedente que fundamentou a edição da súmula vinculante citada:

EMENTA Recurso extraordinário. Repercussão geral reconhecida. Competência da Justiça do Trabalho. Alcance do art. 114, VIII, da Constituição Federal. 1. A competência da Justiça do Trabalho prevista no art. 114, VIII, da Constituição Federal alcança apenas a execução das contribuições previdenciárias relativas ao objeto da condenação constante das sentenças que proferir. 2. Recurso extraordinário conhecido e desprovido.(RE 569056, Relator(a): Min. MENEZES DIREITO, Tribunal Pleno, julgado em 11/09/2008,

REPERCUSSÃO GERAL - MÉRITO DJe-236 DIVULG 11-12-2008 PUBLIC 12-12-2008 EMENT VOL-02345-05 PP-00848 RTJ VOL-00208-02 PP-00859 RDECTRAB v. 16, n. 178, 2009, p. 132-148 RET v. 12, n. 72, 2010, p. 73-85)

RESPOSTA: Certo

02 –Com relação à execução do processo do Trabalho, julgue o item a seguir:

A execução será promovida pelas partes, permitida a execução de ofício pelo juiz ou pelo presidente do tribunal, em qualquer hipótese.

COMENTÁRIO

A Reforma Trabalhista alterou de forma substancial o art. 878 da CLT. A execução "de ofício" na Justiça do Trabalho sempre foi considerada uma característica singular na seara trabalhista.

A partir da reforma, a possibilidade de execução de ofício ficou muito limitada, vez que só poderá acontecer nos casos em que as partes não estiverem representadas por advogado.

"Art. 878. A execução será promovida pelas partes, permitida a execução de ofício pelo juiz ou pelo presidente do tribunal **apenas nos casos em que as partes não estiverem representadas por advogado.**

RESPOSTA: Errado.

03 – Com relação a execução do processo do Trabalho, julgue o item a seguir:

Elaborada a conta e tornada líquida, o juízo poderá abrir às partes prazo comum de oito dias para impugnação fundamentada com a indicação dos itens e valores objeto da discordância, sob pena de preclusão.

COMENTÁRIO

O erro da questão está no verbo "poderá".

Antes da Reforma Trabalhista a abertura de prazo para manifestação sobre a conta de liquidação era simples faculdade do juiz. Agora, o juiz tem o dever de conceder o prazo para impugnação das partes. Segue, abaixo, teor do § 2º do art. 879 da CLT:

"Art. 879. § 2º Elaborada a conta e tornada líquida, o juízo **deverá** abrir às partes prazo comum de oito dias para impugnação fundamentada com a indicação dos itens e valores objeto da discordância, sob pena de preclusão"

Importante observar que o prazo passou a ser comum e de oito dias.

RESPOSTA: Errado.

04 –De acordo com a Reforma Trabalhista, julgue o item a seguir:

A atualização dos créditos decorrentes de condenação judicial será feita pela Taxa Referencial (TR), divulgada pelo Banco Central do Brasil.

COMENTÁRIO

A atualização dos créditos resultantes de condenação judicial deverá ser feita pela TR (Art. 879, § 7º).

RESPOSTA: Certo.

05 – De acordo com a Reforma Trabalhista, julgue o item a seguir:

O executado que não pagar a importância reclamada poderá garantir a execução mediante depósito da quantia correspondente, atualizada e acrescida das despesas processuais, apresentação de seguro-garantia judicial ou nomeação de bens à penhora, não sendo obrigatória a observância da ordem preferencial estabelecida no Código de Processo Civil.

COMENTÁRIO

Na verdade, deve ser observada a ordem preferência prevista no art. 835 do CPC. Vejamos a redação do mencionado artigo:

"Art. 882. O executado que não pagar a importância reclamada poderá garantir a execução mediante depósito da quantia correspondente, atualizada e acrescida das despesas processuais, apresentação de seguro-garantia judicial ou nomeação de bens à penhora, **observada a ordem preferencial estabelecida no art. 835 da Lei nº 13.105, de 16 de março de 2015 - Código de Processo Civil**."

RESPOSTA: Errado.

49. PROTESTO, INSCRIÇÃO DO NOME DO EXECUTADO EM ÓRGÃOS DE PROTEÇÃO AO CRÉDITO, BANCO NACIONAL DE DEVEDORES TRABALHISTAS E EMBARGOS À EXECUÇÃO

QUADRO COMPARATIVO	
ANTES DA REFORMA TRABALHISTA	**APÓS A REFORMA TRABALHISTA**
Sem previsão anterior.	"Art. 883-A. A **decisão judicial transitada em julgado SOMENTE PODERÁ SER LEVADA A PROTESTO, gerar inscrição do nome do executado em órgãos de proteção ao crédito ou no Banco Nacional de Devedores Trabalhistas (BNDT)**, nos termos da lei, **depois de transcorrido o prazo de quarenta e cinco dias a contar da citação do executado, se NÃO houver garantia do juízo.**"

⇔ O QUE MUDOU?

No que tange a execução trabalhista, foi acrescentado a CLT o art. 883-A, definindo que a sentença transitada em julgado somente poderá ser levada a protesto, gerar inscrição do nome do executado em órgãos de proteção ao crédito ou no Banco Nacional de Devedores Trabalhistas (BNDT) após a ocorrência de dois requisitos, quais sejam:

(1) Transcurso de 45 dias a contar da citação do executado e;

(2) inexistência da garantia do juízo.

Caso não estejam presentes os requisitos, a sentença não poderá ser levada a protesto.

Por fim, é importante observar que também há a exigência de trânsito em julgado da sentença. Isto significa que as sentenças provisórias não ensejarão o protesto, nem a inscrição nos órgãos de proteção ao crédito e Banco Nacional de Devedores Trabalhistas (BNDT).

QUADRO COMPARATIVO	
ANTES DA REFORMA TRABALHISTA	**APÓS A REFORMA TRABALHISTA**
"Art. 884 - Garantida a execução ou penhorados os bens, terá o executado 5 (cinco) dias para apresentar embargos, cabendo igual prazo ao exequente para impugnação: ***Sem previsão anterior.***	"Art. 884 - Garantida a execução ou penhorados os bens, terá o executado 5 (cinco) dias para apresentar embargos, cabendo igual prazo ao exequente para impugnação: § 6º **A exigência da garantia ou penhora NÃO se aplica às entidades filantrópicas e/ou àqueles que compõem ou compuseram a diretoria dessas instituições.**" (NR)

⇔ ***O QUE MUDOU?***

No que tange a garantia da execução, foi acrescentado o parágrafo sexto ao art. 844 da consolidação.

Referido dispositivo dispensa a exigência da garantia ou penhora as entidades filantrópicas ou aqueles que compõem o compuseram a diretoria dessas instituições.

Dessa forma, verifica-se que a Reforma Trabalhista estabeleceu uma condição mais benéfica quando o executado se tratar de entidade filantrópica.

QUESTÕES OBJETIVAS COMENTADAS

01 - Com relação a execução trabalhista, julgue o item a seguir:

A decisão judicial transitada em julgado somente poderá ser levada a protesto, gerar inscrição do nome do executado em órgãos de proteção ao crédito ou no Banco Nacional de Devedores Trabalhistas (BNDT), nos termos da lei, depois de transcorrido o prazo de quarenta e cinco dias a contar da citação do executado, se não houver garantia do juízo.

COMENTÁRIO

O examinador transcreveu a literalidade do art. 883-A da CLT.

Com relação a execução trabalhista, foi acrescentado a CLT o art. 883-A, qual a sentença transitada em julgado somente poderá ser levada a protesto, gerar inscrição do nome do executado em órgãos de proteção ao crédito ou no Banco Nacional de Devedores Trabalhistas (BNDT) após a ocorrência de dois requisitos, quais sejam: (1) Transcurso de 45 dias a contar da citação do executado e; (2) inexistência da garantia do juízo.

A título de conhecimento, vale registrar que a Certidão Negativa de Débitos Trabalhistas (CNDT), foi criada pela Lei ° 12.440, de 2011, que acrescentou o art. 642-A à CLT. Com a seguinte redação:

"Art. 642-A. É instituída a Certidão Negativa de Débitos Trabalhistas (CNDT), expedida gratuita e eletronicamente, para comprovar a inexistência de débitos inadimplidos perante a Justiça do Trabalho. (Incluído pela Lei nº 12.440, de 2011)

§ 1º O interessado não obterá a certidão quando em seu nome constar: (Incluído pela Lei nº 12.440, de 2011)

I – o inadimplemento de obrigações estabelecidas em sentença condenatória transitada em julgado proferida pela Justiça do Trabalho ou em acordos judiciais trabalhistas, inclusive no concernente aos recolhimentos previdenciários, a honorários, a custas, a emolumentos ou a recolhimentos determinados em lei; ou (Incluído pela Lei nº 12.440, de 2011)

II – o inadimplemento de obrigações decorrentes de execução de acordos firmados perante o Ministério Público do Trabalho ou Comissão de Conciliação Prévia. (Incluído pela Lei nº 12.440, de 2011)

§ 2º Verificada a existência de débitos garantidos por penhora suficiente ou com exigibilidade suspensa, será expedida Certidão Positiva de Débitos Trabalhistas em nome do interessado com os mesmos efeitos da CNDT. (Incluído pela Lei nº 12.440, de 2011)

§ 3º A CNDT certificará a empresa em relação a todos os seus estabelecimentos, agências e filiais. (Incluído pela Lei nº 12.440, de 2011)

§ 4º O prazo de validade da CNDT é de 180 (cento e oitenta) dias, contado da data de sua emissão.(Incluído pela Lei nº 12.440, de 2011)"

Vale registrar também que a CNDT é exigida para realização de contratos administrativos.

Assim, caso a empresa queira firmar contrato administrativo com órgãos públicos é imprescindível possuir a aludida certidão para comprovar sua regularidade trabalhista, nos termos do art. 29, inciso V da Lei 8.666, de 21 de junho de 1993. Segue, abaixo, o dispositivo citado:

Art. 29. A documentação relativa à regularidade fiscal e trabalhista, conforme o caso, consistirá em: (Redação dada pela Lei nº 12.440, de 2011) (Vigência)

I – prova de inscrição no Cadastro de Pessoas Físicas (CPF) ou no Cadastro Geral de Contribuintes (CGC);

II – prova de inscrição no cadastro de contribuintes estadual ou municipal, se houver, relativo ao domicílio ou sede do licitante, pertinente ao seu ramo de atividade e compatível com o objeto contratual;

III – prova de regularidade para com a Fazenda Federal, Estadual e Municipal do domicílio ou sede do licitante, ou outra equivalente, na forma da lei;

IV – prova de regularidade relativa à Seguridade Social e ao Fundo de Garantia por Tempo de Serviço (FGTS), demonstrando situação regular no cumprimento dos encargos sociais instituídos por lei. (Redação dada pela Lei nº 8.883, de 1994)

V – prova de inexistência de débitos inadimplidos perante a Justiça do Trabalho, mediante a apresentação de certidão negativa, nos termos do Título VII-A da Consolidação das Leis do Trabalho, aprovada pelo Decreto-Lei nº 5.452, de 1º de maio de 1943.

RESPOSTA: Certo

02 – De acordo com a Reforma Trabalhista, julgue o item a seguir:

A decisão judicial transitada em julgado somente poderá ser levada a protesto, gerar inscrição do nome do executado em órgãos de proteção ao crédito ou no Banco Nacional de Devedores Trabalhistas (BNDT), nos termos da lei, depois de transcorrido o prazo de quarenta e cinco dias a contar da citação do executado, independente da garantia do juízo.

COMENTÁRIO

A existência de garantia do juízo impossibilita a aplicação do art. 883-A.

RESPOSTA: Errado.

03 - De acordo com a Reforma Trabalhista, julgue o item a seguir:

A exigência da garantia ou penhora não se aplica às entidades filantrópicas e/ou àqueles que compõem ou compuseram a diretoria dessas instituições.

COMENTÁRIO

O examinador exigiu o conhecimento da literalidade do parágrafo sexto do art. 844 da consolidação.

Tal dispositivo legal dispensa a exigência da garantia ou penhora as entidades filantrópicas ou aqueles que compõem o compuseram a diretoria dessas instituições.

Importante registrar que as entidades filantrópicas também são isentas do depósito recursal na fase de conhecimento (art. 899, § 10).

RESPOSTA: Certo

50. DOS RECURSOS

QUADRO COMPARATIVO	
ANTES DA REFORMA TRABALHISTA	**APÓS A REFORMA TRABALHISTA**
"Art. 896. Cabe Recurso de Revista para Turma do Tribunal Superior do Trabalho das decisões proferidas em grau de recurso ordinário, em dissídio individual, pelos Tribunais Regionais do Trabalho, quando:	"Art. 896. Cabe Recurso de Revista para Turma do Tribunal Superior do Trabalho das decisões proferidas em grau de recurso ordinário, em dissídio individual, pelos Tribunais Regionais do Trabalho, quando:
§ 1º-A. Sob pena de não conhecimento, é ônus da parte:	§ 1º-A. Sob pena de não conhecimento, é ônus da parte:
...	...
Sem previsão anterior.	**IV – transcrever na peça recursal, NO CASO DE SUSCITAR PRELIMINAR DE NULIDADE DE JULGADO POR NEGATIVA DE PRESTAÇÃO JURISDICIONAL, o TRECHO DOS EMBARGOS DECLARATÓRIOS em que foi pedido o PRONUNCIAMENTO DO TRIBUNAL SOBRE QUESTÃO VEICULADA NO RECURSO ORDINÁRIO E O TRECHO DA DECISÃO REGIONAL QUE REJEITOU OS EMBARGOS QUANTO AO PEDIDO, para COTEJO E VERIFICAÇÃO, DE PLANO, DA OCORRÊNCIA DA OMISSÃO.**
....	....
Transcrição abaixo. ***Transcrição abaixo.***	§ 3º (Revogado). § 4º (Revogado).

Transcrição abaixo. ***Transcrição abaixo.***	§ 5º (Revogado). § 6º (Revogado).
....	....
Sem previsão anterior.	§ 14.O **relator** do recurso de revista **PODERÁ denegar-lhe seguimento, em decisão monocrática**, nas hipóteses de **intempestividade, deserção, irregularidade de representação** ou de **ausência de qualquer outro pressuposto extrínseco ou intrínseco de admissibilidade.**"(NR)

⇔ *O QUE MUDOU?*

De início, importante destacar que a Reforma Trabalhista revogou expressamente a sistemática de uniformização prevista nos §§ 3º ao 6º do artigo 896 da CLT. Tais dispositivos determinavam que:

> *§ 3º Os Tribunais Regionais do Trabalho procederão, obrigatoriamente, à uniformização de sua jurisprudência e aplicarão, nas causas da competência da Justiça do Trabalho, no que couber, o incidente de uniformização de jurisprudência previsto nos termos do Capítulo I do Título IX do Livro I da Lei nº 5.869, de 11 de janeiro de 1973 (Código de Processo Civil).*
>
> *§ 4º Ao constatar, de ofício ou mediante provocação de qualquer das partes ou do Ministério Público do Trabalho, a existência de decisões atuais e conflitantes no âmbito do mesmo Tribunal Regional do Trabalho sobre o tema objeto de recurso de revista, o Tribunal Superior do Trabalho determinará o retorno dos autos à Corte de origem, a fim de que proceda à uniformização da jurisprudência.*
>
> *§ 5º A providência a que se refere o § 4º deverá ser determinada pelo Presidente do Tribunal Regional do Trabalho, ao emitir juízo de admissibilidade sobre o recurso de revista, ou pelo Ministro Relator, mediante decisões irrecorríveis.*
>
> *§ 6º Após o julgamento do incidente a que se refere o § 3º, unicamente a súmula regional ou a tese jurídica prevalecente no Tribunal Regional do Trabalho e não conflitante com súmula ou orientação jurisprudencial do Tribunal Superior do Trabalho servirá como paradigma para viabilizar o conhecimento do recurso de revista, por divergência.*

Assim, o aplicar do direito deverá ficar atento, vez que as bancas de concursos provavelmente irão explorar tais dispositivos como se ainda em vigor estivessem.

Demais disso, o § 14º do artigo 896 previu que o relator do recurso de revista poderá denegar-lhe seguimento, em decisão monocrática, nas hipóteses de intempestividade, deserção, irregularidade de representação ou de ausência de qualquer outro pressuposto extrínseco ou intrínseco de admissibilidade.

QUESTÕES OBJETIVAS COMENTADAS

01 – Com relação ao Recurso de Revista, julgue os itens abaixo:

Sob pena de não conhecimento, é ônus da parte:

I - indicar o trecho da decisão recorrida que consubstancia o prequestionamento da controvérsia objeto do recurso de revista.

II - indicar, de forma explícita e fundamentada, contrariedade a dispositivo de lei, súmula ou orientação jurisprudencial do Tribunal Superior do Trabalho que conflite com a decisão regional.

III - transcrever na peça recursal, no caso de suscitar preliminar de nulidade de julgado por negativa de prestação jurisdicional, o trecho dos embargos declaratórios em que foi pedido o pronunciamento do tribunal sobre questão veiculada no recurso ordinário e o trecho da decisão regional que rejeitou os embargos quanto ao pedido, para cotejo e verificação, de plano, da ocorrência da omissão.

Estão corretas apenas:

a) I

b) II

c) I e III

d) II e III

e) Todas

COMENTÁRIO

I: correta. Literalidade do art. 896, § 1º-A, inciso I. Importante registrar que tal requisito não foi incluído com a Reforma Trabalhista, mas foi incluído na CLT, pela Lei nº 13.015, de 2014.

II: correta. Literalidade do art. 896, § 1º-A, inciso II. Da mesma forma, o mencionado requisito foi incluído na CLT, pela Lei nº 13.015, de 2014.

III: correta. A Reforma Trabalhista incluiu o inciso IV ao art. 896, § 1ª – A.

Trata-se de mais um ônus para o recorrente na elaboração do recurso de revista.

O recorrente deverá: "transcrever na peça recursal, no caso de suscitar preliminar de nulidade de julgado por negativa de prestação jurisdicional, o trecho dos embargos declaratórios em que foi pedido o pronunciamento do tribunal sobre questão veiculada no recurso ordinário e o trecho da decisão regional que rejeitou os embargos quanto ao pedido, para cotejo e verificação, de plano, da ocorrência da omissão".

Esta hipótese somente ocorrerá quando a parte tiver, antes da interposição do recurso de revista, oposto embargos de declaração para sanar eventual omissão. Assim, passa-se a exigir o cotejo sistemático entre o trecho dos embargos declaratórios nos quais se alegou a omissão na análise de algum ponto do recurso ordinário interposto e o trecho da decisão do Tribunal Regional do Trabalho que rejeitou os embargos de declaração quanto a este pedido.

Importante registrar que tal exigência já vinha sendo exigida pela jurisprudência do TST. Segue, abaixo, decisões emblemáticas sobre o tema:

RECURSO DE REVISTA INTERPOSTO SOB A ÉGIDE DA LEI 13.015/2014 - NEGATIVA DE PRESTAÇÃO JURISDICIONAL. AUSÊNCIA DE TRANSCRIÇÃO DOS EMBARGOS DE DECLARAÇÃO. A SbDI-1 desta Corte, ao apreciar, em 16/03/2017, o recurso de embargos nº TST-E-RR-1522-62.2013.5.15.0067, **decidiu ser necessária, para fins de cumprimento do pressuposto inscrito no art. 896, § 1º-A, I, da CLT, nos casos em que se pretende o reconhecimento da nulidade do acórdão regional por negativa de prestação jurisdicional, a indicação não só dos trechos do acórdão prolatado no julgamento dos embargos de declaração, mas também dos trechos da petição de embargos de declaração em que a parte provoca o Regional a se manifestar sobre a matéria supostamente não examinada. No caso em exame não foram indicados os trechos da petição dos embargos de declaração através do qual provocada a manifestação do Regional**. Recurso de revista não conhecido. CERCEIO AO DIREITO DE DEFESA. INDEFERIMENTO DE PROVA TESTEMUNHAL - HORAS EXTRAS. INTERVALO INTRAJORNADA - BANCÁRIO. DIVISOR - SÁBADO BANCÁRIO. ACT - ADICIONAL DE HORAS EXTRAS - REFLEXO DO RSR - HORAS EXTRAS. BASE DE CÁLCULO - DESCONTOS FISCAIS E PREVIDENCIÁRIOS - HONORÁRIOS ADVOCATÍCIOS. AUSÊNCIA DE INDICAÇÃO DO TRECHO DA DECISÃO RECORRIDA QUE CONSUBSTANCIA O PREQUESTIONAMENTO DA CONTROVÉRSIA. ART. 896, § 1º-A, I, DA CLT. A recorrente não observou, no recurso de revista, o disposto no art. 896, § 1º-A, I, da CLT, que determina ser ônus da parte, sob pena de não conhecimento, a indicação do trecho da decisão recorrida que consubstancia o prequestionamento da controvérsia objeto do recurso de revista. Recurso de revista não conhecido . HORAS EXTRAS. CARGO DE CONFIANÇA .ÔNUS DA PROVA. O Regional não emitiu tese a respeito do enquadramento da reclamante no cargo de confiança, o que atrai a incidência da Súmula 297 do TST. Recurso de revista não conhecido. HORAS EXTRAS. CONTROLES DE PONTO . O Regional registrou a idoneidade dos cartões de ponto apresentados pela reclamada e o fato de a prova das alegações incumbir a quem as fizer .Ademais, incabível a alegação de que a mera falta de assinatura nos controles de frequência ensejaria sua invalidação, porquanto tal exigência não encontra respaldo legal. Julgados. Recurso de revista não conhecido. (TST - RR: 19815920125010206, Relator: Márcio Eurico Vitral Amaro, Data de Julgamento: 09/08/2017, 8ª Turma, Data de Publicação: DEJT 14/08/2017)

RECURSO DE REVISTA INTERPOSTO SOB A ÉGIDE DA LEI Nº 13.015/2014 - NULIDADE DO ACÓRDÃO REGIONAL POR NEGATIVA DE PRESTAÇÃO JURISDICIONAL. AUSÊNCIA DE TRANSCRIÇÃO DOS EMBARGOS DE DECLARAÇÃO E DO ACÓRDÃO REGIONAL QUE JULGOU OS EMBARGOS DE DECLARAÇÃO .**Em se tratando de arguição de nulidade do acórdão regional por negativa de prestação jurisdicional, cabe à parte transcrever, além do trecho do acórdão regional proferido no julgamento dos embargos de declaração, o teor das alegações deduzidas nos embargos de declaração opostos, a fim de demonstrar sobre quais vícios ali apontados, nos termos da Súmula 184 do TST, o Regional se omitiu em emitir pronunciamento, conforme exigência dos incisos I, II e III do § 1º-A do art. 896 da CLT**. Recurso de revista não conhecido. COMPETÊNCIA DA JUSTIÇA DO TRABALHO. AGENTE COMUNITÁRIO DE SAÚDE. Para se chegar à conclusão de que os contratos de trabalho das reclamantes são regidos pela CLT, seria indispensável o reexame dos fatos e provas, procedimento vedado pela Súmula 126 do TST. Recurso de revista não conhecido. (TST - RR: 11013920135120008, Relator: Márcio Eurico Vitral Amaro, Data de Julgamento: 21/06/2017, 8ª Turma, Data de Publicação: DEJT 23/06/2017)

Como mencionado, esta hipótese somente ocorrerá quando a parte tiver, antes da interposição do recurso de revista, oposto embargos de declaração para sanar eventual omissão.

Assim, passa-se a exigir o cotejo sistemático entre o trecho dos embargos declaratórios nos quais se alegou a omissão na análise de alguém ponto do recurso ordinário interposto e o trecho da decisão do Tribunal Regional do Trabalho que rejeitou os embargos de declaração quanto a este pedido.

Acreditamos que tal sistemática deva ocorrer caso a matéria tenha sido veiculada em sede de contrarrazões de recurso ordinário, em que pese a omissão da lei.

Para facilitar, vejamos o passo a passo da sistemática exposta:

1. SENTENÇA PROFERIDA

2. A PARTE INTERPÕE RECURSO ORDINÁRIO OU APRESENTA CONTRARRAZÕES

3. ACÓRDA PROFERIDO

4. A PARTE ENTENDE QUE HOUVE OMISSÃO E OPÕE EMBARGOS DE DECLARAÇÃO

5. O TRIBUNAL REGIONAL DO TRABALHO DECIDE QUE NÃO HOUVE OMISSÃO

6. A PARTE INTERPÕE RECURSO DE REVISTA

No recurso de revista a parte terá que "transcrever na peça recursal (item 6), no caso de suscitar preliminar de nulidade de julgado por negativa de prestação jurisdicional, o trecho dos embargos declaratórios (item 4) em que foi pedido o pronunciamento do tribunal sobre questão veiculada no recurso ordinário (item 2) e o trecho da decisão regional que rejeitou os embargos quanto ao pedido (item 5), para cotejo e verificação, de plano, da ocorrência da omissão."

RESPOSTA: Letra E

02 - Com relação ao Recurso de Revista, julgue os itens abaixo:

I - Os Tribunais Regionais do Trabalho procederão, obrigatoriamente, à uniformização de sua jurisprudência e aplicarão, nas causas da competência da Justiça do Trabalho, no que couber, o incidente de uniformização de jurisprudência.

II - Ao constatar, de ofício ou mediante provocação de qualquer das partes ou do Ministério Público do Trabalho, a existência de decisões atuais e conflitantes no âmbito do mesmo Tribunal Regional do Trabalho sobre o tema objeto de recurso de revista, o Tribunal Superior do Trabalho determinará o retorno dos autos à Corte de origem, a fim de que proceda à uniformização da jurisprudência.

III - Após o julgamento do incidente de uniformização de jurisprudência, unicamente a súmula regional ou a tese jurídica prevalecente no Tribunal Regional do Trabalho e não conflitante com súmula ou orientação jurisprudencial do Tribunal Superior do Trabalho servirá como paradigma para viabilizar o conhecimento do recurso de revista, por divergência.

Estão INCORRETAS apenas:

a) I

b) II

c) I e III

d) II e III

e) Todas

COMENTÁRIO

De início, é importante registrar que em todas as assertivas foram cobrados dispositivos revogados pela Lei 13.467/2017.

Com relação ao Recurso de Revista, houve a revogação dos §§ 3º, 4º, 5º e 6º, o que praticamente eliminou a uniformização da jurisprudência regional.

Desta forma, o estudante deverá ficar atento, vez que as bancas de concursos provavelmente irão explorar tais dispositivos como se ainda em vigor estivessem.

I: incorreta. Dispositivo revogado (§ 3º, art. 896).

II: incorreta. Dispositivo revogado (§ 4º, art. 896).

III: incorreta. Dispositivo revogado (§ 6º, art. 896).

RESPOSTA: Letra E

03 – De acordo com a Reforma Trabalhista, julgue o item a seguir:

O relator do recurso de revista poderá denegar-lhe seguimento, em decisão monocrática, nas hipóteses de intempestividade, deserção, irregularidade de representação ou de ausência de qualquer outro pressuposto extrínseco ou intrínseco de admissibilidade.

COMENTÁRIO

A Reforma Trabalhista acrescentou a possibilidade de trancamento liminar do recurso de revista.

É que, o § 14º do artigo 896 previu que o relator do recurso de revista poderá denegar-lhe seguimento, em decisão monocrática, nas hipóteses de intempestividade, deserção, irregularidade de representação ou de ausência de qualquer outro pressuposto extrínseco ou intrínseco de admissibilidade.

RESPOSTA: Certo

<table>
<tr><th colspan="2">QUADRO COMPARATIVO</th></tr>
<tr><th>ANTES DA REFORMA TRABALHISTA</th><th>APÓS A REFORMA TRABALHISTA</th></tr>
<tr><td>Art.896-A - O Tribunal Superior do Trabalho, no recurso de revista, examinará previamente se a causa oferece transcendência com relação aos reflexos gerais de natureza econômica, política, social ou jurídica.</td><td>"Art. 896-A. O Tribunal Superior do Trabalho, no recurso de revista, examinará previamente se a causa oferece transcendência com relação aos reflexos gerais de natureza econômica, política, social ou jurídica.

§ 1º São indicadores de transcendência, ENTRE OUTROS:

I – econômica, o elevado valor da causa;
II – política, o desrespeito da instância recorrida à jurisprudência sumulada do Tribunal Superior do Trabalho ou do Supremo Tribunal Federal;
III – social, a postulação, por reclamante-recorrente, de direito social constitucionalmente assegurado;
IV – jurídica, a existência de questão nova em torno da interpretação da legislação trabalhista.

§ 2º PODERÁ o relator, monocraticamente, denegar seguimento ao recurso de revista que NÃO demonstrar transcendência, cabendo agravo desta decisão para o colegiado.

§ 3º Em relação ao recurso que o relator considerou NÃO ter transcendência,

o recorrente PODERÁ realizar SUSTENTAÇÃO ORAL sobre a questão da transcendência, durante cinco minutos em sessão.

§ 4º Mantido o voto do relator quanto à NÃO transcendência do recurso, será lavrado acórdão com fundamentação sucinta, que constituirá decisão irrecorrível no âmbito do tribunal.</td></tr>
</table>

	§ 5º É irrecorrível a decisão monocrática do relator que, em agravo de instrumento em recurso de revista, considerar ausente a transcendência da matéria. § 6º O **juízo de admissibilidade** do recurso de revista exercido pela **Presidência dos Tribunais Regionais do Trabalho limita-se à análise dos pressupostos intrínsecos e extrínsecos do apelo, NÃO abrangendo o critério da transcendência das questões nele veiculadas."**(NR)

⇔ O QUE MUDOU?

Apesar do texto da CLT já estabelecer que o relator examinasse previamente se a causa oferece transcendência, tal requisito, em virtude da ausência de regulamentação por parte do TST, não era exigido.

Eis um julgado do TST que aborda o tema:

> *Ementa: RECURSO DE REVISTA. TRANSCENDÊNCIA. A aplicação do princípio da transcendência, previsto no art. 896-A da CLT,* ***ainda não foi regulamentada no âmbito deste Tribunal, providência que se faz necessária em face do comando do art. 2º da Medida Provisória 2.226/2001 (DOU 5/9/2001)****, que dispõe: "O Tribunal Superior do Trabalho regulamentará, em seu regimento interno, o processamento da transcendência do recurso de revista, assegurada a apreciação da transcendência em sessão pública, com direito a sustentação oral e fundamentação da decisão",* ***razão pela qual o exame da admissibilidade do recurso de revista se restringe aos pressupostos do art. 896 da CLT.*** *Recurso de revista não conhecido. [...]*
>
> *Encontrado em: 6ª Turma DEJT 17/04/2015 - 17/4/2015 RECURSO DE REVISTA RR 4624020105020061 (TST) Augusto César*

Com a entrada em vigor da Reforma Trabalhista, os parágrafos do artigo 896-A acabam por regulamentar a sistemática da transcendência no recurso de revista, devendo a parte, então, ficar atenta para demonstrá-la.

Para fins de demonstração da transcendência do tema do recurso com relação aos reflexos gerais de natureza econômica, política, social ou jurídica, exemplificam-se casos INDICATIVOS, tais como:

> *I – econômica, o elevado valor da causa;*
>
> *II – política, o desrespeito da instância recorrida à jurisprudência sumulada do Tribunal Superior do Trabalho ou do Supremo Tribunal Federal;*

III – social, a postulação, por reclamante-recorrente, de direito social constitucionalmente assegurado;

IV – jurídica, a existência de questão nova em torno da interpretação da legislação trabalhista.

Caso o relator, monocraticamente decidir que não houve a referida demonstração, a parte precisará interpor agravo para o colegiado, oportunidade em que poderá realizar a sustentação oral sobre a questão da transcendência.

A decisão do colegiado acerca deste agravo é irrecorrível no âmbito do Tribunal Superior do Trabalho.

Demais disso, importante observar que esta sistemática recursal (agravo para o colegiado) somente ocorrerá quando o Tribunal Regional do Trabalho houver admitido o Recurso de Revista.

Isto porque, caso o Tribunal Regional do Trabalho profira despacho denegatório de seguimento de Recurso de Revista, caberá à parte interpor Agravo de Instrumento para destrancar o Recurso de Revista.

Neste caso, valerá a regra trazida no parágrafo quinto que assim estabelece: é irrecorrível a decisão monocrática do relator que, em agravo de instrumento em recurso de revista, considerar ausente a transcendência da matéria.

Veja a tabela para facilitar o seu estudo, vez que as bancas certamente irão explorar estes detalhes:

RECURSO DE REVISTA ADMITIDO NA ORIGEM	RECURSO DE REVISTA INADMITIDO DA ORIGEM
Não há necessidade de agravo de instrumento	Necessário interpor agravo de instrumento em recurso de revista
O relator poderá decidir que não há transcendência o recurso de revista	O relator poderá decidir que não há transcendência o recurso de revista
Cabe agravo para o colegiado com direito a sustensação oral quando à matéria.	A decisão é irrecorrível
Sendo mantida a decisão do relator, é irrecorrível do âmbito do TST	

Por fim, imperativo destacar que cabe ao Tribunal Regional do Trabalho somente analisar as questões formais do Recurso de Revista, jamais adentrar na questão da transcendência, sob pena de usurpação da competência do Tribunal Superior do Trabalho. Tal norma é expressa no parágrafo sexto: o juízo de admissibilidade do recurso de revista exercido pela Presidência dos Tribunais Regionais do Trabalho limita-se à análise dos pressupostos intrínsecos e extrínsecos do apelo, NÃO abrangendo o critério da transcendência das questões nele veiculadas."

QUESTÕES OBJETIVAS COMENTADAS

01 - Com relação ao Recurso de Revista, julgue os itens abaixo:

O Tribunal Superior do Trabalho, no recurso de revista, examinará previamente se a causa oferece transcendência com relação aos reflexos gerais de natureza econômica, política, social ou jurídica. São indicadores de transcendência, entre outros:

I - política, o desrespeito da instância recorrida à jurisprudência sumulada do Tribunal Superior do Trabalho, do Superior Tribunal de Justiça ou do Supremo Tribunal Federal.
II - social, a postulação, por reclamante-recorrente, de direito social constitucionalmente assegurado.
III - jurídica, a existência de questão nova em torno da interpretação da legislação trabalhista.
Estão corretas apenas:

a) I

b) II

c) I e III

d) II e III

e) Todas

COMENTÁRIO

De início, é importante registrar que a regra da transcendência como requisito do Recurso de Revista surgiu inicialmente com a Medida Provisória 2.225, de 04.09.2001. Apesar do texto da CLT já estabelecer que o relator examinasse previamente se a causa oferece transcendência, tal requisito, em virtude da ausência de regulamentação por parte do TST, não era exigido.

A partir da reforma a regulamentação global do instituto consta expressamente na norma consolidada.

É muito importante conhecer os quatro indicadores de transcendência, quais sejam: econômico, político, social e jurídico.

I: incorreta. O desrespeito da instância recorrida à jurisprudência do Superior Tribunal de Justiça não consta no inciso II do art. 896-A.

II: correta. Definição do conceito de transcendência por motivo social (896-A, III).

III: correta. Definição do conceito de transcendência por motivo jurídico (896-A, IV).

RESPOSTA: Letra D

02 – Com relação ao Recurso de Revista, julgue os itens abaixo:

I – Poderá o relator, monocraticamente, denegar seguimento ao recurso de revista que não demonstrar transcendência, cabendo agravo desta decisão para o colegiado.

II – Em relação ao recurso que o relator considerou não ter transcendência, o recorrente poderá realizar sustentação oral sobre a questão da transcendência, durante dez minutos em sessão.

III –É irrecorrível a decisão monocrática do relator que, em agravo de instrumento em recurso de revista, considerar ausente a transcendência da matéria.

Estão corretas apenas:

a) I

b) II

c) I e III

d) II e III

e) Todas

COMENTÁRIO

I: correta. Literalidade do § 2º do art. 896-A. Existe a previsão para o trancamento liminar do recurso de revista que não demonstre a existência da transcendência. O recurso cabível nesse caso é o agravo, para que a turma do TST possa reapreciar a decisão.

II: incorreta. Na verdade, o prazo para sustentação oral é de 5 (cinco) minutos (§3º do art. 896-A). O prazo limitado de cinco minutos demonstra que o legislador teve o objetivo de limitar a matéria da sustentação oral na demonstração da alegada transcendência da matéria tratada no recurso de revista.

III: correta. Literalidade do § 5º do art. 896-A. Foi criada pelo legislador uma hipótese de irrecorribilidade. A decisão monocrática do relator que em agravo de instrumento em recurso de revista considerar ausente a transcendência da matéria é irrecorrível.

RESPOSTA: Letra C

03 – De acordo com a Reforma Trabalhista, julgue o item a seguir:

O juízo de admissibilidade do recurso de revista exercido pela Presidência dos Tribunais Regionais do Trabalho limita-se à análise dos pressupostos intrínsecos e extrínsecos do apelo, não abrangendo o critério da transcendência das questões nele veiculadas.

COMENTÁRIO

Foi exigida a literalidade § 6º do art. 896-A. Conforme já exposto, cabe ao Tribunal Regional do Trabalho somente analisar as questões formais do Recurso de Revista, jamais adentrar na questão da transcendência, sob pena de usurpação da competência do Tribunal Superior do Trabalho.

RESPOSTA: Certo

04 – No que concerne ao Recurso de Revista, assinale a opção correta.

a) Poderá o relator, monocraticamente, denegar seguimento ao recurso de revista que não demonstrar transcendência, cabendo reclamação desta decisão para o colegiado.

b) É recorrível a decisão monocrática do relator que, em agravo de instrumento em recurso de revista, considerar ausente a transcendência da matéria.

c) Em relação ao recurso que o relator considerou não ter transcendência, o recorrente poderá realizar sustentação oral sobre a questão da transcendência, durante 15 minutos em sessão.

d) O juízo de admissibilidade do recurso de revista exercido pela Presidência dos Tribunais Regionais do Trabalho limita-se à análise dos pressupostos intrínsecos e extrínsecos do apelo, não abrangendo o critério da transcendência das questões nele veiculadas.

e) São indicadores de transcendência, entre outros: econômica, o elevado valor da causa; política, o desrespeito da instância recorrida à jurisprudência sumulada do Tribunal Superior do Trabalho ou do Supremo Tribunal Federal; social, a postulação, por reclamante-recorrente, de direito social legalmente assegurado e o jurídica, a existência de questão nova em torno da interpretação da legislação trabalhista.

COMENTÁRIO

Alternativa "a". Incorreta. O recurso cabível é o agravo para o colegiado (Art. 896-A, § 2º).

Alternativa "b". Incorreta. Essa decisão monocrática é irrecorrível (Art. 896-A, § 5º).

Alternativa "c". Incorreta. O prazo para sustentação oral é de 5 minutos (Art. 896-A, §3º)

Alternativa "d". Correta. Literalidade do Art. 896-A, § 6º.

Alternativa "e". Incorreta. O examinador abordou de forma equivocada o critério social, eis que o direito social deve ser "constitucionalmente assegurado".

RESPOSTA: Letra D

QUADRO COMPARATIVO

ANTES DA REFORMA TRABALHISTA	APÓS A REFORMA TRABALHISTA
"Art. 899. Os recursos serão interpostos por simples petição e terão efeito meramente devolutivo, salvo as exceções previstas neste Título, permitida a execução provisória até a penhora.	"Art. 899. Os recursos serão interpostos por simples petição e terão efeito meramente devolutivo, salvo as exceções previstas neste Título, permitida a execução provisória até a penhora. ....
§ 4º - O depósito de que trata o § 1º far-se-á na conta vinculada do empregado a que se refere o art. 2º da Lei nº 5.107, de 13 de setembro de 1966, aplicando-se-lhe os preceitos dessa Lei observado, quanto ao respectivo levantamento, o disposto no § 1º.	§ 4º O **depósito recursal** será feito em **conta vinculada ao juízo** e corrigido com os **mesmos índices da poupança.**
§ 5º - Se o empregado ainda não tiver conta vinculada aberta em seu nome, nos termos do art. 2º da Lei nº 5.107, de 13 de setembro de 1966, a empresa procederá à respectiva abertura, para efeito do disposto no § 2º.	§ 5º (Revogado). ....
Sem previsão anterior.	§ 9º O valor do **depósito recursal será reduzido pela metade para entidades sem fins lucrativos, empregadores**

	domésticos, microempreendedores individuais, microempresas e empresas de pequeno porte.
Sem previsão anterior.	§ 10. São **ISENTOS** do depósito recursal os **beneficiários da justiça gratuita, as entidades filantrópicas e as empresas em recuperação judicial.**
Sem previsão anterior.	§ 11. O depósito recursal **PODERÁ SER SUBSTITUÍDO por FIANÇA BANCÁRIA OU SEGURO GARANTIA JUDICIAL.**"(NR)

O QUE MUDOU?

Pela regra anterior, o depósito recursal era efetuado em conta vinculada do FGTS. Agora, será realizado na conta vinculada do juízo, corrigidos pelos mesmos índices da poupança.

O parágrafo 9º foi acrescido para reduzir em 50% o valor do depósito recursal para as entidades sem fins lucrativos, empregadores domésticos, microempreendedores individuais, microempresas e empresas de pequeno porte. Já o parágrafo 10 isenta do depósito recursal os beneficiários da justiça gratuita, as entidades filantrópicas e as empresas em recuperação judicial.

Por fim, passou-se a prever que o depósito recursal poderá ser substituído por fiança bancária ou seguro garantia judicial.

QUESTÕES OBJETIVAS COMENTADAS

01 – Sobre a figura do depósito recursal, julgue o item a seguir:

O depósito recursal será realizado em conta vinculada do FGTS.

COMENTÁRIO

Antes da reforma, o depósito recursal era realizado em conta vinculada do FGTS. Com a nova redação do art.899, § 4º "O depósito recursal será feito em conta vinculada ao juízo e corrigido com os mesmos índices da poupança."

RESPOSTA: Errado

02 – De acordo com a Reforma Trabalhista e no tocante à figura do depósito recursal, julgue o item a seguir:

São isentos do depósito recursal os beneficiários da justiça gratuita, as entidades filantrópicas e as empresas em recuperação judicial.

COMENTÁRIO

Assertiva correta. Trata-se da literal disposição do parágrafo 10 do art. 899 da CLT. Segue sua disposição:

Art. 899 § 10. São isentos do depósito recursal os beneficiários da justiça gratuita, as entidades filantrópicas e as empresas em recuperação judicial.

RESPOSTA: Certo

51. CONTRIBUIÇÕES PREVIDENCIÁRIAS

QUADRO COMPARATIVO	
ANTES DA REFORMA TRABALHISTA	**APÓS A REFORMA TRABALHISTA**
Sem previsão anterior.	**"Art. 911-A. O empregador EFETUARÁ o recolhimento das contribuições previdenciárias próprias e do trabalhador e o depósito do FGTS com base nos valores pagos no período mensal e FORNECERÁ ao empregado comprovante do cumprimento dessas obrigações.** § 1º Os segurados enquadrados como empregados que, no somatório de remunerações auferidas de um ou mais empregadores no período de um mês, INDEPENDENTEMENTE DO TIPO DE CONTRATO DE TRABALHO, receberem remuneração INFERIOR ao salário mínimo mensal, poderão recolher ao Regime Geral de Previdência Social a DIFERENÇA ENTRE A REMUNERAÇÃO RECEBIDA E O VALOR DO SALÁRIO MÍNIMO MENSAL, em que incidirá a MESMA alíquota aplicada à contribuição do trabalhador RETIDA pelo empregador.

	§ 2º Na hipótese de não ser feito o recolhimento complementar previsto no § 1º, o mês em que a remuneração total recebida pelo segurado de um ou mais empregadores for menor que o salário mínimo mensal não será considerado para fins de aquisição e manutenção de qualidade de segurado do Regime Geral de Previdência Social nem para cumprimento dos períodos de carência para concessão dos benefícios previdenciários.

⇔ *O QUE MUDOU?*

A Medida Provisória nº 808/2017 inseriu, nas **DISPOSIÇÕES FINAIS E TRANSITÓRIAS** da CLT, o artigo 911-A.

De início, importante observar que a referida modificação mais se relaciona com o Direito Previdenciário do que propriamente com o Direito do Trabalho, ainda que estes sejam intimamente ligados. Senão, vejamos.

A referida norma, em seu caput, estabelece duas **OBRIGAÇÕES** ao **EMPREGADOR**:

1) Efetuar o recolhimento das contribuições previdenciárias **próprias e do trabalhador**, e o depósito do Fundo de Garantia do Tempo de Serviço – FGTS.

E qual a base de cálculo para tais pagamentos?

Os valores pagos no período mensal.

2) FORNECER ao empregado comprovante do cumprimento dessas obrigações.

OBRIGAÇÕES DO EMPREGADOR	
OBRIGAÇÃO 01	**OBRIGAÇÃO 02**
Efetuar o recolhimento das contribuições previdenciárias próprias e do trabalhador, e o depósito do FGTS.	FORNECER ao empregado comprovante do cumprimento dessas obrigações.

Já o § 1º do artigo 911-A estabelece uma regra aplicável somente aos **segurados** enquadrados como **empregados** que, no **somatório** de remunerações auferidas de um ou mais empregadores no período de um mês, **INDEPENDENTEMENTE DO TIPO DE CONTRATO DE TRABALHO**, recebam **REMUNERAÇÃO INFERIOR AO SALÁRIO MÍNIMO MENSAL**.

Este empregado, **que aufere um total de remuneração inferior ao salário mínimo, PODERÁ recolher ao Regime Geral de Previdência Social a diferença entre a remuneração recebida e o valor do salário mínimo mensal, aplicando-se a mesma alíquota aplicada à contribuição do trabalhador retida pelo empregador.**

Exemplificando: suponha que João receba, somado todos os valores recebidos em determinado mês, R$ 500,00, ou seja, um valor inferior ao salário mínimo mensal, que corresponde atualmente (2017) a R$ 937,00. **Neste caso, a contribuição previdenciária de João terá como base de cálculo os R$ 500,00, mas poderá ser complementada pelo trabalhador.**

Como ficará o cálculo da contribuição previdenciária de João?

O seu empregador, de acordo com o caput do artigo 911-A, irá recolher tendo como base a remuneração de João, ou seja, R$ 500,00. Ocorre que o valor de R$ 500,00 é inferior ao salário mínimo. Neste caso, João terá a opção de recolher ao INSS a diferença do valor, incidindo a mesma alíquota aplicada à contribuição do trabalhador retida pelo empregador sobre a diferença entre os valores recebidos e o salário mínimo.

Esta esquemática poderá ocorrer ainda que o empregado possua mais de um empregador e a soma das remunerações não alcancem o salário mínimo.

Veja o esquema abaixo para fins de fixação do tema.

CONTRIBUIÇÃO PREVIDENCIÁRIA REMUNERAÇÃO TOTAL INFERIOR AO SALÁRIO MÍNIMIO	
Contrato de Trabalho 01	**Contrato de Trabalho 02**
Valor recebido: **R$ 300,00**	Valor recebido: **R$ 200,00**
Empregador paga 20% de **R$ 300,00**	Empregador paga 20% de **R$ 200,00**
Somatório de remunerações auferidas (base de cálculo) → **R$ 500,00.**	
Diferença entre a base de cálculo e o salário mínimo → R$ 937,00[12] – R$ 500,00 = **R$ 437,00.**	
Empregado **PODERÁ COMPLEMENTAR** com 8% (mesma alíquota aplicada à contribuição do trabalhador retida pelo empregador) de R$ 437,00.	

12 Valor do salário mínimo em 2017.

Com isto, o que a Reforma Trabalhista cria, **para fins de aquisição e manutenção da qualidade de segurado do Regime Geral de Previdência Social e cumprimento dos períodos de carência para concessão dos benefícios previdenciários**, um piso de contribuição previdenciária, vez que o trabalhador precisará contribuir sobre valores a fim do salário-de-contribuição alcançar o salário mínimo.

Verifica-se, aqui, um paralelo direto com o artigo 201, § 2º, da Constituição Federal (***Nenhum benefício que substitua o salário de contribuição ou o rendimento do trabalho do segurado terá valor mensal inferior ao salário mínimo***), já que, se o beneficiário da previdência social não pode receber valor inferior ao salário mínimo, a menor base de cálculo para fins de cálculos previdenciários passa a ser o salário mínimo.

CF/88 – Art. 201, § 2º	CLT – Art. 911-A, § 1º
Nenhum benefício que substitua o salário de contribuição ou o rendimento do trabalho do segurado terá valor mensal inferior ao salário mínimo.	Os segurados enquadrados como empregados que, no somatório de remunerações auferidas de um ou mais empregadores no período de um mês, independentemente do tipo de contrato de trabalho, receberem remuneração inferior ao salário mínimo mensal, poderão recolher ao Regime Geral de Previdência Social a diferença entre a remuneração recebida e o valor do salário mínimo mensal, em que incidirá a mesma alíquota aplicada à contribuição do trabalhador retida pelo empregador.

E qual a consequência legal prevista para o não pagamento deste complemento previsto no § 1º do artigo 911-A?

Estabelece o § 2º do artigo 911-A que "*na hipótese de não ser feito o recolhimento complementar previsto no § 1º, o mês em que a remuneração total recebida pelo segurado de um ou mais empregadores for menor que o salário mínimo mensal não será considerado para fins de aquisição e manutenção de qualidade de segurado do Regime Geral de Previdência Social nem para cumprimento dos períodos de carência para concessão dos benefícios previdenciários.*"
Ou seja, se no ano de 2018 o empregado, por exemplo, receber valores inferiores ao salário mínimo nos meses de janeiro, fevereiro e março e não realizar a complementação, estes três meses não poderão ser considerados para fins de aquisição e manutenção de qualidade de segurado do Regime Geral de Previdência Social, bem como para cumprimento dos períodos de carência para concessão dos benefícios previdenciários.

Indaga-se: referida contribuição complementar facultativa a cargo do empregado viola a Constituição Federal?

A resposta para esta indagação dependerá de qual será considerada a natureza jurídica desta contribuição facultativa: se tributo ou não.

Vejamos.

A Constituição Federal de 1988 estabelece em seu artigo 195 as fontes ordinárias de custeio da seguridade social. Eis o teor da norma:

> Art. 195. A seguridade social será financiada por toda a sociedade, de forma direta e indireta, nos termos da lei, mediante recursos provenientes dos orçamentos da União, dos Estados, do Distrito Federal e dos Municípios, e das seguintes contribuições sociais:
>
> *I - do empregador, da empresa e da entidade a ela equiparada na forma da lei, incidentes sobre: (Redação dada pela Emenda Constitucional nº 20, de 1998)*
>
> *a) a folha de salários e demais rendimentos do trabalho pagos ou creditados, a qualquer título, à pessoa física que lhe preste serviço, mesmo sem vínculo empregatício; (Incluído pela Emenda Constitucional nº 20, de 1998)*
>
> *b) a receita ou o faturamento; (Incluído pela Emenda Constitucional nº 20, de 1998)*
>
> *c) o lucro; (Incluído pela Emenda Constitucional nº 20, de 1998)*
>
> ***II - do trabalhador e dos demais segurados da previdência social, não incidindo contribuição sobre aposentadoria e pensão concedidas pelo regime geral de previdência social de que trata o art. 201; (Redação dada pela Emenda Constitucional nº 20, de 1998)***
>
> *III - sobre a receita de concursos de prognósticos.*
>
> *IV - do importador de bens ou serviços do exterior, ou de quem a lei a ele equiparar. (Incluído pela Emenda Constitucional nº 42, de 19.12.2003)*

Tem-se, assim, que basicamente são quatro as contribuições sociais:

CONTRIBUIÇÕES SOCIAIS PARA FINANCIAMENTO DA SEGURIDADE SOCIAL			
A CARGO DO EMPREGADOR	**A CARGO DO TRABALHADOR**	RECEITAS DE CONCURSOS DE PROGNÓSTICOS (LOTERIAS)	IMPORTADOR DE BENS OU SERVIÇOS DO EXTERIOR.

Verifica-se, pois, autorização constitucional para a exação tributária a cargo do trabalhador. Dando eficácia a previsão legal, foi editada a Lei Ordinária nº 8.212/1991, que seu artigo 20 prevê que (grifo nosso):

> *DA CONTRIBUIÇÃO DO SEGURADO*
>
> *Seção I*
>
> *Da Contribuição dos Segurados Empregado, Empregado Doméstico e Trabalhador Avulso*
>
> *Art. 20. A contribuição do empregado, inclusive o doméstico, e a do trabalhador avulso é calculada mediante* ***a aplicação da correspondente alíquota sobre o seu salário-de-contribuição mensal****, de forma não cumulativa, observado o disposto no art. 28, de acordo com a seguinte tabela:*

Salário-de-contribuição	Alíquota em %
Até R$ 1.659,38	8,00
De R$ 1.659,39 a R$ 2.765,66	9,00
De R$ 2.765,67 até R$ 5.531,31	11,00

Tabela atualizada de acordo com a PORTARIA MF Nº 8, DE 13 DE JANEIRO DE 2017

> *§ 1º Os valores do salário-de-contribuição serão reajustados, a partir da data de entrada em vigor desta Lei, na mesma época e com os mesmos índices que os do reajustamento dos benefícios de prestação continuada da Previdência Social.* (Redação dada pela Lei n° 8.620, de 5.1.93)
>
> *§ 2º O disposto neste artigo aplica-se também aos segurados empregados e trabalhadores avulsos que prestem serviços a microempresas.* (Parágrafo acrescentado pela Lei n° 8.620, de 5.1.93)

Assim, a contribuição social **ordinária** a cargo do empregado é aquela em que incide a alíquota constante na tabela acima sobre o seu salário-de-contribuição, sendo esta a base de cálculo do referido tributo.
Firmada esta premissa básica, não se olvida que a própria Constituição Federal prevê a possibilidade da criação de fontes adicionais de receita. Eis o teor do artigo 195, § 4º, da Carta Maior:

> § 4º A lei poderá instituir outras fontes destinadas a garantir a manutenção ou expansão da seguridade social, obedecido o disposto no art. 154, I.

E o que diz o artigo 154, I, da Constituição Federal?

> Art. 154. A União poderá instituir:

> I - mediante lei complementar, impostos não previstos no artigo anterior, desde que sejam não-cumulativos e não tenham fato gerador ou base de cálculo próprios dos discriminados nesta Constituição;

A interpretação conjunta do § 4º do artigo 195 com o artigo 154, I, ambos da Constituição Federal, trazem a possibilidade de a União instituir **as contribuições sociais residuais, sendo que estas, necessariamente, devem ser instituídas via lei complementar.**

Vejamos a lição de Alexandre Rossato da Silva Ávila[13]

> *"As contribuições para a Seguridade Social, também conhecidas por contribuições previdenciárias, podem ser instituídas por lei ordinária. A lei complementar ficou reservada para a instituição de novas fontes de custeio para a Seguridade Social, nos termos do § 4º do art. 195 da CF."*

Caso se entenda que o artigo 911-A, §1º, da CLT está criando, via Medida Provisória, uma nova contribuição social a cargo do empregado (**ou seja, um tributo**), é imperativo destacar que **medida provisória não pode versar sobre matérias reservadas à lei complementar**. Neste sentido, a Constituição Federal de 1988 é clara:

> *Art. 62. Em caso de relevância e urgência, o Presidente da República poderá adotar medidas provisórias, com força de lei, devendo submetê-las de imediato ao Congresso Nacional.* (Redação dada pela Emenda Constitucional nº 32, de 2001)
>
> *§ 1º É vedada a edição de medidas provisórias sobre matéria:*
>
> *III – reservada a lei complementar;* (Incluído pela Emenda Constitucional nº 32, de 2001)

Ora, se a Constituição Federal reservou à lei complementar a criação das contribuições sociais residuais (artigo 195, § 4º, combinado com o artigo 154, I), não poderia medida provisória sobre este tema versar, sob pena de afronta direta ao artigo 62, § 1º, III, da Constituição Federal.

Assim, caso seja considerada que a natureza jurídica da contribuição facultativa é de tributo, tem-se por flagrante o vício de inconstitucionalidade **formal**.

E não se pode afirmar que a contribuição social complementar instituída pelo artigo 911-A, § 1º, seria a mesma que aquela prevista no artigo 20 da Lei nº 8.212/1991, já que as alíquotas e base de cálculos são distintas.

Veja a comparação abaixo:

13 ÁVILA, Alexandre Rossato da Silva. Curso de direito tributário. Porto Alegre: Verbo Jurídico, 2006, p. 123

ARTIGO 20, da Lei nº 8.212/1991		ARTIGO 911-A, § 1º, da CLT	
Alíquota	Depende do valor do salário-de-contribuição.	Alíquota	Mesma alíquota aplicada à contribuição do trabalhador retida pelo empregador
Base de Cálculo	Salário-de-contribuição.	Base de Cálculo	Diferença entre o somatório da remuneração e o salário mínimo.

Neste ponto, importante recordar o artigo 4º do Código Tributário Nacional:

> *Art. 4º A natureza jurídica específica do tributo é determinada pelo fato gerador da respectiva obrigação, sendo irrelevantes para qualificá-la:*
>
> *I - a denominação e demais características formais adotadas pela lei;*
>
> *II - a destinação legal do produto da sua arrecadação.*

Assim, caso se considere como tributo, tem-se que **a natureza jurídica das contribuições acima é distinta. A contribuição social <u>ordinária</u>**, prevista na Lei nº 8.212/1991, que tem como base de cálculo o salário-de-contribuição, **não se confunde a contribuição social <u>residual</u>**, prevista no artigo 911-A, § 1º, da CLT, que tem como base de cálculo **a diferença entre o total da remuneração do empregado e o salário mínimo**.

Todavia, caso se considere que, **em razão da facultatividade**, não se trata de tributo, não será possível afirmar que a inclusão da previsão via Medida Provisória estaria violando a Constituição Federal.

E por que não seria considerado tributo?

Em razão da não compulsoriedade, exigida pelo artigo 3º do Código Tributário Nacional.

Vale lembrar:

> *Art. 3º Tributo é toda prestação pecuniária compulsória, em moeda ou cujo valor nela se possa exprimir, que não constitua sanção de ato ilícito, instituída em lei e cobrada mediante atividade administrativa plenamente vinculada.*

No que tange a contribuição facultativa do segurado facultativo (não empregado), existe doutrina que entende não se tratar de tributo, mas, sim, de seguro facultativo:

> "[...] no caso específico da contribuição do segurado facultativo, entendo que a natureza jurídica não é tributária, e sim de seguro público facultativo. No tocante às demais contribuições sociais, não há dúvida: a natureza jurídica é tributária."[14]

Este, inclusive, foi o entendimento do Tribunal Regional Federal da 4ª Região:

TRIBUTÁRIO. CONTRIBUIÇÃO PREVIDENCIÁRIA. PRESCRIÇÃO. LC Nº 118/2005. SEGURADO FACULTATIVO. APOSENTADORIA RETROATIVA. REPETIÇÃO DE INDÉBITO. [...] Se o INSS tivesse reconhecido o direito à aposentadoria ao tempo do pedido administrativo, o autor não teria motivo para filiar-se à Previdência, na qualidade de segurado facultativo, depois da cessação do desempenho de atividade de sujeição obrigatória ao Regime Geral. **Aos recolhimentos feitos no período de filiação como segurado facultativo, unicamente com o intuito de impedir a perda da condição de segurado e de submeter-se a novo período de carência, falta a compulsoriedade, característica essencial dos tributos**. Impõe-se a restituição dos valores indevidamente recolhidos, nos termos do art. 89, caput e parágrafo 4º, da Lei nº 8.212/1991. [...] (AC nº 2004.04.01.052210-9/RS, 1ª Turma, Rel. Des. Federal Vilson Darós, D.E. de 08.10.2008).

Assim, a questão da inconstitucionalidade formal, ou não, depende da natureza jurídica atribuída a esta contribuição previdenciária facultativa prevista no artigo 911-A, § 1º.

Veja o esquema:

INCONSTITUCIONALIDADE FORMAL, OU NÃO, DO ARTIGO 911-A, §1º	
NATUREZA JURÍDICA	**NATUREZA JURÍDICA**
TRIBUTO	SEGURO FACULTATIVO
INCONSTITUCIONAL	CONSTITUCIONAL
NÃO PODERIA SER TRATADO POR MEDIDA PROVISÓRIA	PODERIA SER TRATADO POR MEDIDA PROVISÓRIA

14 Góes, Hugo. Manual de direito previdenciário. 7. ed. São Paulo: Ferreira, 2011, pág. 152.

E com relação a violação material à Constituição Federal?

Acredita-se existir inconstitucionalidade **material** da referida norma, por ferir, no que atine as relações tributárias, os princípios da igualdade, da razoabilidade, da capacidade contributiva e da vedação ao confisco, e, no que respeita as relações previdenciárias, o princípio da universalidade.

A contribuição previdenciária facultativa (seja ela considerada como tributo ou seguro facultativo) coloca o segurado empregado em situação insuportável, vez que condiciona a aquisição e a manutenção da qualidade de segurado e cumprimento dos períodos de carência para concessão dos benefícios previdenciários ao pagamento de montante calculado sobre **valor fictício**, ou seja, **não recebido pelo empregado**.

O que a norma faz, por via indireta, é justamente afastar da proteção da Seguridade Social aquele empregado que se encontra mais vulnerável, vez que recebe remuneração inferior ao salário mínimo.

De se observar que o artigo 194 da Constituição Federal, em seu parágrafo único, estabelece como um dos objetivos da seguridade social a universalidade, sendo que a norma ora comentada, ao nosso sentir, vai em sentido contrário.

Por fim, acredita-se que a "facultatividade" (aspas em virtude de a consequência gravosa exposta acabar por torná-la, **na prática**, obrigatória), difere da situação na qual encontra-se o **contribuinte facultativo**, vez que não está obrigado a participar do Regime Geral Previdenciário, estando no sistema, **tão somente**, por vontade própria (**verdadeira facultatividade**).

Conclui-se, pois, sem a pretensão de aprofundar o tema e numa primeira análise, **vez que a norma acaba de nascer no ordenamento jurídi**ca, que esta viola a Constituição Federal, mormente os princípios da igualdade, da razoabilidade, da capacidade contributiva e o objetivo de universalização da proteção previdenciária.

01 – De acordo com a Reforma Trabalhista, julgue o item a seguir:

O empregador efetuará o recolhimento das contribuições previdenciárias próprias e do trabalhador e o depósito do FGTS com base nos valores pagos no período mensal e fornecerá ao empregado comprovante do cumprimento dessas obrigações.

COMENTÁRIO

A questão trouxe a literalidade do artigo 911-A da CLT, motivo pelo qual está correta.

RESPOSTA: Certo

02 - De acordo com a Reforma Trabalhista, julgue o item a seguir:

Todos os segurados que, no somatório de remunerações auferidas de um ou mais empregadores no período de um mês, independentemente do tipo de contrato de trabalho, receberem remuneração inferior ao salário mínimo mensal, poderão recolher ao Regime Geral de Previdência Social a diferença entre a remuneração recebida e o valor do salário mínimo mensal, em que incidirá a mesma alíquota aplicada à contribuição do trabalhador retida pelo empregador.

COMENTÁRIO

A assertiva tenta induzir o estudante ao erro ao afirmar, em seu início, que a complementação do valor da contribuição previdenciária é possível a todos os segurados.

Em verdade, o § 1º do artigo 911-A da CLT, conforme acima visto, estabelece está possibilidade somente aos segurados qualificados como empregados.

Vejamos o teor:

§ 1º Os segurados enquadrados como empregados que, no somatório de remunerações auferidas de um ou mais empregadores no período de um mês, independentemente do tipo de contrato de trabalho, receberem remuneração inferior ao salário mínimo mensal, poderão recolher ao Regime Geral de Previdência Social a diferença entre a remuneração recebida e o valor do salário mínimo mensal, em que incidirá a mesma alíquota aplicada à contribuição do trabalhador retida pelo empregador.

RESPOSTA: Errado

03 - De acordo com a Reforma Trabalhista, julgue o item a seguir:

Caso o segurado enquadrado como empregado não efetue a complementação da contribuição previdenciária nos meses em que a remuneração total recebida for menor que o salário mínimo mensal, o mês inadimplido não será considerado para fins de aquisição e manutenção de qualidade de segurado do Regime Geral de Previdência Social, bem como para cumprimento dos períodos de carência para concessão dos benefícios previdenciários.

COMENTÁRIO

Conforme visto, a consequência em caso de não complementação será justamente que o mês não quitado não será considerado para fins de aquisição e manutenção de qualidade de segurado do Regime Geral de Previdência Social, bem como para cumprimento dos períodos de carência para concessão dos benefícios previdenciários.

RESPOSTA: Certo

04 – De acordo com a Reforma Trabalhista, julgue o item a seguir:

No que tange a complementação de contribuição previdenciária incluída nas disposições finais e transitórias da CLT, quando o empregado possuir mais de dois contratos de trabalho, a aferição da base de cálculo levará em consideração aquele cuja a remuneração seja de maior valor, sendo desprezado os demais valore recebidos.

COMENTÁRIO

A norma trazida pela Reforma Trabalhista é clara ao afirmar que será levado em consideração o somatório de remunerações auferidas de um ou mais empregadores no período de um mês, independentemente do tipo de contrato de trabalho.

RESPOSTA: Errado

52. DAS ALTERAÇÕES NA LEGISLAÇÃO EXTRAVAGANTE

A Reforma Trabalhista, além de alterar dispositivos constantes no bojo da Consolidação das Leis do Trabalho, alterou normas previstas em legislações extravagantes, a citar: a Lei nº 6.019/1974, que trata do trabalho temporário; a Lei nº 8.036/1990, que trata do Fundo de Garantia do Tempo de Serviço e; Lei nº 8.212/1991, que trata da Organização da Seguridade Social.

Analisaremos, nas próximas páginas, referidas alterações.

52.1. LEI Nº 6.019, DE 3 DE JANEIRO DE 1974 – TRABALHO TEMPORÁRIO NAS EMPRESAS URBANAS

Art. 2º A Lei nº 6.019, de 3 de janeiro de 1974, passa a vigorar com as seguintes alterações:

QUADRO COMPARATIVO	
ANTES DA REFORMA TRABALHISTA	**APÓS A REFORMA TRABALHISTA**
Art. 4º-A. Empresa prestadora de serviços a terceiros é a pessoa jurídica de direito privado destinada a prestar à contratante serviços determinados e específicos.	"Art. 4º-A. Considera-se **prestação de serviços a terceiros** a transferência feita pela contratante da execução de quaisquer de suas atividades, **INCLUSIVE SUA ATIVIDADE PRINCIPAL, à pessoa jurídica de direito privado prestadora de serviços que possua capacidade econômica compatível com a sua execução.** ...."

O QUE MUDOU?

O artigo 4º-A foi incluído em março de 2017 pela Lei nº 13.429, vindo a ser alterada pela Reforma Trabalhista precocemente.

A alteração trazida pela Reforma Trabalhista deixou expressa a possibilidade da terceirização inclusive na atividade principal (atividade-fim), acrescentando, ainda, um requisito material para que uma empresa possa atuar na prestação de serviços para terceiros, qual seja, possuir capacidade econômica compatível com a execução do serviço.

QUADRO COMPARATIVO	
ANTES DA REFORMA TRABALHISTA	**APÓS A REFORMA TRABALHISTA**
Sem previsão anterior.	"Art. 4º-C. São asseguradas aos **empregados da empresa prestadora de serviços** a que se refere o art. 4º-A desta Lei, **quando e enquanto os serviços, QUE PODEM SER DE QUALQUER UMA DAS ATIVIDADES DA CONTRATANTE, forem executados nas dependências da tomadora**, as mesmas condições: **I – relativas a:** **a) alimentação garantida aos empregados da contratante, quando oferecida em refeitórios;**

b) direito de utilizar os serviços de transporte;
c) atendimento médico ou ambulatorial existente nas dependências da contratante ou local por ela designado;
d) treinamento adequado, fornecido pela contratada, quando a atividade o exigir.

II – sanitárias, de medidas de proteção à saúde e de segurança no trabalho e de instalações adequadas à prestação do serviço.

§ 1º Contratante e contratada **PODERÃO ESTABELECER, se assim entenderem, que os empregados da contratada farão jus a salário equivalente ao pago aos empregados da contratante, além de outros direitos NÃO previstos neste artigo.**

§ 2º Nos contratos que impliquem **mobilização de empregados da contratada em número igual ou superior a 20% (vinte por cento) dos empregados da contratante, esta PODERÁ disponibilizar aos empregados da contratada os serviços de alimentação e atendimento ambulatorial em outros locais apropriados e com igual padrão de atendimento, com vistas a manter o pleno funcionamento dos serviços existentes."**

⇔ *O QUE MUDOU?*

O art. 4º-C, por seu turno, além de destacar novamente que o serviço prestado pode ser o da atividade-fim da tomadora do serviço, assegura aos empregados da empresa prestadora de serviços (empregados terceirizados) as mesmas condições relativas ao rol ora elencado:

- Alimentação garantida aos empregados da contratante, quando oferecida em refeitórios;
- Direito de utilizar os serviços de transporte;

- Atendimento médico ou ambulatorial existente nas dependências da contratante ou local por ela designado;
- Treinamento adequado, fornecido pela contratada, quando a atividade o exigir.
- Sanitárias, de medidas de proteção à saúde e de segurança no trabalho e de instalações adequadas à prestação do serviço.

Já o §1º do art. 4º-C evidencia, como regra, a não obrigatoriedade da igualdade salarial entre os salários dos empregados da tomadora do serviço e dos empregados terceirizados serem distintos.

Isto porque ele torna opcional a possibilidade do contratante e contratada, segundo o seu juízo, igualar o salário do empregado terceirizado ao empregado da empresa, bem como outros direitos não elencados nos incisos do caput do artigo.

Por fim, o §2º estabelece que nos contratos que impliquem mobilização de empregados da contratada em número igual ou superior a 20% (vinte por cento) dos empregados da contratante, esta terá a opção de disponibilizar aos empregados da contratada os serviços de alimentação e atendimento ambulatorial em outros locais apropriados e com igual padrão de atendimento, com vistas a manter o pleno funcionamento dos serviços existentes.

Por exemplo, se uma empresa possui 1000 funcionários e decide contratar a prestação de serviço terceirizada de 300 empregados, com vistas a manter o pleno funcionamento dos serviços existentes, poderá ser estabelecido que estes 300 empregados gozarão de serviços de alimentação e atendimento ambulatorial em outros locais apropriados, desde que com igual padrão de atendimento.

O objetivo com isso é que os serviços prestados, no exemplo dado, aos 1000 funcionários não sejam prejudicados pelo acréscimo de 300 funcionários. Assim, a prestação dos aludidos serviços aos terceirizados poderá ocorrer em outro local.

QUADRO COMPARATIVO	
ANTES DA REFORMA TRABALHISTA	**APÓS A REFORMA TRABALHISTA**
Art. 5º-A. Contratante é a pessoa física ou jurídica que celebra contrato com empresa de prestação de serviços determinados e específicos.	"Art. 5º-A. Contratante é a **PESSOA FÍSICA OU JURÍDICA** que celebra contrato com **EMPRESA DE PRESTAÇÃO DE SERVIÇOS RELACIONADOS A QUAISQUER DE SUAS ATIVIDADES, INCLUSIVE SUA ATIVIDADE PRINCIPAL.** ...."(NR)
Sem previsão anterior.	"Art. 5º-C. **NÃO pode figurar como contratada**, nos termos do art. 4º-A desta Lei, **a pessoa jurídica cujos titulares ou**

	sócios tenham, nos ÚLTIMOS DEZOITO MESES, prestado serviços à contratante na qualidade de empregado ou trabalhador sem vínculo empregatício, EXCETO SE OS REFERIDOS TITULARES OU SÓCIOS FOREM APOSENTADOS.
Sem previsão anterior.	"Art. 5º-D. **O empregado que for demitido NÃOPODERÁ prestar serviços para esta mesma empresa na qualidade de empregado de empresa prestadora de serviços ANTES DO DECURSO DE PRAZO DE DEZOITO MESES, contados a partir da demissão do empregado.**"

⇔ O QUE MUDOU?

O artigo 5º-A, mantendo a possibilidade de a contratante ser pessoal física ou jurídica, mais uma vez ressalta a possibilidade de terceirização da principal atividade da empresa tomadora do serviço.

Por seu turno, o artigo 5º-C veda a possibilidade, dentro de 18 meses, da contratação de empresa cujos titulares ou sócios tenham prestado serviços à contratante na qualidade de empregado ou trabalhador sem vínculo empregatício, exceto se os referidos titulares ou sócios forem aposentados.

Dessa forma, o que se quer evitar é que o indivíduo que trabalhava como empregado ou prestador de serviço, volte, nos dezoito meses seguintes ao encerramento do vínculo com a empresa tomadora de serviço, a prestar serviços, agora como terceirizado (a chamada "pejotização").

Exemplo: João trabalhava para a empresa Mega System Ltda. Havendo o rompimento contratual e João constitua uma empresa individual de responsabilidade limitada (art. 980-A do Código Civil), a empresa Mega System Ltda., dentro de 18 meses, não poderá contratar João como prestador de serviço terceirizado. Tal regra, todavia, não se aplica no caso de João parar de prestar serviço em razão de sua aposentadoria.

Importante observar que, em que pese a aposentadoria não extingua o vínculo trabalhista muitas vezes, existe a rescisão contratual por vontade das partes.

Por fim, o art. 5º-D traz uma previsão semelhante, porém distinta daquela trazida no art. 5º-C.

Enquanto a norma do art. 5º-C veda a possibilidade do ex-empregado, dentro de 18 meses, constituir pessoa jurídica e voltar a prestar serviço ao antigo empregador, a regra do art. 5º-D impossibilita que o ex-empregado volte a prestar serviço ao antigo empregador por meio de interposta pessoa.

Por exemplo: José trabalhava para a empresa Micro Drive Ltda. Caso haja o rompimento do contrato de trabalho e a empresa revolva contratar uma prestadora de serviço denominada Tech Tech Ltda., José não poderá ser contratada por esta empresa (Tech Tech Ltda.) e voltar a laborar para a Micro Drive Ltda., agora como empregado terceirizado.

QUESTÕES OBJETIVAS COMENTADAS

01 – Com relação a Lei do Trabalho Temporário, julgue os itens abaixo:

I – Considera-se prestação de serviços a terceiros a transferência feita pela contratante da execução de quaisquer de suas atividades, salvo a sua atividade principal, à pessoa jurídica de direito privado prestadora de serviços que possua capacidade econômica compatível com a sua execução.

II – Contratante é a pessoa física ou jurídica que celebra contrato com empresa de prestação de serviços relacionados a quaisquer de suas atividades, inclusive sua atividade principal.

III – Não pode figurar como contratada, nos termos da Lei 6.019/74, a pessoa jurídica cujos titulares ou sócios tenham, nos últimos vinte meses, prestado serviços à contratante na qualidade de empregado ou trabalhador sem vínculo empregatício, exceto se os referidos titulares ou sócios forem aposentados.

Estão corretas apenas:

a) I

b) II

c) I e III

d) II e III

e) Todas

COMENTÁRIO

I: incorreta. A assertiva contraria a nova redação do art. 4º - A. Ficou expressa a possibilidade da terceirização inclusive na atividade principal (atividade-fim), acrescentando, ainda, um requisito material para que uma empresa possa atuar na prestação de serviços para terceiros, qual seja, possuir capacidade econômica compatível com a execução do serviço.

II: correta. Foi exigido o conhecimento da literalidade do art. 5º - A, mantendo a possibilidade de a contratante ser pessoal física ou jurídica, mais uma vez ressalta a possibilidade de terceirização da principal atividade da empresa tomadora do serviço.

III: incorreto. O erro da questão está no prazo de "quarentena" para que aquele que prestou serviços à contratante na qualidade de empregado ou trabalhador sem vínculo empregatício possa figurar como sócio da empresa contratada.

Foi estipulado um prazo de 18 meses. Esse prazo não se aplica aos aposentados. O legislador criou um mecanismo para evitar fraudes na contratação da empresa contratada.

RESPOSTA: Letra B

02 - Com relação a Lei do Trabalho Temporário, julgue os itens abaixo:

São asseguradas aos empregados da empresa prestadora de serviços a que se a Lei nº 6.019/74, quando e enquanto os serviços, que podem ser de qualquer uma das atividades da contratante, forem executados nas dependências da tomadora, as mesmas condições relativas a:

I - alimentação garantida aos empregados da contratante, quando oferecida em refeitórios.

II - direito de utilizar os serviços de transporte.

III - atendimento médico ou ambulatorial existente nas dependências da contratante ou local por ela designado.

Estão corretas apenas:

a) I

b) II

c) I e III

d) II e III

e) Todas

COMENTÁRIO

Em todas as assertivas foram exigidas as diretrizes do art. 4º-C da Lei 6.019/74.

I: correta. Literalidade do 4º-C, I, "a", da Lei 6.019/74.

II: correta. Literalidade do 4º-C, I, "b", da Lei 6.019/74.

III: correta. Literalidade do 4º-C, I, "c", da Lei 6.019/74.

RESPOSTA: Letra E

03 – Com relação a Lei do Trabalho Temporário, assinale a opção INCORRETA.

a) Contratante e contratada poderão estabelecer, se assim entenderem, que os empregados da contratada farão jus a salário equivalente ao pago aos empregados da contratante, além de outros direitos não previstos no art. 4º-C.

b) Nos contratos que impliquem mobilização de empregados da contratada em número igual ou superior a 20% (vinte por cento) dos empregados da contratante, esta poderá disponibilizar aos empregados da contratada os serviços de alimentação e atendimento ambulatorial em outros locais apropriados e com igual padrão de atendimento, com vistas a manter o pleno funcionamento dos serviços existentes.

c) O empregado que for demitido não poderá prestar serviços para esta mesma empresa na qualidade de empregado de empresa prestadora de serviços antes do decurso de prazo de dezoito meses, contados a partir da demissão do empregado.

d) Contratante é a pessoa física ou jurídica que celebra contrato com empresa de prestação de serviços relacionados a quaisquer de suas atividades, inclusive sua atividade principal.

e) Considera-se prestação de serviços a terceiros a transferência feita pela contratante da execução de quaisquer de suas atividades, salvo a sua atividade principal, à pessoa jurídica de direito privado prestadora de serviços que possua capacidade econômica compatível com a sua execução.

COMENTÁRIO

Alternativa "a". Correta. Encontra fundamento no art. 4º-C, §1º. A legislação torna opcional a possibilidade do contratante e contratada, segundo o seu juízo, igualar o salário do empregado terceirizado ao empregado da empresa, bem como outros direitos não elencados nos incisos do caput do artigo.

Alternativa "b". Correta. Literalidade do § 2º do art. 4º-C. Tal dispositivo estabelece que nos contratos que impliquem mobilização de empregados da contratada em número igual ou superior a 20% (vinte por cento) dos empregados da contratante, esta terá a opção de disponibilizar aos empregados da contratada os serviços de alimentação e atendimento ambulatorial em outros locais apropriados e com igual padrão de atendimento, com vistas a manter o pleno funcionamento dos serviços existentes.

Alternativa "c". Correta. Literalidade do art. 5º-D. A regra de tal dispositivo impossibilita que o ex-empregado volte a prestar serviço ao antigo empregador por meio de interposta pessoa. É importante ficar atento ao prazo de "quarentena" estipulado, qual seja: "antes do decurso de prazo de dezoito meses, contados a partir da demissão do empregado".

Alternativa "d". Correta. Literalidade do art. 5º-A. Aborda o conceito de contratante.

Alternativa "e". Incorreta. A assertiva diverge da previsão do art. 4º-A. Conforme já exposto, à legislação deixou expressa a possibilidade da terceirização inclusive na atividade principal (atividade-fim).

RESPOSTA: Letra E

52.2. LEI Nº 8.036, DE 11 DE MAIO DE 1990 – FUNDO DE GARANTIA DO TEMPO DE SERVIÇO

Art. 3º O art. 20 da Lei nº 8.036, de 11 de maio de 1990, passa a vigorar acrescido do seguinte inciso I-A:

QUADRO COMPARATIVO	
ANTES DA REFORMA TRABALHISTA	**APÓS A REFORMA TRABALHISTA**
Art. 20. A conta vinculada do trabalhador no FGTS poderá ser movimentada nas seguintes situações: ***Sem previsão anterior.***	Art. 20. A conta vinculada do trabalhador no FGTS poderá ser movimentada nas seguintes situações: I-A - extinção do contrato de trabalho prevista no art. 484-A da Consolidação das Leis do Trabalho (CLT), aprovada pelo Decreto-Lei nº 5.452, de 1º de maio de 1943; ....”(NR)

⇔ *O QUE MUDOU?*

A alteração pontual realizada na Lei nº 8.036/1990 decorre da inclusão do artigo 484-A na Consolidação das Leis do Trabalho, que prevê a extinção do contrato de trabalho por comum acordo.

Vejamos a redação do dispositivo:

> *“Art. 484-A. O contrato de trabalho poderá ser extinto por acordo entre empregado e empregador, caso em que serão devidas as seguintes verbas trabalhistas:*
>
> *I – por metade:*
>
> *a) o aviso prévio, se indenizado; e*
>
> *b) a indenização sobre o saldo do Fundo de Garantia do Tempo de Serviço, prevista no § 1º do art. 18 da Lei nº 8.036, de 11 de maio de 1990;*
>
> *II – na integralidade, as demais verbas trabalhistas.*
>
> *§ 1º A extinção do contrato prevista no caput deste artigo permite a movimentação da conta vinculada do trabalhador no Fundo de Garantia do Tempo de Serviço na forma do inciso I-A do art. 20 da Lei nº 8.036, de 11 de maio de 1990, limitada até 80% (oitenta por cento) do valor dos depósitos.*
>
> *§ 2º A extinção do contrato por acordo prevista no caput deste artigo NÃO autoriza o ingresso no Programa de Seguro-Desemprego.”*

Assim, em havendo a referida rescisão contratual será permitida a movimentação da conta vinculada do trabalhador no FGTS.

QUESTÕES OBJETIVAS COMENTADAS

01 – De acordo com a Lei 8.036, de 11 de maio de 1990, que dispõe sobre o Fundo de Garantia do Tempo de Serviço, julgue o item a seguir:

A rescisão contratual, por mútuo acordo, não permite a movimentação da conta vinculada do trabalhador no FGTS.

COMENTÁRIO

A nova modalidade de rescisão contratual por mútuo acordo, criada pela Lei 13.467/2017, permite a movimentação da conta vinculado do trabalhador no FGTS.

RESPOSTA: Errado.

52.3. LEI Nº 8.212, DE 24 DE JULHO DE 1991 – ORGANIZAÇÃO DA SEGURIDADE SOCIAL

Art. 4º O art. 28 da Lei nº 8.212, de 24 de julho de 1991, passa a vigorar com as seguintes alterações:

QUADRO COMPARATIVO	
ANTES DA REFORMA TRABALHISTA	**APÓS A REFORMA TRABALHISTA**
"Art. 28. Entende-se por salário-de-contribuição:	**"Art. 28. Entende-se por salário-de-contribuição:**
§ 8º Integram o salário-de-contribuição pelo seu valor total:	§ 8º (Revogado).
a) o total das diárias pagas, quando excedente a cinqüenta por cento da remuneração mensal;	a) (revogada);
....	....
§ 9º Não integram o salário-de-contribuição para os fins desta Lei, exclusivamente:	**§ 9º Não integram o salário-de-contribuição para os fins desta Lei, exclusivamente:**
h) as diárias para viagens, desde que não excedam a 50% (cinqüenta por cento) da remuneração mensal;	h) **as diárias para viagens;**
....	....
q) o valor relativo à assistência prestada por serviço médico ou odontológico, próprio da empresa ou por ela conveniado, inclusive o reembolso de despesas com medicamentos, óculos, aparelhos ortopédicos, despesas médico-hospitalares e outras similares, desde que a cobertura abranja a totalidade dos empregados e dirigentes da empresa;	q) **o valor relativo à assistência prestada por serviço médico ou odontológico, próprio da empresa ou por ela conveniado, inclusive o reembolso de despesas com medicamentos, óculos, aparelhos ortopédicos, próteses, órteses, despesas médico-hospitalares e outras similares;**
....	....
Sem previsão anterior.	z) **os prêmios e os abonos.** ...."(NR)

⇔ O QUE MUDOU?

Foram revogados o § 8º "a" da Lei nº 8.212/91 que dispunha que integrava o salário de contribuição pelo valor total, o total das diárias pagas, quando excedente a cinquenta por cento da remuneração mensal.

Além disso, o § 9º,"h", foi alterado, para constar que não integram o salário-de-contribuição para os fins da Lei nº 8.212/91 as diárias para viagens, independentemente do valor.

Outrossim, não integraram também o salário-de-contribuição o valor relativo à assistência prestada por serviço médico ou odontológico, próprio da empresa ou por ela conveniado, inclusive o reembolso de despesas com medicamentos, óculos, aparelhos ortopédicos, próteses, órteses, despesas médico-hospitalares e outras similares.

QUESTÕES OBJETIVAS COMENTADAS

01 - De acordo com a Lei 8.212, de 24 de julho de 1991, que dispõe sobre a organização da Seguridade Social, julgue os itens a seguir:

Não integram o salário-de-contribuição:

I - as diárias para viagens.

II - o valor relativo à assistência prestada por serviço médico ou odontológico, próprio da empresa ou por ela conveniado, inclusive o reembolso de despesas com medicamentos, óculos, aparelhos ortopédicos, próteses, órteses, despesas médico-hospitalares e outras similares.

III - os prêmios e os abonos.

Estão corretas apenas:

a) I

b) II

c) I e III

d) II e III

e) Todas

COMENTÁRIO

Para evitar incoerências com a redação do art. 458 §5º da CLT, o legislador alterou a Lei 8.212/91, para deixar claro que os valores das diárias, benefícios de saúde e prêmios e abonos não integram o salário-de-contribuição, eis que tais benefícios não têm natureza salarial.

I: correta. Literalidade do art. 28, "h", da Lei 8.212/91.

II: correta. Literalidade do art. 28, "q", da Lei 8.212/91.

III: correta. Literalidade do art. 28, "z", da Lei 8.212/91.

RESPOSTA: Letra E

DISPOSITIVOS EXPRESSAMENTE REVOGADOS

Pela Lei nº 13.467/2017

Art. 5º Revogam-se:

a) § 3º do art. 58;
Art. 58 - A duração normal do trabalho, para os empregados em qualquer atividade privada, não excederá de 8 (oito) horas diárias, desde que não seja fixado expressamente outro limite. § 3º Poderão ser fixados, para as microempresas e empresas de pequeno porte, por meio de acordo ou convenção coletiva, em caso de transporte fornecido pelo empregador, em local de difícil acesso ou não servido por transporte público, o tempo médio despendido pelo empregado, bem como a forma e a natureza da remuneração. (Incluído pela Lei Complementar nº 123, de 2006)
b) § 4º do art. 59;
Art. 59 - A duração normal do trabalho poderá ser acrescida de horas suplementares, em número não excedente de 2 (duas), mediante acordo escrito entre empregador e empregado, ou mediante contrato coletivo de trabalho. § 4º Os empregados sob o regime de tempo parcial não poderão prestar horas extras.(Incluído pela Medida Provisória nº 2.164-41, de 2001)
c) art. 84;
Art. 84 - Para efeito da aplicação do salário mínimo, será o país dividido em 22 regiões, correspondentes aos Estados, Distrito Federal e Território do Acre.(Vide Decreto Lei nº 2.351, de 1987) Parágrafo único. Em cada região, funcionará uma Comissão de Salário Mínimo, com sede na capital do Estado, no Distrito Federal ena sede do governo do Território do Acre. (Vide Decreto Lei nº 2.351, de 1987)
d) art. 86;
Art. 86 - Sempre que, em uma região ou zona, se verifiquem diferenças de padrão de vida, determinadas por circunstâncias econômicas de caráter urbano, suburbano, rural ou marítimo, poderá o Ministro do Trabalho, Indústria e Comercio, mediante proposta da respectiva Comissão de Salário Mínimo e ouvido o Serviço

de Estatística da Previdência e Trabalho, autorizá-la a subdividir a região ou zona, de acordo com tais circunstâncias.(Vide Decreto Lei nº 2.351, de 1987) § 1º Deverá ser efetuado, também em sua totalidade, e no ato da entrega da declaração, o pagamento do imposto devido, quando se verificar a hipótese do art. 52.(Parágrafo único renumerado pela Lei nº 5.381, de 9.2.1968) (Vide Lei nº 4.589, de 11.12.1964) § 2º Enquanto não se verificarem as circunstâncias mencionadas neste artigo, vigorará nos municípios que se criarem o salário-mínimo fixado para os municípios de que tenham sido desmembrados.(Incluído pela Lei nº 5.381, de 9.2.1968)(Vide Decreto Lei nº 2.351, de 1987) § 3º No caso de novos municípios formados pelo desmembramento de mais de um município, vigorará neles, até que se verifiquem as referidas circunstâncias, o maior salário-mínimo estabelecido para os municípios que lhes deram origem. (Incluído pela Lei nº 5.381, de 9.2.1968) (Vide Decreto Lei nº 2.351, de 1987)
e) art. 130-A;
Art. 130-A. Na modalidade do regime de tempo parcial, após cada período de doze meses de vigência do contrato de trabalho, o empregado terá direito a férias, na seguinte proporção: (Incluído pela Medida Provisória nº 2.164-41, de 2001) I - dezoito dias, para a duração do trabalho semanal superior a vinte e duas horas, até vinte e cinco horas; (Incluído pela Medida Provisória nº 2.164-41, de 2001) II - dezesseis dias, para a duração do trabalho semanal superior a vinte horas, até vinte e duas horas; (Incluído pela Medida Provisória nº 2.164-41, de 2001) III - quatorze dias, para a duração do trabalho semanal superior a quinze horas, até vinte horas; (Incluído pela Medida Provisória nº 2.164-41, de 2001) IV - doze dias, para a duração do trabalho semanal superior a dez horas, até quinze horas;(Incluído pela Medida Provisória nº 2.164-41, de 2001) V - dez dias, para a duração do trabalho semanal superior a cinco horas, até dez horas;(Incluído pela Medida Provisória nº 2.164-41, de 2001) VI - oito dias, para a duração do trabalho semanal igual ou inferior a cinco horas. (Incluído pela Medida Provisória nº 2.164-41, de 2001) Parágrafo único. O empregado contratado sob o regime de tempo parcial que tiver mais de sete faltas injustificadas ao longo do período aquisitivo terá o seu período de férias reduzido à metade.(Incluído pela Medida Provisória nº 2.164-41, de 2001)
f) § 2º do art. 134;
Art. 134 - As férias serão concedidas por ato do empregador, em um só período, nos 12 (doze) meses subseqüentes à data em que o empregado tiver adquirido o direito. (Redação dada pelo Decreto-lei nº 1.535, de 13.4.1977) § 2º - Aos menores de 18 (dezoito) anos e aos maiores de 50 (cinqüenta) anos de idade, as férias serão sempre concedidas de uma só vez. (Incluído pelo Decreto-lei nº 1.535, de 13.4.1977)

g) § 3º do art. 143;
Art. 143 - É facultado ao empregado converter 1/3 (um terço) do período de férias a que tiver direito em abono pecuniário, no valor da remuneração que lhe seria devida nos dias correspondentes. (Redação dada pelo Decreto-lei nº 1.535, de 13.4.1977 (Vide Lei nº 7.923, de 1989) § 3ºO disposto neste artigo não se aplica aos empregados sob o regime de tempo parcial. (Incluído pela Medida Provisória nº 2.164-41, de 2001)
h) parágrafo único do art. 372;
Art. 372 - Os preceitos que regulam o trabalho masculino são aplicáveis ao trabalho feminino, naquilo em que não colidirem com a proteção especial instituída por este Capítulo. Parágrafo único - Não é regido pelos dispositivos a que se refere este artigo o trabalho nas oficinas em que sirvam exclusivamente pessoas da família da mulher e esteja esta sob a direção do esposo, do pai, da mãe, do tutor ou do filho.
i) art. 384;
Art. 384 - Em caso de prorrogação do horário normal, será obrigatório um descanso de 15 (quinze) minutos no mínimo, antes do início do período extraordinário do trabalho.
j) §§ 1º, 3º e 7º do art. 477;
Art. 477 - É assegurado a todo empregado, não existindo prazo estipulado para a terminação do respectivo contrato, e quando não haja êle dado motivo para cessação das relações de trabalho, o direto de haver do empregador uma indenização, paga na base da maior remuneração que tenha percebido na mesma emprêsa. (Redação dada pela Lei nº 5.584, de 26.6.1970) § 1º - O pedido de demissão ou recibo de quitação de rescisão, do contrato de trabalho, firmado por empregado com mais de 1 (um) ano de serviço, só será válido quando feito com a assistência do respectivo Sindicato ou perante a autoridade do Ministério do Trabalho e Previdência Social.(Redação dada pela Lei nº 5.584, de 26.6.1970) § 3º - Quando não existir na localidade nenhum dos órgãos previstos neste artigo, a assistência será prestada pelo Represente do Ministério Público ou, onde houver, pelo Defensor Público e, na falta ou impedimento dêste, pelo Juiz de Paz. (Redação dada pela Lei nº 5.584, de 26.6.1970) § 7º - O ato da assistência na rescisão contratual (§§ 1º e 2º) será sem ônus para o trabalhador e empregador.(Incluído pela Lei nº 7.855, de 24.10.1989)
k) art. 601;
Art. 601 – No ato da admissão de qualquer empregado, dele exigirá o empregador a apresentação da prova de quitação do imposto sindical.(Vide Lei nº 11.648, de 2008)

l) art. 604;
Art. 604 - Os agentes ou trabalhadores autônomos ou profissionais liberais são obrigados a prestar aos encarregados da fiscalização os esclarecimentos que lhes forem solicitados, inclusive exibição de quitação do imposto sindical.(Vide Lei nº 11.648, de 2008)
m) art. 792;
Art. 792 - Os maiores de 18 (dezoito) e menores de 21 (vinte e um) anos e as mulheres casadas poderão pleitear perante a Justiça do Trabalho sem a assistência de seus pais, tutores ou maridos.
n) parágrafo único do art. 878;
Art. 878 - A execução poderá ser promovida por qualquer interessado, ou exofficio pelo próprio Juiz ou Presidente ou Tribunal competente, nos termos do artigo anterior. Parágrafo único - Quando se tratar de decisão dos Tribunais Regionais, a execução poderá ser promovida pela Procuradoria da Justiça do Trabalho.
o) §§ 3º, 4º, 5º e 6º do art. 896;
Art. 896 - Cabe Recurso de Revista para Turma do Tribunal Superior do Trabalho das decisões proferidas em grau de recurso ordinário, em dissídio individual, pelos Tribunais Regionais do Trabalho, quando:(Redação dada pela Lei nº 9.756, de 17.12.1998) a) derem ao mesmo dispositivo de lei federal interpretação diversa da que lhe houver dado outro Tribunal Regional do Trabalho, no seu Pleno ou Turma, ou a Seção de Dissídios Individuais do Tribunal Superior do Trabalho, ou contrariarem súmula de jurisprudência uniforme dessa Corte ou súmula vinculante do Supremo Tribunal Federal;(Redação dada pela Lei nº 13.015, de 2014) b) derem ao mesmo dispositivo de lei estadual, Convenção Coletiva de Trabalho, Acordo Coletivo, sentença normativa ou regulamento empresarial de observância obrigatória em área territorial que exceda a jurisdição do Tribunal Regional prolator da decisão recorrida, interpretação divergente, na forma da alínea a;(Redação dada pela Lei nº 9.756, de 1998) c) proferidas com violação literal de disposição de lei federal ou afronta direta e literal à Constituição Federal.(Redação dada pela Lei nº 9.756, de 1998) § 3º Os Tribunais Regionais do Trabalho procederão, obrigatoriamente, à uniformização de sua jurisprudência e aplicarão, nas causas da competência da Justiça do Trabalho, no que couber, o incidente de uniformização de jurisprudência previsto nos termos do Capítulo I do Título IX do Livro I da Lei nº 5.869, de 11 de janeiro de 1973 (Código de Processo Civil).(Redação dada pela Lei nº 13.015, de 2014) § 4º Ao constatar, de ofício ou mediante provocação de qualquer das partes ou do Ministério Público do Trabalho, a existência de decisões atuais e conflitantes

no âmbito do mesmo Tribunal Regional do Trabalho sobre o tema objeto de recurso de revista, o Tribunal Superior do Trabalho determinará o retorno dos autos à Corte de origem, a fim de que proceda à uniformização da jurisprudência. (Redação dada pela Lei nº 13.015, de 2014)

§ 5º A providência a que se refere o § 4º deverá ser determinada pelo Presidente do Tribunal Regional do Trabalho, ao emitir juízo de admissibilidade sobre o recurso de revista, ou pelo Ministro Relator, mediante decisões irrecorríveis.(Redação dada pela Lei nº 13.015, de 2014)

§ 6º Após o julgamento do incidente a que se refere o § 3º, unicamente a súmula regional ou a tese jurídica prevalecente no Tribunal Regional do Trabalho e não conflitante com súmula ou orientação jurisprudencial do Tribunal Superior do Trabalho servirá como paradigma para viabilizar o conhecimento do recurso de revista, por divergência.(Redação dada pela Lei nº 13.015, de 2014)

p) § 5º do art. 899;

Art. 899 - Os recursos serão interpostos por simples petição e terão efeito meramente devolutivo, salvo as exceções previstas neste Título, permitida a execução provisória até a penhora.(Redação dada pela Lei nº 5.442, de 24.5.1968)(Vide Lei nº 7.701, de 1988)

§ 5º - Se o empregado ainda não tiver conta vinculada aberta em seu nome, nos termos do art. 2º da Lei nº 5.107, de 13 de setembro de 1966, a empresa procederá à respectiva abertura, para efeito do disposto no § 2º. (Redação dada pela Lei nº 5.442, 24.5.1968)

II – a alínea *a* do § 8º do art. 28 da Lei nº 8.212, de 24 de julho de 1991;

Art. 28. Entende-se por salário-de-contribuição:
§ 8º Integram o salário-de-contribuição pelo seu valor total:
a) o total das diárias pagas, quando excedente a cinqüenta por cento da remuneração mensal;

III – o art. 2º da Medida Provisória nº 2.226, de 4 de setembro de 2001.

Art. 2ºO Tribunal Superior do Trabalho regulamentará, em seu regimento interno, o processamento da transcendência do recurso de revista, assegurada a apreciação da transcendência em sessão pública, com direito a sustentação oral e fundamentação da decisão.

Pela Medida Provisória nº 808/2017:

Art. 3º Ficam revogados os seguintes dispositivos da Consolidação das Leis do Trabalho - CLT, aprovada pelo Decreto-Lei nº 5.452, de 1º de maio de 1943:

I - os incisos I, II e III do caput do art. 394-A;
Art. 394-A. Sem prejuízo de sua remuneração, nesta incluído o valor do adicional de insalubridade, a empregada deverá ser afastada de: (Redação dada pela Lei nº 13.467, de 2017) I - atividades consideradas insalubres em grau máximo, enquanto durar a gestação; (Incluído pela Lei nº 13.467, de 2017) II - atividades consideradas insalubres em grau médio ou mínimo, quando apresentar atestado de saúde, emitido por médico de confiança da mulher, que recomende o afastamento durante a gestação; (Incluído pela Lei nº 13.467, de 2017) III - atividades consideradas insalubres em qualquer grau, quando apresentar atestado de saúde, emitido por médico de confiança da mulher, que recomende o afastamento durante a lactação. (Incluído pela Lei nº 13.467, de 2017)
II - os § 4º, § 5º e § 8º do art. 452-A; e
§ 4º Aceita a oferta para o comparecimento ao trabalho, a parte que descumprir, sem justo motivo, pagará à outra parte, no prazo de trinta dias, multa de 50% (cinquenta por cento) da remuneração que seria devida, permitida a compensação em igual prazo. (Incluído pela Lei nº 13.467, de 2017) § 5º O período de inatividade não será considerado tempo à disposição do empregador, podendo o trabalhador prestar serviços a outros contratantes. (Incluído pela Lei nº 13.467, de 2017) § 8º O empregador efetuará o recolhimento da contribuição previdenciária e o depósito do Fundo de Garantia do Tempo de Serviço, na forma da lei, com base nos valores pagos no período mensal e fornecerá ao empregado comprovante do cumprimento dessas obrigações. (Incluído pela Lei nº 13.467, de 2017)
III - o inciso XIII do caput do art. 611-A.
XIII - prorrogação de jornada em ambientes insalubres, sem licença prévia das autoridades competentes do Ministério do Trabalho; (Incluído pela Lei nº 13.467, de 2017)

VACATIO LEGIS DA REFORMA TRABALHISTA

Lei nº 13.467/2017

Art. 6º Esta Lei entra em vigor após decorridos **cento e vinte dias** de sua publicação oficial.

Brasília, 13 de julho de 2017; 196º da Independência e 129º da República.

MICHEL TEMER
Torquato Jardim
Ronaldo Nogueira de Oliveira
Este texto NÃO substitui o publicado no DOU de 14.7.2017

PARTE II

QUESTÕES DISCURSIVAS

DIREITO MATERIAL DO TRABALHO

TEMA 1: GRUPO ECONÔMICO

Roberto da Silva é um vendedor e empregado da empresa Calçados Melhores Ltda., trabalhando dentro de uma das lojas desta empresa no Shopping Center da sua cidade.

Depois de 2 anos trabalhando nesta empresa, Roberto foi demitido sem justa causa sem que suas verbas trabalhistas tenham sido pagas.

Objetivando que suas verbas trabalhistas fossem pagas, Roberto entrou em contato com um escritório de Advocacia, informando aos Advogados que esta empresa possui os mesmos sócios que a empresa Fitness Center Ltda.

Diante disso, na qualidade de Advogado de Roberto responda:

a) O que caracteriza um grupo econômico para efeitos trabalhistas de responsabilização solidária?
b) No presente caso, as empresas Calçados Melhores Ltda. e Fitness Center Ltda. podem ser caracterizadas como grupo econômico?

Antes da Reforma Trabalhista efetivada pela Lei nº 13.467/2017, para a configuração de grupo econômico exigia-se a subordinação entre as empresas.

Porém, com a entrada em vigor desta Lei, permite-se o grupo econômico por coordenação, desde que presente a efetiva demonstração do interesse integrado, da efetiva comunhão de interesses e da atuação conjunta das empresas, tendo o legislador, inclusive, excluído a possibilidade de caracterização do grupo pela mera identidade de sócios entre empresas.

Nos termos da nova redação do art. 2º § 2º da CLT, "sempre que uma ou mais empresas, tendo, embora, cada uma delas, personalidade jurídica própria, estiverem sob a direção, controle ou administração de outra, ou ainda quando, mesmo guardando cada uma sua autonomia, integrem grupo econômico, serão responsáveis solidariamente pelas obrigações decorrentes da relação de emprego".

Todavia, no § 3º deste artigo, fica expressamente estabelecido que a mera identidade de sócios não configura grupo econômico, de modo que, no presente caso, não há que se falar em grupo econômico, haja vista que, apenas se restou verificada a identidade de sócios, sem que fosse demonstrado o interesse integrado, a efetiva comunhão de interesses e a atuação conjunta das empresas dele integrantes.

Ademais, a inexistência destes requisitos é ratificada pelo fato de as empresas ainda possuírem ramos de atuação distintos, o que impede qualquer comunhão de interesses.

TEMA 2: JORNADA EXTRAORDINÁRIA

Serão computadas como jornada extraordinária, para efeitos de pagamento de horas extras, as variações no registro de ponto excedente a cinco minutos diários, independentemente da atividade que venha a ser desenvolvida pelo empregado neste tempo residual?

Na vigência da legislação anterior à Reforma Trabalhista preconizada pela Lei nº 13.467 /2017 o Tribunal Superior do Trabalho editou a Súmula 366 com o seguinte teor:

> "CARTÃO DE PONTO. REGISTRO. HORAS EXTRAS. MINUTOS QUE ANTECEDEM E SUCEDEM A JORNADA DE TRABALHO
>
> Não serão descontadas nem computadas como jornada extraordinária as variações de horário do registro de ponto não excedentes de cinco minutos, observado o limite máximo de dez minutos diários. Se ultrapassado esse limite, será considerada como extra a totalidade do tempo que exceder a jornada normal, pois configurado o tempo à disposição do empregador, não importando as atividades desenvolvidas pelo empregado ao longo do tempo residual (troca de uniforme, lanche, higiene pessoal, etc.)."

Ou seja, a aludida súmula considerava como hora extraordinária, a superação do limite de cinco minutos diários, independentemente das atividades desenvolvidas pelo empregado neste tempo adicional.

Ocorre que, restou modificada a redação do art. 4º, § 2º da CLT, para que não se considere como extra o tempo que exceder a jornada normal quando o empregado, por escolha própria, buscar proteção pessoal, em caso de insegurança nas vias públicas ou más condições climáticas, bem como adentrar ou permanecer nas dependências da empresa para exercer atividades particulares, como por exemplo, para exercer práticas religiosas, atividades de relacionamento social e alimentação, dentre outras.

Portanto, dependendo da atividade exercida pelo empregado neste tempo residual, não será caracterizado como período extraordinário o que exceder a jornada normal, ainda que ultrapasse o limite de cinco minutos previsto no § 1º do art. 58 desta Consolidação.

Assim sendo, a disposição da Súmula nº 366 do C. TST restou prejudicada, devendo ser cancelada e/ou alterada pelo Tribunal Superior do Trabalho.

TEMA 3: LIMITAÇÃO DO PODER NORMATIVO DA JUSTIÇA DO TRABALHO

O art. 8º da CLT, dispõe que "As autoridades administrativas e a Justiça do Trabalho, na falta de disposições legais ou contratuais, decidirão, conforme o caso, pela jurisprudência, por analogia, por equidade e outros princípios e normas gerais de direito, principalmente do direito do trabalho, e, ainda, de acordo com os usos e costumes, o direito comparado, mas sempre de maneira que nenhum interesse de classe ou particular prevaleça sobre o interesse público. Já § 2º aduz que "Súmulas e outros enunciados de jurisprudência editados pelo Tribunal Superior do Trabalho e pelos Tribunais Regionais do Trabalho não poderão restringir direitos legalmente previstos nem criar obrigações que não estejam previstas em lei."

Sobre essas novas disposições da CLT, analise-as sobre o enfoque das funções de integração e da interpretação do direito.

No que se refere à integração, o caput do art. 8º estabelece que a jurisprudência pode ser utilizada como mecanismo de integração da lacuna normativa, logo, busca-se completar o ordenamento por meio de decisões reiteradas dos tribunais.

Porém, de forma contraditória, o § 2º impede que os tribunais criem, por meio de súmulas e outros enunciados, obrigações que não estejam previstas em lei. Diante disso, constata-se que o § 2º, com o nítido objetivo de restringir a atuação dos tribunais, não terá eficácia para afastar o preenchimento de lacunas, vez que o caput do dispositivo autoriza a jurisprudência e, consequentemente, as súmulas a regularem casos não previstos em lei.

Já no tocante ao aspecto da interpretação do direito, o parágrafo 2º não pode levar a conclusão de que o Juiz se torne um mero "boca de lei", ou seja, que realize apenas a interpretação literal ou gramatical. Isso porque, há outras formas de interpretação, como a histórica, teleológica e sistemática, que podem levar a interpretação declarativa, restritiva ou extensiva. Assim, nesse processo é possível restringir ou ampliar o alcance do texto normativo trabalhista, especialmente para adequá-lo aos princípios e valores constitucionalmente contemplados.

Portanto, o art. 8º, § 2º é inconstitucional por violar, frontalmente, a separação dos poderes, restringindo a função típica do judiciário que é julgar. Tanto é assim que, em todos os demais ramos do direito, não existe limitação para a interpretação do direito pelos juízes, pois essa é uma das principais funções da jurisdição.

TEMA 4: RESPONSABILIDADE DO SÓCIO

Matheus Castro durante muitos anos foi sócio da empresa Vigilância Atenta Ltda., porém, resolveu se retirar da sociedade empresária de modo regular, averbando esta condição no contrato social. Um ano após sua saída da sociedade, Eduardo Cambraia, empregado da empresa, ingressou com ação trabalhista buscando que lhe fossem pagas verbas trabalhistas inadimplidas pela sociedade.

De acordo com a Reforma Trabalhista responda:

a) Matheus Castro poderá responder pelo pagamento destas verbas?
b) Se sim, sua responsabilidade será solidária?

Antes da entrada em vigor da Reforma Trabalhista preconizada pela Lei nº 13.467/2017 já havia jurisprudência trabalhista que entendia que caso o sócio tenha se retirado da sociedade há mais de dois anos da data do ajuizamento da ação, não havia que se falar na responsabilidade dele pelos débitos trabalhistas porventura devidos ao empregado, ante os termos dos artigos 1.003 e 1.032 do Código Civil.

Com a nova redação do art.10-A da CLT, passou a constar que o sócio retirante responde subsidiariamente pelas obrigações trabalhistas da sociedade relativas ao período em que figurou como sócio, somente em ações ajuizadas até dois anos depois de averbada a modificação do contrato, observada a seguinte ordem de preferência: a) empresa devedora; b) sócios atuais; c) sócios retirantes.

Porém, se o sócio retirante agir com fraude na alteração societária decorrente da modificação do contrato, sua responsabilidade seria solidária.

No presente caso, como Eduardo ingressou com a ação trabalhista após um ano da saída de Matheus dos quadros societários e este não agiu de modo fraudulento, a sua responsabilidade será subsidiária.

TEMA 5: PRESCRIÇÃO NO DIREITO DO TRABALHO

Faça uma abordagem da temática da prescrição trazida pela Reforma Trabalhista, correlacionando com a jurisprudência do Tribunal Superior do Trabalho com relação às ações que envolvam prestações sucessivas.

O Tribunal Superior do Trabalho possui duas súmulas sobre o tema, a de número 294 e 452. Vejamos suas disposições.

Súmula nº 294 do TST PRESCRIÇÃO. ALTERAÇÃO CONTRATUAL. TRABALHADOR URBANO. Tratando-se de ação que envolva pedido de prestações sucessivas decorrente de alteração do pactuado, a prescrição é total, exceto quando o direito à parcela esteja também assegurado por preceito de lei.

Súmula nº 452 do TST DIFERENÇAS SALARIAIS. PLANO DE CARGOS E SALÁRIOS. DESCUMPRIMENTO. CRITÉRIOS DE PROMOÇÃO NÃO OBSERVADOS. PRESCRIÇÃO PARCIAL. Tratando-se de pedido de pagamento de diferenças salariais decorrentes da inobservância dos critérios de promoção estabelecidos em Plano de Cargos e Salários criado pela empresa, a prescrição aplicável é a parcial, pois a lesão é sucessiva e se renova mês a mês.

Ou seja, o C. TST entendia que se o empregador alterasse o pactuado, a prescrição era total, mas se, apenas e tão somente, o descumpria em vigor, a prescrição era parcial.

Em que consiste a prescrição intercorrente? Ela se aplica ao processo do trabalho? Responda de acordo com a Lei nº 13.467 /2017.

A prescrição intercorrente é aquela que ocorre quando o processo permanece paralisado por inércia da parte por um lapso de tempo predeterminado. Transcorrido esse tempo, o processo é extinto. Ou seja, ela ocorre no curso do processo e se dará diante da inércia daquele que deveria prezar pelo regular andamento do processo.

O Tribunal Superior do Trabalho, nos termos da sua súmula 114 entende que é inaplicável na Justiça do Trabalho a prescrição intercorrente.

Ocorre que a Reforma Trabalhista (Lei 13.467/17) trouxe uma modificação substancial nesse tema, haja vista que passou a prever a existência efetiva de prescrição intercorrente (art.11-A da CLT), que ocorrerá no prazo de dois anos, se iniciando a fluência do prazo prescricional intercorrente quando o exequente deixa de cumprir determinação judicial no curso da execução.

Assim, no curso de uma execução trabalhista, se o juiz promover uma determinação para que o exequente faça algo, mas ele ficar inerte por mais dois anos, o juiz poderá reconhecer a prescrição intercorrente de crédito trabalhista.

Ademais, esta prescrição, inclusive, poderá ser decretada de ofício pelo Juiz e em qualquer grau de jurisdição (art.11-A, § 2º).

Dessa forma, a Reforma Trabalhista alinha-se ao entendimento consubstanciado na súmula 327 do Supremo Tribunal Federal, de seguinte teor: "O Direito Trabalhista admite a prescrição intercorrente".

TEMA 6: HORAS EXTRAS

A prestação de horas extras habituais descaracteriza o acordo de compensação de jornada?

Os Tribunais trabalhistas entendiam que a prestação de horas extras habituais descaracterizava o acordo de compensação de jornada. Nesta hipótese, as horas que ultrapassarem a jornada semanal normal deveriam ser pagas como horas extraordinárias e, quanto àquelas destinadas à compensação, deveria ser pago a mais apenas o adicional por trabalho extraordinário. Inclusive, essa era a redação da Súmula 85, IV do Tribunal Superior do Trabalho.

Ocorre que, esta interpretação foi rechaçada pela Lei nº 13.467 /2017, uma vez que o parágrafo único do art.59-B da CLT passou a dispor que a prestação de horas extras habituais não descaracteriza o acordo de compensação de jornada e o banco de horas.

Caso um trabalhador que possua jornada de trabalho de 7 horas diárias venha a usufruir normalmente de 40 minutos para realizar seu almoço, tal fato enseja o pagamento de horas extras do eventual período faltante calculado sobre a totalidade da hora suprimida?

Primeiramente cumpre expor que nos termos do art. 71 da CLT, "em qualquer trabalho contínuo, cuja duração exceda de 6 (seis) horas, é obrigatória a concessão de um intervalo para repouso ou alimentação, o qual será, no mínimo, de 1 (uma) hora e, salvo acordo escrito ou contrato coletivo em contrário, não poderá exceder de 2 (duas) horas. Ou seja, no presente caso, o referido trabalhador possui no mínimo uma hora de intervalo intrajornada, como regra.

O Tribunal Superior do Trabalho, antes da vigência da "Reforma Trabalhista", editou a súmula 437 que no seu inciso I dispunha que "- Após a edição da Lei nº 8.923/94, a não concessão ou a concessão parcial do intervalo intrajornada mínimo, para repouso e alimentação, a empregados urbanos e rurais, implica o pagamento total do período correspondente, e não apenas daquele suprimido, com acréscimo de, no mínimo, 50% sobre o valor da remuneração da hora normal de trabalho (art. 71 da CLT), sem prejuízo do cômputo da efetiva jornada de labor para efeito de remuneração".

Logo, entendia o C. TST que nesta hipótese em que o intervalo intrajornada era de uma hora, mas o trabalhador só teria gozado de 40 minutos, o empregador deveria pagar a hora inteira como extra.

Esta situação acabava por violar a isonomia, visto que o trabalhador que não gozava de nenhum período de intervalo receberia o mesmo valor que outro que gozava de 40 minutos.

Com a vigência da Lei nº 13.467/2017, o trabalhador no presente caso não receberá a hora "cheia", mas apenas os 20 (vinte) minutos que faltaram, com o adicional de 50% (cinquenta por cento), nos termos do art. 71, § 4º que dispõe que "a não concessão ou a concessão parcial do intervalo intrajornada mínimo, para repouso e alimentação, a empregados urbanos e rurais, implica o pagamento, de natureza indenizatória, apenas do período suprimido, com acréscimo de 50% (cinquenta por cento) sobre o valor da remuneração da hora normal de trabalho."

Logo a punição do empregador ficou proporcional ao ilícito que causou.

A Súmula 85 do Tribunal Superior do Trabalho possui o seguinte teor:

> **Súmula nº 85 do TSTCOMPENSAÇÃO DE JORNADA. A compensação de jornada de trabalho deve ser ajustada por acordo individual escrito, acordo coletivo ou convenção coletiva. (ex-Súmula nº 85 - primeira parte - alterada pela Res. 121/2003, DJ 21.11.2003)II. O acordo individual para compensação de horas é válido, salvo se houver norma coletiva em sentido contrário. (ex-OJ nº 182 da SBDI-1- inserida em 08.11.2000) III. O mero não atendimento das exigências legais para a compensação de jornada, inclusive quando encetada mediante acordo tácito, não implica a repetição do pagamento das horas excedentes à jornada normal diária, se não dilatada a jornada máxima semanal, sendo devido apenas o respectivo adicional. (ex-Súmula nº 85 - segunda parte - alterada pela Res. 121/2003, DJ 21.11.2003)IV. A prestação de horas extras habituais descaracteriza o acordo de compensação de jornada. Nesta hipótese, as horas que ultrapassarem a jornada semanal normal deverão ser pagas como horas extraordinárias e, quanto àquelas destinadas à compensação, deverá ser pago a mais apenas o adicional por trabalho extraordinário. (ex-OJ nº 220 da SBDI-1 - inserida em 20.06.2001)V. As disposições contidas nesta súmula não se aplicam ao regime compensatório na modalidade "banco de horas", que somente pode ser instituído por negociação coletiva. VI – Não é válido acordo de compensação de jornada em atividade insalubre, ainda que estipulado em norma coletiva, sem a necessária inspeção prévia e permissão da autoridade competente, na forma do art. 60 da CLT.**

Com a vigência da Lei nº 13.467/2017, o inciso V da referida Súmula, ainda possui aplicabilidade? Justifique.

No regime do banco de horas há uma transformação das horas extras prestadas pelo empregado em horas de descanso. A empresa, quando necessita, pode colocar o trabalhador para prorrogar a jornada, não havendo dia pré-determinado, sendo o trabalho prorrogado de acordo com a necessidade do empregador.

Assim, o empregador ao invés de remunerar as horas extras prestadas pelo empregado transforma o número de horas em períodos ou dias de descanso. Antes da Reforma Trabalhista, a implantação desse sistema somente era possível mediante negociação coletiva, através de participação do Sindicato.

Nessa ótica, o referido inciso da Súmula 85 do C. TST não possui mais aplicabilidade, tendo em vista que entra em confronto com a nova redação do art.59, § 5º da CLT.

Isso porque, o banco de horas poderá ser pactuado por acordo individual escrito, desde que a compensação ocorra no período máximo de seis meses.

Ou seja, passou-se a ser possível que o banco de horas seja instituído por acordo individual escrito e não apenas via negociação coletiva.

TEMA 7: TRABALHO EM REGIME DE TEMPO PARCIAL

Lucas Lacerda foi contratado pela empresa Máxima Confecções Ltda. para prestar trabalho em regime de tempo parcial, com duração de 24 horas semanais. Sobre este contrato de trabalho responda:

a) **O referido empregado pode realizar trabalho em horas suplementares? Se sim, qual o percentual a ser pago a este título?**
b) **Na hipótese de resposta afirmativa ao primeiro item, é possível que o Sr. Lucas converta as férias em abono pecuniário?**

Antes da Reforma Trabalhista, a jornada para quem trabalhava em regime de tempo parcial era de até 25 horas semanais, sendo proibida a realização de horas extras.

Atualmente, a CLT permite que o empregado contratado em regime de tempo parcial preste horas extras, desde que a duração do labor não exceda a 26 horas semanais, sendo permitida a realização de até 6 horas extras semanais. Neste caso, as horas suplementares à duração do trabalho semanal normal serão pagas com o acréscimo de 50% (cinquenta por cento) sobre o salário-hora normal, nos termos do art.58-A, § 3º da CLT.

A título de informação, frise-se que é vedado ao empregado contratado em regime de tempo parcial cuja duração do trabalho exceda 30 horas semanais prestar horas suplementares.

Por fim, cumpre expor que, além de ser possível que Lucas realize horas extras (art. 58-A da CLT), também é possível que ele converta um terço do período de férias a que tiver direito em abono pecuniário, tendo em vista a disposição do art. 58-A, § 6º da CLT.

Sobre o regime de tempo parcial responda:

1. **Qual o período de duração das férias dos empregados submetidos a este regime de contratação?**
2. **É permitido que estes empregados convertam suas férias em abono pecuniário?**

Na sua resposta, faça um paralelo entre a legislação anterior e a posterior à Reforma Trabalhista.

Antes da entrada em vigor da "Reforma Trabalhista", no trabalho em regime de tempo parcial, as férias não eram de 30 (trinta) dias, mas de, no mínimo, 8 (oito) e de, no máximo, 18 (dezoito) dias nos termos da redação anterior do então art. 130-A da CLT.

Ocorre que, o legislador passou a prever um prazo unificado de férias no regime de tempo parcial. Ou seja, também no regime de tempo parcial, a duração das férias será de 30 (trinta) dias, e não mais de 8 (oito), nem de 18 (dezoito), tendo em vista o teor do novo § 7º do art. 58-A c/c o art. 130, ambos da CLT. Vejamos:

§ 7º As férias do regime de tempo parcial são regidas pelo disposto no art. 130 desta Consolidação.

Logo, no tocante às férias houve uma equiparação do trabalhador em regime de tempo parcial aos demais trabalhadores. Assim, o trabalhador em regime de tempo parcial passou a ter direito de gozar férias de 30 (trinta) dias.

No tocante ao segundo questionamento, frise-se que, anteriormente, como o trabalhador em regime de tempo parcial tinha, no máximo, 18 (dezoito) dias de férias, o § 3º do art. 143 da CLT não permitia que ele convertesse até um terço das suas férias em abono pecuniário.

Todavia, com a entrada em vigor da Lei nº 13.467/17, foi incluído na CLT o § 6º do art. 58-A da CLT que dispõe que " é facultado ao empregado contratado sob regime de tempo parcial converter um terço do período de férias a que tiver direito em abono pecuniário."

Logo, hoje é possível que o empregado contratado em regime de tempo parcial converta 1/3 das suas férias em abono pecuniário.

TEMA 8: TELETRABALHO

Diversos estudiosos do teletrabalho consideram que esta modalidade de trabalho possui benefícios tanto para os trabalhadores como para a empresa. Para o trabalhador, por exemplo, entendem que melhora a qualidade de vida e possibilita maior satisfação com o emprego. Já para a empresa, possibilita

redução de custos, aumento de produtividade e redução das taxas de turn-over (custos de recrutamento e treinamento).

Sobre este tema responda:

A) Em que consiste o teletrabalho?

B) A CLT permite a alteração entre o regime presencial e de teletrabalho?

O teletrabalho é uma modalidade de labor que vem crescendo bastante ao redor do mundo, sendo realizado à distância ou em domicílio, de maneira integral ou periódica, através das chamadas tecnologias móveis, como por exemplo, internet, notebooks e tablets.

A CLT conceitua o teletrabalho no seu art. 75-B, considerando-o a prestação de serviços preponderantemente fora das dependências do empregador, com a utilização de tecnologias de informação e de comunicação que, por sua natureza, não se constituam como trabalho externo. Além disso, a prestação de serviços na modalidade de teletrabalho deverá constar expressamente do contrato individual de trabalho.

Ou seja, houve uma equiparação do trabalho desenvolvido a distância com o realizado nas dependências internas da empresa. Logo, a alteração do artigo da CLT também levará à uma releitura do enunciado 428 do Tribunal Superior do Trabalho (TST), adaptado às novas tecnologias no ambiente de trabalho quanto às questões que envolvem o sobreaviso.

Por fim, diga-se que a alteração entre o regime presencial para o de teletrabalho poderá ocorrer, mas necessita de mútuo acordo entre as partes, registrado em aditivo contratual, nos termos do art. 75-C, § 1º da CLT.

TEMA 9: FÉRIAS

João Andrade, empregado da empresa Cheiro Cheiroso Ltda., exerce a função de analista de recursos humanos. Depois de ter adquirido o período de férias, resolve questionar ao seu empregador se ele poderia fracionar as suas férias em três períodos, 15 dias em fevereiro, 10 dias em junho e 5 dias em setembro, sendo este último período iniciando um dia antes do feriado de 7 de setembro (Independência do Brasil).

Ao receber esse questionamento, o dono da empresa encaminhou-o ao advogado da empresa. Na qualidade deste advogado, discorra sobre a (im) possibilidade.

Primeiramente, é importante frisar que o período de concessão das férias é o prazo que a lei estabelece para que o empregador conceda as férias ao empregado. Este prazo equivale aos 12 (doze) meses subsequentes a contar da data do período aquisitivo completado.

Ademais, diga-se que a época da concessão das férias será a que melhor atender os interesses do empregador, nos termos do art. 136 da CLT. Porém, nada impede que as partes combinem entre si a concessão das férias.

Nessa ótica, com a Reforma Trabalhista, foi possibilitado que as férias possam ser usufruídas em até três períodos, um com pelo menos 14 dias corridos e, os demais, cinco dias corridos (art. 134 § 1º da CLT).

Ocorre que, o parágrafo segundo do artigo 134 da CLT impede que as férias se iniciem no período de dois dias que antecede feriado ou dia de repouso semanal remunerado.

Assim sendo, a solicitação do empregado João deve ser indeferida por expressa proibição legal.

TEMA 10: DO DANO EXTRAPATRIMONIAL

A Lei nº 13.467/2017 passou a regulamentar o dano extrapatrimonial trabalhista, estipulando uma tarifação dos valores a serem recebidos a título de indenização. Sobre este tema, discorra sobre a sua (in)constitucionalidade.

O "dano extrapatrimonial" se origina de relações não patrimoniais, advindo de relações existenciais e dos direitos da personalidade.

A Lei nº 13.467/2017 passou a prever na CLT no § 1º do art. 223-G critérios para que o juízo fixe a indenização a ser paga ao ofendido nos seguintes parâmetros:

Art. 223-G § 1º § 1º Ao julgar procedente o pedido, o juízo fixará a reparação a ser paga, a cada um dos ofendidos, em um dos seguintes parâmetros, vedada a acumulação: I - para ofensa de natureza leve - até três vezes o valor do limite máximo dos benefícios do Regime Geral de Previdência Social; II - para ofensa de natureza média - até cinco vezes o valor do limite máximo dos benefícios do Regime Geral de Previdência Social; III - para ofensa de natureza grave - até vinte vezes o valor do limite máximo dos benefícios do Regime Geral de Previdência Social; ou IV - para ofensa de natureza gravíssima - até cinquenta vezes o valor do limite máximo dos benefícios do Regime Geral de Previdência Social.

Nesta ótica, vem se discutido sobre a constitucionalidade desta fixação. O Supremo Tribunal Federal já julgou inconstitucional a tarifação do valor dos danos morais prevista na Lei de imprensa, uma vez que a Constituição não estabelece este limite. Ademais, o Superior Tribunal de Justiça vem fixando um método bifásico para o cálculo do dano moral. No primeiro momento arbitra-se o valor básico de indenização, considerando os interesses tutelados e precedentes judiciais. Já na segunda fase, fixa-se a indenização em definitivo ajustando o valor básico às circunstâncias do caso (Recurso Especial 1.152.541/RS).

Como decorrência disso, entendemos que esta previsão contida na CLT é inconstitucional, até porque, prevalecendo essa disposição legal, se estaria fixando um valor de indenização em cima do limite máximo dos benefícios do RGPS e não em cima do dano. Ou seja, mesmo que o dano seja gravíssimo, como por exemplo no caso de o trabalhador de baixa renda perder seus membros superiores, a indenização será limitada, não refletindo o real prejuízo.

Outrossim, tal limitação de valores sequer é encontrada no Código de Defesa do Consumidor e no Código Civil, que, frise-se, trata de modo geral sobre todas as regras pertinentes à responsabilidade extrapatrimonial, assim como também do artigo 5º da Constituição Federal de 1988, que prevê a possibilidade de indenização por dano moral sem qualquer limitação.

TEMA 11: PROTEÇÃO À MATERNIDADE

Luciana Cavalcante trabalha na empresa Max Modas Ltda em um setor considerado insalubre de grau mínimo, recebendo o respectivo adicional.

Em dezembro de 2017 ficou grávida. Diante dessa situação responda se Luciana poderá continuar trabalhando neste setor enquanto durar a gestação.

A regra prevista na CLT é que a empregada gestante será afastada, enquanto durar a gestação, de quaisquer atividades, operações ou locais insalubres, devendo exercer suas atividades em local salubre, deixando de receber o respectivo adicional, nos termos do art.394-A da CLT.

Logo, em um primeiro momento, Luciana não poderá trabalhar neste setor considerado insalubre, devendo ser realocada em outro local, desde que este seja salubre.

Todavia, o § 2º do art. 394-A da CLT permite que a gestante venha a trabalhar em local de insalubridade mínima e média desde que ela voluntariamente apresente atestado de saúde, emitido por qualquer médico de sua confiança, do sistema privado ou público de saúde, que autorize sua permanência no exercício de suas atividades.

Ou seja, se Luciana de maneira voluntária apresentar atestado médico de saúde, poderá continuar trabalhando no seu setor, mesmo que este esteja caracterizado como insalubre de grau mínimo.

TEMA 12: DO CONTRATO DE TRABALHO

Os contratos de trabalho podem ser livremente convencionados, desde que não contravenham às disposições de proteção ao trabalho, aos contratos coletivos que lhes sejam aplicáveis e às decisões das autoridades competentes.

Com a entrada em vigor da "Reforma Trabalhista", a CLT passou a fazer alguma diferenciação em razão do nível de instrução dos empregados para conferir eventual maior autonomia nas estipulações contratuais pactuadas?

O art. 468 da CLT veda a alteração contratual lesiva ao empregado, mesmo que ele venha a concordar.

Já o art. 611-A desta Consolidação foi acrescido pela Reforma para flexibilizar os direitos trabalhistas mediante negociação coletiva do trabalho, mitigando a rigidez do art. 468, para que se prevaleça o negociado sobre o legislado.

Ademais, o art. 444 da CLT dispõe que as relações contratuais de trabalho podem ser objeto de livre estipulação das partes interessadas em tudo quanto não contravenha às disposições de proteção ao trabalho, aos contratos coletivos que lhes sejam aplicáveis e às decisões das autoridades competentes.

Ocorre que, com a Reforma Trabalhista, foi incluído neste artigo o parágrafo único, permitindo ao empregado portador de diploma de nível superior, com remuneração igual ou superior a duas vezes o valor do maior benefício previdenciária, negociar individualmente, sem intervenção do sindicato, naquelas matérias que o art. 611-A elenca como possíveis de negociação coletiva.

Assim pressupõe-se autonomia deste empregado, prescindindo de tutela sindical e estatal.

No caso de sucessão empresarial, de quem é a responsabilidade pelo pagamento das obrigações trabalhistas? Da empresa sucessora ou da sucedida?

Primeiramente, cumpre expor que, nos termos do art. 448 da CLT, a mudança na propriedade ou na estrutura jurídica da empresa não afetará os contratos de trabalho dos respectivos empregados.

Uma vez caracterizada a sucessão empresarial, as obrigações trabalhistas, inclusive as contraídas à época em que os empregados trabalhavam para a empresa sucedida, são de responsabilidade do sucessor (art. 448-A). Ou seja, o sucessor assumirá o passivo trabalhista.

Porém, o parágrafo único do art. 448-A, dispõe que haverá solidariedade passiva trabalhista entre a empresa (sucessora e sucedida), quando ficar comprovada fraude na transferência.

Nessa ótica, com o advento destas disposições legais, a CLT acabou por sedimentar uma jurisprudência já firmada pelo TST na OJ nº261 da SBDI-I que dispõe que "as obrigações trabalhistas, inclusive as contraídas à época em que os empregados trabalhavam para o banco sucedido, são de responsabilidade do sucessor, uma vez que a este foram transferidos os ativos, as agências, os direitos e deveres contratuais, caracterizando típica sucessão trabalhista."

Pedro, funcionário da empresa Celulares Certos Ltda., recebe habitualmente do seu empregador, auxílio-alimentação e prêmios. Com a vigência da Lei nº 13.467 /2017, tais verbas integram a sua remuneração? Explique.

A CLT no seu art. 457, § 1º dispõe que integram o salário a importância fixa estipulada, as gratificações legais e de função e as comissões pagas pelo empregador.

Porém, no parágrafo segundo deste artigo, há expressa exclusão das importâncias, ainda que habituais, pagas a título de ajuda de custo, limitadas a cinquenta por cento da remuneração mensal, o auxílio-alimentação, vedado o seu pagamento em dinheiro, as diárias para viagem e os prêmios não integram a remuneração do empregado, não se incorporam ao contrato de trabalho e não constituem base de incidência de encargo trabalhista e previdenciário.

Assim, essas verbas não integram a remuneração de Pedro, podendo ser excluídas a qualquer momento, não integrando a remuneração de férias, 13º salário e a base de cálculo da rescisão contratual, e sobre tais parcelas não incidirão INSS e FGTS.

TEMA 13: CONTRATO DE TRABALHO INTERMITENTE

A empresa Buffet Colorido Ltda., em razão do crescimento de mercado da sua área de atuação, resolveu contratar um funcionário para realizar trabalho intermitente. Para isso e para ter maior segurança jurídica, em decorrência do desconhecimento da legislação trabalhista, resolveu fazer uma consulta ao seu departamento jurídico, requerendo que este esclareça as principais características desta contratação.

Na qualidade de membro deste departamento, discorra sobre os principais pontos do contrato de trabalho intermitente.

Com a entrada em vigor da "Reforma Trabalhista", as empresas passaram a poder contratar um funcionário para trabalhar esporadicamente e pagá-lo apenas pelo período em que prestou seus serviços.

Anteriormente, a CLT não regulamentava o trabalho intermitente. Este não deixa de ser um contrato de trabalho; o empregado intermitente continua a ter os benefícios da previdência, das férias proporcionais, do repouso semanal remunerado e do FGTS, por exemplo, porém, os períodos de prestação de serviços ao empregador foram flexibilizados. Nos termos do art. 443 § 3º, "considera-

-se como intermitente o contrato de trabalho no qual a prestação de serviços, com subordinação, não é contínua, ocorrendo com alternância de períodos de prestação de serviços e de inatividade, determinados em horas, dias ou meses, independentemente do tipo de atividade do empregado e do empregador, exceto para os aeronautas, regidos por legislação própria."

Este contrato deve ser deve ser celebrado por escrito (ainda que previsto em acordo ou convenção coletiva), dever ser registrado na CTPS, e deve conter especificamente: identificação, assinatura e domicílio ou sede das partes; valor da hora ou dia de trabalho, que não poderá ser inferior ao valor horário ou diário do salário mínimo, assegurada a remuneração do trabalho noturno superior à do diurno; o valor previsto não será inferior àquele devido aos demais empregados do estabelecimento que exerçam a mesma função; e o local e o prazo para o pagamento da remuneração.

Ademais, o empregador deverá convocar o empregado, por qualquer meio de comunicação eficaz, com antecedência mínima de três dias corridos, que terá um prazo de 24 (vinte e quatro) horas para responder ao chamado, presumindo-se, no silêncio, a recusa. Uma vez constatada a efetiva prestação dos serviços pelo empregado intermitente, presumem-se satisfeitos os prazos acima aludidos.

Quanto ao pagamento, cumpre expor que este ocorrerá na data acordada, recebendo o empregado de imediato a remuneração, férias proporcionais com acréscimo de um terço, décimo terceiro salário proporcional, repouso semanal remunerado e os adicionais legais. Todavia, o § 11 do art. 452-A dispõe que caso o período de contratação exceda um mês, o pagamento das referidas não poderá ser estipulado por período superior a um mês, contado a partir do primeiro dia do período de prestação de serviço.

Esclareça-se também que o art. 452–C, conceituou o período de inatividade que é: o intervalo temporal distinto daquele para o qual o empregado intermitente haja sido convocado e tenha prestado serviços nos termos dos § 1º do art. 452-A da CLT. Importante registrar que, durante o período de inatividade, o empregado poderá prestar serviços de qualquer natureza a outros tomadores de serviço, que exerçam ou não a mesma atividade econômica, utilizando contrato de trabalho intermitente ou outra modalidade de contrato de trabalho. No contrato de trabalho intermitente, o período de inatividade não será considerado tempo à disposição do empregador e não será remunerado, restando descaracterizado o contrato como intermitente caso haja remuneração por tempo à disposição no período de inatividade.

Esta contrato considera-se rescindido de pleno direito caso decorrido 1 (um) ano sem qualquer convocação do empregado pelo empregador, contado a partir da celebração do contrato, da última convocação ou do último dia de prestação de serviços, o que for mais recente.

É importante aludir também que ressalvados nos casos previstos no art. 482 e 483 da Consolidação, em qualquer hipótese de extinção do contrato de trabalho intermitente serão devidas por metade, o aviso prévio indenizado e a indenização sobre o saldo do Fundo de Garantia do Tempo de Serviço, e na integralidade, as demais verbas trabalhistas, quando houver.

Por fim, a Medida Provisória nº 808, de 14 de novembro de 2017, estipulou que até 31 de dezembro de 2020, o empregado registrado por meio de contrato de trabalho por prazo indeterminado demitido não poderá prestar serviços para o mesmo empregador por meio de contrato de trabalho intermitente pelo prazo de 18 (dezoito) meses, contado da data da demissão do empregado. Foi estabelecido assim, um período de quarentena.

TEMA 14: EQUIPARAÇÃO SALARIAL

A Súmula nº6 do Tribunal Superior do Trabalho dispõe sobre a equiparação salarial.

Os seus incisos, I e VI possuem a seguinte disposição:

> **" I- Para os fins previstos no § 2º do art. 461 da CLT, só é válido o quadro de pessoal organizado em carreira quando homologado pelo Ministério do Trabalho, excluindo-se, apenas, dessa exigência o quadro de carreira das entidades de direito público da administração direta, autárquica e fundacional aprovado por ato administrativo da autoridade competente."**
>
> **"VI- Presentes os pressupostos do art. 461 da CLT, é irrelevante a circunstância de que o desnível salarial tenha origem em decisão judicial que beneficiou o paradigma, exceto: a) se decorrente de vantagem pessoal ou de tese jurídica superada pela jurisprudência de Corte Superior; b) na hipótese de equiparação salarial em cadeia, suscitada em defesa, se o empregador produzir prova do alegado fato modificativo, impeditivo ou extintivo do direito à equiparação salarial em relação ao paradigma remoto, considerada irrelevante, para esse efeito, a existência de diferença de tempo de serviço na função superior a dois anos entre o reclamante e os empregados paradigmas componentes da cadeia equiparatória, à exceção do paradigma imediato."**

Analise a compatibilidade destas disposições jurisprudenciais com as modificações trazidas pela Lei nº 13.467 /2017.

A Reforma Trabalhista modificou o art. 461 da CLT, artigo este que regulamenta a equiparação salarial.

O § 2º deste artigo não mais exige que o quadro de carreira seja homologado pelo Ministério do Trabalho, ou seja, excepciona-se o direito a equiparação, quando o empregador tiver pessoal organizado em quadro de carreira ou adotar, por meio de norma interna da empresa ou de negociação coletiva, plano de cargos e salários, dispensada qualquer forma de homologação ou registro em órgão público. Assim, não subsiste mais o entendimento constante o inciso I da Súmula nº 6 do C. TST.

Já o § 5º do art. 461 veio revogar o inciso VI da Súmula nº 6, que admite o paradigma remoto, haja vista que só assegura a equiparação entre empregados contemporâneos no cargo ou na função, ficando vedada a indicação de paradigmas remotos, ainda que o paradigma contemporâneo tenha obtido a vantagem em ação judicial própria.

TEMA 15: ALTERAÇÃO DO CONTRATO DE TRABALHO

Caso um empregado, após "Reforma Trabalhista", venha a exercer por onze anos uma função de supervisor, recebendo uma gratificação de função em decorrência disso, e o empregador resolva retorná-lo ao seu cargo de origem, esse empregado faz jus à incorporação desta gratificação?

Antes de vigorar a "Reforma Trabalhista", prevalecia o teor da Súmula nº 372 do C. TST que aduzia que "percebida a gratificação de função por dez ou mais anos pelo empregado, se o empregador, sem justo motivo, revertê-lo a seu cargo efetivo, não poderá retirar-lhe a gratificação tendo em vista o princípio da estabilidade financeira".

Ocorre que, com a mudança na CLT, o parágrafo 2º do art. 468 passou a prever que a reversão ao cargo efetivo, anteriormente ocupado pelo exercente de função de confiança com ou sem justo motivo, não assegura ao empregado o direito à manutenção do pagamento da gratificação correspondente, que não será incorporada, independentemente do tempo de exercício da respectiva função.

Assim, na situação posta, mesmo que o empregado venha a exercer a função por mais de dez anos, não faz jus à manutenção do pagamento da gratificação, não se incorporando à sua remuneração.

TEMA 16: RESCISÃO DO CONTRATO DE TRABALHO

Discorra sobre as formalidades exigidas pela Consolidação das Leis do Trabalho que o empregador deve cumprir para proceder com a rescisão do contrato de trabalho de um empregado.

Para que o empregador proceda com a extinção do contrato de trabalho, exige o art. 477 da CLT que o empregador anote tal fato na Carteira de Trabalho e Previdência Social do empregado, comunique aos órgãos competentes e realize o pagamento das verbas rescisórias no prazo legal.

No recibo de quitação devem conter a natureza de cada parcela paga ao empregado e discriminado o seu valor, sendo válida a quitação, apenas, relativamente às mesmas parcelas.

Este pagamento poderá ser realizado em dinheiro, depósito bancário ou cheque visado, conforme acordem as partes, ou dinheiro ou depósito bancário quando o empregado for analfabeto, nos termos do art. 477, § 4º, I e II. Ademais, qualquer compensação no pagamento de que trata este parágrafo 4º não poderá exceder o equivalente a um mês de remuneração do empregado.

Por fim, frise-se que a entrega ao empregado de documentos que comprovem a comunicação da extinção contratual aos órgãos competentes bem como o pagamento dos valores constantes do instrumento de rescisão ou recibo de quitação deverão ser efetuados até dez dias contados a partir do término do contrato.

TEMA 17: EXTINÇÃO DO CONTRATO DE TRABALHO

Em que consiste o plano de demissão voluntária? A Lei nº 13.467 /2017 abordou a matéria? Explique e aborde necessariamente a evolução jurisprudencial sobre a matéria.

O plano de demissão voluntária constitui-se em uma transação pelo qual os sujeitos, através de concessões e ônus recíprocos extinguem obrigações, sendo que o empregado recebe, além das verbas rescisórias, diversas de vantagens que não lhe seriam devidas caso tivesse sido dispensado imotivadamente.

Com a "Reforma Trabalhista", o art. 477-B da CLT passou a prever que o Plano de Demissão Voluntária ou Incentivada, para dispensa individual, plúrima ou coletiva, previsto em convenção coletiva ou acordo coletivo de trabalho, enseja quitação plena e irrevogável dos direitos decorrentes da relação empregatícia, salvo disposição em contrário estipulada entre as partes."

Ou seja, o plano em questão pode abarcar a dispensa individual, plúrima ou coletiva de empregados, devendo ter previsão em convenção coletiva ou acordo coletivo de trabalho.

Anteriormente, o Tribunal Superior do Trabalho através da sua Súmula nº 270 entendia que a transação extrajudicial que importa rescisão do contrato de trabalho ante a adesão do empregado a plano de demissão voluntária implica quitação exclusivamente das parcelas e valores constantes do recibo.

Todavia, mesmo antes da "Reforma Trabalhista", o Supremo Tribunal Federal no julgamento do RE 590415 entendeu que "nos planos de dispensa incentivada (PDI) ou voluntária (PDV), é válida a cláusula que dá quitação ampla e irrestrita de todas as parcelas decorrentes do contrato de emprego, desde que este item conste de Acordo Coletivo de Trabalho e dos demais instrumentos assinados pelo empregado. "Logo, restou superado o entendimento do TST constante na Súmula nº 270".

Portanto, mesmo antes da entrada em vigor da Lei nº 13.467 /2017, o STF entendia que era possível a quitação ampla e irrevogável dos direitos decorrentes da relação empregatícia.

Matheus Melo é engenheiro empregado da empresa Mix Soluções Ltda. com salário mensal de R$15.000,00. Caso haja eventual conflito trabalhista com seu empregador, poderá ser usada a arbitragem para dirimí-lo?

Com a "Reforma Trabalhista" a CLT passou a possibilitar o uso da arbitragem para dirimir conflitos trabalhistas. O objetivo do legislador foi o de reduzir o número de ações ajuizadas na Justiça do Trabalho.

Porém, faz-se necessária a presença de algumas condições. A escolha da arbitragem como meio de resolução de conflito trabalhista pode ser usada desde que por vontade do trabalhador e apenas para funcionários com salário acima de R$ 11.062,62.

Nesses termos, prevê o art. 507-A da CLT que "Nos contratos individuais de trabalho cuja remuneração seja superior a duas vezes o limite máximo estabelecido para os benefícios do Regime Geral de Previdência Social, poderá ser pactuada cláusula compromissória de arbitragem, desde que por iniciativa do empregado ou mediante a sua concordância expressa, nos termos previstos na Lei nº 9.307, de 23 de setembro de 1996.

Assim sendo, o conflito entre o empregador e Matheus Melo pode ser dirimido via arbitragem desde que seja proposta pelo empregado ou este manifeste sua concordância expressa.

TEMA 18: REPRESENTAÇÃO DOS EMPREGADOS

Discorra sobre a comissão de representantes dos empregados nas empresas, abordando necessariamente suas principais funções e quem poderá se candidatar a membro desta comissão.

A Constituição Federal no seu art. 11 já prevê que nas empresas de mais de duzentos empregados, é assegurada a eleição de um representante destes com a finalidade exclusiva de promover-lhes o entendimento direto com os empregadores.

Com a entrada em vigor da Lei nº 13.467 /2017 a CLT passou-se a assegurar no art. 510-A, nas empresas com mais de duzentos empregados, a eleição de uma comissão para representá-los, com a finalidade de promover-lhes o entendimento direto com os empregadores, e podendo ter de três a sete membros, de acordo com o tamanho da equipe.

Esta Comissão possuirá a função de colaboração, mediação de conflitos internos, prevenção e comunicação. Dentre as suas principais atribuições previstas no art. 510-B da CLT, cite-se a de representar os empregados perante a administração da empresa, encaminhar reivindicações específicas dos empregados de seu âmbito de representação, buscar a solução de conflitos decorrentes da relação de trabalho, de forma rápida e eficaz, dentre outros. Ademais, frise-se que as decisões da comissão serão sempre colegiadas.

No tocante à eleição dos seus membros, é importante aduzir que qualquer empregado pode ser candidato a membro da comissão, desde que não seja contratado por prazo determinado; que não esteja com seu contrato de trabalho suspenso; que não esteja em período de aviso prévio trabalhado ou indenizado.

Por fim, cumpre frisar que, nos termos do art. 510-E, a comissão de representantes dos empregados não substituirá a função do sindicato de defender os direitos e os interesses coletivos ou individuais da categoria, inclusive em questões judiciais ou administrativas, hipótese em que será obrigatória a participação dos sindicatos em negociações coletivas de trabalho, nos termos dos incisos III e VI do caput do art. 8º da Constituição.

TEMA 19: CONTRIBUIÇÃO SINDICAL FACULTATIVA

Com a entrada em vigor da Lei nº 13.467 /2017, houve alguma mudança na sistemática referente à contribuição sindical devida aos Sindicatos?

A Constituição Federal, no seu artigo 8º, IV, ressalva a legalidade da contribuição sindical prevista em lei.

Antes da entrada em vigor da Reforma Trabalhista, o artigo 579 da Consolidação das Leis do Trabalho dizia que a contribuição era devida por todos aqueles que participassem de uma determinada categoria profissional ou econômica, ou profissão liberal, em favor do sindicato respectivo. Logo, esta contribuição era obrigatória, valendo tanto para os empregados sindicalizados quanto para os que não eram associados às entidades de classe.

Após a entrada em vigor da Lei nº 13.467 /2017, a contribuição sindical passou a ser facultativa, ou seja, o trabalhador pagará apenas se quiser. Se optar por fazer a contribuição, deverá informar ao empregador que autoriza expressamente a cobrança sobre sua folha de pagamento. Assim, a empresa só poderá fazer o desconto com a permissão do funcionário. Ademais, o mesmo vale para o empregador. A contribuição também passa a ser facultativa para as empresas.

Outrossim, cumpre frisar que o recolhimento das contribuições sindicais dos agentes ou trabalhadores autônomos e dos profissionais liberais, deve ser recolhida no mês de fevereiro; dos empregados que autorizaram prévia e expressamente o seu recolhimento aos respectivos sindicatos, será recolhida em março; e dos empregados e trabalhadores avulsos será efetuado no mês de abril de cada ano.

TEMA 20: ACORDO COLETIVO E CONVENÇÃO COLETIVA

Caso o sindicato representante de determinada categoria profissional resolva firmar acordo coletivo com uma empresa em que empregados desta categoria trabalhem, poderá este acordo dispor sobre o intervalo intrajornada? Neste caso prevalece o previsto em lei ou no acordo coletivo?

A "Reforma Trabalhista" buscou que haja uma prevalência do negociado sobre o legislado. Ou seja, buscou-se valorizar a autonomia da vontade das partes.

Nos termos do art. 611-A, III da CLT, foi possibilitado que por meio de negociação coletiva, seja via convenção coletiva, seja via acordo coletivo, se disponha sobre o intervalo intrajornada, desde que respeitado o limite mínimo de trinta minutos para jornadas superiores a seis horas.

Assim, prevalecerá a disposição do acordo coletivo em detrimento da lei.

Caso uma convenção coletiva seja firmada sem que se tenham estipuladas contrapartidas recíprocas, esta pactuação é nula? Ademais, na hipótese em que um empregado vinculado a uma categoria profissional resolva ingressar com ação anulatória de determinada convenção coletiva, o sindicato deve participar do processo?

Não há nulidade no caso de uma convenção coletiva ser firmada sem que tenham sido estipuladas contrapartidas recíprocas.

Isso porque, dispõe o art. 611-A, § 2º que "a inexistência de expressa indicação de contrapartidas recíprocas em convenção coletiva ou acordo coletivo de trabalho não ensejará sua nulidade por não caracterizar um vício do negócio jurídico.

Porém, esta disposição celetista vem recebendo diversas críticas, uma vez que os seus críticos defendem que ela viola a essência das convenções coletivas, pois a contrapartida é da essência da negociação coletiva.

No tocante ao segundo questionamento, o § 5º do art. 611-A dispõe que "os sindicatos subscritores de convenção coletiva ou de acordo coletivo de trabalho deverão participar, como litisconsortes necessários, em ação individual ou coletiva, que tenha como objeto a anulação de cláusulas desses instrumentos."

Ou seja, há participação obrigatória dos sindicatos nestas ações anulatórias de convenções coletivas, sob pena de nulidade processual, pois a eficácia da sentença depende da citação de todos que devam ser litisconsortes.

É possível a ultratividade das normas previstas em convenção coletiva ou acordo coletivo de trabalho? Responda fazendo um apanhado sobre a jurisprudência relativa ao tema, bem como de acordo com a Lei nº 13.467 /2017.

O Tribunal Superior do Trabalho, por meio da sua súmula nº 277, entendia que as cláusulas normativas dos acordos coletivos ou convenções coletivas integram os contratos individuais de trabalho e somente poderão ser modificadas ou suprimidas mediante negociação coletiva de trabalho.

Logo, por este entendimento, mesmo que a norma coletiva estivesse vencida/expirada, prevalecia a obrigação das partes de observarem as disposições econômicas e sociais que não tenham determinação de prazo específico para duração, até posterior norma que estabeleça novas condições.

Ocorre que, o Supremo Tribunal Federal, no curso da ADPF nº323, determinou liminarmente a suspensão de todos os processos e efeitos de decisões judiciais proferidas no âmbito da Justiça do Trabalho que versem sobre a ultratividade de normas de acordos e de convenções coletivas.

Seguindo essa linha, a "Reforma Trabalhista" vedou a ultratividade mencionada, ao dispor no art. 614, parágrafo 3º que "não será permitido estipular duração de convenção coletiva ou acordo coletivo de trabalho superior a dois anos, sendo vedada a ultratividade.

TEMA 21: TERCEIRIZAÇÃO

Explique as principais diferenças entre o contrato de facção da "terceirização".

Na terceirização há a presença de três sujeitos: a) a empresa prestadora de serviços; b) o contratante e c) o empregado terceirizado.

Logo, na terceirização há um repasse a um terceiro de determinada atividade que caberia ao próprio contratante executar. Seu conceito legal está expresso no art. 4º-A da Lei nº 6.019 de 1974 que dispõe que "Considera-se prestação de serviços a terceiros a transferência feita pela contratante da execução de quaisquer de suas atividades, inclusive de sua atividade principal, à pessoa jurídica de direito privado prestadora de serviços que possua capacidade econômica compatível com a sua execução"

Já o contrato de facção, apesar de parecido, possui algumas peculiaridades que o diferenciam da terceirização. Neste contrato, a empresa tomadora transfere à outra parte de seu processo produtivo, independentemente de isso ocorrer fora ou no interior do seu estabelecimento.

Ocorre que, na terceirização a empresa tomadora interfere diretamente na forma de execução das atividades que foram repassadas ao prestador de serviços. Já no contrato de facção, não há qualquer interferência da tomadora no processo produtivo, tendo em vista que a empresa prestadora age com autonomia gerencial e sem exclusividade, em regra. Logo, neste contrato o elemento mais importante é o resultado, ou seja, a qualidade do serviço ou produto.

Nessa ótica, o Tribunal Superior do Trabalho vem entendendo que no contrato de facção não há que se falar em responsabilidade por parte da empresa que repassa parte de sua atividade econômica, salvo no caso de ingerência direta no processo produtivo.

Em que consiste a "quarentena" prevista na Lei nº 13.467/2017? Quais dispositivos legais abordam esse tema?

A quarentena é um período de dezoito meses para que a empresa contratante possa admitir o mesmo empregado despedido pela empresa prestadora de serviços.

Ademais, veda-se também que a empresa tomadora contrate pessoa jurídica que cujos titulares ou sócios tenham sido seus empregados ou prestadores de serviços autônomos nos últimos dezoito meses, salvo se forem aposentados.

Este tema é disposto nos arts. 5-C e 5-D da Lei nº 6.019 de 1974 que foram incluídos pela Lei nº 13.467/2017, com o seguinte teor:

> "Art. 5º-C. Não pode figurar como contratada, nos termos do art. 4º -A desta Lei, a pessoa jurídica cujos titulares ou sócios tenham, nos últimos dezoito meses, prestado serviços à contratante na qualidade de empregado ou trabalhador sem vínculo empregatício, exceto se os referidos titulares ou sócios forem aposentados"
>
> "Art. 5º-D. O empregado que for demitido não poderá prestar serviços para esta mesma empresa na qualidade de empregado de empresa prestadora de serviços antes do decurso de prazo de dezoito meses, contados a partir da demissão do empregado."

Discorra sobre a extensão ou não das condições de trabalho oferecidas pela contratante aos terceirizados da empresa contratada, bem como se estes possuem direito a isonomia salarial com os empregados da contratante.

É garantido ao trabalhador terceirizado algumas condições de trabalho conferidas aos empregados da empresa contratante (tomadora de serviços), desde que desenvolva suas atividades no interior do seu estabelecimento., tais como alimentação garantida aos empregados da contratante, quando oferecida em refeitórios; direito de utilizar os serviços de transporte; atendimento médico ou ambulatorial existente nas dependências da contratante ou local por ela designado; treinamento adequado, fornecido pela contratada, quando a atividade o exigir; e condições sanitárias, de medidas de proteção à saúde e de segurança no trabalho e de instalações adequadas à prestação do serviço, nos termos d. art. 4º-C da Lei nº 6.019 de 1974.

Igualmente, é importante aduzir que, antes da vigência da Lei nº 13.467/2017, prevalecia o entendimento jurisprudencial de que, seja na terceirização lícita como na ilícita, em decorrência do princípio da isonomia, era devido o mesmo salário para o empregado terceirizado e aquele contratado diretamente pela empresa.

Já com a nova redação do art. 4º-C da Lei nº 6.019 de 1974, o direito à isonomia salarial passou a ser garantido apenas quando houver previsão expressa no contrato celebrado entre a empresa contratante e a prestadora de serviços.

DIREITO PROCESSUAL DO TRABALHO

TEMA 1: DO TRIBUNAL SUPERIOR DO TRABALHO

Discorra sobre o procedimento de alteração das súmulas e de outros enunciados de jurisprudência uniforme pelo Tribunal Superior do Trabalho.

A alteração de súmulas e de outros enunciados de jurisprudência uniforme editados pelo Tribunal Superior do Trabalho compete ao Tribunal Pleno, sendo necessário o voto de pelo menos dois terços de seus membros, caso a mesma matéria já tenha sido decidida de forma idêntica por unanimidade em, no mínimo, dois terços das turmas em pelo menos dez sessões diferentes em cada uma delas, podendo, ainda, por maioria de dois terços de seus membros, restringir os efeitos daquela declaração ou decidir que ela só tenha eficácia a partir de sua publicação no Diário Oficial, nos termos do art. 702, I, f da CLT.

Ademais, cumpre frisar que as sessões de julgamento sobre a alteração destas súmulas e enunciados devem ser públicas, devendo ser divulgadas com, no mínimo, trinta dias de antecedência, e deverão possibilitar a sustentação oral pelo Procurador-Geral do Trabalho, pelo Conselho Federal da Ordem dos Advogados do Brasil, pelo Advogado-Geral da União e por confederações sindicais ou entidades de classe de âmbito nacional.

TEMA 2: DOS ATOS, TERMOS E PRAZOS PROCESSUAIS

Rogério Marques ingressou com uma demanda trabalhista em face do seu empregador. No curso do processo, o Juiz determinou que o autor juntasse aos autos, no prazo de dez dias, determinado documento como meio de prova, sob pena de preclusão. Ocorre que, Rogério estava na dependência de que o Cartório de Registro de Documentos emitisse o aludido documento, porém, não tendo este o emitido a tempo, informando a Rogério que o referido documento só ficaria pronto no prazo de 15 dias.

Diante dessa situação fática, responda:

a) **Como ocorrerá a contagem do referido prazo processual? Em dias úteis ou em dias corridos?**
b) **Há possibilidade de o Juiz deferir dilação de prazo na hipótese? Justifique.**

Com a vigência da Lei nº 13.467 /2017, os prazos processuais passaram a ser contados em dias úteis, com exclusão do dia do começo e inclusão do dia do vencimento, nos termos do art. 775 da CLT.

No tocante à situação fática posta, cumpre frisar que há a possibilidade de Rogério requerer a dilação de prazo e esta ser deferida pelo Juiz, uma vez que, como a emissão do documento dependa de fato de terceiro caracterizador de força maior, tal questão se subsume a hipótese prevista no § 1º, I do art. 775 da CLT que possibilita que os prazos possam ser prorrogados, pelo tempo estritamente necessário, em virtude de força maior, devidamente comprovada.

Assim, basta que Rogério comprove através de uma certidão emitida pelo Cartório que o documento só será emitido no prazo de quinze dias, para que seja deferida a dilação de prazo.

TEMA 3: DA JUSTIÇA GRATUITA

Explique quais são as condições e requisitos para o deferimento do benefício da justiça gratuita, fazendo um paralelo entre as disposições anteriores e posteriores a "Reforma Trabalhista".

Antes da entrada em vigor da "Reforma Trabalhista", o Juiz poderia conceder os benefícios da justiça gratuita a quem percebesse até dois salários mínimos ou declarasse estado de miserabilidade.

Nesse sentido, o Tribunal Superior do Trabalho possuía a seguinte súmula:

> Súmula 463
>
> ASSISTÊNCIA JUDICIÁRIA GRATUITA. COMPROVAÇÃO
>
> I – A partir de 26.06.2017, para a concessão da assistência judiciária gratuita à pessoa natural, basta a declaração de hipossuficiência econômica firmada pela parte ou por seu advogado, desde que munido de procuração com poderes específicos para esse fim (art. 105 do CPC de 2015);
>
> II – No caso de pessoa jurídica, não basta a mera declaração: é necessária a demonstração cabal de impossibilidade de a parte arcar com as despesas do processo.

Ou seja, para a pessoa física, bastava a declaração de hipossuficiência econômica firmada pela parte ou por seu advogado, desde que este estivesse munido de procuração com poderes específicos para esse fim. Já para a pessoa jurídica, fazia-se necessária a demonstração da efetiva hipossuficiência.

Após a "Reforma Trabalhista", o art. 790 § 4º passou a prever que "o benefício da justiça gratuita será concedido à parte que comprovar insuficiência de recursos para o pagamento das custas do processo."

Logo, agora, não basta afirmar ou declarar, sendo necessário também juntar comprovantes de sua situação de "insuficiência de recursos para o pagamento das custas do processo".

Esta norma passou a ser mais rigorosa do que as disposições contidas no novo Código de Processo Civil sobre o tema.

Ademais, registre-se que o § 3º do art. 790 dispõe que a justiça gratuita poderá ser concedida a requerimento ou de ofício àqueles que perceberem salário igual ou inferior a 40% (quarenta por cento) do limite máximo dos benefícios do Regime Geral de Previdência Social.

João da Silva, beneficiário da justiça gratuita, ingressou com ação trabalhista em face da empresa para a qual trabalha postulando o pagamento de adicional de insalubridade, por entender que labora em condições insalubres.

No curso do processo foi determinada a realização de perícia. Sobre o tema responda:

a) **A quem cabe o pagamento dos honorários do perito?**
b) **Há possibilidade de a parte responsável pelo pagamento dos honorários parcelá-los?**
c) **É possível que o Juiz determine o adiantamento dos valores para que o perito realize a perícia?**

Segundo o art.790-B da CLT, quem é o responsável pelo pagamento dos honorários periciais é a parte sucumbente na pretensão objeto da perícia, mesmo que seja beneficiária da justiça gratuita.

Logo, caso João seja a parte sucumbente no objeto da perícia, o fato de ser beneficiário da justiça gratuita não obsta que ele seja responsabilizado pelo pagamento dos honorários do perito, desde que ele obtenha em juízo créditos capazes de suportar a despesa, ainda que em outro processo.

Ademais, é possível que haja o parcelamento dos honorários periciais, ou seja, não se faz obrigatório o pagamento a vista.

Por fim, cumpre expor que, depois de muita controvérsia na Justiça do Trabalho sobre a possibilidade de a parte ter que adiantar os valores a título de honorários periciais, o art. 790-B § 3º dispõe que "o juízo não poderá exigir adiantamento de valores para realização de perícias", indo ao encontro do entendimento do Tribunal Superior do Trabalho, que considerava ilegal a cobrança antecipada de honorários periciais.

TEMA 4: HONORÁRIOS ADVOCATÍCIOS

Discorra sobre o novo regime dos honorários advocatícios na Justiça do Trabalho, fazendo um paralelo com o entendimento do Tribunal Superior do Trabalho vigente antes da entrada em vigor da Lei nº 13.467 /2017.

Antes da entrada em vigor da Lei nº 13.467 /2017, o Tribunal Superior do Trabalho possuía entendimento no sentido de que a condenação ao pagamento de honorários advocatícios não decorra pura e simplesmente da sucumbência, devendo a parte, concomitantemente estar assistida por sindicato da categoria profissional e comprovar a percepção de salário inferior ao dobro do salário mínimo ou encontrar-se em situação econômica que não lhe permita demandar sem prejuízo do próprio sustento ou da respectiva família. Essa era a regra geral.

Vejamos a disposição da súmula 219 do C. TST:

> Súmula nº 219 do TST
>
> HONORÁRIOS ADVOCATÍCIOS.CABIMENTO (alterada a redação do item I e acrescidos os itens IV a VI em decorrência do CPC de 2015) - Res. 204/2016, DEJT divulgado em 17, 18 e 21.03.2016
>
> I – Na Justiça do Trabalho, a condenação ao pagamento de honorários advocatícios não decorre pura e simplesmente da sucumbência, devendo a parte, concomitantemente: a) estar assistida por sindicato da categoria profissional; b) comprovar a percepção de salário inferior ao dobro do salário mínimo ou encontrar-se em situação econômica que não lhe permita demandar sem prejuízo do próprio sustento ou da respectiva família. (art.14,§1º, da Lei nº 5.584/1970). (ex-OJ nº 305da SBDI-I).
>
> II – É cabível a condenação ao pagamento de honorários advocatícios em ação rescisória no processo trabalhista.
>
> III – São devidos os honorários advocatícios nas causas em que o ente sindical figure como substituto processual e nas lides que não derivem da relação de emprego.
>
> IV – Na ação rescisória e nas lides que não derivem de relação de emprego, a responsabilidade pelo pagamento dos honorários advocatícios da sucumbência submete-se à disciplina do Código de Processo Civil (arts. 85, 86, 87 e 90).
>
> V – Em caso de assistência judiciária sindical ou de substituição processual sindical, excetuados os processos em que a Fazenda Pública for parte, os honorários advocatícios são devidos entre o mínimo de dez e o máximo de

> vinte por cento sobre o valor da condenação, do proveito econômico obtido ou, não sendo possível mensurá-lo, sobre o valor atualizado da causa (CPC de 2015, art. 85, § 2º).
>
> VI – Nas causas em que a Fazenda Pública for parte, aplicar-se-ão os percentuais específicos de honorários advocatícios contemplados no Código de Processo Civil.

Com a Reforma Trabalhista, a referida súmula deverá ser revista, derrogando o seu inciso I e alterados os incisos V e VI, quanto aos percentuais, que serão arbitrados entre o mínimo de 5% e o máximo de 15%.

Isso porque, o art. 719-A da CLT dispõe que "ao advogado, ainda que atue em causa própria, serão devidos honorários de sucumbência, fixados entre o mínimo de 5% (cinco por cento) e o máximo de 15% (quinze por cento) sobre o valor que resultar da liquidação da sentença, do proveito econômico obtido ou, não sendo possível mensurá-lo, sobre o valor atualizado da causa.

Ademais, com a Reforma Trabalhista, ficou expresso no parágrafo 1º do referido artigo que os honorários são devidos também nas ações contra a fazenda pública e nas ações em que a parte estiver assistida ou substituída pelo sindicato de sua categoria.

A nova Lei cria também a sucumbência recíproca, no caso de a procedência da ação ser apenas parcial, devendo o Juiz arbitrar honorários de sucumbência recíproca, vedada a compensação entre os honorários.

Por fim, o § 4º do art. 719-A permite que mesmo que a parte seja beneficiária da justiça gratuita, venha a ter que pagar honorários advocatícios, dispondo que " Vencido o beneficiário da justiça gratuita, desde que não tenha obtido em juízo, ainda que em outro processo, créditos capazes de suportar a despesa, as obrigações decorrentes de sua sucumbência ficarão sob condição suspensiva de exigibilidade e somente poderão ser executadas se, nos dois anos subsequentes ao trânsito em julgado da decisão que as certificou, o credor demonstrar que deixou de existir a situação de insuficiência de recursos que justificou a concessão de gratuidade, extinguindo-se, passado esse prazo, tais obrigações do beneficiário."

TEMA 5: LITIGÂNCIA DE MÁ-FÉ

Caso um trabalhador ingresse em juízo e venha a alterar a verdade dos fatos, poderá ser considerado litigante de má-fé? Se sim, qual a penalidade a ser aplicada?

No caso posto, o trabalhador poderá ser considerado litigante de má-fé, uma vez que o art.793-B, II dispõe que se considera de má-fé aquele que alterar a verdade dos fatos.

Como penalidade, o juízo, de ofício ou a requerimento condenará o litigante de má-fé a pagar multa, que deverá ser superior a 1% (um por cento) e inferior a 10% (dez por cento) do valor corrigido da causa, a indenizar a parte contrária pelos prejuízos que esta sofreu e a arcar com os honorários advocatícios e com todas as despesas que efetuou.

Ocorre que, quando o valor da causa for irrisório ou inestimável, a multa poderá ser fixada em até duas vezes o limite máximo dos benefícios do Regime Geral de Previdência Social.

TEMA 6: DAS EXCEÇÕES

Emanuel Mendes trabalha na empresa Zempa Mix Ltda. em Ribeirão Preto, tendo sito contratado também nesta cidade. Diante do não pagamento de algumas verbas trabalhistas, o referido empregado ingressou com uma reclamação trabalhista na cidade de Campinas, em virtude de seu primo, que é advogado, ter prometido lhe auxiliar nesta ação.

Na qualidade de advogado da empresa reclamada responda:

a) Qual o foro competente para julgar a ação?

b) Na hipótese de se constatar a incompetência da Vara Trabalhista de Campinas, que instrumento processual a empresa poderá utilizar para impugnar esse fato? Neste caso poderá ser designada audiência para se verificar essa situação?

O Tribunal Superior do Trabalho entende com base no caput do art. 651 da CLT, que a demanda trabalhista deve ser proposta, em regra, na localidade em que o empregado efetivamente tenha prestado seus serviços, independentemente do local da contratação.

Assim, a competência para julgar esta lide é de uma das Varas Trabalhistas da Comarca de Ribeirão Preto.

Para que a incompetência da Vara Trabalhista de Campinas seja reconhecida, a empresa Zempa Mix Ltda. poderá apresentar exceção de incompetência no prazo de cinco dias a contar da notificação, antes da audiência e em peça que sinalize a existência dessa exceção, nos termos do art. 800 da CLT. Ou seja, a exceção deve ser feita em peça própria, não podendo ser realizada no bojo da contestação.

Por fim, frise-se que se entender necessária a produção de prova oral, o juízo designará audiência, garantindo o direito de o excipiente e de suas testemunhas serem ouvidos, por carta precatória, no juízo que este houver indicado como competente. Portanto, é plenamente possível a marcação de audiência para solucionar essa questão.

TEMA 7: ÔNUS DA PROVA

É possível no processo do trabalho que o Magistrado proceda com a inversão do ônus da prova? Justifique.

Em regra, cabe ao autor a prova do fato constitutivo do seu direito, e ao réu, a prova de fatos impeditivos, modificativos ou extintivos do direito do autor.

Ocorre que, seguindo a tendência adotada pelo legislador na redação do novo Código de Processo Civil, há uma importante alteração processual no tocante ao ônus da prova. A criação da possibilidade de o juiz, por meio de decisão fundamentada, distribuir o ônus da prova de maneira diversa daquela expressamente prevista na Lei.

Ou seja, nos casos previstos em lei ou diante de peculiaridades da causa relacionadas à impossibilidade ou à excessiva dificuldade de cumprir o encargo nos termos da disposição clássica do ônus da prova ou à maior facilidade de obtenção da prova do fato contrário, poderá o juízo atribuir o ônus da prova de modo diverso, desde que o faça por decisão fundamentada, caso em que deverá dar à parte a oportunidade de se desincumbir do ônus que lhe foi atribuído, nos termos do art.818, § 1º da CLT.

A decisão que inverter o ônus da prova deve ser proferida antes da instrução processual e a requerimento da parte implicará o adiamento da audiência e possibilitará provar os fatos por qualquer meio em direito admitido. Tal providência é fundamental para garantir o efetivo contraditório.

TEMA 8: RECLAMAÇÃO TRABALHISTA

O Código de Processo Civil estabelece que o pedido deva ser certo, determinado e que o seu valor seja indicado. A CLT possui disposição semelhante? Explique.

Antes da entrada em vigor da Lei nº 13.467 /2017, o art. 840, parágrafo 1º exigia que a reclamação trabalhista contivesse a designação do Juiz a quem fosse dirigida, a qualificação das partes, uma breve exposição dos fatos de que resultasse a reclamação, o pedido, a data e a assinatura do reclamante ou de seu representante.

Ocorre que, com a nova redação deste dispositivo, passou-se a prever a necessidade da reclamação conter a designação do juízo, a qualificação das partes, a breve exposição dos fatos de que resulte o dissídio, o pedido, que deverá ser certo, determinado e com indicação de seu valor, a data e a assinatura do reclamante ou de seu representante.

Logo, atualmente, o pedido deve ser certo, determinado e com a indicação dos valores de cada pedido, assim como já acontecia com as demandas sujeitas ao rito sumaríssimo (art. 852-B, I da CLT).

Por fim diga-se que a inobservância dessa formalidade implica na extinção do pedido sem resolução do mérito, nos termos do parágrafo 3º do art. 840, que só deverá ser assim declarado após o juiz conceder ao autor a oportunidade de emendar a sua petição inicial.

É necessário que o preposto seja empregado da empresa reclamada? As disposições da Reforma Trabalhista sobre o tema modificaram o entendimento vigente anteriormente no Tribunal Superior do Trabalho? Explique.

O art. 843, parágrafo 3º da CLT foi modificado para admitir preposto não empregado, ou seja, com a entrada em vigor da Lei nº 13.467 /2017, não se faz mais necessário que o preposto seja empregado da empresa reclamada.

Esta situação já era admitida em relação à microempresa, empresa de pequeno porte e empregador doméstico, nos termos da Súmula nº 377 do Tribunal Superior do Trabalho, que aduzia que "Exceto quanto à reclamação de empregado doméstico, ou contra micro ou pequeno empresário, o preposto deve ser necessariamente empregado do reclamado. Inteligência do art. 843, § 1º, da CLT e do art. 54 da Lei Complementar nº 123, de 14 de dezembro de 2006."

Assim sendo, atualmente a exceção prevista na referida súmula passou a ser regra geral. Ou seja, o preposto não precisa ser mais empregado da reclamada.

TEMA 9: AUDIÊNCIA E REVELIA

Sobre o comparecimento às audiências e à revelia responda:

a) Quais são os efeitos da revelia?

b) Quando a revelia não irá produzir os seus efeitos no processo do trabalho?

c) Se a reclamada não comparecer à audiência, mas houver o comparecimento do seu advogado, serão aplicados os efeitos da revelia?

Os efeitos da revelia possuem dois aspectos, um material e outro processual. Nesse sentido, a revelia importa na presunção de veracidade das alegações de fato feitas pelo demandante (artigo 344, CPC); os prazos contra o réu revel que não tenha advogado fluem a partir da publicação da decisão (artigo 346, CPC); preclusão em desfavor do réu do poder de alegar algumas matérias de defesa (efeito processual, ressalvadas aquelas previstas no artigo 342 do CPC); possibilidade de julgamento antecipado do mérito da causa, caso se produza o efeito material da revelia (artigo 355, II, CPC).

Todavia, no tocante ao processo trabalhista, a revelia não irá produzir os seus efeitos quando I – havendo pluralidade de reclamados, algum deles contestar a ação; II – o litígio versar sobre direitos indisponíveis; III – a petição inicial não estiver acompanhada de instrumento que a lei considere indispensável à prova do ato; IV – as alegações de fato formuladas pelo reclamante forem inverossímeis ou estiverem em contradição com prova constante dos autos.

Ademais, dispõe o art. 844 da CLT que "O não-comparecimento do reclamante à audiência importa o arquivamento da reclamação, e o não-comparecimento do reclamado importa revelia, além de confissão quanto à matéria de fato".

Porém, o § 5º do referido artigo dispõe que "ainda que ausente o reclamado, presente o advogado na audiência, serão aceitos a contestação e os documentos eventualmente apresentados.

Ou seja, este parágrafo possibilita que se entenda que não serão aplicados os efeitos da revelia, uma vez que serão recebidos os documentos apresentados e a contestação. Logo, esse parágrafo prestigia o réu ausente cujo advogado comparece na audiência portando defesa e documentos em detrimento daquele que sequer aparece no Judiciário, aproximando-se do modelo civilista, que considera revel somente aquele que não apresenta contestação.

TEMA 10: INCIDENTE DE DESCONSIDERAÇÃO DA PERSONALIDADE JURÍDICA

No curso de uma execução trabalhista em que determinada empresa foi condenada ao pagamento de verbas trabalhistas, o Magistrado, ao perceber que estava sendo bastante dificultoso encontrar bens da empresa que pudessem responder pelo débito, determinou que fosse realizada a "penhora online" em face dos sócios, sem suspensão do processo.

Diante dessa situação, analise a (i)legalidade da determinação do Juiz sob os aspectos processuais advindos das disposições da "Reforma Trabalhista".

Atualmente, a CLT dispõe no seu art. 855-A que se aplica ao processo do trabalho o incidente de desconsideração da personalidade jurídica, previsto no art.133 a 137 do novo Código de Processo Civil.

Como decorrência disso, o Magistrado, no presente caso, não poderia ter determinado a penhora online em face dos sócios sem que tivesse instaurado o incidente de desconsideração de personalidade jurídica e sem que tivesse havido pedido da parte (art. 133 do CPC). Ou seja, não poderia ter sido determinado de ofício.

Ademais, a instauração desse incidente suspende o processo, nos termos do. Art. 133, parágrafo 3º do CPC.

Ou seja, não obstante os Tribunais Trabalhistas venham considerando que o simples inadimplemento das obrigações trabalhistas possibilitaria a declaração da desconsideração da personalidade jurídica (teoria menor da desconsideração) isso não dispensa a instauração do mencionado incidente de desconsideração da personalidade jurídica, justamente para garantir a aplicação do contraditório e da ampla defesa, nos termos do art. 135 do CPC.

TEMA 11: JURISDIÇÃO VOLUNTÁRIA PARA HOMOLOGAÇÃO DE ACORDO EXTRAJUDICIAL

Explique as principais características da homologação de acordo extrajudicial que será realizado via processo de jurisdição voluntária, bem como responda se as partes possuem direito subjetivo à homologação.

Com a entrada em vigor da "Reforma Trabalhista", a CLT passou a prever no art. 855-B e seguintes, o procedimento de homologação de acordo extrajudicial.

Trata-se de um processo de jurisdição voluntária, no qual acordo feito pelas partes pode ser levado ao Juiz para ser validado.

O processo de homologação de acordo extrajudicial se iniciará por petição conjunta, sendo obrigatória a representação das partes por advogado, não podendo ser representadas por advogado comum. Além disso, frise-se que o Juiz no prazo de quinze dias a contar da distribuição da petição, analisará o acordo, designará audiência se entender necessário e proferirá sentença.

Este acordo não prejudica os prazos e multa estabelecidos para a quitação de verbas rescisórias.

Igualmente, desde a distribuição da petição, o prazo prescricional está suspenso quanto as verbas trabalhistas constantes da petição, que voltam a correr com o trânsito em julgado da decisão denegatória (não homologação do acordo). Esta decisão deve ser fundamentada, sob pena de ofensa ao art. 93, IX, CF/88, art. 489, CPC e art. 832 CLT.

Por fim, esclareça-se que as partes não possuem direito subjetivo à homologação, podendo o Juiz examinar a legalidade da avença, como por exemplo, a existência de vícios de vontade e eventual ofensa à preceito de lei imperativa. Nesse sentido, é a jurisprudência do Tribunal Superior do Trabalho que na sua súmula nº418 dispõe que "A homologação de acordo constitui faculdade do juiz, inexistindo direito líquido e certo tutelável pela via do mandado de segurança."

TEMA 12: EXECUÇÃO DAS CONTRIBUIÇÕES SOCIAIS

Em que situações a Justiça do Trabalho irá executar de ofício as contribuições sociais? A Lei nº 13.467 /2017 tratou do tema em consonância com o entendimento do Supremo Tribunal Federal? Quais são essas contribuições?

A Justiça do Trabalho irá executar de ofício as contribuições sociais do empregador, da empresa e da entidade a ela equiparada na forma da lei, incidentes sobre: a) a folha de salários e demais rendimentos do trabalho pagos ou creditados, a qualquer título, à pessoa física que lhe preste serviço, mesmo sem vínculo empregatício; b) a receita ou o faturamento; e c) o lucro. Ademais, também irá executar as contribuições sociais do trabalhador e dos demais segurados da previdência social, não incidindo contribuição sobre aposentadoria e pensão concedidas pelo regime geral de previdência social de que trata o art. 201 da Constituição Federal.

Porém a condição é que estas contribuições sejam relativas ao objeto da condenação constante das sentenças que proferir e dos acordos que homologar, nos termos do parágrafo único do art. 876 da CLT.

No mais, este novo entendimento exposto na legislação trabalhista está em consonância com a Súmula Vinculante nº 53 do Supremo Tribunal Federal que dispõe que "A competência da Justiça do Trabalho prevista no art. 114, VIII, da Constituição Federal alcança a execução de ofício das contribuições previdenciárias relativas ao objeto da condenação constante das sentenças que proferir e acordos por ela homologados."

TEMA 13: EXECUÇÃO TRABALHISTA

A "Reforma Trabalhista" trouxe importantes mudanças na fase executória do processo do trabalho. No tocante à essas mudanças, discorra sobre a (im)possibilidade de execução de ofício; sobre os novos aspectos da impugnação à conta de liquidação; e sobre a (im)possibilidade de protesto de sentença.

De fato, a "Reforma Trabalhista" modificou diversos pontos da fase executória do processo do trabalho.

Primeiramente, cumpre expor que, em regra, a execução será promovida pelas partes, sendo apenas permitida a execução de ofício pelo Juiz ou pelo Presidente do Tribunal nos casos em que as partes não estiverem representadas por advogado, nos termos do art. 878. Ou seja, a iniciativa do Juiz ou do Presidente do Tribunal é apenas residual, condicionada ao fato de as partes não estarem representadas por advogado.

No tocante à liquidação, houve uma alteração no parágrafo 2º do art. 879, que passou a prever que "Elaborada a conta e tornada líquida, o juízo deverá abrir às partes prazo comum de oito dias para impugnação fundamentada com a indicação dos itens e valores objeto da discordância, sob pena de preclusão."

Esta alteração restaura o sistema anterior à Lei nº 8.432/92, que tornou facultativa a abertura de prazo para se manifestar sobre a conta de liquidação. Pela redação anterior a essa lei, era obrigatório abrir-se o prazo comum de cinco dias para manifestação e impugnação da conta de liquidação. Atualmente, o legislador restaurou o sistema anterior, dilatando o prazo que era de cinco dias, para oito dias.

Por fim, a Lei nº 13.467/2017 dispôs sobre a possibilidade de a decisão judicial transitada em julgado ser levada a protesto, somente depois de transcorrido o prazo de quarenta e cinco dias a contar da citação do executado, se não houve garantia do juízo. Logo, esta Lei introduziu o art. 833-A à CLT estabelecendo regras para o protesto da sentença trabalhista, notadamente o prazo de 45 dias a contar da citação do executado e ainda assim se o juízo não estiver garantido.

TEMA 14: RECURSO DE REVISTA

No curso de uma ação trabalhista, a empresa XPTO Ltda foi condenada ao pagamento de horas extras ao seu empregado Lúcio Flávio. Esta decisão foi mantida em segunda instância, porém, o Tribunal deixou de se manifestar sobre o pedido feito no seu recurso ordinário de nulidade da sentença por ausência de oitiva de uma testemunha que a empresa considerava ter importância para o deslinde do feito.

Diante dessa omissão, a empresa interpôs embargos de declaração, porém, o Tribunal continuou sem se manifestar sobre a questão.

Sobre essa situação, caso a empresa resolva no seu recurso de revista requerer a nulidade do julgado por negativa de prestação jurisdicional, quais providências deve tomar? Nos termos da jurisprudência do Tribunal Superior do Trabalho, o conhecimento deste recurso supõe a indicação de quais artigos violados?

No presente caso, a recorrente deve cumprir alguns requisitos para que seu recurso seja conhecido.

Logo, sob pena de não conhecimento deste recurso de revista, deve a empresa transcrever neste recurso o trecho dos embargos de declaração em que foi pedido o pronunciamento do Tribunal sobre a questão veiculada no recurso ordinário e o trecho da decisão regional que rejeitou os embargos quanto ao pedido, para cotejo e verificação, de plano da ocorrência da omissão, nos termos do art.896, parágrafo1º-A,IV da CLT.

Ademais, entende o Tribunal Superior do Trabalho na sua Súmula nº459 que "O conhecimento do recurso de revista, quanto à preliminar de nulidade, por negativa de prestação jurisdicional, supõe indicação de violação do art. 832 da CLT, do art. 489 do CPC de 2015 (art. 458 do CPC de 1973) ou do art. 93, IX, da CF/1988."

Há hipóteses em que o relator do recurso de revista poderá denegar seguimento monocraticamente?

A CLT prevê hipóteses em que o relator do recurso de revista poderá de forma monocrática não recebê-lo. Logo, não dependerá de manifestação do colegiado para que seja negado seguimento ao recurso.

Nesses termos, o art. 896, § 14º dispõe que o relator do recurso de revista poderá denegar-lhe seguimento, em decisão monocrática, nas hipóteses de intempestividade (para não interpôs o recurso no prazo cabível), deserção (não houve a realização do preparo), irregularidade de representação (parte não está devidamente representada) ou de ausência de qualquer outro pressuposto extrínseco ou intrínseco de admissibilidade.

Portanto, com a vigência da Lei nº 13.467/2017, foram atribuídos maiores poderes ao relator para negar seguimento ao recurso de revista, possibilitando uma maior celeridade processual.

Discorra sobre a transcendência do recurso de revista, abordando, necessariamente a competência para analisá-la.

No recurso de revista, o Tribunal Superior do Trabalho irá analisar se a causa oferece transcendência com relação aos reflexos gerais de natureza econômica, política, social ou jurídica. Ou seja, o recurso de revista apenas será recebido se ficar demonstrada a matéria discutida transcenda o interesse individual das partes.

Com a "Reforma Trabalhista", o art. 896-A § 1º da CLT dispõe que indicam transcendência econômica, o valor da causa; transcendência política, o desrespeito da instância recorrida à jurisprudência sumulada do Tribunal Superior do Trabalho ou do Supremo Tribunal Federal; transcendência social, a postulação, por reclamante-recorrente, de direito social constitucionalmente assegurado; e transcendência jurídica, a existência de questão nova em torno da interpretação da legislação trabalhista.

Ao receber o recurso de revista, não cabe ao Juiz Presidente do respectivo Tribunal Regional do Trabalho avaliar a transcendência ou não da matéria, nos termos do §6º do art. 896-A da CLT.

Ademais, frise-se que, uma vez distribuído o recurso de revista no Tribunal Superior do Trabalho, o relator poderá monocraticamente, denegar seguimento ao recurso de revista que não demonstrar transcendência, cabendo agravo desta decisão para o colegiado. Já se a hipótese for de agravo de instrumento em recurso de revista, a decisão monocrática do relator que considerar ausente a transcendência será irrecorrível (art. 896-A §5º).

Por fim, mantido o voto do relator quanto à não transcendência do recurso, será lavrado acórdão com a fundamentação sucinta, que constituirá decisão irrecorrível no âmbito do Tribunal.

TEMA 15: DEPÓSITO RECURSAL

A Lei nº 13.467/2017 trouxe importantes mudanças sobre o depósito recursal no direito processual do trabalho. Sobre estas mudanças responda:

O depósito recursal será realizado na conta vinculada do FGTS do empregado e mediante a utilização da guia de recolhimento do FGTS e informações à previdência social(GFIP)?

A "Reforma Trabalhista" previu casos de isenção do depósito recursal?

Antes da entrada em vigor da Lei nº 13.467/2017, o depósito recursal deveria ser feito na conta vinculada do FGTS e mediante a utilização da GFIP.

Tal conclusão resultava da redação anterior do art. 899, parágrafo 4º da CLT combinada com a súmula 426 do C. TST que dispunha que "Nos dissídios individuais o depósito recursal será efetivado mediante a utilização da Guia de Recolhimento do FGTS e Informações à Previdência Social – GFIP, nos termos dos §§ 4º e 5º do art. 899 da CLT, admitido o depósito judicial, realizado na sede do juízo e à disposição deste, na hipótese de relação de trabalho não submetida ao regime do FGTS."

Ocorre que, com a entrada em vigor da Lei nº 13.467/2017, o art. 899 no seu § 4º passou a prever que o depósito recursal será feito em conta vinculada ao juízo e corrigido com os mesmos índices da poupança. Este fato deverá levar o TST a cancelar ou modificar a redação da mencionada súmula.

No tocante ao segundo questionamento, cumpre frisar que a Reforma Trabalhista previu casos de isenção do depósito recursal. Nesse sentido, são isentos do depósito recursal os beneficiários da justiça gratuita, as entidades filantrópicas e as empresas em recuperação judicial, nos termos do art. 899, § 10, da CLT. Já na hipótese de os recorrentes serem entidades sem fins lucrativos, empregadores domésticos, microempreendedores individuais, microempresas e empresas de pequeno porte, o valor do depósito recursal será reduzido pela metade (art. 899, §9º).

Anotações

EDITORA
JusPODIVM
www.editorajuspodivm.com.br

Pré-impressão, impressão e acabamento

GRÁFICA
SANTUÁRIO

grafica@editorasantuario.com.br
www.editorasantuario.com.br
Aparecida-SP